DEMOCRACIA E IMIGRAÇÃO
QUANTOS ESTRANGEIROS CABEM NA EUROPA?

Giulio Mattiazzi

DEMOCRACIA E IMIGRAÇÃO
QUANTOS ESTRANGEIROS CABEM NA EUROPA?
AUTOR:
Giulio Mattiazzi
EDITOR
EDIÇÕES ALMEDINA, S.A.
Rua Fernandes Tomás, nºs 76, 78, 80
3000-167 Coimbra
Tel.: 239 851 904 · Fax: 239 851 901
www.almedina.net · editora@almedina.net
DESIGN DE CAPA
FBA.
PRÉ-IMPRESSÃO
EDIÇÕES ALMEDINA, S.A.
IMPRESSÃO E ACABAMENTO
PAPELMUNDE

Julho, 2016
DEPÓSITO LEGAL
413134/16

Os dados e as opiniões inseridos na presente publicação são da exclusiva responsabilidade do(s) seu(s) autor(es).
Toda a reprodução desta obra, por fotocópia ou outro qualquer processo, sem prévia autorização escrita do Editor, é ilícita e passível de procedimento judicial contra o infractor.

BIBLIOTECA NACIONAL DE PORTUGAL – CATALOGAÇÃO NA PUBLICAÇÃO
MATTIAZZI, Giulio
Democracia e imigração : quantos estrangeiros
cabem na Europa?. – (CES)
ISBN 978-972-40-6571-7
CDU 316

ÍNDICE

ÍNDICE	5
PREFÁCIO, *Boaventura de Sousa Santos*	15
INTRODUÇÃO, *Giulio Mattiazzi*	17

CAPÍTULO 1 – A TRANSIÇÃO PARADIGMÁTICA NO PENSAMENTO DE BOAVENTURA DE SOUSA SANTOS   27

Crise da modernidade: transição paradigmática e recodificações	27
A ampliação dos cânones da ciência e da democracia	31
O fim da equação moderna entre raízes e opções	35
A transição paradigmática nas migrações internacionais	38

CAPÍTULO 2 – VISÕES DA MIGRAÇÃO INTERNACIONAL NA TRANSIÇÃO PARADIGMÁTICA: OS PILARES DAS INTEGRAÇÕES E DAS INTERCULTURAS   43

O paradigma dominante: a "integração" dos e das imigrantes internacionais	45
Crise e transição: a transnacionalização da esfera pública	52
Emergência de um paradigma emancipatório: a tradução intercultural	55
Que relação existe entre integração e conflito social?	58

CAPÍTULO 3 – VISÕES DA MIGRAÇÃO INTERNACIONAL NA TRANSIÇÃO PARADIGMÁTICA: OS PILARES DAS REPRESENTAÇÕES E DAS PARTICIPAÇÕES   63

O paradigma dominante: a representação política dos e das imigrantes internacionais	65
Crise e transição: abstenção, representação e participação	73
Participações emergentes: demodiversidades e democratização da democracia	76
Que relação existe entre representação e conflito político?	78

CAPÍTULO 4 – VISÕES DA MIGRAÇÃO INTERNACIONAL: OS PILARES DOS DESENVOLVIMENTOS E DAS EXPERIMENTAÇÕES SUSTENTÁVEIS   83

O paradigma dominante: a imigração como recurso exógeno do desenvolvimento local	84

Crise e transição: os limites do desenvolvimento e a procura
por sustentabilidades 93
Experimentações emergentes e sustentáveis com os e as imigrantes 96
Que relação existe entre desenvolvimento-sem-os-migrantes e conflito
territorial? 98

CAPÍTULO 5 – METODOLOGIA DA INVESTIGAÇÃO 103
Definição do objeto teórico, dos modelos analíticos e das perguntas
de partida 103
Formulação das hipóteses de investigação 105
A definição do objeto empírico e a aplicação do modelo analítico 111
Principais ferramentas metodológicas 115
A epistemologia da visão 116
Comparação por contextos 118
Escrita criativa 119
Indução e coparticipação 120
Recolha do material empírico 121
Análise de conteúdo 122

CAPÍTULO 6 – O CONTEXTO PORTUGUÊS 127
A transição migratória portuguesa 128
As políticas de "integração" dos e das imigrantes em Portugal 131
As políticas de representação dos e das imigrantes em Portugal 139
As políticas de desenvolvimento local e as migrações em Portugal ... 142
Evidências portuguesas dos processos de recodificação 146

CAPÍTULO 7 – REPRESENTAÇÃO DOS E DAS IMIGRANTES EM LISBOA 151
O contexto migratório lisboeta no começo do séc. XXI 151
Perfil do Conselho Municipal para a Interculturalidade e a Cidadania
(CMIC) 154
Visões da migração internacional em Lisboa 157
O contexto migratório lisboeta visto pelos membros do CMIC 157
O CMIC visto pelos seus membros 159
Mecanismos genéricos de configuração específica das relações sociais
em Lisboa 161

CAPÍTULO 8 – MIGRAÇÕES E GOVERNAÇÃO LOCAL NA AMADORA — 171

O contexto migratório amadorense no começo do séc. XXI — 171
Perfil da Rede Social Local da Amadora — 174
Visões da migração internacional na Amadora — 177
O contexto migratório amadorense visto pelos entrevistados — 178
O caso dos desalojamentos em Santa Filomena — 179
A Rede Social Local vista pelos entrevistados — 182
O caso escolhido: o Programa Amadora Empreende na descrição dos técnicos — 186
O Programa visto pelos outros entrevistados — 188
Mecanismos genéricos de configuração específica das relações sociais na Amadora — 189

CAPÍTULO 9 – O CONTEXTO ITALIANO — 197

A transição migratória italiana — 198
As políticas de "integração" dos e das imigrantes em Itália — 202
As políticas de representação dos e das imigrantes em Itália — 205
As políticas de desenvolvimento local e as migrações em Itália — 209
Evidências italianas dos processos de recodificação — 213

CAPÍTULO 10 – REPRESENTAÇÃO DOS E DAS IMIGRANTES EM PÁDUA — 219

O contexto migratório paduano no começo do séc. XXI — 219
Perfil da Commissione per la rappresentanza delle cittadine e dei cittadini stranieri residenti a Padova — 222
Visões da migração internacional em Pádua — 225
O contexto migratório paduano visto pelos entrevistados — 225
A Commissione Stranieri vista pelos entrevistados — 227
Mecanismos genéricos de configuração específica das relações sociais em Pádua — 229

CAPÍTULO 11 – MIGRAÇÕES E GOVERNAÇÃO LOCAL EM CAMPOSAMPIERESE — 237

O contexto migratório de Camposampierese no começo do séc. XXI — 237
Perfil da Intesa Programmatica d'Area del Camposampierese — 240
Visões da migração internacional em Camposampierese — 242

O contexto migratório do Camposampierese visto pelos entrevistados   243
A IPA vista pelos entrevistados   244
O caso escolhido: a não-participação dos e das migrantes na IPA   247
Mecanismos genéricos de configuração específica das relações sociais em Camposampierese   250

CAPÍTULO 12 – O CIRCUITO DA DESORDEM NAS MIGRAÇÕES INTERNACIONAIS   259

Recodificações das políticas públicas ao nível local e respostas às perguntas simples   259
Sentido social das hipóteses investigativas e respostas às perguntas simples   260
O Circuito da desordem nas migrações internacionais   268
Respostas às perguntas de partida da investigação   270

CAPÍTULO 13 – AUSÊNCIAS DOS E DAS IMIGRANTES NA AMADORA E EM CAMPOSAMPIERESE   273

Rede Social Local e Intesa Programmatica d'Area: visões comparadas dos contextos   273
A sociologia das ausências na comparação dos conflitos locais   279
O caso dos conflitos da Amadora   281
O caso dos conflitos em Camposampierese   282
A sociologia das ausências na comparação das redes locais   284
O funcionamento das redes no caso da Amadora   285
O funcionamento das redes no caso de Camposampierese   288
A sociologia das ausências na avaliação das políticas   290
Avaliação da Rede Social Local   291
Avaliação da Intesa Programmatica d'Area   293

CAPÍTULO 14 – EMERGÊNCIAS DOS E DAS IMIGRANTES EM LISBOA E PÁDUA   297

O Conselho Municipal para a Interculturalidade e a Cidadania e a Commissione Stranieri: visões comparadas dos contextos   297
A sociologia das emergências na comparação dos conflitos locais   303
O caso dos conflitos em Lisboa   304
O caso dos conflitos em Pádua   307
A sociologia das emergências na comparação das redes locais   309
O funcionamento das redes no caso de Lisboa   310
O funcionamento das redes no caso de Pádua   313

A sociologia das emergências na avaliação das políticas 315
Avaliação do Conselho Municipal para a Interculturalidade e a Cidadania 315
Avaliação da Commissione Stranieri 316

CAPÍTULO 15 – O TRABALHO DE TRADUÇÃO PARA
RECONHECER, AMPLIAR E DESCOLONIZAR
OS TERRITÓRIOS 319
Um longo caminho através de perguntas simples, paradigmas e territórios 319
Para além do sofrimento humano: alternativas emancipatórias produzidas
como não existentes nos contextos português e italiano 321
1. Um pacto formativo no território 322
2. Intercultura e tradução nas escolas 322
3. Participação, desenvolvimento e coesão 323
4. Projetos de território 324
5. *No taxation without participation* 324
6. *No taxation without citizenship* 325
7. Interculturalidade e Cidadania nos bairros 325
8. Requalificação social 325
9. Democracia representativa e democracia participativa 326
10. Traduzir as experiências 326
Consolidar e aprofundar as alternativas na dimensão local 327
Rede Social Local da Amadora 327
Intesa Programmatica d'Area do Camposampierese 329
Conselho Municipal para a Interculturalidade e a Cidadania de Lisboa 331
Commissione per la rappresentanza delle cittadine e dei cittadini stranieri di Padova 332
Transformar a abordagem migratória moderna na dimensão transnacional 333
Promover ações afirmativas 334
Promover políticas interculturais, participativas e experimentais 335
Reconhecer os estatutos de minorias interculturais 336
Traduzir a linguagem na dimensão migratória 337
Traduzir o conceito de participação democrática 340
Reconhecer (R), Ampliar (A), Descolonizar (D): uma proposta metodológica
para a tradução dos mecanismos genéricos em práticas de transformação social 341

BIBLIOGRAFIA 351
LISTA DE SIGLAS E ACRÓNIMOS 367
APÊNDICE – RESUMO DAS ENTREVISTAS REALIZADAS 371
POSFÁCIO – *Enzo Pace* 379

Esta publicação resulta duma tese apoiada pela Fundação para a Ciência e Tecnologia, I. P., com uma Bolsa de Doutoramento com a referência SFRH/BD/67030/2009

Dedico este trabalho a cinco migrantes

*Darlene, Heiderson, Debora e Marcos
que, com os estilos próprios e a mesma generosidade,
concederam ao autor paciência, confiança, amor e alegria
indispensáveis para escrever este livro*

*Maria Giovanna Nascimento Dos Santos
cuja participação à vida é a demonstração mais nítida
do que é ser cidadã na Europa*

*Quando um homem se põe a caminhar
deixa um pouco de si pelo caminho.
Vai inteiro ao partir repartido ao chegar.
O resto fica sempre no caminho
quando um homem se põe a caminhar.
Fica sempre no caminho um recordar
fica sempre no caminho um pouco mais
do que tinha ao partir do que tem ao chegar.
Fica um homem que não volta nunca mais
quando um homem se põe a caminhar.
(...)*

Manuel Alegre
Um Barco Para Ítaca, 1971

PREFÁCIO
Boaventura de Sousa Santos

Tenho um gosto muito especial em apresentar este livro de Giulio Mattiazzi e em recomendar vivamente a sua leitura. Este livro, que nasceu de uma dissertação de doutoramento em sociologia defendida na Faculdade de Economia da Universidade de Coimbra em 2014, tem a particularidade de tratar um tema que é hoje mais dramaticamente actual do que quando a dissertação foi defendida. De facto, o tratamento dado à chamada "crise dos refugiados" não se pode entender sem as políticas de imigração da União Europeia e dos países europeus analisadas neste livro. Mattiazzi analisa-as em profundidade, submetendo-as a um exigente quadro teórico e analítico e ilustrando-as com dois estudos de caso (Lisboa e Pádua) solidamente investigados através de um trabalho de campo prolongado e seguindo as metodologias mais adequadas.

O modo como a União Europeia e os diferentes Estados europeus estão a lidar com o desastre humanitário dos refugiados torna-se mais compreensível (ainda que não menos condenável) à luz das ambiguidades e contradições que têm dominado as políticas de imigração nas últimas décadas. As instituições revelam muitas vezes a sua natureza mais profunda quando são sujeitas a situações excecionais que criam uma tensão desestruturadora particularmente intensa. A chamada crise dos refugiados é uma dessas situações e nela revelam-se muitas das características problemáticas que Mattiazzi identifica neste estudo. As políticas de imigração são a gestão do desconforto e da suspeição ante a presença de populações "extra-comunitárias" que, mesmo em situações "normais" e quando são necessárias ao desenvolvimento do capitalismo europeu, são vistas como uma ameaça potencialmente desestabilizadora dos "valores europeus". Mattiazzi analisa as ambiguidades, contradições e desigualdades institucionalizadas contidas nos principais instrumentos europeus sobre políticas de imigração, sejam eles a "Agenda Comum para a Integração-Enquadramento para Integração de Nacionais de Países terceiros na União Europeia" de 2005 e 2011 ou o Pacto Europeu para a Imigração e o Asilo e 2008. Os conceitos-chaves destes e de outros instrumentos são reveladores da fina camada de verniz de boa consciência europeia que cobre e encobre o desconforto e a suspeição perante "estrangeiros" em geral e imigrantes em especial. Conceitos como "integração", "valores europeus", "relações entre países de origem e países de acolhimento", "co-desenvolvimento", etc, etc. contêm uma lógica regulatória de desigualdade institucionalizada que, em situações anormais, quebra o verniz e revela a sua verdadeira face, a face cruel do "tratamento" da crise dos refugiados. Daí, a importância e atualidade deste livro.

Para realizar a sua investigação, o Mattiazzi socorreu-se do meu trabalho teórico e analítico e fê-lo com grande seriedade e criatividade. Eu nunca tratei especificamente o tema das migrações mas as teorias sociológicas que tenho vindo a desenvolver mostraram ter produtivas virtualidades analíticas para o tema em análise, virtualidades que certamente se devem tanto à teorias em si como ao modo competente como Mattiazzi as interpretou. Não é por isso que o livro é melhor, mas não pode deixar de ser essa uma das razões do meu gosto especial em o apresentar e recomendar vivamente a sua leitura.

INTRODUÇÃO
Giulio Mattiazzi

Este texto foi elaborado originalmente em 2014, acerca do fenómeno contemporâneo das migrações internacionais em dois países do Sul da Europa, Portugal e Itália.[1] Antes e depois de sua redação, entre 2013 e 2016, grandes tragédias humanas ocorreram no Mar Mediterrâneo. Intensificando uma dramática sequência de morte, centenas de embarcações saídas das costas tunisina, líbia e turca naufragaram provocando a morte de milhares de seres humanos, entre estes centenas de crianças. Pessoas em busca de refúgio internacional, fugindo de ditaduras, guerras, perseguições, pobreza e fome, procedentes de vários países africanos e medio-orientais, frequentemente originários de ex-colónias europeias. Pessoas paradoxalmente privilegiadas por terem a possibilidade de pagar alguns milhares de dólares para abandonar uma perspetiva de violência e miséria. Pessoas desesperadas ao ponto de aceitar viajar por mar de forma certamente perigosa, tendo como objetivo único chegar a qualquer ponto da costa europeia para procurar, se reconhecido, refúgio internacional. Muitos dos e das imigrantes[2] que hoje residem na Europa chegaram assim, mas trata-se de uma minoria em relação aos que chegam por motivos principalmente económicos e familiares. Entretanto, todos *viajam* em busca de três *visões* que a modernidade europeia prometeu à humanidade: bem-estar, democracia e paz.

Contudo, antes de transformar seu sonho de imigrante em realidade de cidadão, a única visão concedida ao viajante é o *caminho*, o caminhar evocado por Manuel Alegre em epígrafe (*Um barco para Ítaca*, de 1971). Neste texto dramático, o mito de Ulisses é lido na sua essencialidade:

---

[1] O livro reporta uma versão reduzida e atualizada da tese de doutoramento em Democracia no Século XXI (Mattiazzi, 2014), realizada pelo autor entre 2010 e 2014 pela Faculdade de Economia da Universidade de Coimbra, em regime de cotutela com a Università degli Studi di Padova (Itália).

[2] No trabalho original foi adotada uma linguagem inclusiva, indicando sempre o plural generalista com a forma dupla *os/as*, exceto quando em referência a sujeitos cujo género estava claramente definido (como no caso das referências a dados estatísticos). Esta opção fez sentido numa tese de doutoramento, mas não pôde ser adotada num livro, pois é extremamente disruptiva para a leitura. O autor, no entanto, adotou sempre a linguagem inclusiva nos títulos das seções e nas notas de rodapé, com finalidades divulgativas.

a prudência e astúcia do herói, o seu espírito de aventura e gosto de tudo experimentar, a fidelidade e desejo de retorno à sua ilha e para junto dos seus.[3] No trecho escolhido, está reproduzida mais uma metáfora da viagem, que subjaz aos valores e ideais do Ocidente; é também uma imagem arquetípica da mobilidade daqueles homens, daquelas crianças e daquelas mulheres nas barcaças do Mediterrâneo rumo à *Ilha Europa*, muitas vezes para se juntar aos seus...

Um elemento inexorável que pertence à viagem é a sua capacidade de descortinar as nossas *visões* sobre o incógnito que imaginávamos conhecer, o que por consequência desordena o nosso sistema de conhecimento: é o caminhar, o longo percurso que concretiza a viagem. É, precisamente, o caminho, a essência deste livro e das teses que defende. Enquanto caminhava, o migrante-autor descobria os seus próprios limites ontológicos, desvendava os seus preconceitos injustificados, desordenava o seu conhecimento. Tudo isto ocorreu no caminho graças ao cruzamento com outros cem caminhos que transformaram o homem, a criança e a mulher em algo que não existia antes. Na chegada à Ilha Europa, ao relatar os caminhos que cruzaram com os seus, aqueles homens e mulheres descrevem o que viram: conflito, sofrimento humano, guerras, intrigas, mentiras e sinceras tentativas de aliviar o peso da violência. A sua chegada à Ilha Europa, contudo, ainda gerará conflitos, sofrimentos, intrigas, mentiras e sinceras tentativas...

Na épica ocidental da viagem reside um bom exemplo da forma contraditória com que a Europa se valoriza a si mesma e desvaloriza tudo o que a ela não é reconduzível: valoriza quem Emigra (*Ulisses*, os portugueses e os italianos *no mundo*) e desvaloriza quem Imigra (*clandestinos*, os imigrantes que nos *invadem*). Um tema tão delicado como aquele da imigração, onde se misturam conflitos sociais, políticos e territoriais, é capaz – através daquilo que vou chamar de "princípio de derivação social" –, de demonstrar como as dinâmicas dos imigrantes são parecidas àquelas de outros viajantes subalternos: jovens, mulheres, desempregados, trabalhadores intermitentes, idosos, minorias étnicas e linguísticas, crianças.

No cerne desta duplicidade ambígua do pensamento moderno posicionei a pergunta simples do meu pai, que deu origem ao trabalho: *quantos*

---

[3] São palavras de José Ribeiro Ferreira, publicadas em MÁTHESIS, (6) 1997, pp. 239-260.

imigrantes cabem na Europa?[4] Ele perguntava isso com insistência, nos idos de 2008-2009, quando a Itália atingia o auge do seu número de imigrantes residentes; perguntava não apenas a mim mas a todos os políticos, académicos e imigrantes com os quais se cruzava. O pior era que ninguém parecia ser capaz de fornecer respostas que o convencessem – a começar por aquelas que eu dava. Esta pergunta ainda paira sobre a Europa do *pensamento abissal* (na conhecida expressão de Boaventura de Sousa Santos), isto é, da ideia da separação entre o que é europeu e o que não o é, entre nós e eles, entre branco e negro, entre civilizado e selvagem, entre eu e o outro, entre homem e mulher.

Foi, aliás, graças às teses do professor Boaventura de Sousa Santos, nas quais este livro se ancora fortemente, que senti a necessidade de aproveitar a *pergunta simples* do meu pai, para *trazer à luz as perplexidades*, como anos antes alertara o sociólogo português.[5] Além disso, percebi que perguntar simplesmente *quantos imigrantes cabem na Europa* desmascarava o *pensamento abissal* na dimensão migratória, pois trazia à luz a equação entre *I*-migrante = *falido em busca de recuperação* e *E*-migrante = *herói em busca de sucesso*. Em suma, o que tornava ausente a imagem do emigrante/sucesso/herói na figura do imigrante/falido/ameaça era o abismo entre nós e eles, produzido pelo pensamento moderno.[6] E, partindo dessa equação, outras perguntas vieram à tona: existem relações entre a herança colonial europeia e a abordagem com a qual se constroem as políticas imigratórias na Europa? É legítimo perguntar se os imigrantes internacionais na Europa participam do projeto de desenvolvimento do território onde residem regularmente? Os imigrantes discutem e implementam políticas públicas? São considerados parte integrante dos territórios onde vivem?

Tenho a consciência de que, numa comunidade de países que ainda mantêm "reservas" coloniais (os territórios ultramarinos franceses, os enclaves espanhóis em Marrocos, as ilhas britânicas espalhadas pelo

---

[4] Em italiano, a pergunta soa assim: *quanti immigrati ci possiamo permettere?*
[5] Na *Crítica da Razão Indolente*, em 2000, p. 56.
[6] O uso da palavra "migrante", sem especificar se a pessoa é *i*-migrante ou *e*-migrante, apesar de ser considerada *politically correct* pelo *mainstream*, é utilizado com um mero pretexto para esconder as diferenças de tratamento entre os "falidos" que imigram e os "heróis" que emigram. Por isso, neste livro, o autor prefere chamar *imigrante* quem chega e *emigrante* quem sai, deixando a palavra *migrante* para o uso impessoal e teórico.

mundo), ou que mantiveram, até muito recentemente, domínios coloniais em grandes territórios (como é o caso de Portugal), ou que ainda mantêm fortes interesses económicos nas ex-colónias, estas perguntas possam parecer apenas retóricas e, até mesmo, provocar sorrisos. Além disso, não esqueço o facto de que países fundadores da União Europeia, como Itália e Alemanha, adotaram leis raciais que vigoraram até há algumas décadas, ou que os regimes fascistas sobreviveram em Espanha e Portugal até à década de 70 do século XX. Por outro lado, é esta mesma Europa o berço da democracia clássica e da *Déclaration des droits de l'homme et du citoyen* de 1789, da luta e da vitória contra os totalitarismos, do processo de integração comunitária numa perspetiva de ampliação intercultural da diversidade na igualdade. E é também de origem europeia o modelo de Estado Social (*welfare state*), que procurou garantir equidades universais.

Na Europa do séc. XXI, Estado social, Democracia e Paz, podem conviver com exclusão, intolerância e xenofobia? Diante destas grandes contradições, a pergunta simples se transformou num quesito dos mais complexos: qual é a relação entre Democracia e Imigração?

Daí, portanto, a decisão de escolher o tema complexo das migrações internacionais na Europa para realizar uma investigação doutoral no âmbito do grande debate sobre a *Democracia no séc. XXI*. Mais detidamente, considerando o *princípio de derivação social* que o fenómeno apresenta para outros setores sociais (na medida em que as formas de discriminação que afetam os imigrantes enquanto grupo social subalterno podem abranger jovens, mulheres, idosos, doentes, desviantes e minorias étnicas), pensei que estudar a *participação* dos imigrantes na realização de políticas públicas permitisse refletir sobre a relação de força que se estabeleceu na Europa entre grupos dominantes e grupos subalternos, entre setores sociais mais fortes e mais fracos, entre o Eu dominador e o Outro dominado. Assim, a investigação foi estruturada em busca do abismo, das feridas e dos conflitos, mas também das experiências de tradução institucional, de inovação intercultural e participação democrática em quatro territórios, portugueses e italianos, nas cidades e no interior das zonas de Lisboa e Pádua. O seu objetivo, ademais, não se limitou à identificação e descrição de mais um conjunto de contrastes abissais que assola o planeta, mas visou também a emergência de propostas concretas, procurando restituir (assim o espero) o investimento que as instituições portuguesas e europeias fizeram para financiar a investigação.

Por isso, este livro concentra-se na busca das novas políticas públicas capazes de – ainda nas palavras de Santos – "reconhecer o outro como igual, sempre que a diferença lhe acarrete inferioridade, e como diferente, sempre que a igualdade lhe ponha em risco a identidade".[7] Esta formulação pode parecer óbvia, mas confesso ser complexa a tarefa de tornar exequíveis as propostas que dela derivam. Diante desta complexidade, o livro defende que a experimentação de novas soluções institucionais representa um horizonte onde é possível prosseguir rumo aos objetivos *emancipatórios*, sendo que a palavra "emancipação" é aqui utilizada como objetivo de *libertação do pensamento abissal*. Tal escolha não é casual, pois um dos maiores obstáculos à criação destes espaços experimentais institucionais no contexto ocidental é a ocultação da herança colonial, da violência imposta pela modernidade que nos quatro territórios estudados ainda estava presente, mesmo que ninguém gostasse de reconhecê-la como legado cultural dominante.

A busca pelos conflitos, a minha tentativa de mergulhar neles para sentir na própria pele o seu peso angustiante, e o esforço para propor concretamente formas exequíveis de pacificação, podem ser consideradas as etapas deste caminho que se realizou numa dimensão epistémica e social, entre diversos sistemas de conhecimento e políticas públicas destes resultantes. A procura por conflitos e alternativas centrou-se na presença dos imigrantes nos territórios onde residiam, e na sua eventual participação nas diversas fase das políticas públicas que naqueles territórios se realizavam. Inquirir, desta maneira, se os imigrantes eram considerados endógenos ou exógenos à realização das políticas locais, permitiu compreender, acima de tudo, qual a relação entre imigração/intercultura, representação/participação e desenvolvimento local/experimentação institucional, realizada nos contextos territoriais.

Para além de confirmar, ao par de outros estudos, que na modernidade europeia os imigrantes são considerados potencialmente ameaçadores da estabilidade do projeto moderno dominante, o principal êxito deste livro é constituído pelas propostas que realiza. Estas procuram abranger três dimensões fundamentais: uma epistémica, pensada para

---

[7] Santos, 2000: 228

as abordagens migratórias nacionais e comunitárias; uma empírica, dirigida aos organismos locais; e uma metodológica, capaz de gerar confiança no ambiente para a promoção de políticas baseadas nos princípios emancipatórios. À base de todas elas estão três mecanismos capazes de tornar as políticas públicas práticas solidárias e emancipatórias de transformação social: Reconhecer para Participar, Ampliar para Experimentar e Descolonizar para promover políticas Interculturais (sendo que estas se ligam novamente ao mecanismo do Reconhecer para Participar).

Ter alcançado o que pôde ser considerado um êxito na investigação transformou o autor num ser humano muito privilegiado. O primeiro privilégio foi concedido pela Universidade de Coimbra, pela Faculdade de Economia e pelo Centro de Estudos Sociais que me acolheram do início desta jornada como parte integrante de suas comunidades. O segundo privilégio foi concedido pela Fundação para a Ciência e a Tecnologia de Portugal, a quem dirijo o meu profundo reconhecimento, que com uma bolsa de 48 meses permitiu que pudesse dedicar-me exclusivamente ao estudo e à investigação. O terceiro privilégio foi o de ter tido como orientador científico o Prof. Dr. Pedro Manuel Teixeira Botelho Hespanha, Professor associado da Faculdade de Economia da Universidade de Coimbra. Apenas a sorte de encontrá-lo a meio caminho permitiu concretizar estas páginas. Entre tantos impulsos, estímulos e instigações recebidas, gerais ou detalhadas, há um conjunto de *operações elementares* que foram por ele sugeridas (e aqui adotadas) que vale a pena reproduzir em função do sentimento de profunda gratidão (e por serem instrumentos de grande utilidade para qualquer investigação crítica). São estas: *não cair em nenhuma simplificação; não esconder a complexidade dos fenómenos; buscar outros fatores que contribuem para a sua explicação; problematizar sempre; não simplificar, mas pedir tempo para aprofundar; evidenciar a complexidade e as contradições.* Os privilégios não acabaram, pois não poderia ser descrita diferentemente a oportunidade de contar com a coorientação do Prof. Dr. Vincenzo Pace, Professor catedrático jubilado da Università degli Studi di Padova, que não hesitou um instante em aceitar acompanhar esta investigação, fornecendo o seu ponto de vista transnacional e intercultural sobre a proposta e permitindo a evolução do trabalho para que o mesmo pudesse concretizar-se num formato aceitável, nos moldes da academia. Ademais, foi graças a esta parceria ítalo-portuguesa que foi possível amparar esta tese sob o regime de cotutela com a Universidade de Pádua. Por isso, mas não apenas por isso, quero agradecer às equipas do Centro de Estudos Sociais, da Escola de Estudos Avançados da Faculdade de Economia de Coimbra e do Servizio Formazione alla Ricerca de Pádua, pela inestimável colaboração.

Uma grande honra adveio do facto de o manuscrito original ter sido avaliado por Professores Doutores da mais alta competência, que ia muito além dos argumentos aduzidos nesta investigação: para além dos já citados orientadores, compuseram o júri da prova de doutoramento o Doutor Rogério Roque Amaro, Professor associado do ISCTE, Instituto Universitário de Lisboa; o Doutor Jorge Silva Macaísta Malheiros, Professor associado do Instituto de Geografia e Ordenamento do Território da Universidade de Lisbo; a Doutora Isabel Maria Estrada Carvalhais, Professora auxiliar da Universidade do Minho, e o Doutor Boaventura de Sousa Santos, Professor catedrático jubilado da Faculdade de Economia da Universidade de Coimbra.

Este livro não teria sido realizado se o autor não pudesse contar com o apoio do Prof. Dr. Leonardo Avritzer da Universidade Federal de Belo Horizonte, a quem sou muito grato por não ter suspendido o contacto comigo depois da minha partida do Brasil no regresso à Europa, e por me ter orientado na altura de elaborar e propor alguns projetos de investigação. Neste sentido, é dele a responsabilidade de propiciar o contacto com o Professor Arquiteto, e amigo, Giovanni Allegretti, que encontrei em Veneza em 2008, na altura do Festival de Cinema, logo após um enésimo acidente ocorrido com um aparelho eletrónico. Deste fulgurante encontro surgiu a ideia de realizar o doutoramento em Coimbra, mas sobretudo tomou forma um diálogo enriquecedor, divertido e produtivo. Devo ao Giovanni Allegretti a publicação deste volume.[8]

Aproveito este espaço para formular alguns agradecimentos. Em primeiro lugar, aos colegas de curso Pablo Almada, Mara Bicas, Lidiane Carvalho, Roberto Falanga, Juliano Geraldi, Sheila Holz, Olena Luchyna, Neiara de Morais, Tiago Paraíso, Kacerine Queiroz, João Paulo Galvão dos Santos, Lays Pais e Silva, Marcelo Valadares e Leonardo Veronez, com

---

[8] Agradeço a Associação In Loco por ter assegurado as condições administrativas da publicação do volume na relação com a Editora Almedina.

os quais entoo, idealmente, a "Balada da Despedida do 5º Ano Jurídico 88/89".

O período conimbricense da investigação só pôde concretizar-se graças ao apoio dalgumas pessoas das quais sou devedor: inicialmente Juliano Geraldi e Fernanda Novo e, num segundo – extenso e intenso – momento, Paulo Freitas e Isabella Lamas, que não apenas me receberam, mas permitiram realizar-me como morador da cidade. Por esta mesma razão estou também grato ao Roni e Catarina Pires. Quanto ao período lisboeta, o mesmo agradecimento o devo a Caetano De Carli e Larissa Almeida, que me fizeram sentir um *gajo* de Alcântara, e ao Roberto Falanga, que traduziu para mim o sentido mais cosmopolita da cidade (por esta mesma razão agradeço também a Annimari Juvonen, minha irmã fino-lisboeta, Giacomo Silva, meu filho luso-ambrosiano combatente, e João Paulo Galvão dos Santos, meu concidadão belorizontino *nas* Europa). Em especial, Freitas, De Carli e Falanga incumbiram-se também de algumas tarefas extras, como a de discutir alguns aspectos deste trabalho ao longo de intermináveis sessões autorreflexivas.

Da mesma forma, a Prof. Aline Santos, com a sua competência luso-fluminense e a sua especialização em matérias gerenciais, colaborou na estruturação do projeto de tese e acompanhou os difíceis momentos que antecederam e se seguiram à sua qualificação, não deixando faltar apoio crítico e moral.

Além disso, em terras portuguesas tive o privilégio de beneficiar da atenção e da crítica de especialistas, académicos ou não, que agradeço imensamente: em primeiro lugar, a Prof. Isabel Guerra, que muito generosamente me tratou, sem que o fosse, como seu orientando, fornecendo abundantes referências bibliográficas, reflexões teórico-metodológicas e chaves de compreensão humana; a Prof. Patrizia Messina que, da mesma forma, mas com as competências da cientista política, chamou constantemente a minha atenção para que à análise social fosse agregada a análise polítológica, não deixando de criar em mim mais perguntas do que respostas; Joana Azevedo, a quem sou grato porque foi a primeira pessoa que me ilustrou claramente a dimensão da emigração portuguesa; Maria Lucinda Fonseca, Jorge Malheiros e Jorge Cancela que também, de forma muito generosa, compartilharam o panorama da sociedade portuguesa do qual podem desfrutar. O mesmo fizeram dois conacionais expatriados: Guya Accornero e Goffredo Adinolfi. Ademais, devo à Prof. Maria Paula

Meneses a transmissão da confiança no uso do olhar deslocado, e da desconfiança em acreditar na sua imparcialidade.

Reservo um agradecimento muito especial e alegre à Sra. Prof. Dra. Susana Nogueira, que realizou um pormenorizado trabalho de revisão, tanto analítico, quanto sintético (e sistémico), além de ter tido a amabilidade de desvelar-me aspetos de Portugal que ignorara, mesmo mantendo a necessária imparcialidade que sua função institucional exigira.

Agradeço também a João Paulo Dias, Rita Pais, Leonor Marinho Dias e Pedro Rodrigues, por terem desmentido com factos que o Centro de Estudos Sociais e a Faculdade de Economia da Universidade de Coimbra sejam instituições burocratizadas. À Rita Pais, dirijo um agradecimento especial por ter acompanhado com muita paciência a complicadíssima fase da entrega da tese de doutoramento. Da mesma forma, agradeço Maria João Faustino pela revisão final do texto que é aqui publicado.

Entre Itália e Portugal, quero agradecer também a Angela Latorraca e Andrea Billo pelo trabalho de transcrição fulminante, que me permitiu avançar rapidamente numa das fases mais desgastantes do trabalho. Por esta mesma razão agradeço também a Fabio Bressan e a Filipe Vasconcelos Romão.

Em território italiano algumas pessoas ofereceram a sua experiência e conhecimento, para me ajudar na difícil tarefa de conhecer um terreno que havia aprendido a desconhecer: Marco Almagisti que me forneceu um precioso mapa do território; Khalid Rhazzali, que me emprestou as lentes de aumento sobre a vida dos imigrantes em Pádua; Paola Degani, que da mesma forma revelou os aspectos mais dramáticos destas vidas. Agradeço em especial a Roberta Soresi que, de forma generosa, desinteressada, crítica e disponível, participou ativamente em vários momentos da pesquisa, explicando o que é de facto o Camposampierese e participando de um grupo focal, em certos aspectos dramático. Agradeço também a Annalisa Frisina e a Sandra Kyeremeh pela ajuda em compreender o que é e como se dinamiza um grupo focal, e a Alessio Surian por ter concedido um pouco da sua sensibilidade crítica, científica e militante.

Finalmente, a minha profunda gratidão vai para algumas pessoas muito próximas de mim: Danilo Mattiazzi, que foi o inspirador da pergunta inicial deste livro, e que tão veementemente procurou uma resposta – ao ponto de dirigi-la ao Alain Touraine (o qual não soube – ou não quis – responder). Espero que a resposta o satisfaça parcialmente, de maneira que possa continuar a sua busca incessável pela emancipação. Espero que a mesma satisfação a sinta Bruna Calligaro, que sempre alertou para o facto do método vir antes do mérito, alerta pelo qual lhe devo muito. Agradeço também Alessia Mattiazzi, pela ajuda a tornar mais profundo o espírito crítico com o qual se deve olhar para os fenómenos sociais. Um agradecimento sentido vai para Alberto Nalin Arcuri e Patrizia Arcuri Nalin, pela ajuda na altura de perceber as distâncias atlânticas entre o que procuramos ser e o que somos; Lorenzo Guerrieri, Leonardo Guerrieri, Adriano Beraldo, Filippo Carrer, Alessandro Dei Rossi e Domenico Baratta, pelas atentas leituras da situação político-social italiana, que nunca deixaram faltar. Ao Gabriele Annis e ao Alfredo Fait (*in memoriam*) devo a capacidade de aprender com a determinação, a inspiração e a alegria.

Um agradecimento especial deste grupo vai para o Prof. catedrático Dr. Valter Zanin, que não apenas permitiu de facto a minha primeira colaboração académica com Itália – também graças ao apoio do Prof. Stefano Soriani e do Dr. Mauro Puggina –, mas também por ter encorajado a prossecução das leituras sociológicas e políticas antagonistas. Pela mesma razão, aplicada aos conhecimentos populares, agradeço os professores Paulo Sérgio Biagini, Luiz Márcio Biagini e Luiz Claudio Biagini.

Enfim, quero agradecer algumas pessoas encontradas rapidamente em Portugal e Itália, que doaram um pouco do seu tempo ajudando imensamente a orientação relativamente à Europa do Sul: Gabriella Brugnera, Antonella Ferrandino, Luciano Gallo, Marluci Menezes, Juliana Torquato, Bruno Leonardo Carvalho, Vanessa Sousa, Vania Baldi, Nona Evghenie, Selena Grimaldi, Egi Cenolli, Xia Jingwen, Selim Shah, Nicolae Dumbravanu, Matthew Achinike Ogaraku, Papa Gueye, Sené Alioune, Noreddine Mabrouk, Timóteo Macedo, José Falcão, André Costa Jorge, Mario de Carvalho, Bernardo Sousa, Mahomed Abed, Mamadou Ba, Ana Moreno, Rute Gonçalves, Miguel Alves, Maria dos Anjos Gonçalves, Jorge Carvalho, Rita Silva, Alcides Monteiro, Eurico, Maurizio Zancopè e Paulo Coimbra. Agradeço a todos por serem os exemplos vivos de como os migrantes participam da construção humana dos territórios onde residem.

CAPÍTULO 1
A TRANSIÇÃO PARADIGMÁTICA NO PENSAMENTO DE BOAVENTURA DE SOUSA SANTOS

> *A fase atual é de incentivar as diversidades porque no fundo estamos num período de experimentação social para ver o que é mais válido.*
>
> Boaventura de Sousa Santos[9]

Neste primeiro capítulo apresento muito sinteticamente alguns aspectos da teoria da transição paradigmática de Boaventura de Sousa Santos, com o objetivo de adotá-los sucessivamente na revisão do debate sobre a forma moderna de lidar com a migração internacional no contexto europeu.[10]

Crise da modernidade: transição paradigmática e recodificações

Capitalismo, socialismo, democracia, secularização, racionalidade, ciência, progresso, liberdade, igualdade, autonomia, subjetividade, cidadania, Estado-Nação, sociedade civil, emancipação: são algumas das palavras-chave que deciframeam a ideia ambivalente de *modernidade europeia* como projeto sociocultural para a transformação radical da sociedade dita pré-moderna. A ambivalência deste projeto assenta na tensão entre as culturas políticas que dele tomam forma, que alhures chamei de *liberal* e *social*.[11]

---

[9] Resposta a uma pergunta formulada pelo autor em Coimbra, nas aulas doutorais de junho de 2010.

[10] A revisão baseia-se nos livros *Pela mão de Alice* (Santos, 1994), *A crítica da razão indolente* (Santos, 2000), *Democratizar a democracia* (Santos e Avritzer, 2002), *Semear outras soluções* (Santos, Meneses e Nunes, 2004b), *A gramática do tempo* (Santos, 2006).

[11] Alimentado por um substrato teórico e prático acumulado no passado, refleti sobre a modernidade (Mattiazzi, 2009), constatando como, a partir desta ambivalência, duas culturas políticas construíram os seus projetos institucionais, sociais e econômicos. De um lado, uma vertente solidária, do outro uma competitiva. Na primeira, a interpretação burguesa do ideal cosmopolita e universalista, a *tradição liberal*; na segunda, a *tradição social*, protagonizada pelo internacionalismo proletário e o movimento internacional socialista. Essa reflexão abrangeu a América Latina, as influências recíprocas e os hibridismos com a cultura política europeia de uma das duas vertentes, a social. Tenho utilizado a ideia da *ambivalência constitutiva da moder-*

Com muito maior abrangência, numa obra que abarca quatro décadas, Boaventura de Sousa Santos descreveu a ambivalência da modernidade ocidental através da notória imagem dos *pilares* que estruturam o seu projeto sociocultural: o pilar da *regulação*, constituído pelo princípio do Estado, do mercado e da comunidade; e o pilar da *emancipação*, baseado em lógicas de racionalidades estético-expressiva (da arte e da literatura), moral-prática (da ética e do direito) e cognitivo-instrumental (da ciência e da técnica). (Santos, 1994: 70 e ss.). Segundo Santos, a partir de meados do século XIX, na Europa e no Ocidente, assistimos a uma consolidação da convergência entre o paradigma da modernidade e o capitalismo. Deste processo, o instrumentalismo científico, o cálculo económico e o discurso jurídico saíram fortalecidos, justificando e reforçando a exploração colonial (idem, ibidem: 120-125). Para o efeito, os demais paradigmas socioculturais (os saberes não ocidentais) passaram a ser colocados numa posição de subordinação, dominados pela modernidade liberal. Deste modo, algumas promessas da modernidade foram cumpridas, outras desrespeitadas: no pilar da regulação, verificou-se um desenvolvimento instável do Estado, um excesso de desenvolvimento do mercado e um enfraquecimento da ideia de comunidade; no pilar da emancipação, o desenvolvimento espetacular da ciência (como força produtiva vinculada ao mercado) cumpriu, até em excesso, a promessa da racionalidade instrumental.

Com esta leitura, Santos indicou a crescente promiscuidade entre o projeto da modernidade e o desenvolvimento histórico do capitalismo como responsável por desvirtuar o projeto original moderno, fazendo com que as lógicas da emancipação colapsassem e fossem absorvidas pelos princípios da regulação. Neste processo, as energias emancipatórias transformaram-se em energias regulatórias, resultando daí um excesso de controlo social, isto é, a "domesticação dos corpos subalternos" (Santos, 1994: 120-123). Para além disso, a maximização da utilidade social e a redução do potencial político das populações produziram dois efeitos complementares: por um lado esgotou-se o projeto da modernidade, por outro, o mesmo projeto alimentou-se deste esgotamento e perpetuou-se

nidade para concentrar prioritariamente a minha atenção sobre o tema da cidadania (política) dos migrantes (Mattiazzi, 2011) e sobre o tema da participação democrática (Mattiazzi, 2011b). Para garantir a coerência com o trabalho escrito anteriormente, em algumas secções deste capítulo reproduzo, com ligeiras modificações, alguns trechos publicados nos artigos referidos.

nele (idem, ibidem: 91). Contudo, tal crise não enfraqueceu a hegemonia da regulação moderno-capitalista, pois provocou também uma crise do pilar da emancipação. Por outras palavras, o *excesso de regulação* tornou insustentável o projeto moderno como um todo: é por esta razão que Santos falou de uma "crise da dimensão paradigmática da modernidade", uma crise do modelo ocidental, epistemológica e societal, que ocorreu após quatro séculos de afirmação progressiva.

As consequências deste domínio foram epistemológicas e sociais. No campo epistémico, o conhecimento-regulação veio a dominar totalmente o conhecimento-emancipação, "estabelecendo um princípio de ordem sobre as coisas e sobre os outros" (Santos, 2006: 29); inversamente, pela forma de conhecimento-emancipação (desacreditada na modernidade), "conhecer, é reconhecer, é progredir no sentido de elevar o outro da condição de objeto à condição de sujeito", o que Santos designa por solidariedade (idem, ibidem: 29 e ss.). Neste sentido, se o projeto emancipatório visava progredir do passado colonial rumo um futuro solidário, o regulatório preferia combater qualquer elemento antissistémico (gerador de caos) para obter a ordem social. Assim, a convergência da lógica do desenvolvimento da modernidade ocidental com a lógica do desenvolvimento do capitalismo levou o conhecimento-regulação a *recodificar, nos seus próprios termos,* o conhecimento-emancipação. Com a recodificação, "a ordem passou a ser a forma hegemónica de conhecimento e o caos, a forma hegemónica da ignorância" (idem, ibidem: 79), a solidariedade foi recodificada como caos, e o colonialismo foi recodificado como ordem. Por conseguinte, o futuro, isto é, a transformação social, passou a ser concebido como ordem, e o colonialismo como um tipo de ordem. Ao mesmo tempo, o passado foi concebido como caos, e a solidariedade também como um tipo de caos (Santos, 2006: 79).[12]

As consequências no plano social, segundo o autor, concretizaram-se na altura dos contactos entre a modernidade ocidental e as sociedades não-ocidentais, ou seja, quando a realização da experiência colonial europeia e a produção de conhecimento ocidental tornaram-se uma coisa só, fundindo-se uma na outra. Colonialismo e pensamento moderno estão, para Santos, intimamente ligados num "processo de fusão que contribuiu (...) para que o colonialismo como relação social sobrevivesse ao colonia-

---

[12] O processo de recodificação è descrito em Santos, 2006: 62-75.

lismo como relação política" (idem, ibidem: 29). Arquétipos deste binómio são a sociedade patriarcal, o consumismo individualista e mercantilizado, as identidades-fortaleza, a democracia autoritária, o capitalismo desigual e excludente, o racismo e a xenofobia. Relações sociais, políticas e económicas onde permanecem os traços constitutivos do legado colonial, que afirmam uma relação hegemónica da "civilização ocidental", ou, simplesmente, do "Ocidente", sobre o "outro" inferior, desqualificado: o selvagem, a mulher, a natureza, o Oriente, o saber tradicional. Esta forma de "civilização", em muitos casos, equivaleu à destruição dos conhecimentos nativos tradicionais (veja-se a relação entre medicina tradicional e alopatia), exerceu-se sobre a natureza, considerada incondicionalmente disponível, e – como veremos detalhadamente mais adiante – favoreceu a construção da imagem dos estrangeiros como *bárbaros*.[13]

Nesta afirmação inexorável da ordem racional-colonial, a imposição das dicotomias na relação com o outro provocaram a rendição da emancipação moderna à regulação moderna (Santos, 2000: 55). Este colapso produziu dois efeitos muito presentes no nosso quotidiano: o primeiro, a sensação generalizada de que tudo parece ser possível em termos de avanço científico, mas não viável para a sociedade como um todo (o acesso diferenciado às tecnologias é um exemplo patente disto). O segundo, que o modelo social hedonista e consumista, baseado na devastação ambiental e na exploração laboral (contradições internas da regulação), está profundamente desacreditado, embora não se afirmem modelos alternativos (baseados nos princípios da emancipação): por isso, "enquanto a regulação se torna impossível, a emancipação torna-se impensável" (idem, ibidem: 55). No entanto, o constrangimento conjunto dos pilares da estrutura moderna provocou uma diminuição súbita da eficiência do projeto ocidental, fazendo desta nossa época (o século XXI) um tempo de transição rumo a um novo paradigma emergente, capaz de explicar a diver-

---

[13] Notadamente, a etimologia da palavra é grega, adotada pelos latinos, e indica o estrangeiro enquanto pessoa não identificada com os costumes do observador, grosseira, não civilizada. Nos manuais de história europeus, as "invasões bárbaras" (isto é, as incursões dos povos centro-europeus – hunos, godos, celtas – na península italiana, entre os séc. II e V) são reportadas como uma das principais razões da queda do Império Romano. Para encontrar referências não generalistas sobre os factos históricos é necessário recorrer à literatura especializada, dificilmente acessível aos alunos das escolas primárias e secundárias (ver, por exemplo, Arnaldi, 2004). Sobre a presença de formas de inferiorização e racismo nos manuais portugueses de História, veja-se Araujo e Maeso (2010).

sidade epistemológica e social do mundo. Nesta fase indefinida, Santos considera nada resta senão assumir uma *posição transparadigmática* que reconheça não haver soluções modernas para os problemas modernos (idem, ibidem), e permita promover experiências de "emancipações" – como podem ser, por exemplo, algumas formas alternativas de sociabilidade doméstica e de sexualidade, de eliminação dos estereótipos dos papéis de cada género, de autoridade partilhada, de democratização do direito doméstico, de prestação mútua de cuidados (idem, 2000: 309-319). Trata-se de racionalidades alternativas realizadas em experiências sociais, políticas e culturais oriundas do "Sul global"[14] promovidas por subjetividades desejosas de percorrer a "sua trajectória epistemológica, do colonialismo para a solidariedade" (idem, ibidem: 306). A começar por essas experiências, Santos amadurece a ideia do Sul como "metáfora do sofrimento humano causado pelo capitalismo" (idem, 2006: 30), convocando-nos a pensar a existência de um "Sul global", um sofrimento globalizado causado pela *hubris* capitalista oriunda do "Norte global". A metáfora do Sul e do Norte globais é a metáfora das contingências do mundo todo, nos países pobres e nos países ricos, entre quem padece e quem promove este sofrimento.

A ampliação dos cânones da ciência e da democracia
A compreensão do Sul global com a qual Santos alinha vai além de um mero critério analítico para se tornar um apelo epistemológico: "aprender com o Sul: reinventar a emancipação social indo mais além da teoria crítica produzida no Norte e da práxis social e política que ela subscrevera" (Santos, 2006: 25). No entanto, tal reconstrução é possível somente a partir do testemunho das vítimas, dos grupos sociais que sofrem "o exclusivismo epistemológico da ciência moderna e (...) a redução das possibilidades emancipatórias da modernidade ocidental" (idem, ibidem: 25).[15] Mas isto não é suficiente para completar a transição e fazer emergir o novo paradigma. Para Santos, é necessário pensar e promover a diversidade e a pluralidade no século XXI para além do capitalismo e da globaliza-

[14] O conceito de "Sul Global" é desenvolvido na obra de Santos, em várias etapas (1995; 2000: 340-352; 2006: 23-43).
[15] Por esta razão, no trabalho que apresento a seguir, o testemunho dos/das imigrantes será considerado como fonte de informações privilegiadas para incrementar as possibilidades emancipatórias.

ção hegemónica, para além dos localismos globalizados, isto é, das novas formas de imperialismo cultural de entidade local que se expandem globalmente designando como rivais outros fenómenos locais (Santos, 2001: 31-106 e 555). Neste sentido, a ciência e a democracia ocidentais devem reconfigurar-se numa constelação mais ampla de saberes, onde podem coexistir com práticas científicas que sobreviveram ao "epistemicídio"[16] ou com experiências democráticas que emergem e florescem nas lutas contra a desigualdade e a discriminação. A superação da modernidade ocidental toma forma em Santos a partir de uma perspetiva pós-colonial e pós-imperial, nas margens internas das periferias mais extremas, graças a uma globalização contra-hegemónica construída pelo Sul na sua extrema diversidade.[17] Trata-se daquelas experiências emancipatórias que se multiplicam, ampliando os cânones da democracia, da produção não capitalista, do cosmopolitismo multicultural, da biodiversidade, etc. Nestas, configura-se uma reinvenção das formas tradicionais (isto é, ocidentais e modernas) da política, da economia, da cultura, que imprime novos impulsos à transição paradigmática.[18] A partir destas lutas económicas, sociais, políticas ou culturais é possível "ampliar o cânone" da ciência e da democracia para enfrentar os problemas que as promessas não cumpridas da modernidade ocidental provocaram, tanto no Norte global como no Sul global (falta de igualdade, de liberdade, de paz). Para ampliá-lo, Santos propôs utilizar um "novo patamar de inquirição", a "sociologia das ausências e das emergências" e a "ecologia dos saberes", enquanto racionalidades capazes de "darem conta da diversidade epistemológica do

---

[16] Isto é, a "morte de um conhecimento local perpetrada por uma ciência alienígena" (Santos, 2004: 20).

[17] Através da metáfora do Sul, Santos propõe "como orientação epistemológica, política e cultural, que nos desfamiliarizemos do Norte imperial e que aprendamos com o Sul", mas adverte, no entanto, que "o Sul é, ele próprio, um produto do império e, por isso, a aprendizagem com o Sul exige igualmente a desfamiliarização em relação ao Sul imperial (...) em relação a tudo o que no Sul é o resultado da relação colonial capitalista (...). Só se aprende com o Sul na medida em que se contribui para a sua eliminação enquanto produto do império" (Santos, 2006: 30).

[18] Algumas destas experiências foram estudadas num projeto de investigação intitulado "Reinventar a Emancipação Social: Para Novos Manifestos", dirigido por Boaventura de Sousa Santos, que envolveu 69 investigadores/as em seis países: África do Sul, Brasil, Colômbia, Índia, Moçambique e Portugal. A coleção consta de seis volumes, todos publicados pela Editora Afrontamento, do Porto. Em 2012, Santos e Meneses publicaram o volume "Epistemologias do Sul", pela Editora Almedina.

mundo" (Santos, 2006: 23-43) e trazer uma luz nova à nossa perplexidade (Santos, 2000: 56).[19]

Nesta perspetiva, se no plano epistemológico o colonialismo assumiu uma função central na construção da modernidade, a crítica ao colonialismo é central para a sua superação. Assim, a epistemologia crítica de Santos considera que todo conhecimento é capaz de discernir sobre o contexto social no qual é situado; por isso, *ampliar o cânone da ciência* é, para Santos, abri-la a uma maior participação nas discussões dos cidadãos e das cidadãs afetados pelas consequências das decisões tomadas.[20] Para dar voz não só aos cientistas alternativos, mas sobretudo aos cidadãos afetados, é importante que estes participem, ou que, pelo menos, estejam bem representados nos processos de tomadas de decisão. Contudo, o regresso da ciência ao mundo da democracia teve que ser imposto, sobretudo pelos movimentos políticos de massa que protestaram contra as elevadas emissões de poluentes, os danos causados pela pesca industrial, as monoculturas agrícolas, etc. (Santos, 2004: 63).

Paralelamente, a *ampliação do cânone da democracia* realiza-se na dimensão política. Neste caso, foi a emergência de formas de democracia participativa que ampliou os cânones tradicionais da representação. Santos e Avritzer (2002) identificaram na crescente importância do papel de movimentos sociais na institucionalização da diversidade cultural (por exemplo, os movimentos pelos direitos humanos e ambientais que se reúnem no Fórum Social Mundial) a inserção de novos atores na cena política (sobretudo nos países de recente democratização do Leste Europeu, da América Latina e da África). Neste sentido, a introdução do experimentalismo na própria esfera do Estado (como no caso, paradigmático, do Orçamento Participativo ou dos *Panchayats* na Índia) propugnou a transferência de práticas e informações do nível social ao nível administrativo, na defesa de interesses e identidades subalternas. Entretanto, na relação entre democracia participativa e representativa, segundo Santos e Avritzer, a perspetiva é a de articular a representação com a participação, não apenas ao nível local. O objetivo é reabilitar um sistema que perde, pro-

---

[19] Utilizei estas ferramentas epistemológicas para realizar a investigação que aqui apresento.
[20] Neste sentido, derrubar barreiras entre cientistas e especialistas, por um lado, e cidadãos comuns, por outro, é, certamente, tarefa difícil, mas não são inéditas as situações em que os próprios cientistas tomam a iniciativa de interrogar criticamente as orientações dominantes. Alguns casos são citados em Santos, 2004: 61-62.

gressivamente, representatividade, complementando-o com formas de participação que ainda não possuem representatividade, como o são as manifestações de rua, os confrontos públicos realizados nos meios de comunicação social, as pesquisas/sondagens de opinião, o voto no estrangeiro, o voto de ratificação dos acordos sindicais, os referendos/plebiscitos, o sistema de *recall*, as primárias para a escolha dos candidatos. Para isso, é desejável que se construam formas de coexistência e complementaridade que possam fortalecer a democracia, como reforçar a *demodiversidade*[21] através das práticas democráticas, promover uma articulação contra-hegemónica entre o local e o global e ampliar o experimentalismo democrático.[22]

Tanto para a ciência como para a política, segundo Santos, *ampliar o cânone* da relação poder/saber permite dar prioridade à participação comunitária em termos de produção de conhecimento. Envolver os cidadãos na tomada de decisão significa aumentar a qualidade da decisão, resultando esta da consideração simultânea e inseparável de critérios técnicos e critérios políticos, éticos, sociais, culturais e económicos (Santos, 2004: 63). Em suma, a reinvenção da emancipação social passa pela ampliação dos cânones, enquanto elemento fundacional do novo paradigma emergente. *Reinventar* e *ampliar* são atitudes epistemológicas que possuem um caráter subsidiário. Reinventar a emancipação significa pensar numa *emancipação outra* daquela que se tornou o duplo da regulação moderna. No entanto, a nova emancipação parte das mesmas premissas – ou melhor, promessas – não cumpridas da modernidade ocidental. Aqui reside a originalidade da proposta de Santos, pois se "a modernidade não pode fornecer a solução para excessos e défices por que é responsável, não é menos verdade que só ela permite desejá-la" (Santos, 2000: 70 e ss.). O desenvolvimento científico e o sistema democrático foram conquistas modernas que produziram melhores condições de vida e a promo-

---

[21] Os arranjos procedimentais adotados nas experiências democráticas produzidas localmente.
[22] Foi o que aconteceu no final do séc. XX, com a experiência constitucional dos Conselhos Gestores de Políticas Públicas no Brasil, o *impeachment* popular no Equador e as *Oficinas de Derechos Sociales* em Espanha (Santos e Avritzer, 2002); ou ainda, no início do séc. XXI, nas *web*-mobilizações promovidas pelo *Popolo Viola* em Itália, o movimento dos *indignados* em Espanha e Portugal e as revoluções do Norte da África. Nestas experiências participativas a grande proposta (somente realizada nos primeiros casos) foi o exercício direto do poder da ação política, a tomada de decisão na gestão dos bens coletivos. Este é o sentido mais autêntico da participação, o que confere substância ao ato participativo, tornando-o deliberativo.

ção dos direitos humanos. Contudo, a ambivalência da modernidade produziu contradições, ruturas e continuidades, ao ponto de ser considerada um projeto não acabado.

O fim da equação moderna entre raízes e opções[23]

O *pensamento das raízes* é o pensamento de tudo aquilo que é de grande escala, profundo e permanente; contrariamente, o *pensamento das opções* é o pensamento de tudo aquilo que é de pequena escala, variável e efémero. As raízes aproximam-se do pensamento do passado, as opções do pensamento do futuro; nesta polaridade parece perfilhar-se um equilíbrio simétrico, mas tal é ilusório, pois ambos são pensamentos do futuro, orientados e desequilibrados em direção ao futuro. Para o efeito, *Revolução*, *Progresso* e *Evolução* foram movimentos da modernidade europeia tão virados para o futuro que foram capazes de desvalorizar o passado e encarnar no porvir um espaço da vida real dotado de grandes poderes de fulguração e revelação.[24] Entretanto, tendo consumado a sua vitória histórica contra a aristocracia (com as Revoluções Inglesas, Americana e Francesa) e contra o proletariado (com o fim da Guerra Fria), à burguesia não interessa mais que não seja uma repetição do presente, pois o futuro como progresso pode ser perigoso. Por outro lado, para os vencidos deste processo histórico, os subalternos e subalternas do Sul glo-

---

[23] A reflexão de Santos sobre "raízes/opções", muito densa e articulada, serve para formular a base teórica de uma Epistemologia do Sul, utiliza a imagem da queda do *Angelus Novos* de Paul Klee e a alegoria da história que, com este, faz Benjamin (Santos, 2006: 47-85). Para profundar esta reflexão vejam-se também às análises anteriores de Santos sobre a "mudança social normal" (Santos, 2000: 162-172).
[24] Para dar alguns exemplos, Santos convida a pensar na equação entre sociedade medieval (dominada por lógicas de raízes: a religião, a teologia, a tradição ou o Ancién Regime) e a sociedade moderna (dominada por lógicas de opções: a Reforma luterana, o Direito Natural, a Ciência ou o Iluminismo). São factos históricos que produziram mudanças na relação, "um jogo de posição" entre raízes e opções, que fez com que opções (a ciência, o contrato social – introduzidos na metrópole) se tornassem raízes, enquanto que as raízes (a religião, o estado de natureza – mantidos nas colónias) se tornassem opções. "A razão [a nova ciência, a nova política, a nova religião e a nova arte], transformada em raiz última da vida individual e colectiva, não tem outro fundamento senão criar opções [...]. É uma opção que, ao radicalizar-se, torna possível um imenso campo de opções" (Santos, 2006: 52). Com o Iluminismo, segundo Santos, a nova equação raízes/opções tornou-se o modo hegemónico de pensar a transformação social e o papel das pessoas nessa transformação: a opção torna-se raiz (a novidade passa a tradição, hábito consuetudinário), e a raiz nasce no futuro (a tradição está na consuetudinária novidade).

bal, não interessa a ideia do futuro como progresso, pois foi sobre a ideia de progresso que se elaborou a sua derrota. Assim, de forma inédita na modernidade, no séc. XXI, os filhos estão a ter piores condições de vida do que os pais e as mães, sendo que "por um lado, o futuro parece vazio de sentido, por outro o passado está tão indisponível como sempre. [...] A incapacitação do futuro não abre qualquer espaço para a capacitação do passado"; por isso, segundo Santos, "não podemos voltar a pensar a transformação social e a emancipação sem reinventarmos o passado" (idem: 48-49). Não se leia esta posição como conservadora ou nostálgica: a reinvenção do passado que Santos propugna tem como objetivo restituir-lhe a capacidade de explosão e de redenção.

Embora a modernidade possa dar-nos o necessário para formular uma solução a este *impasse*, não nos dá essa solução; esta impossibilidade, na análise de Santos, é provocada pelo fim da equação moderna entre raízes e opções, isto é, pelo fim do modelo ocidental de construção das identidades e da transformação social. O fim da equação é a marca do nosso tempo, pois produz três manifestações de alteração orgânica ou funcional da modernidade (idem, ibidem: 55-62). A primeira é a *turbulência das escalas*, isto é, as mudanças ao nível local que produzem efeitos no plano global: a violência urbana é paradigmática a este respeito. Um exemplo de janeiro de 2011 (cuja posterioridade temporal à analise que aqui se reporta é elucidativa) é a onda de protestos que implicou a Tunísia, e em seguida todo o Norte de África (*Primavera Árabe*), após a imolação de Mohamed Bouazizi:[25] um caso pessoal (pequena escala) tornou-se um protesto regional (grande escala). A segunda manifestação da desestabilização da equação é *a explosão simultânea das raízes e das opções*. Em resultado desta, assistimos a uma multiplicação infinita das opções (a globalização, enquanto articulação entre sociedade de consumo e sociedade da informação), ao passo que se afirmam "localismos e territorialização de identidades e singularidades", como o ressurgimento dos povos indígenas ou das identidades étnicas contrapostas às chegadas de imigrantes na Europa (idem, ibidem: 56-57). A terceira manifestação da desestabilização é a *trivialização da equação entre raízes e opções*, a banalização da distinção entre passado e futuro, com a consequente eternização do presente

---

[25] Um vendedor ambulante tunisino de 26 anos da aldeia de Sidi Bouzid (zona central do País), que se sacrificou num protesto individual contra a falta de emprego e oportunidades para os/as jovens do seu país.

e o sucessivo desaparecimento da nossa capacidade de pensar a transformação social. Segundo Santos, o esvaecimento desta capacidade produz uma sensação de vertigem e, ao mesmo tempo, de impotência, de incapacidade de realizar a mudança social (idem, ibidem: 56-57): um exemplo é a simultaneidade, o anonimato e a virtualidade com que se propagou o movimento "Occupy" – que, contudo, não eliminaram a frustração quanto à sua impotência. Apesar de querer representar 99% da população, esta mobilização não conseguiu afirmar sua vontade contra 1%; assim, os problemas parecem não ter solução.

Sem a distinção entre passado e presente não é possível imaginar a transformação social (idem, ibidem: 75). Para superar a repetição homogénea do presente, somente uma nova "capacidade de espanto e de indignação" (Santos, 2006: 75-81) pode impedir o desperdício da experiência. A orientação fornecida por Santos é tríplice – epistemológica, metodológica e política –, e é engatilhada por três imagens. A primeira valoriza a *solidariedade como forma de conhecimento* e revaloriza *o caos como dimensão da solidariedade*; a imagem que "gerará energia para esta valorização é o *sofrimento humano*" (idem, ibidem: 79). A segunda é o uso da *hermenêutica diatópica*, um "procedimento hermenêutico baseado na ideia de que todas as culturas são incompletas e de que os *topoi*[26] de uma dada cultura, por mais fortes que sejam, são tão incompletos quanto a cultura a que pertencem" (Santos, 2006: 79); aqui, a imagem desestabilizadora é o *epistemicídio*. A terceira é a procura de um equilíbrio dinâmico entre as teorias da separação e as teorias da união, o que Santos define (com Falck, *apud* Santos, 2006: 80) como *human governance*. A imagem desestabilizadora é o *apartheid global*.

Estas orientações e imagens remetem para a ideia de um reconhecimento das diferenças que se realize a par da luta por condições económicas, sociais e políticas que garantam a igualdade na diferença. O que

---

[26] No uso interpretativo que é feito por Santos (2006: 79-80), a busca pelo conhecimento do significado da existência é organizada numa dinâmica diatópica, isto é, duplamente tópica, que se estrutura na forma de um diálogo entre dois *topoi*. De premissas de argumentação (que por serem "dadas" não podem ser discutidas), a proliferação dos *topoi* passa a ser argumento de confronto entre duas culturas. Significativamente, em estudo clássico sobre a cultura política italiana, Tullio-Altan define o *tòpos* (o território) como um dos cinco elementos constitutivos da identidade nacional, ao lado de *epos* (épica histórica), *ethos* (a personalidade do Estado), *logos* (a linguagem nacional) e o *genos* (o povo) (Tullio-Altan, 1995: 181).

ocorre é que "nas condições do capitalismo global em que vivemos não há reconhecimento efetivo da diferença (racial, sexual, étnica, religiosa, etc.) sem redistribuição social" (idem, ibidem: 35).

A transição paradigmática nas migrações internacionais

Para Boaventura de Sousa Santos, a necessidade de se indignar para mudar a condição do nosso tempo é uma tarefa urgente, pois os dramas provocados pelo 'excesso de regulação e o colapso da emancipação', com a consequente 'recodificação das formas de conhecimento', são avassaladores para grande parte da população do planeta e para o planeta em si. Além disso, com o fim da 'equação entre raízes e opções', a inapelável neutralização do passado e a cega valorização do futuro produziram ilusões e consequências no plano epistemológico e social: na dimensão do conhecimento, geraram a falsa imagem de um vetusto e tenebroso caos solidário pré-moderno, aniquilado pela fúlgida e promissora ordem colonial. Na vida real, promoveram a neutralização das classes perigosas, das minorias (e por vezes maiorias) étnicas, raciais e sexuais, dos trabalhadores e das mulheres: "cada um deles a seu modo considerado perigoso precisamente porque representa o caos e a solidariedade contra os quais é preciso lutar em nome da ordem e do colonialismo" (Santos, 2006: 79).

Para Santos, enquanto permanecer este *pensamento abissal*,[27] a separação entre nós e eles, entre eu e o outro, não podem ocorrer mudanças paradigmáticas. Emancipar-se é, para a humanidade, libertar-se do *pensamento abissal*. Por isso, a reinvenção da emancipação social e a criação de subjetividades que promovam ações transformadoras são dinâmicas que dependem da capacidade de formular novas alternativas. A partir dessa condição, Santos concentra-se na busca por uma nova cultura política capaz de posicionar a luta pelo princípio da igualdade ao lado da luta pelo princípio do reconhecimento da diferença; neste sentido, a experimentação

---

[27] O *pensamento abissal*, segundo Santos (2007), é um sistema de distinções visíveis e invisíveis, que divide a realidade social em dois universos distintos: o universo "deste lado da linha" e o universo "do outro lado da linha". A divisão faz "o outro lado da linha" desaparecer enquanto realidade, tornando-a inexistente, e é mesmo produzido como inexistente. Assim, o que é produzido como inexistente é excluído totalmente por permanecer exterior à conceção do/a outro/a. A característica fundamental do *pensamento abissal* é a impossibilidade da copresença dos dois lados da linha.

de novas soluções institucionais representa um horizonte onde é possível prosseguir rumo aos objetivos emancipatórios. No entanto, um dos maiores obstáculos à criação destes espaços no contexto ocidental é a ocultação da herança colonial, a violência matricial imposta pela modernidade. Segundo Santos, esta violência nunca foi incluída "na auto-representação da modernidade ocidental porque o colonialismo foi concebido como missão civilizadora", e, portanto, inseriu-se no "marco historicista ocidental nos termos do qual o desenvolvimento europeu apontava o caminho ao resto do mundo, um historicismo que envolve tanto a teoria política liberal como o marxismo" (idem, ibidem: 25). A "exclusão da exterioridade colonial" (o "outro", o não europeu) da estrutura constitutiva da modernidade europeia, a sua exploração colonial e domesticação social foi, para Santos, uma operação que levou à falência do projeto moderno.

Em consequência disso, as sociedades modernas ocidentais vivem uma dupla, constitutiva, contradição: no plano geral, a contradição entre princípios que são tidos como universais, mas que permanecem confinados na sua vigência às sociedades metropolitanas; no plano particular, entre "os princípios de emancipação, que continuaram a apontar para a igualdade e a inclusão social e os princípios da regulação, que passaram a gerir os processos de desigualdade e de exclusão produzidos pelo próprio desenvolvimento capitalista" (Santos, 2006: 260). A Tabela abaixo ilustra este segundo contraste:

TABELA 1: Tensões constitutivas das sociedades modernas ocidentais

princípios regulatórios *(gestão)*	*princípios emancipatórios* *(objetivos)*
desigualdade **exclusão social** <————>	*igualdade* *inclusão social*

Fonte: Santos, 2006: 260.

Na sua teoria sobre a "transição paradigmática", Boaventura de Sousa Santos considera que esta tensão entre princípios regulatórios e emancipatórios da modernidade define o embate moderno entre gestão da desigualdade e da exclusão social, de um lado, e busca por igualdade e inclusão social, do outro. Esta contraposição é considerada, ao mesmo tempo, fundacional e demolidora do projeto ocidental moderno porque traz consigo, dissimulada, a herança cultural colonial que garantiu outrora a sua afirmação e determina a sua decadência.

Nos três capítulos que apresento a seguir, procuro aplicar esta abordagem ao debate sobre as migrações internacionais na Europa, pois creio que este fenómeno contemporâneo, as suas razões, corolários e consequências, evidencia dramaticamente o colapso do paradigma moderno que inspira as suas políticas migratórias. Apropriando-me da teoria de Boaventura de Sousa Santos, procuro descrever os elementos subparadigmáticos da modernidade nos conceitos instrumentais que identificam, descrevem e classificam a forma moderna de lidar com a migração internacional. Para o efeito, defendo que os conceitos de *integração, representação e desenvolvimento* são subprincípios da regulação moderna, traduzidos em formas de conhecimento subparadigmáticas, que se tornaram *modelos hegemónicos* das políticas migratórias europeias e que, por essa razão, vivem uma crise profunda e inelutável. Cada um destes conceitos expressa diferenças de potencial em relação aos subprincípios da emancipação moderna, que designo por *intercultura, participação e experimentação sustentável*. Estes, traduzidos em formas de conhecimento subparadigmáticas, tornaram-se *práticas contra-hegemónicas* no plano das políticas migratórias comunitárias, porque representam a emergência de um paradigma alternativo aos modelos hegemónicos modernos. Resumo esta convicção na Tabela abaixo.

TABELA 2: Aplicação da teoria da transição paradigmática de Santos (2006) ao debate ocidental moderno sobre migrações internacionais

princípios da modernidade (*formas de conhecimento*)	*subprincípios da modernidade* (*condição nas políticas migratórias*)
regulatórios (**conhecimento-regulação**)	**integração – representação – desenvolvimento** (**modelos hegemónicos**)
emancipatórios (*conhecimento-emancipação*)	*intercultura – participação – experimentação sustentável* (*práticas contra-hegemónicas*)

Fonte: Elaborado a partir de Santos, 2000: 29-36.

Sendo assim, na passagem da condição paradigmática da modernidade para a condição subparadigmática das políticas migratórias europeias, a tensão entre conhecimento-regulação e conhecimento-emancipação expressa os seguintes pares teórico-dinâmicos: *integração-intercultura, representação-participação, desenvolvimento-sem-os-migrantes-experimentação-com-os-migrantes*. A Tabela abaixo ilustra estas tensões modernas no âmbito da migração internacional.

TABELA 3: Tensões constitutivas da modernidade ocidental na dimensão migratória

princípios regulatórios *gestão da desigualdade e da exclusão social*		princípios emancipatórios *objetivos da igualdade e da inclusão social*
integração	<————>	*intercultura*
representação	<————>	*participação*
desenvolvimento- -sem-os-migrantes	<————>	*experimentação-com-os- -migrantes*

Fonte: Elaborado a partir de Santos, 2006: 259-260.

Nesta dimensão, da mesma maneira e para o efeito da vinculação entre modernidade e capitalismo, a regulação absorveu a emancipação e, em função do processo de recodificação, o conhecimento-emancipação tornou-se o duplo do conhecimento-regulação. Qual é a repercussão deste processo na forma com a qual a modernidade enfrentou os desafios colocados pelo fenómeno das migrações internacionais? Este processo repercutiu sobre os pares teórico-dinâmicos integração-intercultura, representação-participação e desenvolvimento-experimentação, nas formas que discutirei, respetivamente, nos capítulos dois, três e quatro. O objetivo desta discussão é dúplice: por um lado, ilustrar o processo de criação de modelos hegemónicos nas políticas migratórias comunitárias, denunciando a sua crise inelutável enquanto modelos subparadigmáticos da modernidade; por outro, evidenciar como a partir desta crise estamos a passar para uma fase de transição pós-moderna, que leva à emergência de um novo paradigma.

CAPÍTULO 2
VISÕES DA MIGRAÇÃO INTERNACIONAL NA TRANSIÇÃO PARADIGMÁTICA: OS PILARES DAS INTEGRAÇÕES E DAS INTERCULTURAS

Organizo este capítulo em torno da tensão entre integrações e interculturas, múltiplos e diversificados pilares que sustentam a forma moderna de lidar com as migrações internacionais na Europa. Tanto do ponto de vista epistemológico como social, isto é, na definição de políticas públicas, considero que ao pilar das integrações corresponde a expressão hegemónica dos princípios da regulação moderna, e ao pilar das interculturas a expressão contra-hegemónica da emancipação moderna. Resumo esta convicção na Tabela abaixo.

TABELA 4: Aplicação da teoria da transição paradigmática de Santos (2006) ao debate ocidental moderno sobre integrações e interculturas nas migrações internacionais na Europa

princípios da modernidade *(formas de conhecimento)*	*subprincípios da modernidade* *(condição nas políticas migratórias)*
regulatórios **(conhecimento-regulação)**	**integrações** **(modelos hegemónicos)**
emancipatórios *(conhecimento-emancipação)*	*interculturas* *(práticas contra-hegemónicas)*

Fonte: Elaborado a partir de Santos, 2006: 29-43.

Considero a tensão entre o paradigma dominante – *integrações dos migrantes* – e o paradigma emergente – *interculturas migrantes* – como uma época de transição, de mudança intermediária, que identifico como "transição paradigmática". Descrevo teoricamente a tensão enquanto 'diferença de potencial' entre formas de conhecimento regulatórias (integrativas) e emancipatórias (interculturais). Neste sistema, o conhecimento-regulação é dominante em relação à forma desacreditada de conhecimento-emancipação: assim, do ponto de vista empírico, a tensão entre o pilar das integrações e o das interculturas concretiza-se no confronto entre políticas públicas concebidas, planeadas, realizadas e avaliadas num contexto social. Uma condição que expressa a 'diferença de potencial entre políticas públicas', num caso regulatórias (integrativas), e noutro emancipatórias (interculturais). Para verificar empiricamente a sua implementação formulo a primeira pergunta simples: *que relação existe entre integração e conflito social?*

Resumo as formas de conhecimento nesta faceta da modernidade na Tabela abaixo, onde acrescento a conceção do outro que as caracteriza, o tipo de políticas públicas que produzem, e a pergunta simples que permite a sua contextualização e sucessiva verificação empírica.

TABELA 5: Tensão subparadigmática no pilar das integrações e interculturas

formas de conhecimento	*conceção do outro*	*políticas públicas*
regulatória (dominante) ↓ *emancipatória* (*desacreditada*)	**objeto** ↓ *Sujeito*	**integrativas** ↓ *interculturais*
Que relação existe entre integração e conflito social?		

Fonte: Elaborado a partir de Santos, 2006: 259-260.

Aparentemente, a pergunta não faz sentido, ou indica somente um: que os termos são opostos e se contrapõem – onde há integração não há conflito, e vice-versa. No entanto, estas duas dinâmicas são só aparentemente contrárias, como demonstrarei no final do capítulo, pois os processos de 'recodificação' e de 'alteração funcional' da modernidade[28] *inverteram os objetivos de coesão social das políticas de integração, provocando desigualdade social.* Para abraçar esta conclusão, contudo, é necessária a contextualização prévia da pergunta no quadro do debate europeu sobre o assunto,[29] fornecendo ao leitor e à leitora informações úteis para que pos-

---

[28] Descritos no capítulo anterior.
[29] Isto não significa não recorrer a referências teóricas de autores e autoras não europeus/ias, mas sublinhar os limites deste trabalho, que tem sido realizado dentro do conhecimento de estudos de casos ocorridos em Portugal e Itália, isto é, no contexto da União Europeia.

sam preencher com conteúdos as palavras que a compõem. Faço-o, de seguida, a partir da análise da política europeia de "integração",[30] nomeadamente da "Agenda Europeia para a Integração dos Nacionais de Países Terceiros". Ao analisar o documento que aborda e programa as políticas públicas para a "integração" dos imigrantes internacionais, adotado pela Comissão Europeia em 2005, identifico alguns dos debates teóricos que, a meu ver, lhe subjazem, na tentativa de realizar um estudo de arqueologia *epistémica*. Por isso, descrevo de seguida o principal indicador de crise e transição do paradigma dominante, que designo como 'processo de transnacionalização da esfera pública', e faço uma rápida referência à emergência de práticas de tradução intercultural, consideradas como respostas à crise do paradigma dominante. Concluo explicando as razões e os limites epistemológicos entre os quais se posiciona a pergunta que formulei; a resposta que aqui darei, no entanto, limitar-se-á à dimensão teórica, permanecendo a empírica condicionada à apresentação, análise e verificação dos dados recolhidos no terreno.[31]

O paradigma dominante: a "integração" dos e das imigrantes internacionais

O paradigma que domina a discussão teórica sobre "integração dos imigrantes" na Europa, e a consequente adoção de medidas concretas de políticas públicas, reconduz à necessidade de os imigrantes internacionais *serem integrados*, ou de *se integrarem, nas sociedades de acolhimento*.

Por esta razão, desenvolve-se na Europa um sem número de ações, desde a investigação científica até à intervenção concreta, inspiradas nos *conceitos de integração*, tanto ao nível comunitário como nacional e local. Neste sentido, em 2005, a Comissão Europeia dotou-se de um instrumento de política comunitária para a "integração", chamado *Agenda Comum para a Integração – Enquadramento para a Integração de Nacionais de Países Terceiros na União Europeia* (UE).[32] Em 2011, a Comissão adotou uma

---

[30] O uso comummente feito da expressão "integração", como explico neste capítulo, implica conceitos controversos que não possuem um único significado. Assim utilizo a expressão entre aspas.
[31] Que será feita nos capítulos centrais do texto.
[32] COM/2005/0389. Notar-se-á que o uso da expressão "nacionais de países terceiros" demonstra um cuidado na eliminação da palavra "imigrante extra-comunitário", então muito utilizada. O documento entende "por nacionais de países terceiros" os/as imigrantes que vêm de países de fora da UE que não possuem a nacionalidade de um país membro. Este grupo

nova *Agenda*,[33] sobre a qual me debruçarei mais adiante. Num primeiro momento, contudo, irei concentrar-me numa análise mais pormenorizada dos seus *princípios básicos comuns* (PBC), pois reproduzem fielmente o paradigma dominante ocidental sobre a "integração" dos estrangeiros imigrantes.

O documento estabelece onze PBC das políticas de integração da UE,[34] que sintetizo em três *conceitos-chave* e três *condições essenciais*:[35] os primeiros referem a essência da "integração", que (a) *é um processo dinâmico e bidirecional*, (b) *precisa de uma atitude de adaptação mútua* e (c) *do respeito dos imigrantes pelos valores fundamentais da UE*. As condições essenciais para a sua realização são (a) *o trabalho*, como "elemento essencial no processo de integração", (b) *o conhecimento básico da língua, da história e das instituições da sociedade de acolhimento*, considerado "indispensável para a integração",[36] e (c) *"o diálogo intercultural, a formação sobre imigração e culturas imigrantes [...] e as interações entre imigrantes e cidadãos dos Estados-Membros"*, tidos como mecanismos fundamentais da integração.[37] Resumo os conceitos-chave e as condições essenciais da Agenda europeia para a integração na Tabela seguinte, e passo a designá-los como elementos do *Modelo Subparadigmático Europeu para a Integração dos Migrantes Internacionais na Modernidade*.

inclui tanto as pessoas nascidas num país extra-UE como as pessoas nascidas na UE, mas que não possuem a nacionalidade de um Estado-Membro.

[33] Agenda europeia para a integração dos/das nacionais de países terceiros (SEC(2011) 957).

[34] São nove princípios e duas "vertentes de aplicação" dos princípios que recomendam a transversalidade das políticas de "integração" e a necessidade da sua constante avaliação. A partir do estímulo ao uso de "indicadores de integração", foram empreendidas medições neste sentido em todos os Estados-Membros. Em 2011, o Eurobarómetro realizou a primeira medição.

[35] A identificação de *conceitos-chave* e *condições-essenciais* para que se realize a "integração" é uma interpretação que livremente faço, a partir da leitura das *Agendas* de 2005 e de 2011.

[36] É significativo que a *Agenda* não preveja que tais conhecimentos devam ser *assegurados*, mas somente que deva ser "proporcionada a possibilidade [aos nacionais de países terceiros] de adquiri-los".

[37] A *participação* dos imigrantes na vida democrática e na elaboração de políticas públicas não é considerada uma condição indispensável para a "integração". As 'políticas de participação' serão consideradas como tais na Agenda de 2011.

TABELA 6: Modelo Subparadigmático Europeu para a Integração dos Migrantes Internacionais na Modernidade (conceitos-chave e condições essenciais)

conceitos-chave da "Integração"	condições essenciais para a "Integração"
a. processo dinâmico e bidirecional	a. trabalho
b. adaptação mútua	b. conhecimento da língua, etc.
c. respeito pelos valores fundamentais da UE	c. diálogo intercultural, etc.

Fonte: Elaboração do autor a partir da *Agenda Comum para a Integração – Enquadramento para a Integração de Nacionais de Países Terceiros na União Europeia* de 2005.

Chamo *subparadigmático* a este Modelo pois, a meu ver, ele resume o pilar hegemónico da Modernidade que refere a "integração" dos imigrantes na Europa. Para justificar esta designação, procuro identificar as referências teóricas a partir das quais este Modelo poderá ter sido definido.[38] Para tal, tentarei enquadrar o Modelo no âmbito do pensamento ocidental moderno:[39] para cada reconstrução, identifico uma palavra-chave, ou um conceito-chave, e uma referência epistemológica. Subsequentemente, aplico as teorias revistas ao Modelo.

Parto do conceito-chave de "integração" enquanto processo dinâmico e bidirecional para reconstruir a primeira referência do substrato teórico do Modelo. Identifico, em primeiro lugar, a *conceção sistémica* discutida na Teoria Sistémica, dentro dos princípios do estrutural-funcionalismo, e passo a ilustrar o seu conteúdo, a partir do legado epistémico do funcionalismo durkheimiano e da sociologia weberiana (incluindo as suas vertentes antropológicas protagonizadas por Mauss, Malinowski e Radcliffe-Brown). O principal expoente desta corrente sociológica é considerado o norte-americano Talcott Parsons (1902-1979) (Quintaneiro e

---

[38] Pois nos documentos referentes à adoção da Agenda, não existem referências bibliográficas, mas são reportadas apenas informações sobre o percurso legislativo da sua adoção.

[39] Neste, como nos parágrafos seguintes, a escolha dos autores que podem ter inspirado a definição dos referenciais teóricos dos Modelos baseia-se numa interpretação pessoal, sustentada por um trabalho de *matching* entre palavras e conceitos-chave adotados pelas Agendas e por expoentes do pensamento ocidental moderno.

Oliveira, 2002) que, a partir do dilema hobbesiano da ordem, procurou compreender a relação indivíduo-sociedade, através de uma teoria geral da evolução da ação humana. O interesse individual, segundo Parsons, é racionalmente orientado e explica a ação social. O seu objetivo é definir o quadro de regras que movem o indivíduo e a sua conduta. Nestas condições, notadamente, Parsons elaborou sua *Teoria do sistema da ação*: um sistema geral composto por "elementos constitutivos da ação" (o eu, o meio, os fins, etc.), dividido em subsistemas (de ação, de orientação, de significados, etc.), onde a ação do indivíduo se realiza dentro de uma estrutura social regida por normas e valores que estabelecem limites ou estimulam condutas específicas. Segundo Parsons, o esquema de execução dos imperativos funcionais, conhecido como *AGIL*,[40] garante o equilíbrio do sistema por meio de ajustes integrativos (de forma análoga à de funcionamento de um sistema biológico).

Identifiquei a primeira referência teórica do Modelo Subparadigmático Europeu para a Integração dos Migrantes Internacionais na Teoria Sistémica, e destaco como palavra/conceito-chave a *conceção sistémica da integração*.

Considero como segundo e o terceiro conceitos-chave do Modelo o facto de este pressupor uma atitude de "adaptação mútua" entre nacionais de países membros e "nacionais de países terceiros", mas, paradoxalmente, exigir somente a estes últimos o respeito pelos valores fundamentais da UE (enquanto aos cidadãos e às cidadãs da UE não se pede que respeitem os valores fundamentais dos outros cidadãos). Para reconstruir estas referências, identifico a *imagem social do estrangeiro*, discutida pela Sociologia Interpretativa dentro dos princípios do antipositivismo. Em especial, penso ao sociólogo neokantiano Georg Simmel (1858-1918), cujo trabalho se centra na natureza contraditória da relação entre estrangeiros e sociedade de chegada para explicar a compreensão da diversidade (Tabboni, 1990). De facto, na sociedade europeia observada por Simmel, o estrangeiro produzia uma reação quase sempre hostil nos países de chegada, embora vivendo a condição paradoxal de quem era ao mesmo tempo próximo e distante, excluído e incluído. Ao ocupar uma posição marginal e ativa (pois promovia mudança social e desempenhava funções económicas), o estrangeiro de Simmel era simultaneamente integrado e

---

[40] Acrónimo de *Adaptation, Goal attainment, Integration, Latency*.

excluído, entrava e saía livremente do sistema social, sem provocar grandes turbulências, como terá sido no conceito de rigidez sistémica de Parsons. Esta relação ambivalente, segundo Simmel, permitiria compreender também os fenómenos coevos de marginalização e exclusão contra os que chamava "inimigos internos": os pobres, os criminosos, os doentes. Nestas condições humanas, em que os sentimentos de proximidade e diversidade eram polarizados entre o conformista e o desviante, Simmel distinguia duas tipologias de pessoas: uma que pertencia à sociedade, socialmente "integrada", e outra, alienígena em todas as suas formas, independente de sua origem étnica.[41] Por esta razão, na construção paradigmática do pensamento moderno, o estranho representa a transformação social, personifica a mudança que a sua presença origina, suscitando fascínio e medo.[42] Por isso, sua presença provoca atitudes contrastantes: inovação e continuidade, conflito e harmonia, proximidade e distância, sempre combinadas e balizadas por opostos, por onde oscila o processo de "integração" cultural.[43]

Identifiquei a segunda e a terceira referências teóricas do Modelo na Sociologia Interpretativa e destaco como conceito-chave a *imagem social do estrangeiro*.

O quarto elemento que compõe as bases do Modelo de Integração Europeu é uma condição: o requisito de o imigrante ter um trabalho (um emprego, uma ocupação) para "se integrar". Para reconstruir esta referência, identifico a *conceção vocacional do trabalho*, discutida na Sociologia da

---

[41] A este respeito, veja-se Mongardini (1976).
[42] Numa sociedade pode prevalecer o fascínio sobre o medo, ou vice-versa. Não é este o espaço para aprofundar os aspetos ligados à Psicologia Social ou do Indivíduo. No entanto, é oportuna uma rápida referência ao processo que subjaz à reação da criança frente ao desconhecido, que poderia estar relacionada com a reação à presença *do estrangeiro*, numa sociedade ocidental. Segundo a psicanalista húngara Margareth S. Mahler, que desenvolveu a *Separation-Individuation theory of child development* (1978), pode haver uma relação entre um decurso mais ou menos satisfatório da fase simbiótica da relação entre a criança e a mãe, e o prevalecimento do medo ou do fascínio para com o desconhecido. Segundo Mahler, no processo de individuação-separação que ocorre no primeiro ano de vida entre criança e mãe, a relação com o estranho parece estar ligada à obtenção de uma relação de confiança: quando prevalece uma expectativa confiante, os elementos dominantes da exploração são a curiosidade e a surpresa. Pelo contrário, quando a confiança básica não está suficientemente presente, pode ocorrer angústia em relação ao estranho. Esta angústia pode, eventualmente, interferir transitoriamente com o comportamento exploratório gratificante (Schoenberger Mahler, 1978: 92).
[43] Estas polaridades reproduzem o carácter dicotómico do pensamento ocidental moderno.

Religião, no quadro do racionalismo ocidental moderno, especialmente por Max Weber (1864-1920). Segundo a célebre interpretação weberiana (1991), o espírito capitalista moderno[44] nasceu na tradição medieval europeia da avidez do lucro, do impulso em ganhar dinheiro inescrupulosamente, da ausência de uma conduta moral orientadora de vida. Para Weber, essa tradição termina na medida em que se afirma uma nova educação religiosa ao lado da doutrina luterana, o ascetismo calvinista que permite a afirmação do que chama a *conceção vocacional do trabalho*.[45] A difusão do ascetismo, a nova ética protestante, positiva, salvadora e de cumprimento do dever, coincidiu na Europa e no mundo ocidental com o florescimento das inovações tecnológicas, o empirismo, o mercantilismo e a exploração colonial, que deram lugar à sucessiva afirmação do novo sistema de produção e acumulação capitalista. A determinação do modo de vida do novo empreendedor, a sua fundamentação ética e a sua jurisdição, podiam ser encontradas na extensão da produtividade do trabalho e na instituição dos processos científicos de produção.[46] Desta forma, o trabalho, a serviço de uma organização racional para o abastecimento de bens materiais como a *empresa*, apresenta-se aos adeptos do capitalismo como o meio mais importante para a realização da vida profissional. Essa racionalização científico-económica constituiu uma parte importante dos ideais de vida da moderna sociedade burguesa, principal fonte inspiradora do primordial espírito capitalista (ibidem: 235--236).

Identifiquei a quarta referência teórica do Modelo na Sociologia da Religião e destaco como conceito-chave a *concepção vocacional do trabalho*.

O quinto e o sexto elemento que compõem o Modelo de Integração Europeu são também condições: a aprendizagem da língua da sociedade de chegada e o diálogo intercultural. Para reconstruir estas referências, identifico as *relações interétnicas*, discutidas na Teoria dos grupos étnicos, ou Teoria da Etnicidade, no marco da Antropologia Social. Nesta tradi-

---

[44] Que reconduz, em primeira instância, à pessoa de Benjamin Franklin e ao seu famoso lema *Time is money* (Weber, 1991: 72-73).
[45] *Beruf*, em alemão, que pode ser traduzido como *profissão*.
[46] Neste sentido, destaco três agentes que atuam no processo weberiano de racionalização interpretativa: a) as tecno-ciências; b) a religião e a moral, e c) o direito, que não nasceu de si mesmo, mas como resposta a preocupações políticas, económicas e, principalmente, religiosas.

ção, Fredrik Barth (1928-2016), ao estudar os problemas colocados pelos grupos étnicos (Barth, 1995: 185-227), concluiu que as fronteiras culturais – linguagens, tradições, hábitos, religiões – podem permanecer apesar do fluxo de pessoas que as atravessam, e que, no entanto, as relações sociais entre grupos atravessam estas fronteiras. Estas conclusões levaram-no a acreditar que os grupos étnicos são categorias de atribuição e identificação realizadas pelos próprios atores através de diferentes processos sociais, e que para identificar estes processos é preciso focar a análise sobre a manutenção das fronteiras étnicas, que não coincidem com as políticas. Assim, Barth sugere que a classificação dos membros de um grupo étnico deve depender do modo através do qual estes demonstram os traços particulares da sua cultura, isto é, as "componentes ecológicas, culturais e sociais criadoras da diversidade" (idem, ibidem: 193).

Identifiquei assim o quinto e o sexto elementos que compõem o Modelo na Teoria da Etnicidade, e destaco como conceito-chave as *relações interétnicas*. Resumo na Tabela abaixo o trabalho de identificação das referências teóricas do Modelo Subparadigmático Europeu para a Integração dos Migrantes Internacionais na Modernidade.

Tabela 7: Modelo Subparadigmático Europeu para a Integração dos Migrantes Internacionais na Modernidade (identificação das referências teóricas)

Conceitos-chave e condições da integração	Referências teóricas	Correlação epistémica (principal autor referenciado)
1. processo dinâmico e bidirecional	Conceção sistémica da integração	Estrutural-funcionalismo (Parsons)
2. adaptação mútua 3. respeito pelos valores fundamentais da UE	Imagem social do estrangeiro	Sociologia interpretativa (Simmel)
4. trabalhar	Conceção vocacional do trabalho	Sociologia da religião (Weber)
5. conhecimento da língua 6. diálogo intercultural	Teoria das relações interétnicas	Teoria da etnicidade (Barth)

Fonte: Elaboração do autor.

Passo agora à descrição das dinâmicas pelas quais, a meu ver, tal Modelo está a viver uma crise transicional.

Crise e transição: a transnacionalização da esfera pública
O cenário onde se realiza a "transnacionalização da esfera pública" é dado pela dupla tendência à privatização e à internacionalização do Estado moderno (Wessler et al., 2008: 269). À medida que, desde a segunda metade do séc. XX, inteiros setores económicos e financeiros estatais são privatizados na Europa (bancos, companhias de abastecimento energético, companhias telefónicas, aquedutos, serviços médico-sanitários), cresce a determinante contribuição política dos organismos internacionais públicos e das agências privadas internacionais (ONU, OMC ou agências de notação financeira e grandes empresas multinacionais). A atuação destes organismos influencia a ação política dos Estados-Nação e pode modificar seus equilíbrios políticos-institucionais, provocando consequências económicas e sociais relevantes. Neste sentido, o Estado-Nação parece suportar mal estas "ingerências externas" (que são, no caso das especulações financeiras, tão violentas quanto agressões militares, como demonstra a origem das crises das dívidas soberanas grega, portuguesa, espanhola, irlandesa e italiana do período 2011-2015). As dificuldades em enfrentá-las residem na limitação dos instrumentos políticos à disposição dos Estados, pois o acelerado processo de internacionalização das relações internacionais, que produziu modificações no sistema pós-vestefaliano (Pureza, 2001: 233-254), tudo modificou, menos a estrutura formal estadual e o domínio da sua intervenção soberana.

No entanto, à medida que a esfera pública se transnacionaliza, o Estado transforma-se a longo prazo, e em âmbitos diferenciados (Dingwerth, 2007: 260): neste sentido, é fácil perceber como novas formas de governança internacional atuam concretamente como sistemas de governança planetária: são exemplos, o "Grupo dos Oito" (G-8), ou o G-20, a Comissão Europeia, a Organização dos Estados Americanos (OEA), ou ainda a Organização Internacional das Migrações (OIM).[47] Organizações deste tipo atuam para além dos limites soberanos dos Estados, e operam

---

[47] A OIM, por exemplo, nasceu em 1951 como organismo intergovernamental europeu para as migrações, mas tornou-se um organismo transgovernamental, pois produziu "processos de regulação transnacional" (Dingwerth, 2007). A sua atuação envolve o nível *governamental* (conta 151 Estados membros, em 2013), *intergovernamental* (relaciona-se com todas as agências

formas de coordenação e cooperação entre setores públicos e privados, mais do que entre atores intergovernamentais, para gerar processos deliberativos sobre o sistema de regulação global. Contudo, ao contrário do que acontece no sistema parlamentar nacional, atores não estatais também participam com a mesma titularidade dos atores estatais/governamentais, pois pressupõe-se o reconhecimento de todos os participantes enquanto membros legítimos, como bem recorda Marx Ferree (2002). É interessante notar que a presença destes atores legitima a deliberação dos organismos transnacionais e contribui fortemente para o fortalecimento do sistema social de controle político (como observaram Cotta e Best, 2007).

Os dinamismos implícitos a estas formas de transnacionalização da esfera pública são frequentemente discutidos na literatura a par de outros eventos, como a globalização (Gerhards, 2001; Santos, 2001: 31-106; Hespanha, 2002: 163-196), os processos de desterritorialização e territorialização (Basch et al. 1994; Guarnizo et al., 2003), ou as formas de dissociação entre o território e as dimensões da cidadania, da economia, da governação e dos movimentos migratórios (Ong, 1999; Tolda, 2001; Kennedy e Roudometof, 2002; Allegretti, Bandeirinha e Moniz, 2010: 5-8).

Neste último caso, no entanto, as mobilidades promovidas pelas migrações internacionais são capazes de gerar níveis de alarme social mais elevados – como aconteceu, por exemplo, com os movimentos de migrantes económicos e refugiados que interessou a Europa entre 2013 e 2016, pois perpassam todas as outras dinâmicas globais, constituindo uma das suas facetas. Por esta razão, as migrações devem ser consideradas um fenómeno social complexo e influente, que acentua, e ao mesmo tempo evidencia, a transnacionalização da esfera pública. Dito de outra forma, os sistemas de governança pública transnacional são fortemente interpelados e desafiados por fenómenos como a presença de imigrantes num país, pois estes produzem novas necessidades na organização do Estado, nas escolas, nos hospitais e serviços de saúde, nos sistemas de segurança social, no sistema penitenciário, etc. Ademais, a migração gera uma condição diversa no exercício da cidadania, pois o estatuto de imigrante internacional, enquanto estrangeiro, só parcialmente se encontra asso-

---

da ONU) e *social* (mais de cinquenta ONG participam como "observadores" da organização e cooperam com esta).

ciado ao de cidadão, ou seja, à relação que se estabelece entre reconhecimento legal da cidadania e participação ativa na vida comunitária, como bem explicam os estudos da pós-nacionalização da cidadania política (Carvalhais, 2004: 218-211, Carvalhais e Cohen, 2007: 197-212). Final, mas não secundariamente, a imigração económica de mão-de-obra desqualificada ou, inversamente, o fenómeno do *brain drain*, são escolhas de vida que possuem razões muito diferenciadas entre si, entre as quais, são comummente enumerados o aumento da disparidade demográfica, as mudanças climáticas, eventos políticos e económicos, revoluções tecnológicas e redes sociais e familiares. Todos estes fatores e variáveis, na passagem entre os séculos XX e XXI, induziram os movimentos migratórios do maior número de pessoas em toda a história da humanidade (cerca de 190 milhões) (International Organization for Migration, 2010).

Diante de tais números, complexidades e contradições, o Modelo Subparadigmático Europeu para a Integração dos Migrantes Internacionais colide com o processo de transnacionalização do Estado, pois parece limitar-se à desejada estabilização social destes movimentos, isto é, à obtenção da ordem social.[48] Como ilustrado há pouco, os conceitos-chave que definem as políticas de integração apontam para a realização de ações setoriais (como são os "processos dinâmicos e bidirecionais"), dirigidas para grupos distintos (que precisam de uma "adaptação mútua" para se relacionar), num quadro de axiologias separadas (pois o dever é "trabalhar" e o "respeito" devido é unidirecional), onde, paradoxalmente, as culturas são (perigosamente) permeáveis (ora facilitadas pelo diálogo intercultural, ora limitadas pelo desconhecimento da língua). Resulta, assim, um processo de modificação cultural dos estrangeiros com o objetivo – se não da completa adaptação destes à cultura autóctone do país de chegada – pelo menos da adoção dos seus traços significativos. Neste sentido, a permeação de culturas parece condicionada à absorção pelos estrangeiros da cultura da sociedade que os acolheu. Sem hipocrisia, tais processos podem ser chamados de *aculturação*, pois reproduzem a experiência colonial de imposição da cultura metropolitana, tida como civi-

---

[48] Como já ilustraram, notadamente, numerosos autores, entre outros: Cohen (1987, *The New Helots: Migrants in the International Division of Labour*. Aldershot: Avebury), Dal Lago (1996); Ambrosini (2001. *La fatica di integrarsi. Immigrati e lavoro in Itália*. Bologna: Il Mulino); Chacón, Davis e Cardona (2006, *No one is illegal: Fighting violence and state repression on the US-Mexico border*. Haymarket Books).

lizada e cientificamente fundada, sobre o saber tradicional, mantido ao nível de subcultura folclórica, expressão do "gentio" da colónia. A aculturação é um processo que aprofunda o abismo dicotómico entre nós e eles, entre eu e o outro, entre civilizados e selvagens – ultimamente, agudiza o *pensamento abissal*.

Com este funcionamento, dificilmente o Modelo pode abarcar a complexa diversidade epistemológica e social que caracteriza a esfera pública do séc. XXI. Inversamente, diante da rápida e constante transformação do cenário migratório, o Modelo fornece respostas que surgem obsoletas, isto é, demasiado rígidas se comparadas à fluidez que caracteriza as dinâmicas contemporâneas da sociedade ocidental e o seu emaranhado de relações globais. Estas limitações constitutivas sinalizam a dificuldade com a qual o Modelo enfrenta a mobilidade internacional de capitais, bens móveis, pessoas e ideias, que reorganizam o espaço público num sentido transnacional. Como na crise mais geral do projeto moderno, apesar da grande quantidade de recursos e competências mobilizados para dar respostas aos desafios da migração internacional, as soluções baseadas no pilar da regulação, como aquelas que enformam o Modelo, perspetivam a obtenção da ordem sistémica e não processos de emancipação social. Assim sendo, é evidente que o Modelo vive uma crise paradigmática, pois limita-se a propor ajustes para tornar a "integração" mais eficiente, quando na verdade é necessária uma reformulação alternativa das políticas.

Poderá esta ser eficaz se baseada no pilar da emancipação? Será capaz de fornecer soluções aos problemas da conjuntura contemporânea? Neste sentido, vale a pena enunciar alguns sinais que apontam para a emergência de um novo paradigma, que adota práticas epistémicas de tradução intercultural. Estas prometem produzir soluções alternativas ao Modelo de Integração dos Migrantes, e fornecer respostas convincentes aos desafios colocados pela transnacionalização da esfera pública.

Emergência de um paradigma emancipatório: a tradução intercultural
É a própria Comissão Europeia (CE) que reconhece as falhas do seu modelo de "integração" dos imigrantes, e é, paradoxalmente, no seio da própria Comissão que parecem emergir propostas alternativas, baseadas em princípios emancipatórios. Com efeito, o acolhimento de uma

segunda *Agenda da Integração* em 2011[49] parece confirmar esta suposição, pois entre as razões da adoção da nova agenda está o parcial fracasso das medidas previstas na Agenda de 2005, inspiradas nos *princípios básicos comuns*.[50] Ademais, a principal mudança introduzida pela Agenda de 2011 é o reforço do único princípio estabelecido em 2005 que, na altura, não havia sido considerado fundamental para a "integração", o da *participação*. Na nova agenda, a participação é declinada num sentido mais abrangente: económica, social, cultural e política, enquanto forma de "concretizar o potencial da migração". No entanto, os princípios básicos comuns (PBC) não foram modificados em relação a 2005. Não obstante a adoção da nova Agenda, em 2012 o Comité Económico e Social Europeu (CESE)[51] ainda sublinhava que a "integração" dos nacionais de países terceiros deve assentar "fundamentalmente numa participação mais forte e mais eficaz dos migrantes e numa ação reforçada a nível local".[52] Em certa medida, reconhece-se que não são apenas as políticas para a "integração" que já não são adequadas, mas que é o próprio conceito de "integração" que não se adequa, pois não é possível integrar algo que já faz parte de um conjunto. Alternativamente, é possível promover intercultura e coesão social – ou, por outras palavras, emancipar os imigrantes nas sociedades europeias? Isto pode ser feito com instrumentos inspirados pelo pilar da emancipação que lidam com a mudança societal, como as ações de tradução intercultural, capazes de transformar as novas interpretações em medidas de políticas públicas.

A noção de interculturalidade tem sido bastante focada no debate académico – a começar, como faz Wieviorka, por uma tensão entre cultura e diferenças, entre identidade e pluralidade de pertenças que ocorrem

---

[49] *Agenda Europeia para a Integração dos Nacionais de Países Terceiros* (SEC (2011) 957).

[50] De facto, segundo afirma a *Agenda* de 2011, "todas as ações da UE apresentadas pela Comissão na Agenda Comum para a Integração de 2005 foram terminadas. Contudo, o contexto social, económico e político mudou e nem todas as medidas de integração atingiram os seus objetivos" (*Agenda 2011*, p. 2-3).

[51] Parecer do Comité Económico e Social Europeu de 28/03/2012 sobre a Comunicação da Comissão ao Parlamento Europeu, ao Conselho, ao Comité Económico e Social Europeu e ao Comité das Regiões/COM(2011) 455 final, publicado no *Jornal Oficial* nº C 181 de 21/06/2012 p. 0131 – 0136.

[52] Para o efeito, o Parecer sublinha (parágrafo 2.1) que a inclusão dos objetivos de "integração" nos grandes programas políticos europeus (como o Programa de Estocolmo de 2009 ou a Estratégia Europa 2020) "não produziu avanços significativos na política de integração".

em sociedades com elevado pluralismo sociocultural e alta complexidade social (Wieviorka, 2001). Neste tipo de sociedade, não podemos mais falar de cultura sem remeter imediatamente para as muitas culturas que convivem e formam uma nova gramática social. Contudo, há dois principais riscos nas sociedades com alto pluralismo cultural e religioso: por um lado, o etnocentrismo, o esquema *nós-eles*, onde *eles* são aceitáveis apenas quando se tornam parecidos com o que identificamos como *nós* (Todorov, 1992); por outro lado, o relativismo que, em nome do reconhecimento imediato das diferenças, prepara o advento de uma sociedade dividida em guetos fechados, enclausurados em áreas urbanas etnicamente homogéneas, cada um dos quais reivindicando as suas próprias normas sociais ou a própria religião. Ambas as atitudes produzem, de facto, um mosaico multicultural em nome do qual podem ser erguidas barreiras entre *comunidades* diferentes, violados os direitos fundamentais da pessoa e promovida uma visão (e um mito) da identidade como um hábito padronizado e permanente, agregador dos indivíduos (de acordo com o princípio da identificação etnocultural *one size fits all*). Estes riscos justificam a adoção de um novo olhar sobre a realidade da experiência individual e social, compreendida nas suas múltiplas expressões e interconexões identitárias.

E esta é a linha comum que liga os vários discursos desenvolvidos pelos estudos culturais, pelos feminismos e os estudos pós-coloniais (Fanon, 1961, 1967; Gilroy, 1993; Said, 1997, 2003; Guha et al., 2002). Os pensamentos pós-coloniais, em particular, prolongam-se para além da discussão sobre a relação entre colonizado e colonizador, na perspetiva da dimensão simbólica da periferia que é reposicionada no centro. São os colonizados, enquanto identidades esmagadas por línguas dominantes, que respondem com a introdução de novas narrativas capazes de superar a distinção entre *West/Rest*, embora seja nesta distinção, dentro e fora das agências de conhecimento e produção, que se formam as relações globais. Esta abordagem teórica exige o reconhecimento de uma forma de conhecimento que, numa sociedade globalizada, multicultural e pós-colonial, toma forma na contestação e na proposta de uma abordagem holística, relacional, tendencialmente qualitativa, sensível à diversidade, à espiritualidade, às formas de comunicação verbal. Para o efeito, estas devem ser capazes de emancipar as subjetividades narradoras das perspetivas e categorias hegemónicas e etno/eurocêntricas, através das quais foram obrigadas a observar-se a si mesmas. Isto inclui as propostas oriundas da Teoria Queer, dos Estudos sobre Deficiência, dos Feminismos, da Teoria da Perspetiva, que desenvolvem fundamentalmente novas formas de conhecimento baseado na corporalidade, na experiência, na emoção e na linguagem reveladora de experiências múltiplas e inter-relacionadas. Redefinir as novas abordagens teóricas para a investigação social sobre estas linhas significa repensar também os sujeitos envolvidos na produção de conhecimento, que já não é atribuível a um único indivíduo, mas que se torna interativa, coletiva e transformadora.

A cultura numa sociedade de alto pluralismo interativo pode ser concebida como uma troca social onde nós estamos no meio deles e eles no meio de nós (Geertz, 1999), que promove práticas através das quais as pessoas inovam as suas tradições. Cultura e intercultura, portanto, tornam-se objeto de pesquisa na análise das condições em que estas se tornam narrativas partilhadas, contestadas e negociadas. Por esta razão, a pesquisa *cross-cultural* não pode apenas processar-se em termos teóricos, exigindo também o reconhecimento de experiências e práticas quotidianas de mediação linguístico-cultural, gestão de ambientes sociais (espaços públicos, os serviços sociais, empresas, escolas, hospitais, etc.), onde a comunicação intercultural ocorre diariamente. A combinação da pesquisa teórica e da comparação com as práticas sociais é uma metodologia que permite, também, inovar o conjunto de indicadores disponíveis para avaliar o desempenho *intercultural* das instituições públicas e dos serviços sociais essenciais.

Designo estas formas de conhecimento-emancipação como elementos do pilar moderno das interculturas.

Que relação existe entre integração e conflito social?

Para concretizar empiricamente a ideia desta tensão entre o paradigma dominante – *integrações dos migrantes* – e o paradigma emergente – *interculturas migrantes* –, formulei a pergunta simples: *que relação existe entre integração e conflito social?* Forneço uma primeira resposta (teórica), procurando, de seguida, esclarecer as razões e os limites epistemológicos entre os quais se posiciona.

Na perspetiva teórica aqui adotada, como ocorreu paradigmaticamente na modernidade, também na condição subparadigmática das políticas migratórias europeias, o pilar das integrações é orientado por uma forma de conhecimento – regulatória e hegemónica, onde o outro é tratado como objeto –, que produz *políticas* integrativas. Neste sistema, o conhecimento-regulação objetiva principalmente a ordem social, isto é, a "integração" sistémica dos imigrantes, por permitir a prevenção e solução dos conflitos – neste caso, interétnicos. Para o efeito, e do ponto de vista epistemológico, esta forma de conhecimento-regulação produz-se numa trajetória que vai de uma condição inicial de *conflito social* para um objetivo social futuro, que é a *integração*. A condição de conflito social representa a condição caótica de partida de uma sociedade desestabilizada pela chegada de imigrantes, enquanto o da "integração" é o seu ponto de estabilização ordenada. Por outras palavras, quando um imigrante chega a um país é considerado um ente externo, que, enquanto diverso, estranho, desacostumado, provoca conflitos e, portanto, deve ser "incluído" na sociedade através de medidas integrativas.

Diversamente, o pilar das interculturas possui uma forma de conhecimento – emancipatória e contra-hegemónica, onde o outro é tratado como sujeito –, que produz políticas interculturais. Neste sistema, o conhecimento-emancipação objetiva principalmente a solidariedade social, isto é, o reconhecimento intercultural dos imigrantes: a articulação entre diferença, igualdade e identidade, num quadro de coesão social, que resulta da superação das formas de aculturação – neste caso, interétnicas. Para o efeito, o ponto de partida desta forma de conhecimento é a *aculturação*, enquanto herança social colonial, e o seu objetivo é descolonizar a sociedade através a adoção de práticas *interculturais*. A aculturação é a violenta imposição da cultura autóctone a um imigrante recém-chegado, enquanto a intercultura é a perspetiva do enriquecimento cultural solidário, que provém da interação entre as formas de conhecimento. Isto significa que, embora o imigrante na Europa parta de uma condição de subalternidade social (e cultural), ele pode contribuir para a superação do *pensamento abissal*, isto é, pode emancipar-se e contribuir para a emancipação dos outros, através de um percurso intercultural realizado em conjunto com os não imigrantes.

Comparo as formas de conhecimento da modernidade em geral com aquelas que lidam com esta faceta das migrações internacionais na Tabela abaixo.

TABELA 8: Comparação das formas de conhecimento no paradigma moderno e no subparadigma das integrações e interculturas nas migrações internacionais

pilares da modernidade	*formas de conhecimento*	*condição de partida...*	*... objetivo futuro*
pilar das integrações (hegemónico)	conhecimento-regulação	(caos...) conflito social...	(...ordem) ...integração
pilar das interculturas (contra-hegemónico)	*conhecimento-emancipação*	*(colonialismo...) aculturação...*	*(...solidariedade) ...intercultura*

Fonte: Elaborado a partir de Santos, 2000: 29-36.

Avancemos mais um pouco na contextualização epistemológica da nossa pergunta simples. Como ilustrado, no paradigma da modernidade ocidental o excesso de regulação viria a dominar totalmente o conhecimento-emancipação, promovendo recodificações e alterações (Santos, 2006: 62-85). As consequências refletiram-se também na dimensão subparadigmática das integrações e das interculturas; para o efeito, a *intercultura foi recodificada como uma forma de conflito social*, onde a hegemonia da cultura autóctone é ameaçada, como num choque de civilizações,[53] por culturas estranhas. Por outro lado, *os processos de aculturação foram recodificados como formas de "integração" dos imigrantes*. Reproduzo na Tabela abaixo este processo de recodificação e alteração que levou à afirmação do Modelo Subparadigmático Europeu para a Integração dos Migrantes Internacionais na Modernidade, e a consequente afirmação da conceção dominante do outro como objeto.

---

[53] Como descrito em Huntington (1997), segundo o qual os conflitos mais graves que ameaçam o novo mundo que se definiu após o fim da Guerra Fria não terão origens ideológicas ou económicas, mas provirão das divisões culturais existentes na humanidade.

TABELA 9: Modelo Subparadigmático Europeu para a Integração dos Migrantes Internacionais na Modernidade (recodificação e alteração da integração sobre a intercultura)

formas de conhecimento	*condição de partida...*	*...objetivo futuro*	*conceção do outro*
conhecimento--regulação	**conflito social... (caos)**	**...integração (ordem)**	**objeto**
	RECODIFICAÇÃO e ALTERAÇÃO		
(conhecimento--emancipação)	*intercultura =* **CONFLITO SOCIAL...**	*aculturação =* **...INTEGRAÇÃO**	**OBJETO**
Afirmação do Modelo Subparadigmático Europeu para a Integração dos Migrantes Internacionais na Modernidade			

Fonte: Elaborado a partir de Santos, 2006, 78-79.

A consequência desta recodificação na faceta das integrações e das interculturas é epistemológica e social: no primeiro caso, a ordem social passou a ser concebida como "integração", e a aculturação como um tipo de "integração", enquanto a intercultura passou a ser concebida como fonte de caos e conflito social. Na modernidade europeia, a aculturação, camuflada de "integração" dos imigrantes, tornou-se o projeto desejável de sociedade, ao passo que a intercultura, desacreditada com a marca do conflito social, foi tida como uma condição de partida inaceitável.

Em consequência deste processo epistémico, no Ocidente afirmou--se um modelo de "integração" dos imigrantes segundo o qual ao *caos moderno*, isto é, ao passado, corresponde a *intercultura como fonte de conflito social*, enquanto à *ordem moderna*, isto é, ao futuro, corresponde a *aculturação dos imigrantes como forma de integração na ordem social*. A afirmação do pilar das integrações sobre o pilar das interculturas, e o consequente processo de recodificação e alteração, produziu o *Modelo de integração*, e a consequente afirmação na Europa da conceção dominante do outro como objeto, além da realização de políticas para a "integração" dos e das imigrantes internacionais.

A esta altura, a pergunta simples – *que relação existe entre integração e conflito social?* – pode ser considerada como contextualizada. Contudo, se este processo pôde ser reconstruído no plano epistemológico através do trabalho de revisão da literatura, as suas consequências no plano social devem ser verificadas através do trabalho empírico de investigação. Os resultados desse labor serão apresentados e analisados nos capítulos centrais do texto.[54] Detenho-me, agora, no aprofundamento da segunda visão da migração internacional, concernente à tensão entre representações e participações.

---

[54] Nos capítulos seis a onze.

CAPÍTULO 3
VISÕES DA MIGRAÇÃO INTERNACIONAL NA TRANSIÇÃO PARADIGMÁTICA: OS PILARES DAS REPRESENTAÇÕES E DAS PARTICIPAÇÕES

Como fiz anteriormente, organizo este capítulo de revisão da literatura em torno da tensão epistemológica e social entre pilares da forma moderna de lidar com a migração internacional. Neste caso, a metáfora dos pilares serve para identificar como dominante o paradigma *representações dos imigrantes*, e como emergente o paradigma *participações dos imigrantes*.

TABELA 10: Aplicação da teoria da transição paradigmática de Santos (2006) ao debate ocidental moderno sobre representações e participações nas migrações internacionais na Europa

princípios da modernidade *(formas de conhecimento)*	*subprincípios da modernidade* *(condição nas políticas migratórias)*
regulatórios **(conhecimento-regulação)**	**representações** **(modelos hegemónicos)**
emancipatórios *(conhecimento-emancipação)*	*participações* *(práticas contra-hegemónicas)*

Fonte: Elaborado a partir de Santos, 2006: 29-43.

Esta tensão exemplifica um outro aspecto da transição paradigmática e, por isso, expressa uma diferença de potencial entre formas de conhecimento regulatórias dominantes – aqui representativas –, que tratam o outro como objeto, e emancipatórias – aqui participativas –, que são desacreditadas e tratam o outro como sujeito. Do ponto de vista empírico, a tensão correspondente realiza-se nas diversas políticas públicas que são implementadas na Europa, ora representativas (hegemónicas), ora participativas (contra-hegemónicas). Para preparar a verificação empírica da tensão, formulo a segunda pergunta simples: *que relação existe entre representação e conflito político?*

Resumo as formas de conhecimento nesta faceta da modernidade na Tabela abaixo, onde acrescento a conceção do outro, as políticas públicas e a pergunta simples que permitem sua contextualização.

TABELA 11: Tensão subparadigmática no pilar das representações e participações

formas de conhecimento	*conceção do outro*	*políticas públicas*
regulatória (dominante) ↓ *emancipatória (desacreditada)*	objeto ↓ Sujeito	representativas ↓ *participativas*
Que relação existe entre representação e conflito político?		

Fonte: Elaborado a partir de Santos, 2006: 259-260.

Esta segunda pergunta, como a primeira, aparentemente não faz sentido. No entanto, defendo que os processos modernos de recodificação e alteração tornaram conflituantes os objetivos de coesão política promovidos pelo sistema de representação dos imigrantes, provocando, pelo contrário, a sua marginalização política. Para demonstrar como tal aconteceu, contextualizo o debate que confere sentido à pergunta, desta vez não com base num documento da Comissão Europeia, mas a partir de um documento do Conselho da Europa, a *Convenção sobre a Participação dos Estrangeiros na Vida Pública ao Nível Local*. Embora represente a principal referência comunitária sobre o assunto, não analisarei a aplicação da *Convenção de Estrasburgo* (como é mais comumente conhecida), pois esta vigora apenas parcialmente numa pequena minoria de países da União Europeia; paradoxalmente, é a reflexão sobre as razões da sua 'não-aceitação' que me permitirá identificar alguns dos debates teóricos que enformam a tensão entre os pilares representativos e participativos.

Com o objetivo de realizar um estudo de arqueologia *política*, procuro identificar o sistema moderno de representação política, sob a perspetiva dos imigrantes internacionais. Em seguida, revejo parte do extenso debate sobre a crise deste sistema, faço uma rápida referência à emergência de práticas participativas de *democratização* da democracia e, finalmente, forneço uma resposta à pergunta formulada.

O paradigma dominante: a representação política dos e das imigrantes internacionais

O paradigma que domina a discussão teórica revista sobre a representação dos imigrantes no processo democrático *limita-os a uma subcondição de marginalidade política e cidadã*, pois o seu acesso aos direitos políticos na União Europeia é limitado.

O debate teórico sobre os direitos políticos é muito extenso e envolve grande amplitude de dimensões: o gozo da cidadania, a soberania do Estado, o sufrágio, os direitos civis, sociais, laborais. Segundo Malapeira e Ferrer, que realizaram uma extensa coleção de estudos sobre sufrágio e participação política dos estrangeiros "extracomunitários" na Europa, o Estado liberal europeu reconheceu os seus direitos civis, sociais e laborais, não apenas para aplicar os ditados constitucionais, mas para reduzir as condições de *dumping social* que trabalhadores sem direitos poderiam ocasionar no mercado de trabalho (Malapeira e Ferrer, 2010: 29). Assim, os direitos associativos e sindicais foram sendo reconhecidos ao longo da segunda metade do século XX. No início do século XXI, apesar de a imigração ser um fator conjuntural em todos os países da União Europeia, as formas de participação política dos imigrantes estrangeiros são previstas em apenas metade dos Estados-Membros, estando sujeitas a limitações rigorosas, tanto no tipo de eleição (geralmente locais), como em relação aos requisitos de participação ou à nacionalidade dos beneficiários. Para Malapeira e Ferrer, mesmo limitadas, as possibilidades de participação tornaram-se possíveis graças à "translação do debate sobre a participação política dos imigrantes aos foros intergovernamentais", designadamente, graças ao papel fundamental do Conselho da Europa (COE) (ibidem: 29).

Neste sentido, desde 1973, e com o objetivo de estender aos estrangeiros que residam na Europa os princípios fundamentais da Declaração Universal dos Direitos Humanos, o COE promoveu um debate com vista a adotar a *Convenção sobre a Participação dos Estrangeiros na Vida Pública ao Nível Local*, conhecida como *Convenção de Estrasburgo*, que foi finalmente a assinar em 1992.[55] Na altura, a proposta do Conselho partira de alguns pressupostos: o aumento acentuado no número de estrangeiros residentes na Europa; os problemas colocados pelos desafios da "integração"; o facto de muitos residentes estrangeiros não estarem dispostos a mudar de nacionalidade; a necessidade de promover formas de interação mais acentuadas entre culturas, somente para citar alguns.[56] A partir daí, o Parlamento Europeu solicitou a adoção de medidas em relação ao estatuto dos trabalhadores imigrados e aos direitos políticos dos estrangeiros enquanto o objetivo do COE foi promover, mesmo que de forma muito cautelosa, a participação dos residentes estrangeiros nos processos de tomada de decisão local, considerada até então ausente. Tal objetivo poder-se-ia realizar através das três disposições da Convenção, sendo que a disposição "A" previa a *Liberdade de expressão, reunião e associação*; a "B" a instituição de *Órgãos de natureza consultiva representativos dos residentes estrangeiros ao nível local*, e a "C" o *Direito de voto nas eleições locais*.[57] As adesões à Convenção de Estrasburgo foram escassas.[58] Entre os argumentos que supostamente constituem a base da contrariedade expressa pelos países da UE em assinar, ratificar parcial ou totalmente a Convenção, é possível apontar três mais relevantes na literatura: um argumento securitário, sustentado na identificação do estrangeiro como uma ameaça potencial à segurança do Estado-Nação, ou melhor, do Estado-Fortaleza (Balibar e Wallerstein, 1990; Balbo e Manconi, 1993; Basso e Perocco, 2003); motivos etno-históricos, como a falta de conhecimento por parte do estrangeiro da história do país de chegada e o seu escasso sentimento

---

[55] Aberta à assinatura em Estrasburgo, a 5 de fevereiro de 1992 (*Série de Tratados Europeus, nº 144*).

[56] Extraio estas informações do *Explanatory Report* da Convenção, disponível no Portal do Conselho da Europa.

[57] Todavia, como estabelecido no Artigo 1º, "cada Estado Contratante pode, no momento do depósito do seu instrumento de ratificação, aceitação, aplicação ou adesão, declarar que se reserva o direito de não aplicar as disposições do capítulo B ou C, ou de ambos os capítulos."

[58] Ratificaram-na, até 2015, República Checa (em 2015), Albânia (em 2005) e Itália (somente nos pontos A e B, em 1994). Holanda (que ratificou em 1997), Noruega (1993), Suécia (em 1993), Dinamarca (2000), Finlândia (2001) e Islândia (2004) são países que já haviam estabelecido tais direitos no ordenamento nacional. Finalmente, assinaram, mas nunca ratificaram a Convenção, o Reino-Unido (1992), Chipre (1996), Lituánia (2008) e Eslovénia (2006). Os demais 34 países do COE não assinaram.

de identidade nacional (Araújo e Maeso, 2010; Malapeira e Ferrer, 2010: 49-53); razões de índole jurídica, que defendem a exclusão dos estrangeiros da participação no sistema político por terem cidadania de outro Estado, e estarem, portanto, submetidos à soberania de outro Estado (Kymlicka, 2003; Carvalhais, 2004: 211-218; Carvalhais e Cohen, 2007: 197-212). Sintetizo os pressupostos, as disposições e as contrariedades à Convenção de Estrasburgo, e passo a designá-los como elementos do *Modelo Transicional Europeu para a Participação Pública dos Migrantes Internacionais na Modernidade.*

TABELA 12: Modelo Transicional Europeu para a Participação Pública dos Migrantes Internacionais na Modernidade (pressupostos, disposições, contrariedades)

pressupostos	*disposições*	*contrariedades*
presença conjuntural de estrangeiros	liberdade de expressão, reunião e associação (A)	defesa da ordem e da segurança nacional
igualdade de deveres entre estrangeiro e nacionais	consultas representativas ao nível local (B)	preservação da cultura e identidade nacional
participação ativa dos estrangeiros na vida das autarquias	direito de voto nas eleições locais (C)	critério jurídico da cidadania

Fonte: Elaboração do autor a partir da *Convenção sobre a participação dos estrangeiros na vida pública ao nível local (Convenção de Estrasburgo)*.

Chamo *transicional* a este Modelo, pois exprime um dinamismo conflitual: apesar de reconhecer pressupostos e definir disposições, nele não assentam as diretrizes de políticas de participação dos estrangeiros realizadas na Europa, em razão das contrariedades que a ele foram opostas.[59]

---

[59] Além disso, o caráter transicional dá-se pelo facto de algumas das disposições que estabelece estarem a ser adotadas na União Europeia, como no caso da ampliação do princípio da participação introduzido na nova *Agenda europeia para a integração dos nacionais de países terceiros* em 2011.

Procuro, agora, analisar as raízes profundas deste embate no âmbito da afirmação histórica do sistema de representação política que se realiza na modernidade ocidental, no marco da afirmação da democracia moderna e da sociedade de massas.[60]

Começo por Joseph Schumpeter (1883-1950): na visão do economista e cientista político, foi o processo de constituição da sociedade de massas, entendido como dinâmica sociopolítica de longo prazo, que caracterizou, a partir do século XVII, o início da formação dos modernos Estados-Nação (Schumpeter, 1984). Para Schumpeter, o aparecimento de novos sujeitos políticos portadores de interesses antagónicos, como sindicatos dos trabalhadores e associações patronais, transformou a luta política num contraste entre interesses económicos e sociais, justificados por supostas racionalidades e pelo objetivo do "bem comum". Ao interpretar essa problemática, Schumpeter preocupou-se principalmente com a mobilização das massas e o relativo risco de "desinstitucionalização" do sistema político. A sua leitura contestava a ideia de que a racionalidade existisse a par da democracia (segundo a própria orientação weberiana); pelo contrário, em Schumpeter a democracia é descrita como uma forma procedimental da tomada de decisões políticas que nem sempre é racional, mas que, enquanto procedimento formal, tende a ser funcional. Na análise schumpeteriana, o indivíduo subjugado pelos produtores de ideias "manufaturadas" não age segundo qualquer qualidade racional. Assim sendo, a irracionalidade das massas pode ser equilibrada pelo caráter procedimental do processo democrático, que desemboca na visão do elitismo competitivo e do estreitamento da democracia. Por outras palavras, somente a gestão política realizada por um corpo de políticos "profissionais" pode evitar a desinstitucionalização do sistema político e os riscos da degeneração autoritária.

Sendo assim, identifico na teoria elitista de Schumpeter o primeiro elemento que compõe o Modelo Transicional Europeu para a Participação Pública dos Migrantes Internacionais na Modernidade. Destaco como conceito-chave a *conceção procedimental da democracia*, e identifico-a como raiz fundamentadora da disposição "A" (*liberdade de expressão, reu-*

---

[60] Se com o advento desta o sufrágio se tornou universal, com o aparecimento daquela o moderno Estado constitucional passou a monopolizar o poder político nacional, assumindo para si a legitimidade da representação, da administração do bem público e do uso da coerção, através do corpo especializado de indivíduos-representantes.

nião e associação) do Modelo. Justifico esta escolha pelo facto de o Modelo reconhecer que a grande presença de estrangeiros na Europa resulta em novas exigências de ampliação do sufrágio. Contudo, diante do risco de que novas culturas políticas possam levar os imigrantes a realizar escolhas consideradas "irracionais" na qualidade de votantes, elevou-se a preservação da ordem democrática e da segurança nacional como barreira à extensão do sufrágio. Já a liberdade de expressão, reunião e associação, são concedidas aos estrangeiros, enquanto procedimentos democráticos básicos. Mas, na falta do direito ao voto, este tipo de atividade não influencia em nada a ação política das elites.

Passo agora a fundamentar a disposição "B" (*consultas representativas ao nível local*) e "C" (*participação ativa na vida das autarquias*), procurando as raízes do sistema político moderno. Para o efeito, quero demorar-me um pouco sobre os dois grandes teóricos europeus do Estado – Thomas Hobbes – e da comunidade – Jean-Jaques Rousseau –, pois neles se encontram os pressupostos do debate contemporâneo ocidental sobre modelos representativos e participativos.

Para Thomas Hobbes (1588-1679), por exemplo, o indivíduo no pacto social entrega ao soberano o direito de representação política que é exercido em defesa da vida e da convivência pacífica entre as pessoas. Por sua vez, o pactuado deve reconhecimento ao soberano por lhe garantir a incolumidade diante da violência do estado de natureza (onde vige a guerra de todos contra todos – *bellum omnium contra omnes*). Sendo assim, o indivíduo não participa da vida política, pois entrega ao soberano um mandato livre, autónomo e completo. A base da "unidade de todos" subjaz ao pacto que cada indivíduo estabelece com cada um dos seus semelhantes. Hobbes imagina-o assim: "*autorizo e cedo a este homem [o soberano] o direito de governar a mim mesmo, sob a condição de que tu cedas a ele o teu direito e autorizes, da mesma forma, todas as suas ações*" (Hobbes, 2002: 105-106).[61] Com este tipo de contrato social, Hobbes é um dos pensadores políticos que fundam a ideia moderna de representação, pela qual o soberano legitima a sua ação graças à autorização que lhe é concedida, individualmente, por indivíduos que ele representa. Tal modelo de representação é uma procuração muito mais ampla que a que fora adotada na

---

[61] Tradução livre do autor.

Idade Média,[62] pois qualquer decisão tomada pelo soberano será considerada legítima, já que autorizada pelos representados. Existe, desta forma, plena liberdade de ação por parte do representante, que não se constrange com obrigações de resposta aos representados.

Com a ajuda de Bobbio (1999), identifico na *conceção "monocêntrica" do Estado* de Hobbes, o segundo elemento que compõe o Modelo. Destaco como conceito-chave o *método contratual* (idem, ibidem: 393-397), e identifico-o como raiz fundamentadora da disposição "B" (*estabelecimento de consultas representativas ao nível local*). Justifico esta escolha pelo facto de o Modelo definir a *igualdade de deveres* entre estrangeiros e nacionais como condição para que ao conjunto de deveres iguais correspondesse um paritário acesso aos direitos (incluindo aqueles do voto ativo e passivo). Entretanto, a suposição de o voto dos estrangeiros e das estrangeiras ameaçar a preservação da identidade nacional, manteve-os relegados, no nível local, à participação em consultas representativas (isto é, não dotadas de poder deliberativo). Nestas vigora o método contratual, oriundo da conceção monocêntrica do Estado hobbesiano, pelo qual o contrato privado entre pares (fonte de regras *inter partes*) – isto é, a reunião dos estrangeiros – está sujeito ao instituto de direito público (fonte de regras *super partes*) – isto é, à Lei que os exclui do acesso ao voto (Bobbio, 1999).[63]

Contrariamente, em Rousseau (1721-1778), na passagem do estado de natureza para o Estado civil, é no contrato social, na liberdade civil e no exercício da soberania que reside a condição necessária para que o conjunto das identidades individuais esteja no centro do poder. Neste caso,

---

[62] Quando o sentido da representação política estava ligado à possibilidade de controlar o poder atribuído a quem este poder não exercia pessoalmente, satisfazendo o princípio do direito romano contido no *Codex Justinianus* de 534: *quod omnes tangit ab omnibus approbari debet* ("o que interessa a todos, tem de ser aprovado por todos" – tradução livre do autor), como observou Otto Von Gierke, jurista alemão do século XIX (Von Gierke, 1987). Agradeço ao prof. Leonardo Avritzer da Universidade Federal de Minas Gerais (Brasil) essa indicação.

[63] Para Bobbio, este tipo de relação teorizada por Hobbes e realizada no Estado autoritário, não teve sucesso no decurso do sucessivo desenvolvimento político moderno. Os corpos intermediários, que o modelo contratual previa dominar com a imposição da Lei, tornaram-se, pelo contrário, elementos que dinamizam a sociedade (como é o caso das empresas e dos/a trabalhadores/as), e são hoje estes a impor ao Estado as suas decisões (Bobbio, 1999).

o indivíduo poderá não só participar da vida política, mas nela realizar-se como representante de si mesmo e dos seus anseios. Aliás, é a política que torna o indivíduo livre, atuante, em busca do exercício dos seus direitos, tendo como finalidade alcançar os ideais de justiça e igualdade.[64] Para Rousseau, o princípio da vida política residia na autoridade soberana do povo reunido em praça pública. Por outras palavras, o exercício da soberania ganha para Rousseau conteúdos radicalmente distintos, na medida em que se baseia na participação do poder, concretizando uma soberania participativa onde o povo é, ele mesmo, o órgão legislativo. O que Rousseau propugnava era uma participação do indivíduo através do contrato social, pela qual passaria a ter uma liberdade civil, limitada pela *vontade geral*, que lhe permitiria realizar uma intervenção direta nas decisões tomadas no Estado, permanecendo, contudo, livre para poder mudar ou romper com o pacto inicial. Embora a democracia direta e seu poder emancipatório tenham sido teorias de Rousseau desacreditadas pela modernidade, a sua ideia de autossuficiência do cidadão contribuiu fortemente para a convicção moderna de que não é o indivíduo o produto da sociedade, mas o contrário: é a sociedade que deriva dos indivíduos (Bobbio, 1999: 377).

Apoiado mais uma vez nas leituras de Bobbio, identifico o terceiro elemento que compõe o Modelo transicional europeu para a participação pública dos migrantes internacionais na teoria da democracia direta de Rousseau. Dele destaco como conceito-chave a *autonomia do indivíduo* (Bobbio, 1999), e identifico-a como raiz fundamentadora da disposição "C" (*direito de voto nas eleições locais*) do Modelo. Justifico a escolha pelo facto de o Modelo defender o direito de voto dos estrangeiros nas eleições locais, a partir do pressuposto que sua participação ativa na vida das autarquias existe *de facto*. No entanto, apesar de esta ser considerada uma forma de afirmação da autonomia do indivíduo, a vinculação entre

---

[64] Na comunidade moderna de Rousseau, o indivíduo realiza uma intervenção direta nas decisões tomadas pelo Estado. Fá-lo através da emanação de leis diretamente licenciadas pela participação dos/das cidadãos/ãs, regra costumeira da Antiguidade, como aguilhoava o filósofo de Genebra no seu *Contrato Social*: "*O povo reunido – dir-se-á – que quimera! É uma quimera hoje, mas não o foi há dois mil anos. Os homens mudaram de natureza?*" (Rousseau, 1965: 92 – tradução livre do autor).

voto e o critério de gozo da cidadania limita difusamente o exercício do voto aos nacionais.[65]

Passo a resumir na Tabela abaixo o trabalho de identificação das referências teóricas do Modelo Transicional Europeu para a Participação Pública dos Migrantes Internacionais na Modernidade, destacando teorias, autores, conceitos e a correlação epistémica de cada um destes com uma disposição do Modelo.

TABELA 13: Modelo Transicional Europeu para a Participação Pública dos Migrantes Internacionais na Modernidade (identificação das referências teóricas)

Conceitos-chave	*Disposições*	*Contrariedades*	*Correlação epistémica (principal autor referenciado)*
conceção procedimental da democracia	(A) liberdade de expressão, reunião e associação	irracionalidades (defesa da ordem e da segurança nacional)	Teoria elitista (Schumpeter)
método contratual	(B) consultas representativas ao nível local	preservação da cultura e identidade nacional	Concepção monocêntrica do Estado (Hobbes)
autonomia do indivíduo	(C) direito de voto nas eleições locais	vinculação ao gozo da cidadania	Teoria da democracia direta (Rousseau)

Fonte: Elaboração do autor.

---

[65] Não tenho competências jurídicas para entrar no debate sobre o estatuto formal do/a estrangeiro/a; reporto apenas que a nacionalidade é o vínculo jurídico entre pessoas e Estados, fonte de deveres e obrigações mútuas. Segundo alguns/as autores/as, este vínculo não pode estar presente nos/as estrangeiros/as, pois não são cidadãos/ãs nacionais dos Estados que os recebem (Malapeira, 2010: 50-52). Contudo, como alertou Balibar, não gozar do direito à cidadania significa não participar da vida comunitária de forma plena, não ser parte do Estado e estar cercado por fronteiras culturais, raciais, linguísticas, legais. Isto significa ser uma 'não pessoa', um/a clandestino/a, um/a ilegal, o que provoca ruturas sociais gravíssimas (Balibar, 2001).

Passo agora a descrever as dinâmicas pelas quais o Modelo representa uma fase transicional de passagem do paradigma representativo dominante para o paradigma participativo emergente.

Crise e transição: abstenção, representação e participação
Embora o sufrágio eleitoral se tenha tornado quase universal no mundo ocidental,[66] encontra-se muito disseminada, na Europa da primeira década do séc. XXI, uma grande desilusão com o sistema político representativo. Um exemplo significativo advém da experiência da plataforma espanhola Democracia Real Ya (DRY), que promoveu em Espanha, desde 2011, numerosos protestos conhecidos como Movimento dos Indignados, e que acabaram por multiplicar-se além da Europa, nos cinco continentes ao longo de 2011 e de 2012.[67] Certamente, as razões dos Indignados intercetaram uma parte substancial dos temas cruciais do debate em torno da robustez dos fundamentos da democracia. No entanto, a linha de pensamento dos Indignados não explica a totalidade das razões que afastam os cidadãos da vida política; estas razões são inúmeras e não cabe discuti-las neste espaço.[68] Para o efeito da discussão que aqui é levada a cabo, limito-me a observar que o fenómeno da abstenção eleitoral, que em muitos países da Europa apresenta percentagens que superam os cinquenta por cento, é indicador da ameaça à qual está sujeito o sistema democrático, que procura legitimar o seu poder precisamente pela emanação da vontade do *demos*.[69] De fato, como observava Bobbio (1999), a imagem que os clássicos tinham da democracia era "uma praça ou uma assembleia

---

[66] Como ilustrado, a não concessão do direito ao voto ativo e passivo aos/às imigrantes regularmente residentes configura-se com uma limitação da universalidade do sufrágio.
[67] O "Manifesto da DRY" não deixava dúvidas enquanto à avaliação da democracia e da classe política de que dispunha o Ocidente: esta é descrita como "surda, pouco representativa da opinião pública, por nada disposta a realizar outras formas de participação política e dependente dos grande poderios económicos e financeiros". Recorrendo a uma expressão muito forte, o manifesto definia-a uma "ditadura partitocrática". Acesso em 22 de novembro de 2013, disponível no Portal Democracia Real Ya: http://www.democraciarealya.es/manifiesto-comun/.
[68] Permito-me fazer referência a uma reflexão prévia e mais detida a este respeito (em Mattiazzi, 2011b).
[69] A tradução da locução grega *dêmos* não pode ser reduzida ao significado de *povo*, pois apesar de na Antiguidade se referir à "comunidade clássica de cidadãos", como observa Bobbio (1999), o termo pode indicar o povo, as massas, os/as pobres, por oposição aos/às ricos/as. A discussão sobre o significado de "demos" estende-se em Bobbio (2009: 323-334).

onde todos os cidadãos eram chamados a tomar as decisões que a eles respeitavam"; já para os modernos, a mesma imagem traduziu-se no dia das eleições, "nas longas filas de cidadãos que esperam a sua vez para colocar o seu boletim na urna" (idem: 324). Na Antiguidade, a democracia era *direta*, enquanto na modernidade esta é *representativ*a, sendo que o voto de hoje "não serve para *decidir*, mas para *eleger* quem decide" (idem, ibidem: 324).[70] Diante destes factos, é evidente que se o *vulnus* do sistema democrático ocidental é o afastamento do *demos* do exercício mais importante da democracia moderna – isto é, participar nas eleições –, a crise é tão radical quanto a denúncia que dela se faz.

Mesmo que nos sistemas democráticos ocidentais a participação política implique, para a grande maioria das pessoas, delegar no representante político o exercício de tal decisão, para quem não tem esta oportunidade, como é o caso dos estrangeiros imigrantes, a participação na vida democrática na Europa é certamente aupsiciada de forma incisiva.[71] Neste sentido, existem numerosos estudos (Østergaard-Nielsen, 2003; Escrivá Chordá et al., 2009; Martiniello e Lafleur, 2009; Østergaard-Nielsen, 2009; Lafleur, 2011) que discutem os mecanismos que a engendram (Bauböck, 2003), quem são os seus promotores (Lafleur e Chelius, 2011) e que relações estes estabelecem com a sociedade civil e o sistema de representação, quer política (dos partidos) (Zanier, 2002), quer social (sindicatos e associações de interesse) (Kolarova e Peixoto, 2009). Trata-se de testemunhos da presença de uma grande vontade participativa expressa pelos *não-cidadãos* estrangeiros. Neste contexto, a participação democrática dos imigrantes pode ser entendida como uma forma de ampliação da democracia (Santos e Avritzer, 2002), que se projeta numa escala transnacional (Guarnizo et al., 2003; Itzigsohn e Villacrés, 2008; Østergaard-Nielsen, 2009; Bolzman, 2011). A partir destes trabalhos, percebemos que as estruturas institucionais e as formas políticas que viabilizam a participação nas democracias não se esgotam no sistema de representação organizado pela ocupação de cargos públicos, embora este sistema, for-

---

[70] A tradução e o itálico são do autor.
[71] Concentrei-me sobre o tema da cidadania (política) dos/das migrantes (Mattiazzi, 2011a) e sobre o tema da participação democrática (Mattiazzi, 2011b). Como anteriormente, nalgumas secções deste capítulo reproduzo, com ligeiras modificações, alguns trechos publicados nos artigos referidos.

matado constitucionalmente em torno da arena legislativa e dos poderes executivo e judiciário, seja o maior e o mais importante.

Outro aspecto que torna crítica a tensão entre representação e participação política nos sistemas democráticos ocidentais é o processo de reformulação da ideia e do exercício da cidadania. Ao longo de todo o século XX, os contornos da cidadania coincidiram com os limites da soberania territorial do Estado: o estatuto legal do cidadão era a expressão formal da sua pertença à instituição estatal e a condição para exercer legitimamente a sua atividade política, também limitada territorialmente pelas fronteiras legais. Contudo, o cidadão do século XXI – por nacionalidade, cultura e, talvez, adesão ideal –, aparece cada vez mais como um ser multiestrato, onde nenhum estrato é prioritário sobre o outro (Young, 1989). Daí a clara ligação que existe entre o exercício da cidadania e o fenómeno da migração internacional, pois há uma forte relação entre cidadania, nacionalidade e mobilidade, e a extensão dos direitos de cidadania (portanto, civis, sociais e mesmo políticos) dos imigrantes. A razão para isso reside no facto de o estrangeiro, pela sua própria condição transnacional, tender a modificar a natureza e a base do conceito de cidadania relacionado com a nacionalidade (Bauböck, 1994; Soysal, 1994; Kymlicka, 2003). Estas relações podem gerar conflitos perigosamente ligados ao sentimento de pertença, por sua vez vinculado a condições de inclusão e exclusão – como aconteceu com os imigrantes das periferias de Dakar e Túnis em 2003 e 2004, ou com aqueles de etnia rom, na cidade francesa de Tours, em 2006 (Legros, 2012). Outros exemplos dramáticos do impacto destas mudanças adviram dos motins que tiveram lugar no Reino Unido, em 2012, que em muito se assemelharam às revoltas nos *banlieus* franceses de 2006, e às que aconteceram posteriormente em Estocolmo, no ano de 2013. Tratam-se, defendo, de sintomas das chamadas *patologias democráticas* (Santos e Avritzer, 2002: 52), debilidades da democracia que impedem a ampliação das formas de participação dos cidadãos às tomadas de decisão, formas estas que, se realizadas, poderiam ser instrumentos úteis de canalização democrática dos protestos. Além disso, a existência de um défice democrático europeu estendido a todos os níveis da cidadania política, tanto para os nacionais quanto para os estrangeiros, é testemunhado pelo aumento da abstenção eleitoral, pela afirmação de movimentos declaradamente "antipolíticos" e pela explosão de conflitos violentos promovidos por imigrantes. Todos estes fenómenos evidenciam a exigência de uma necessária reformulação alternativa da ideia de participação política para a Europa, que não interesse apenas os imigrantes.

Poderá esta entrada de novos eleitores ajudar o sistema democrático na cura das suas patologias? O voto aos migrantes internacionais fortaleceria a democracia? Passo agora a descrever alguns sinais que considero apontarem para a emergência de práticas epistémicas de *democratização* da democracia, o que interpreto como convincentes respostas à crise do Modelo e aos desafios colocados pelo abstencionismo, pelas formas de acesso à cidadania e pela presença de um forte défice democrático na Europa.

Participações emergentes: demodiversidades e democratização da democracia

A literatura aponta para uma difusão crescente de experiências políticas neo-paradigmáticas, isto é, pautadas por formas de democracia participativa e por formas mais gerais de *democratização* da democracia, tanto ao nível nacional quanto à escala local. As consequências para a dimensão representativa são significativas, pois estes movimentos criam novas identidades e reivindicações, e simultaneamente alteram a dinâmica da luta política não pretendendo, em última análise, construir uma maioria no parlamento, mas exigindo atenção para as agendas que defendem. Novos atores políticos, como ONG, grupos espontâneos, listas cívicas, grupos de ação direta, blogueiros, fazem da participação uma forma de protagonizar a democracia na primeira pessoa, como se o ato político realizado fora da dimensão representativa reforçasse o caráter deliberativo da participação individual. Os anos caracterizados pela "crise da dívida" na Europa viram afirmar-se não apenas o movimento dos *Indignados* em Espanha, mas outros, como a *Geração à Rasca* em Portugal – que produziu as maiores mobilizações na história recente do país –, ou o *Forum Italiano dei movimenti per l'acqua,* que promoveu a convocação de quesitos referendários em defesa dos bens coletivos como a água, o território ou o ar em Itália. Além disso, consideramos os movimentos antitroika na Grécia (que levaram à eleição de um primeiro-ministro – Tsipras – da esquerda antagonista em 2015), as Primaveras Árabes, as já citadas revoltas de imigrantes em Londres, Paris, Estocolmo; ou o protagonismo de grupos de ação direta feminista, ambientalista ou pacifista – como as Pussy Riot, Femen,

Greenpeace, Peace Brigades International, etc. Todos estes movimentos operaram numa dimensão maioritariamente extrapartidária, e, portanto, extrarrepresentativa – ou melhor, autorrepresentativa, sem que fossem ações de minoria (os referendos italianos foram validados, pois a maioria dos eleitores participou do voto). Estas foram experiências de participação concretas, onde o indivíduo pôde realizar-se num exercício de autossoberania e autogovernação na primeira pessoa (Cohen, 1997). Contudo, foram principalmente experiências de protesto, que incidiram nas escolhas políticas assumidas nacional ou localmente, mas que não lograram mudanças orgânicas rumo à democracia deliberativa. Por isso, para recuperar um sistema que está a perder legitimidade, como acontece com o sistema partidário, o protesto não basta; pelo contrário, parece desejável articular formas de representação com formas de participação, integrando novos agentes que não se reconhecem e não possuem representatividade.

Neste sentido, a migração representa um interessante laboratório de produção de novas formas de organização e participação democráticas (Malapeira e Ferrer, 2010), nas quais os imigrantes são os protagonistas ativos, e não passivos, das políticas públicas (Colombo e Caponio, 2005; Caponio, 2006; Paci, 2008). Neste caso, o tema da coesão política numa sociedade ganha uma perspetiva mais abrangente, pois relaciona a participação dos imigrantes na vida democrática do país de chegada com outras questões, a saber: o surgimento de novas arenas e agentes políticos; a evolução do conceito de cidadania; o aparecimento de uma dimensão transnacional da esfera pública e do desenvolvimento local, o que inclui os aspetos económicos e interculturais. Contrariamente, em muitos casos, o sistema de representação política dos imigrantes limita-se à auscultação das suas opiniões, sem que estas tenham qualquer poder para vincular as decisões políticas, tomadas exclusivamente pelos cidadãos na posse da nacionalidade. Assim sendo, o sistema de representação aceita implicitamente uma condição de limitação da cidadania dos estrangeiros, o que impede a adoção de uma perspetiva participativa emancipatória.

Focando a relação específica entre transnacionalismo e participação democrática dos estrangeiros, alguns autores, como Østergaard-Nielsen, falam em "dimensão transnacional da participação política dos migrantes" (Østergaard-Nielsen, 2009), que pode ser resumida em quatro categorias: a) a política imigrante (*immigrant politics*), focada, em geral, em melhorar a qualidade de vida do imigrante no país de chegada; b) a política diaspórica (*homeland politics*), que abrange a intervenção dos migrantes na política do país de origem; c) a política de emigrantes (*emigrants politics*), que procura a institucionalização do estatuto do emigrante em relação ao seu país de origem ao mesmo tempo que procura melhorar a sua condição de imigrante no país de chegada; finalmente, 4) a política local-local (*local-local politics*), que, baseada nas políticas de codesenvolvimento promovidas entre país de chegada e país de origem, tem como objetivo a melhoria da comunidade local de origem do migrante (Østergaard-Nielsen, 2009). Outros estudos, quase todos euro-americanos, apontam para uma convivência do interesse político, tanto para a agenda do país de chegada como para a do de origem (Itzigsohn, 2000; Guarnizo, Portes e Haller, 2003; Østergaard-Nielsen, 2003). Estas evidências apontam para uma necessária redução da dicotomia entre esfera doméstica e internacional na avaliação das formas de atuação transnacional.

Designo estas formas de conhecimento-emancipação como elementos do pilar moderno das participações.

Que relação existe entre representação e conflito político?

Concretizo a ideia da tensão entre o paradigma dominante – *representações dos migrantes* – e o paradigma emergente – *participações dos migrantes* –, explicando o sentido da segunda pergunta simples: *que relação existe entre representação e conflito político?*

Neste subparadigma das políticas migratórias europeias, os pilares das representações se estruturaram como formas de conhecimento regulatórias e hegemónicas (onde o outro é tratado como objeto), produzindo políticas representativas. Este sistema objetiva principalmente a ordem política, garantida pelo modelo contratual da representação *inter pares* dos imigrantes, que não concede direito de escolha e evita, assim, conflitos políticos. Para o efeito, no plano epistemológico, o pilar das representações produz-se numa trajetória que vai de um ponto de partida – o *conflito político*, considerado como uma condição política inicial –, para um objetivo político, que é a *representação*. O conflito político representa a condição caótica de partida, de uma arena desestabilizada pela entrada de imigrantes, assumindo a representação como o seu ponto de estabilização ordenada. Por outras palavras, quando um imigrante chega a um país, é considerado um estrangeiro (cidadão não-nacional), portador de uma visão política potencialmente conflituante ou ameaçadora da segurança nacional, devendo, portanto, ser incorporado através do sistema de representação política.

O pilar das participações, pelo contrário, é uma forma de conhecimento emancipatória e contra-hegemónica. Para tal, trata o outro como sujeito e produz políticas participativas. O seu objetivo é produzir solidariedade política, incorporar os imigrantes estrangeiros na partilha dos direitos e deveres oriundos do exercício democrático, num quadro de coesão política que resulta da superação da sua exclusão da vida pública. O ponto de partida desta forma de conhecimento é o *isolamento político*, enquanto herança política colonial, e o seu objetivo é a *participação dos migrantes* na vida pública, que corresponde à descolonização do sistema político. O isolamento político é a violenta segregação da vida pública de um imigrante recém-chegado, enquanto a participação é a partilha solidária das suas responsabilidades no contexto da coletividade, e inerentes tomadas de decisão política. Embora o imigrante na Europa parta de uma condição de segregação política, ele pode contribuir para a superação do *pensamento abissal* – isto é, participar da vida pública e impulsionar a participação dos outros, através de um percurso democrático diversificado, realizado em conjunto com os não imigrantes.

Comparo o funcionamento das formas de conhecimento da modernidade em geral, e aquelas que lidam com este aspeto das migrações internacionais, na Tabela seguinte.

Tabela 14: Comparação das formas de conhecimento no paradigma moderno e no subparadigma das representações e participações nas migrações internacionais

pilares da modernidade	*formas de conhecimento*	*condição de partida...*	*... objetivo futuro*
pilar das representações (hegemónico)	conhecimento--regulação	(caos...) conflito político...	(...ordem) ...representação
pilar das participações (contra-hegemónico)	conhecimento--emancipação	(colonialismo...) isolamento político...	(...solidariedade) ...participação

Fonte: Elaborado a partir de Santos, 2000: 29-36.

Também neste caso, através das alterações ocorridas nas formas de conhecimento na modernidade, o pilar das representações recodificou o das participações. Este processo fez com que a *participação fosse recodificada como conflito político*, isto é, a luta entre a hegemonia da cultura política nacional e culturas políticas alienígenas, consideradas rivais. Por outro lado, o que era ignorância transformou-se em saber, isto é, *o isolamento político foi recodificado como forma de representação dos estrangeiros*. Na faceta das representações e das participações, as consequências são também epistemológicas e sociais: de um lado, a transformação social passou a ser concebida como representação, e o *isolamento* político como um tipo de representação, ao passo que a participação passou a ser considerada como um tipo de conflito político. Na Tabela abaixo, ilustro a afirmação do pilar das representações sobre o pilar das participações, enquanto *Modelo Subparadigmático Europeu para a Representação dos Migrantes Internacionais na Modernidade*, e a consequente afirmação da conceção dominante do outro como objeto.

Tabela 15: Modelo Subparadigmático Europeu para a Representação dos Migrantes Internacionais na Modernidade (recodificação e alteração da representação sobre a participação)

formas de conhecimento	*condição de partida...*	*...objetivo futuro*	*conceção do outro*
conhecimento-regulação	**conflito político... (caos)**	**...representação (ordem)**	**objeto**
RECODIFICAÇÃO e ALTERAÇÃO			
(conhecimento emancipação)	*participação =* **CONFLITO POLÍTICO...**	*isolamento político =* **...REPRESENTAÇÃO**	**OBJETO**
Afirmação do Modelo Subparadigmático Europeu para a Representação dos Migrantes Internacionais na Modernidade			

Fonte: Elaborado a partir de Santos, 2006, 78-79.

Com a recodificação, no plano epistemológico, a representação (que, veicula formas de colonialismo, como o isolamento político) passou a ser o projeto hegemónico de futuro, e o conflito político (que subverteu a participação) foi tido como estigma hegemónico do passado. O isolamento político, camuflado de representação, tornou-se o projeto desejável, e a participação, desacreditada com a marca do conflito, o passado inaceitável.

Em consequência deste processo epistémico, e em detrimento do Modelo Transicional proposto pela Convenção de Estrasburgo, no Ocidente afirmou-se o Modelo Subparadigmático Europeu para a Representação dos Migrantes Internacionais na Modernidade, segundo o qual ao *caos moderno*, isto é ao passado, corresponde a *participação dos migrantes na vida pública como fonte de conflito político*, enquanto que à *ordem moderna*, isto é ao futuro, corresponde a *representação dos migrantes como forma de incorporação na ordem política*. Este é o sistema dominante de representação dos estrangeiros na Europa.

A esta altura, a pergunta simples *que relação existe entre representação e conflito político?* pode ser considerada como contextualizada. Passarei, assim, a aprofundar a terceira visão da migração internacional: a tensão entre desenvolvimentos e experimentações sustentáveis.

CAPÍTULO 4
VISÕES DA MIGRAÇÃO INTERNACIONAL: OS PILARES DOS DESENVOLVIMENTOS E DAS EXPERIMENTAÇÕES SUSTENTÁVEIS

Organizo este último capítulo de revisão da literatura em torno da tensão entre *desenvolvimentos e experimentações sustentáveis*, que constituem o terceiro par de conceitos com o qual descrevo a abordagem moderna ao fenómeno das migrações internacionais. Na Tabela abaixo, identifico o pilar dos desenvolvimentos como expressão hegemónica da regulação, e o pilar das experimentações sustentáveis como expressão contra-hegemónica da emancipação moderna.

TABELA 16: Aplicação da teoria da transição paradigmática de Santos (2006) ao debate ocidental moderno sobre desenvolvimentos e experimentações sustentáveis nas migrações internacionais na Europa

princípios da modernidade (*formas de conhecimento*)	*subprincípios da modernidade* (*condição nas políticas migratórias*)
regulatórios (**conhecimento-regulação**)	**desenvolvimentos** (**modelos hegemónicos**)
emancipatórios (*conhecimento-emancipação*)	*experimentações sustentáveis* (*práticas contra-hegemónicas*)

Fonte: Elaborado a partir de Santos, 2006: 29-43.

No decorrer do capítulo, mantenho a mesma sequência da argumentação antes adotada, sendo que aqui a diferença de potencial entre pilares produz reflexos nas políticas públicas, entre medidas *desenvolvimentistas* (hegemónicas) e *experimentais* (contra-hegemónicas). Resumo-os na Tabela abaixo, que aporta a correspondente conceção do outro e formula a terceira pergunta simples: *que relação existe entre desenvolvimento e conflito territorial?*

TABELA 17: Tensão subparadigmática no pilar dos desenvolvimentos e experimentações sustentáveis

formas de conhecimento	*conceção do outro*	*políticas públicas*
regulatória (dominante) ↓	**objeto** ↓	**desenvolvimentistas** ↓
emancipatória (desacreditada)	*Sujeito*	*experimentais*
Que relação existe entre desenvolvimento e conflito territorial?		

Fonte: Elaborado a partir de Santos, 2006: 259-260.

Como nas outras tensões já abordadas, esta pergunta também relaciona dinâmicas que parecem à partida opostas: desenvolvimento e conflito territorial. Para justificar esta ambiguidade, contextualizo a pergunta no debate europeu à luz da *Estratégia Europeia de Crescimento*, mais conhecida como "Europa 2020". Para o efeito, analiso o documento *EUROPA 2020. Estratégia para um Crescimento Inteligente, Sustentável e Inclusivo*, no quadro das políticas regionais e para o desenvolvimento local da União Europeia. O documento, de 2010, é um planeamento estrutural para a década 2010-2020 e, por isso, é dirigido ao futuro. Como fiz antes, através do documento identifico as referências teóricas que o sustentam. No entanto, ao contrário dos outros documentos analisados, este não é especialmente destinado aos assuntos migratórios; assim, para que a visão da UE sobre migrações e desenvolvimento seja mais abrangente, faço uma rápida referência ao *Pacto Europeu para a Imigração e o Asilo*, adotado pelo Conselho Europeu em 2008.

Realizo novamente um estudo arqueológico, desta vez *territorial*, trazendo à luz as ideias de futuro que subjazem aos documentos. Estas, afinal, constituem as palavras-chave da estratégia europeia de desenvolvimento.

O paradigma dominante: a imigração como recurso exógeno do desenvolvimento local

O paradigma que domina a discussão teórica acerca da relação existente entre desenvolvimento e migrações internacionais na Europa reproduz uma *ideia de fragmentação territorial, subtilmente xenófoba em relação aos imigrantes*, pois considera-os *elementos exógenos ao planeamento estratégico local*.

Para tratar este assunto, considero a estratégia de crescimento da União Europeia fixada no documento *EUROPA 2020. Estratégia para um Crescimento Inteligente, Sustentável e Inclusivo*,[72] que enforma o paradigma dominante ocidental em matéria de desenvolvimento. Paralelamente, ilustro qual será o papel previsto para os imigrantes estrangeiros na mobilização dos recursos locais.

A Estratégia Europa 2020 "representa uma visão da economia social de mercado para a Europa do século XXI",[73] e estabelece três prioridades "que se reforçam mutuamente": *crescimento inteligente*, cujo conceito-chave é o desenvolvimento de uma economia baseada no *conhecimento e na inovação*; *crescimento sustentável*, que assenta na promoção de uma economia mais eficiente em termos de *utilização dos recursos*, mais ecológica e mais competitiva; e, finalmente, *crescimento inclusivo*, que prevê uma economia com níveis elevados de emprego, que assegure a *coesão social e territorial*.[74] Os imigrantes são escassamente referidos no documento: são-no a propósito da necessidade de melhorar a taxa de emprego da população,[75] e na ilustração das iniciativas "Agenda para novas qualificações e novos empregos"[76] e "Plataforma europeia contra a pobreza".[77]

---

[72] COM(2010) 2020.

[73] Todas as citações entre aspas foram extraídas do documento *EUROPA 2020*.

[74] Estas prioridades são concretizadas pela UE através de cinco "grandes objetivos" e sete "iniciativas emblemáticas": os cinco grandes objetivos preveem metas de emprego, de investimentos em Investigação e Desenvolvimento (I&D), de redução das emissões de gases que contribuem para o aquecimento global, de redução da taxa de abandono escolar e do risco de pobreza. As sete iniciativas emblemáticas compreendem as áreas da investigação e inovação, dos sistemas de ensino, a implantação da Internet de alta velocidade, a sustentabilidade ambiental, as Pequenas e Médias empresas, a modernização dos mercados de trabalho, a coesão social e territorial.

[75] "Nomeadamente através de uma maior participação das mulheres e dos trabalhadores idosos, bem como de uma melhor integração dos imigrantes na população activa" (p. 13).

[76] Para "facilitar e promover a mobilidade da mão-de-obra no quadro da UE [...] e promover uma política global de migração da mão-de-obra virada para o futuro que permita dar uma resposta flexível às prioridades e necessidades dos mercados de trabalho" (p. 22).

[77] Designadamente, para "conceber e executar programas de promoção da inovação social destinados às camadas mais vulneráveis, em especial propondo às comunidades desfavorecidas soluções [...] para combater a discriminação [...] e desenvolver uma nova agenda de integração dos migrantes que lhes permita aproveitar plenamente o seu potencial" (p. 23).

Resumo na Tabela seguinte as prioridades do documento *Europa 2020* e, para cada uma delas, identifico os conceitos-chave que as explicam. Passo a designar prioridades e conceitos como *Modelo Subparadigmático Europeu para o Desenvolvimento*.

TABELA 18: Modelo Subparadigmático Europeu para o Desenvolvimento

prioridades	*conceitos-chave*
A) crescimento inteligente	A) conhecimento e inovação
B) crescimento sustentável	B) utilização dos recursos
C) crescimento inclusivo	C) coesão social e territorial

Fonte: Elaboração do autor a partir do documento EUROPA 2020. Estratégia para um Crescimento Inteligente, Sustentável e Inclusivo, de 2010.

Chamo *subparadigmático* a este Modelo, por acreditar que ele resume o pilar moderno que concebe o desenvolvimento na Europa. A ligação entre prioridades e conceitos é lapalissada: o crescimento inteligente procura investimentos nas áreas da economia do conhecimento e da inovação, o sustentável apela a uma utilização equilibrada dos recursos, e o inclusivo considera o trabalho como principal política de coesão, nas dimensões social e territorial.

Passo agora a identificar algumas referências teóricas, a partir das quais este modelo poderá ter sido definido, e também a verificar se e como é considerada a contribuição dada pela população imigrante que reside no território onde se realiza o *desenvolvimento*.

Dentre as várias aceções, interpretações e associações deste conceito, considero a vinculação económico-política aos processos de independências das ex-colónias europeias, que se seguiu ao fim do segundo conflito armado, ocorrido entre 1939 e 1945. Neste sentido, parte da produção teórica ocidental sobre "desenvolvimento" preconizava a "evolução" desses países, considerados "subdesenvolvidos", rumo ao caminho da industrialização, trilhado já pelos países ex-colonizadores. O contraponto entre o desenvolvimento-enquanto-riqueza dos países colonizadores e o subdesenvolvimento-enquanto-pobreza dos países colonizados não é, contudo, uma invenção das décadas de 40 ou 50 do século XX. Nesta dimensão, fora Adam Smith (1723-1790), um dos primeiros economistas modernos, a produzir este tipo de associação: no seu famoso livro de 1776 *An Inquiry into the Nature and Causes of the Wealth of Nations* (Smith, 1976), ao discorrer sobre as vantagens que a Europa obteve graças à exploração das colónias americanas, Smith mencionava "primeiro, o *aumento* do seu bem-estar [*increase of its enjoyments*] e segundo o *aumento* da sua indústria [*augmentation of its industry*]" (ibidem, 323).[78] Para Smith, o desenvolvimento produzido pela relação colonial gerou diversos tipos de "crescimento" para as nações envolvidas direta ou indiretamente com o sistema colonial americano: Espanha, Portugal, França e Inglaterra.

A partir de uma outra tradição, alternativa à liberal, e aplicando-a a uma dimensão ora histórico-política, ora filosófica, Karl Marx (1818-1883) e Friedrich Engels (1820-1885) fizeram um uso central do conceito de desenvolvimento. No *Manifest der Kommunistischen Partei*, de 1848, ao configurar historicamente os conflitos de classe, identificavam o conceito-chave da *evolução da sociedade*, segundo o materialismo histórico de matriz hegeliana. Para o efeito, a formação das classes sociais proviria de um "longo processo de *desenvolvimento* [...] obtido por estágios de progressão política" (Marx e Engels, 1996: 7).[79]

Finalmente, evidencio a progressiva associação do conceito de desenvolvimento com o de *crescimento*, principalmente – mas não exclusivamente – *económico*. Amaro observou como a associação entre os dois conceitos se deu através da obra de numerosos economistas, entre os quais Okun e Richardson, Ellsworth, Lewis, Hicks (Amaro, 2003: 47-48). Esta ligação íntima entre os dois conceitos levou a considerar "o crescimento económico como a condição necessária do desenvolvimento, do qual dependiam as melhorias do bem-estar da população", bem como o uso sistemático dos indicadores de crescimento económico (rendimento per capita, PIB) "para classificar os países em termos de desenvolvimento" (idem, ibidem: 48). Amaro observou também como outras "promiscuida-

---

[78] Itálico e tradução do autor, a partir da edição italiana. Entre parêntesis retos, contudo, reporto as expressões originais do volume publicado em Londres em 1852, pela Editora T. Nelson and Sons, Paternoster Row.

[79] Itálico do autor. De forma evidente, na análise marxiana, a linearidade evolutiva dos acontecimentos históricos (similares no seu elemento constitutivo – a luta de classes –, mas protagonizados por sujeitos diferenciados nos diversos graus de evolução histórico-social – servos/as, artesãos/ãs, moradores/as do burgo, burgueses/as, proletários/as), reaparece no *Manifest*, noutras oportunidades: no capítulo III e nos prefácios às edições alemãs (1872-83-90), russa (1882), inglesa (1888), polaca (1892) e italiana (1893) (Marx e Engels, 1996).

des" foram sendo criadas nos discursos políticos e económicos a partir do conceito: desenvolvimento e industrialização, desenvolvimento e modernização (idem, ibidem: 48). Assim sendo, o subdesenvolvimento, em contraposição, passou a representar um obstáculo, não apenas ao desenvolvimento, mas também ao crescimento económico, à industrialização e à modernização. Em suma, tanto de um ponto de vista estritamente económico como histórico-político, na modernidade ocidental o conceito poderá ter sido interpretado como "mudança, progresso, riqueza, bem-estar", e associado "histórica e culturalmente à construção das sociedades europeias de matriz judaico-cristã" (idem, ibidem: 42).

Identifico a primeira referência teórica que compõe o Modelo Subparadigmático Europeu para o Desenvolvimento nas doutrinas economicista-historicistas de Smith e Marx (entre outros), e defino-a como *monocultura do crescimento infinito*. Destaco as expressões *riqueza e bem-estar* como seus *conceitos-explicação*, pela sua capacidade descritiva face aos principais objetivos económicos e histórico-culturais da modernidade. Além disso, identifico como conceito-espelho da *monocultura do crescimento infinito* a expressão *crescimento*, por se tornar a primeira homonímia da própria noção de desenvolvimento. Associo referências teóricas e conceitos à prioridade A do Modelo (*crescimento inteligente*), e aos seus conceitos-chave (*conhecimento e inovação*), por expressarem uma ideia de desenvolvimento totalmente desequilibrada em direção ao futuro.

Passo agora a identificar uma nova aceção do desenvolvimento na dimensão política, como fez Gabriel Almond (1911-2002) (Almond, 2005), que utilizou o termo *desenvolvimento* para ilustrar as relações entre estrutura e cultura política. O conceito de 'cultura política' construído por Almond, baseado na experiência estrutural-funcionalista e behaviorista, introduz conceitos como "subcultura", "cultura política da elite", "socialização política" e "mudança cultural". Almond utilizou estes elementos para explicar o *desenvolvimento* dos sistemas políticos, através do surgimento de estruturas políticas especializadas, os subsistemas políticos, compostos por partidos, grupos de pressão e meios de comunicação de massas, cuja função consiste em elaborar e formular exigências e propostas políticas (idem, ibidem: 359): uma correta interpretação deste desenvolvimento permite analisar as experimentações e prever cautelosamente os processos de transformação política que dele advêm. Ao adaptar à política a teoria do desenvolvimento económico de Hirschmann

(Almond, 2005: 361), Almond acreditou que a transformação política poderia ser explicada, da mesma forma, como um desequilíbrio constante entre oferta e procura, um verdadeiro "mercado das reformas" capaz de resolver crises e problemas de natureza política.

Identifico a segunda referência que compõe o Modelo na Teoria do desenvolvimento político de Almond e defino-a como *monocultura do tempo político*. Destaco as expressões *mudança* e *transformação* como seus conceitos-explicação, porque descrevem o sentido linear da evolução política da modernidade. O conceito-espelho desta *monocultura* é a *industrialização*, por se tornar a mais consolidada medida de política económica da modernidade com vista ao desenvolvimento. Associo referências teóricas e conceitos à prioridade B do Modelo (*crescimento sustentável*), e ao seu conceito-chave (*exploração dos recursos*), porque evidenciam qual é a opção europeia para as políticas de desenvolvimento industrial que subjaz à sua ideia de futuro.

Cumpre, agora, identificar como se realiza a conexão entre desenvolvimento e migrações internacionais. Por ser tão pobre em referências ao seu património migratório, deixo de lado o documento *Europa 2020* e concentro-me num dado da política pública europeia que se aplica à dimensão transnacional.[80] Refiro-me ao *Pacto Europeu para a Imigração e o Asilo*, adotado pelo Conselho Europeu em 2008.[81] O Pacto concretiza uma "estratégia de *codesenvolvimento*", que identifica como relevante na definição de uma "política global da UE em matéria de migração".[82] Entre os objetivos do Pacto inclui-se também a "criação de uma parceria global

---

[80] Onde operam governos nacionais dos países "de origem" e de "acolhimento", organizações intergovernamentais, do terceiro setor, associações de expatriados, organizações para a promoção do desenvolvimento local ou regional, "diásporas", etc.

[81] O pacto figura no documento *Conclusões da Presidência do Conselho Europeu de Bruxelas (15 e 16 de outubro de 2008)* classificado como documento 14368/08.

[82] Os seus objetivos incluem: a celebração de acordos bilaterais com países de origem e de trânsito (que incluam pontos relacionados com a migração legal e irregular, a readmissão de migrantes e o desenvolvimento desses países); o incentivo aos países da UE para que proporcionem oportunidades para a migração legal, nomeadamente sob a forma de migração temporária/circular, com o objetivo de evitar a *fuga de cérebros*; o estabelecimento de políticas com países de origem e de trânsito, de forma a travar ou prevenir a imigração irregular, em particular através do desenvolvimento de capacidades; promover ações de desenvolvimento conjunto, tais como a adopção de instrumentos financeiros específicos para *transferir remessas* de forma segura e mais económica.

com os países de origem e de trânsito, promovendo as sinergias entre as migrações e o desenvolvimento", previstas nos princípios enunciados na Abordagem Global às Migrações.[83] Neste documento a dimensão transnacional, quando aplicada à relação entre migração e desenvolvimento, vem sendo declinada nos termos do *codesenvolvimento,* um conceito que define o interesse dos governos europeus pelas potencialidades oferecidas pelos países de origem dos imigrantes. Estas oportunidades não se limitariam ao fluxo financeiro das remessas, mas incluiriam a criação de uma rede de circulação de expatriados nos cinco continentes, para apoiar a migração legal e prevenir a irregular. Além disso, a promoção de *ações de desenvolvimento conjunto* (como instrumentos financeiros específicos para transferir remessas de forma segura e mais económica) e a implantação de *parcerias globais* com os países de origem e de trânsito, promoveriam *sinergias* entre migrações e desenvolvimento, por exemplo favorecendo o "retorno produtivo" de imigrantes que queiram investir as suas economias no país de origem.[84]

Apesar de abordar o tema da transnacionalização das sociedades contemporâneas e de identificar nos imigrantes oportunidades de desenvolvimento económico para os países europeus, o documento ilustra com clareza, como nota Margarida Marques, que nos países da Europa "a manutenção, no seio das comunidades migrantes, das lealdades à 'origem' é ainda frequentemente vista como potencialmente conflituante com a incorporação no país escolhido para viver" (Marques, 2010: 18-19). Noutras palavras, as boas relações entre o estrangeiro, a estrangeira e os seus países de origem são apoiadas pela UE, desde que se realizem fora das suas fronteiras. Alternativamente, a lealdade do imigrante ao país de chegada na Europa será reconhecida somente através da sua incorporação, o que resulta na sua transformação em cidadão comunitário. Ou seja, o aporte que a imigração fornece ao desenvolvimento na Europa é reconhecido como endógeno apenas após o estrangeiro se tornar cidadão europeu; enquanto permanecer estrangeiro, a sua principal contribuição parece fazer maior sentido fora da Europa, no seu país de origem.

---

[83] Ver a Comunicação COM (2011) 248 final, de 4.5.2011.
[84] Ver também o Relatório da Comissão ao Parlamento Europeu e ao Conselho – *Primeiro Relatório anual sobre a Imigração e o Asilo (2009)* SEC(2010) 535 COM/2010/0214 final.

Procurarei agora a identificar algumas referências teóricas concernentes à relação entre estrangeiro, território e comunidade de acolhimento, capazes de descortinar a origem moderna desta abordagem.

É o caso da imagem ambígua do estrangeiro, apresentado por Werner Sombart (1863-1941) como um indivíduo ideal, burguês e empreendedor que, por ser mantido à margem da sociedade em geral, desenvolve um espírito crítico, não convencional e inovador, voltado para o futuro e para a vida económica, que lhe fornece os instrumentos típicos da nova burguesia económica e industrial (Tabboni, 1990). Em Norbert Elias (1897-1990), o estrangeiro não é um indivíduo isolado, mas faz parte de um grupo que culturalmente se opõe a um outro grupo (Elias e Scotson, 2000). É o *out-sider*, o recém-chegado uma zona anteriormente habitada por um grupo culturalmente homogéneo e identificado com o espaço; este encontro recíproco espoleta um padrão de interação típico, um antagonismo mútuo e inevitável entre ele e o grupo mais antigo, que descende de um modelo estabelecido por interação social e não por medidas tomadas pelos respetivos grupos. Finalmente, para Alfred Schutz (1899-1959), quando um estranho (não necessariamente um estrangeiro) acede a um território e entra em contacto com um grupo de residentes, a relação poderá gerar no estrangeiro uma dificuldade em compreender quais são os mecanismos e regras que fundamentam a organização do grupo. A sua tendência para questionar, mesmo involuntariamente, as regras estabelecidas pelo grupo de residentes, poderia provocar uma revisão das mesmas com consequências no perfil cultural, o que modificaria o sistema de atribuição de significados (Tabboni, 1990).

Assim sendo, identifico a terceira referência que compõe o Modelo Subparadigmático Europeu para o Desenvolvimento na *imagem social do estrangeiro* da Sociologia Fenomenológica, Figurativa e Interpretativa de Schutz, Elias e Sombart, e defino-a como *monocultura do codesenvolvimento*. Destaco as expressões *progresso* e *avanço* como seus conceitos-explicação, por plasmarem a imagem dos estádios de desenvolvimento diferenciados entre territórios. O seu conceito-espelho é a *modernização*, enquanto objetivo implícito do desenvolvimento. Associo as referências teóricas e os conceitos à prioridade C do Modelo (*crescimento inclusivo*), e ao seu conceito-chave (*coesão social e territorial*), uma vez que apontam para uma conceção de desenvolvimento do território que se esgota na promoção dos recursos endógenos.

Percorri, muito sinteticamente, a noção de desenvolvimento a partir das ideias subsidiárias de riqueza, bem-estar, transformação, progresso e avanço, e dos seus potenciais sinónimos, como crescimento, industrialização e modernização. Apesar de tamanha abrangência semântica, as diretrizes da política comunitária (o *Pacto Europeu para a Imigração e o Asilo*, a *Abordagem Global às Migrações*, o documento *Europa 2020*) expressam uma ideia da conexão entre desenvolvimento e imigração, que pode ser resumida através da noção de *migração como recurso exógeno do desenvolvimento europeu*. Posso afirmá-lo, uma vez que os conceitos-chave das políticas definem claramente que o interesse prioritário demonstrado em relação à capacidade de participação dos imigrantes no desenvolvimento da Europa se reduz à *transferência de remessas*, à *migração temporária ou circular*, e ao *codesenvolvimento*.

Na Tabela abaixo resumo as prioridades do documento *Europa 2020*, os conceitos-explicação e os conceitos-espelho da noção de desenvolvimento, além das referências teóricas identificadas. Finalmente, acoplo aos conceitos e referências as conexões entre desenvolvimento e imigração, descritas há pouco. Neste caso, a transferência de remessas está ligada à ideia de riqueza e crescimento dos países de origem dos estrangeiros, a migração circular associa-se ao uso temporário de mão-de-obra imigrante para a transformação e industrialização da Europa, e o codesenvolvimento liga-se ao conceito de progresso, entendido como estádio de desenvolvimento separado entre Europa e países extraeuropeus. Com esta última operação o Modelo Subparadigmático Europeu para o Desenvolvimento ganha uma nova qualidade, e transforma-se em Modelo de *desenvolvimento-sem-os-migrantes*.

Estamos diante de mais um processo de recodificação e alteração orgânica da modernidade, graças ao qual o que parece futuro é, na verdade, um passado disfarçado: a ideia do crescimento infinito funda as suas raízes na tradição do desenvolvimento, portanto, a sua transformação em aparente novidade de crescimento inteligente reside ainda no consuetudinário passado desenvolvimentista; a ideia monocultural da política económico-extrativa radica na tradição industrial, portanto, a sua transformação em novidade de crescimento sustentável reside, igualmente, no consuetudinário passado moderno; finalmente, também a ideia monocultural do codesenvolvimento preside à apresentação de antigas raízes como supostas novidades – neste caso o crescimento inclusivo.

TABELA 19: Modelo Subparadigmático Europeu para o desenvolvimento-sem-
-os-migrantes (identificação das referências teóricas)

Conceitos-chave	Conceitos--explicação/espelho	Correlação epistémica (principal autor referenciado)	Conexão entre desenvolvimento e migração
A. Crescimento inteligente (conhecimento e inovação)	riqueza ou bem--estar/crescimento	Economicismo--historicismo (Smith-Marx) monocultura do crescimento infinito	transferência de remessas
B. Crescimento sustentável (utilização dos recursos)	mudança ou transformação/ industrialização	Desenvolvimento político (Almond) monocultura do tempo político	migração temporária ou circular
C. Crescimento inclusivo (coesão social e territorial)	progresso ou avanço/ modernização	Imagem social do estrangeiro (Schutz, Elias, Sombart) monocultura do codesenvolvimento	codesenvolvimento

Fonte: Elaboração do autor.

Descreverei, seguidamente, as dinâmicas pelas quais o projeto do desenvolvimento entrou em crise enquanto paradigma dominante.

Crise e transição: os limites do desenvolvimento e a procura por sustentabilidades

Algumas críticas questionam fortemente o conjunto de noções que subjazem às ideias de *desenvolvimento* e *codesenvolvimento*. Primeiramente, releva aquela que incide sobre a alegada equivalência entre desenvolvimento e crescimento do PIB, uma vez que o aumento da produção não indica necessariamente o bem-estar da população, por não estar vinculado ao *nível* da riqueza nem à *distribuição* da riqueza (Santos, 2002: 31-106).

O segundo problema reside na controvérsia inerente à contraposição que o termo origina, entre *países desenvolvidos* e *países subdesenvolvidos* (amenizada posteriormente pelas expressões *países* em *desenvolvimento* ou *emergentes*), sendo necessário um ajuste concetual com vista a uma maior precisão heurística. Fá-lo Peyrefitte, para quem é a *confiança* entre cidadãos e Estado que cria as condições para o desenvolvimento. Se subdesenvolvimento significa *não-desenvolvimento*, assim, este pode ser imputável a fatores culturais desfavoráveis, ao passo que o desenvolvimento "é um florescimento resultante, essencialmente, da convergência de fatores culturais favoráveis. [Portanto] não é o subdesenvolvimento que é preciso explicar; mas o desenvolvimento" (Peyrefitte, 1996).

Em terceiro lugar, no que respeita à intensificação do fenómeno migratório, aos processos de europeização, à globalização económica e à mais geral transnacionalização do espaço público, alguns autores concetualizam a dimensão transnacional, alternativa ao *codesenvolvimento*, como característica comum destas novas formas de mobilização de recursos humanos e materiais (Guarnizo et al., 2003; Portes, 2003). Esta condição baseia-se no reconhecimento da elevada importância das redes pessoais (Fazito, 2010) e da crescente facilidade das pessoas se manterem em condição de mobilidade, oferecida pelas novas tecnologias que "subvertem a unidireccionalidade" do movimento migratório tradicional (Lie, 1995: 303-306). Além disso, a crítica ao *nacionalismo metodológico*, que parece enformar os programas de codesenvolvimento auspiciados pela UE, leva à teorização de uma simultaneidade das formas de existência e de pertença (espacial, cultural, identitária, cidadã-nacional) (Wimmer e Schiller, 2002; Glick Schiller e Povrzanovic Frykman, 2008). Isto resulta numa superação das "lógicas binárias subjacentes a dicotomias como país de origem/país de chegada, cidadão/não-cidadão, migrante/não-migrante e aculturação/persistência cultural" (idem: 34).

Numa quarta dimensão crítica que, na realidade, se constitui num conjunto de críticas sem referências específicas à conexão com a imigração e, portanto, ao codesenvolvimento, propõe-se uma renovação do conceito de desenvolvimento, e não a sua substituição. Amaro (2003: 55-60) subdivide estas críticas em três grupos que reúnem novos conceitos de *desenvolvimento* (*d.*): baseados em sensibilidades ambientais (*d.* sustentável), locais (*d.* local e participativo), e humanas (*d.* humano, social, integrado). A ideia de "desenvolvimento sustentável"[85] possui pelo menos 40

---

[85] Agradeço ao Prof. Stefano Soriani da Universidade Ca' Foscari de Venezia (Itália) pela cedência dos materiais sobre o argumento.

anos,[86] e origina também um paradoxo: como conjugar *desenvolvimento*, isto é, a visão de um processo linear, sem fim, sempre positivo, rápido e unidirecional, com *sustentabilidade*, que evoca os recursos "limitados", a existência de restrições e limitações, destaca o papel dos valores, e assume uma perspetiva de longo prazo?[87] A segunda proposta de conversão é a que se reúne na ideia de *desenvolvimento local* (Amaro in Hespanha, 2008: 108-113), isto é, "o processo de satisfação de necessidades e de melhoria das condições de vida de uma comunidade local, a partir essencialmente das suas capacidades, assumindo a comunidade o protagonismo principal nesse processo e segundo uma perspetiva integrada dos problemas e das respostas" (idem: 108).

Resta saber – e sou, assim, conduzido à quinta crítica dirigida às ideias hegemónicas de desenvolvimento e de codesenvolvimento, regressando ao âmbito da migração –, como estas explicam a contribuição dada pelos imigrantes no plano local dos países de residência, e não apenas nos de origem. E, para além da contribuição dos imigrantes, a sua resposta a este fenómeno, situado num período de transição paradigmática, que intervém fortemente no plano da reorganização do território, tanto em virtude dos processos de globalização, como dos processos específicos de europeização. Afinal, as mobilidades promovidas pelas migrações internacionais também contribuem de forma relevante para as mudanças que ocorrem na sociedade, pois estão presentes em todos os territórios que protagonizam dinamismos económicos. Neste sentido, o codesenvolvimento não consegue explicar como esta "simultaneidade das formas de pertença e de existência" (para usar a expressão de Schiller e Levitt, em Marques, 2010: 27-61), isto é a condição transnacional do imigrante, se articula com as exigências expressas ao nível local para transformação das fileiras produtivas, para a criação de economias do conhecimento e a introdução de formas de inovação política nas instituições. E como, a partir dessa articulação, se reposiciona a função do poder local.

---

[86] Uma das suas primeiras aparições formalizadas institucionalmente data da década de 70 do século XX, na Conferência das Nações Unidas sobre Desenvolvimento em Estocolmo, na Suécia, em 1972. Recolhi as referências sobre este período em Lanza (2002).
[87] Sustentabilidade forte *versus* sustentabilidade fraca é um dos debates que estruturam a relação entre desenvolvimento económico e meio ambiente (Lanza, 2002; Mossello, 2008; Rogers et al., 2008).

Como observado até aqui, as políticas europeias que procuram associar o desenvolvimento à migração internacional, consideram-na, principalmente, como fator produtivo temporário, fonte de conflitos, sujeita à necessidade "forçosa" da "integração"; limitam o seu acesso à participação política local e, finalmente, não a valorizam enquanto motor do *desenvolvimento*, tratando-a apenas como um fardo para o (sub)desenvolvimento do território (Mattiazzi, 2011c). Por outras palavras, a presença de imigrantes na esfera local, muito além da presença física em si, questiona o paradigma dominante do desenvolvimento, porque não é por este assumida como elemento propulsivo, quando na verdade contribui para sua sustentação. Esta condição transitória do paradigma do *desenvolvimento* conduz a um debate sobre a emergência de práticas epistémicas experimentais, que ousam realizar políticas de programação integradas e sustentáveis. Vislumbro neste senso comum, experimental e sustentável, respostas convincentes à crise do paradigma do desenvolvimento, passando agora a rever algumas contribuições teóricas.

Experimentações emergentes e sustentáveis com os e as imigrantes
É possível, alternativamente, pensar o desenvolvimento como um espaço de experimentação de ideias e práticas, que visam a articulação da igualdade e da identidade com a emancipação, da solidariedade com a ampliação da participação e, finalmente, da construção de comunidades capazes de reconhecer a contribuição dos imigrantes? Algumas práticas locais tendem à experimentação de novas formas de governação, como explico mais detalhadamente na parte empírica do trabalho. Para já, revejo algumas orientações epistémicas adotadas nesta dimensão, onde emergem experiências conduzidas por novas *subjetividades migrantes*, enquanto "recursos endógenos do território", ativas dentro de setores experimentais da *governação* local (Hespanha, 2008: 213-218). Nesta complexidade, são muitas vezes os fatores culturais e institucionais que contribuem para a construção de um determinado contexto, social e político, no qual se movem os diferentes atores sociais (Crozier e Friedberg, 1978). Tratar-se-ia de operar uma contextualização do nível local enquanto complexo constructo social, historicamente sedimentado num determinado território, constituído por instituições, recursos locais, sistema de identidade e valores, história local e redes de relações (Messina,

2012). Estes conjuntos de relações estão em constante interação entre si, o que ajuda a definir um "sistema local" como um "sistema complexo" (Becattini e Antonelli, 1991). Os sistemas locais, como sabemos, sofrem importantes efeitos do processo de globalização económica. Esta, entre outras consequências, induz a transformação das dinâmicas de competição entre territórios: para o efeito, a competição já não envolve empresas individuais, mas sistemas locais (Porter, 1990). Por esta razão, o que pode realmente fazer a diferença são as dotações disponíveis num sistema local, em termos de infraestrutura, de conhecimento contextual, de cultura local e da capacidade de governar o território num sentido estratégico. Desta forma, o papel desempenhado pelos governos locais reveste--se de extrema importância na coordenação destes recursos e para a promoção da qualidade de vida daqueles que trabalham e vivem no local (o que se poderia definir *política pública contextual*). Agir racionalmente e de forma eficaz, portanto, significa, em primeiro lugar, mobilizar as instituições para fortalecer o sistema de produção local, conectando--as ao sistema global (Bassetti, 2001). Ao mesmo tempo, alcançar bons níveis de participação ativa de pessoas e empresas localizadas no território ajuda à promoção de um projeto político partilhado (Rullani et al., 1998).

Nesta dimensão, é particularmente importante a análise da cultura política local, já que, como revelaram algumas pesquisas comparativas realizadas, por exemplo, em Itália – mais precisamente nos governos locais do Véneto e de Emília-Romanha (Messina, 2012) –, a aplicação de uma mesma medida de política pública pode produzir resultados distintos em contextos culturais diferentes. Assim, não devemos subestimar o desempenho do governo local e da cultura do governo local, dos sistemas de ação e de significação da realidade, que orientam o comportamento dos atores e as práticas administrativas que moldam as comunidades locais e os diversos modos de regulação (Messina, 2006: 77-96).

Por estas razões, a experimentação de novas soluções torna-se central quando realizada na dimensão das formas da governação. E se o sistema democrático representativo limita a ação participativa ao nível local, é neste nível local que a experimentação deve ser realizada. Não é uma opção secundária, mas estratégica; não é subparadigmática, mas fortemente paradigmática; acima de tudo, não é uma opção, mas uma estratégia competitiva, dado que o reposicionamento dos territórios nas redes de oportunidades (uma das facetas dos processos de europeização e globalização) tem reposicionado também a função do poder local (Ruivo et al., 2011: 229-239) e aberto novas oportunidades, em especial para os imigrantes (Mantovan, 2007; Allegretti e Zobel, 2010: 66-82; Ruivo, 2010a). É paradigmática, pois viabiliza a ampliação das formas de governação do território no sentido de envolver os atores locais não institucionalizados no planeamento das políticas para o desenvolvimento local (Allegretti at al., 2010: 5-8). Além disso, torna o conceito de sustentabilidade alternativo ao de desenvolvimento, alargando-o, numa perspetiva integrada e emancipatória, para lá dos cuidados ambientais, para integrar também as dimensões sociais, económicas e institucionais. Finalmente, a experimentação não é opção, mas um imperativo, pelo menos na Europa, uma vez que a adoção de *políticas integradas* é uma exigência nas novas formas de acesso aos recursos públicos na Europa (não mais nacionais e cada vez mais comunitários) (Messina, 2003).

Designo estas formas de conhecimento-emancipação como elementos que compõem o pilar moderno das experimentações sustentáveis.

Que relação existe entre desenvolvimento-sem-os-migrantes e conflito territorial?

Para contextualizar empiricamente a ideia que subjaz à tensão entre desenvolvimentos e experimentações sustentáveis, formulei a terceira pergunta simples: *que relação existe entre desenvolvimento e conflito territorial?* Entretanto, a esta altura, a melhor formulação da pergunta será: *que relação existe entre* desenvolvimento-sem-os-migrantes *e conflito territorial?*

No que respeita à dimensão epistemológica da forma moderna de lidar com as migrações internacionais, no pilar dos desenvolvimentos, o conhecimento-regulação (hegemónico) tem uma condição de partida, a que chamo *conflito territorial,* e um objetivo, que foca o *desenvolvimento-sem-os-migrantes,* enquanto o conhecimento-emancipação (contra-hegemónico) parte da condição de *xenofobia* e objetiva a *experimentação-com-os-migrantes.* O primeiro sistema *visa principalmente a ordem territorial, que é alcançada através da crença na linearidade do modelo de crescimento infinito.* Este não permite alternativas na definição do planeamento do território, portanto não aceita sugestões advindas de fontes consideradas externas, como podem ser os imigrantes, assim visando a prevenção de conflitos territoriais. Esta rigidez resulta, no plano epistemológico, do facto de este pilar considerar o caos territorial uma condição que impede o crescimento infinito, sendo o desenvolvimento aquela que o favorece. Assim, o estádio do *conflito territorial* representa a condição caótica de partida de uma sociedade onde há imigração, enquanto o do *desenvolvimento-sem-os-migrantes* é o seu ponto de estabilização ordenada. Por outras palavras, quando um estrangeiro se fixa no país de chegada, é considerado um recurso exógeno potencialmente conflitual, por supostamente trazer consigo um projeto de desenvolvimento do território diferente do hegemónico, ou, simplesmente, não é considerado apto para nele se enquadrar (por razões culturais, políticas, raciais, etc.). Assim, a única contribuição do imigrante aceite é aquela estritamente necessária à economia local, a sua mão-de--obra; já as suas ideias sobre o planeamento do território parecem não ser bem-vindas e, em última hipótese, ser-lhe-iam propostas apenas formas de codesenvolvimento externas, a realizar-se nos seus países de origem.

Contrariamente, o pilar das experimentações sustentáveis possui uma forma de conhecimento que produz políticas *experimentais*, que objetivam a *coesão territorial*, isto é, a utilização de todos os recursos do território – inclusivamente dos imigrantes, enquanto partes daquele território, evitando a sua exclusão da comunidade local. Para o efeito, o ponto de ignorância desta forma de conhecimento é a *xenofobia*, posicionada no passado enquanto herança política colonial, e o ponto de saber é a *experimentação--com-os-migrantes* de formas sustentáveis de desenvolvimento local, que representa o objetivo de uma futura sociedade descolonizada. A xenofobia é a violenta segregação da vida comunitária de um imigrante recém--chegado, enquanto a experimentação-com-os-migrantes é a expressão solidária da sua participação ativa no projeto de território. Neste sentido, apesar de enfrentar diariamente atitudes xenófobas, o imigrante pode contribuir para a superação do *pensamento abissal*, isto é, receber e injetar confiança na comunidade, emancipando-se como promotor da sua sustentabilidade.

Comparo o funcionamento das formas de conhecimento da modernidade em geral e daquelas que lidam com este aspeto das migrações internacionais na Tabela abaixo.

TABELA 20: Comparação das formas de conhecimento no paradigma moderno e no subparadigma do desenvolvimento-sem-os-migrantes e da experimentação-com-os-migrantes nas migrações internacionais

pilares da modernidade	*formas de conhecimento*	*condição de partida...*	*... objetivo futuro*
pilar dos desenvolvimentos (hegemónico)	**conhecimento-regulação**	(caos...) conflito territorial...	(...ordem)... desenvolvimento-sem-os-migrantes
pilar das experimentações sustentáveis (contra-hegemónico)	conhecimento-emancipação	(colonialismo...) xenofobia...	(...solidariedade) ...experimentação-com-os-migrantes

Fonte: Elaborado a partir de Santos, 2000: 29-36.

Através dos processos de recodificação e alteração orgânica, o pilar dos desenvolvimentos hegemonizou o das experimentações sustentáveis. Por conseguinte, o desenvolvimento-sem-os-migrantes (que resulta na realização de atitudes coloniais, como a xenofobia e a consequente fragmentação da vida no território) passou a ser o projeto hegemónico de futuro, e o conflito territorial (que tende a suprimir a experimentação-com-os-migrantes) o estigma do passado. A xenofobia, aceite em nome do desenvolvimento, tornou-se o futuro inevitável, enquanto a experimentação, desacreditada com a marca do conflito, o passado inaceitável. Em consequência disso, na Europa afirmou-se um modelo de desenvolvimento segundo o qual ao *caos moderno*, isto é ao passado, corresponde a *experimentação com os migrantes na vida da comunidade, tida como fonte de conflito territorial*, enquanto à *ordem moderna*, isto é, ao futuro, corresponde o *desenvolvimento sem os migrantes no território, tendo a xenofobia como elemento de conflito inevitável*. Na Tabela seguinte, ilustro este processo, enquanto afirmação do *Modelo Subparadigmático Europeu de Desenvolvimento-sem-os-migrantes Internacionais na Modernidade* e a consequente afirmação da conceção dominante do outro como objeto.

Tabela 21: Modelo Subparadigmático Europeu de Desenvolvimento-sem-os--migrantes Internacionais na Modernidade (recodificação e alteração do desenvolvimento-sem-os-migrantes sobre a experimentação-com-os-migrantes)

formas de conhecimento	*condição de partida...*	*...objetivo futuro*	*conceção do outro*
conhecimento--regulação	**conflito territorial...** (caos)	**...desenvolvimento** (ordem)	**objeto**
	RECODIFICAÇÃO e ALTERACÃO		
(conhecimento--emancipação)	*experimentação-com-os--migrantes =* **CONFLITO TERRITORIAL...**	*xenofobia =* **...DESENVOLVI-MENTO-SEM-OS--MIGRANTES**	**OBJETO**
Afirmação do Modelo Subparadigmático Europeu de Desenvolvimento-sem-os-migrantes Internacionais na Modernidade			

Fonte: Elaborado a partir de Santos, 2006, 78-79.

O Modelo de Desenvolvimento-sem-os-migrantes contextualiza a pergunta simples – *que relação existe entre desenvolvimento-sem-os-migrantes e conflito territorial?*

Passarei à verificação empírica do que foi relevado na literatura e aqui exposto, fornecendo previamente algumas indicações relativas à metodologia adotada.

CAPÍTULO 5
METODOLOGIA DA INVESTIGAÇÃO

Definido o quadro teórico, segue um capítulo que apresenta o quesito principal da pesquisa e formula as hipóteses da investigação, ao mesmo tempo que reporta informações sobre a metodologia adotada, descreve a escolha dos casos estudados e a recolha do material empírico, e, por último, explica como o conteúdo deste material será analisado e interpretado.

Definição do objeto teórico, dos modelos analíticos e das perguntas de partida
Escolhi *a abordagem moderna às migrações internacionais* para ser o objeto teórico dessa investigação. Para tal, trouxe à luz as antigas raízes epistémicas dos subparadigmas da *integração*, da *representação* e do *desenvolvimento*, e descrevi os seus contrastes com paradigmas emergentes, *interculturais*, *participativos* e *experimentais*. Resumo o objeto teórico através do conjunto de relações entre conceitos e teorias que definiram os *Modelos Subparadigmáticos Europeus*. Reúno os seus conceitos-chave na tabela abaixo, que designo *Quadro analítico da migração internacional na "transição paradigmática"*.

TABELA 22: Quadro analítico da migração internacional na "transição paradigmática"

Processo	*caos (passado)...*	*...ordem (futuro)*	*outro*
RECODIFICAÇÃO e **ALTERAÇÃO**	*intercultura* **CONFLITO SOCIAL**	*aculturação* **INTEGRAÇÃO**	**OBJETO**
	participação **CONFLITO POLÍTICO**	*isolamento político* **REPRESENTAÇÃO**	
	experimentação-com-os-migrantes **CONFLITO TERRITORIAL**	*xenofobia* **DESENVOLVIMENTO-SEM-OS-MIGRANTES**	

Fonte: Elaborado a partir de Santos, 2006: 29-36.

Este quadro de análise ilustra graficamente como, do ponto de vista epistemológico, os modelos hegemónicos das políticas europeias para a *"integração"*, a *representação* e o *desenvolvimento-sem-os-migrantes* veiculam atitudes coloniais como a aculturação, o isolamento político e a xenofobia. Além disso, em função dos processos de recodificação e alteração orgânica, estas formas de colonialismo não são apenas disfarçadas, mas tornaram-se um projeto desejável para o futuro. Por outro lado, os modelos alternativos contra-hegemónicos encontram-se fortemente depreciados na sociedade europeia, e apenas constituem um paradigma emergente para além da modernidade: é o caso da intercultura, desacreditada como marca do conflito social; da participação, tratada como fonte de conflito político; e da experimentação-com-os-migrantes, diminuída como causa de conflito territorial. O resultado geral dessas relações é que o outro, neste caso o imigrante estrangeiro, é tratado como objeto e não como sujeito, vivendo portanto uma condição de subalternidade em relação ao cidadão nacional.

Para preparar o terreno que descreverá empiricamente os efeitos destes conflitos, passo à formulação das perguntas de partida que, em articulação com os modelos analíticos e as hipóteses de investigação, permitiram operacionalizar a metodologia de pesquisa.

Por isso, parto do *Migrant Integration Policy Index III* (MIPEX III) (Huddleston, 2011), o terceiro estudo do British Council,[88] encomendado pela Comissão Europeia e realizado entre 2010 e 2011, que analisou as políticas adotadas pelos governos de vários países ocidentais em relação à "integração" dos imigrantes. O Índice avalia e compara as políticas nacionais de "integração" utilizando um grande número de indicadores, concentrando-se no nível de empenho dos governos, para verificar se todos os residentes têm garantidos os mesmos direitos, deveres e oportunidades. Os países são ordenados numa lista que os classifica dos mais aos menos "favoráveis" à

---

[88] E de um grupo de 37 organizações a nível nacional, incluindo *think tanks*, ONG, fundações, universidades, centros de investigação e entidades envolvidas em questões de igualdade, liderado pelo British Council e pelo Migration Policy Group. O MIPEX III (de onde retirei os dados) é resultado do projeto *Outcomes for Policy Change*, cofinanciado pelo Fundo Europeu para a Integração de Nacionais de Países Terceiros (Huddleston, 2011b: 6). O MIPEX I foi realizado em 2004 e o II em 2007. Em 2015, o Mipex IV não foi lançado como *report* único, mas através da publicação *online* dos resultados obtidos singularmente pelos Estados analisados (disponível em: http://www.mipex.eu/).

realização de políticas de "integração". O conceito de "integração" adotado pelo MIPEX é amplo e cobre dimensões que não se limitam necessariamente à esfera social. Ele assenta na garantia, a que cada indivíduo deve ter direito, de poder "beneficiar de oportunidades iguais para participar numa sociedade sem discriminação ou outros obstáculos aos direitos fundamentais" (idem: 6). Isto significa que, para a discussão aqui levada a cabo, as políticas analisadas pelo MIPEX ligam a migração internacional não apenas ao tema da inclusão social, mas também ao problema da sua representação política e vinculação aos processos de desenvolvimento local. Contudo, o MIPEX analisa o *output*, mas não o *outcome* das políticas;[89] isto significa que o MIPEX não produz um estudo sobre a "integração" efetiva dos imigrantes, mas avalia as atitudes do Legislador face à imigração em cada país.

Entretanto, o estudo identifica contextos nacionais, inclusivamente europeus, onde, a partir de um quadro migratório e institucional semelhante ao nível continental, as mesmas políticas migratórias comunitárias se aplicam nacionalmente de forma diversificada. Sendo assim, formulo as seguintes perguntas de partida da investigação:

> Pergunta 1: *Por que razão na Europa dinâmicas migratórias parecidas e sujeitas às mesmas diretrizes supranacionais podem desencadear atitudes tão distintas dos Legisladores nacionais face à imigração?*
>
> Pergunta 2: *A partir de contextos nacionais diferenciados, como são interpretadas as diretrizes de políticas migratórias supranacionais ao nível autárquico?*

Formulação das hipóteses de investigação
Para além do objeto teórico e do modelo de análise, o trabalho de reconstrução teórica utilizou três perguntas que são de grande valia na produção das hipóteses de investigação. As três perguntas permitiram refletir sobre os efeitos epistémicos dos processos de recodificação e alteração orgânica que ocorreram na forma moderna de lidar com as migrações internacionais. Apesar de indicarem a existência de processos sociais complexos, irredutíveis a qualquer simplificação, estes questionamentos não produziram autonomamente respostas; pelo contrário, estudá-los implicou analisar discursos, práticas e relações, para não esconder sua complexidade e natureza contraditória. Inspiradas por estas racionalidades, as hipóteses inves-

---

[89] Os indicadores do MIPEX, de facto, "foram concebidos para permitir efetuar avaliações comparativas das atuais leis e políticas" (Huddleston, 2011: 7).

tigativas que formulo de seguida serviram de orientação para o trabalho, forneceram sentido à argumentação e balizaram o terreno de pesquisa. A adoção de hipóteses neste trabalho, todavia, não significou objetivar a sua comprovação como se de experiências *in vitro* se tratassem, mas permitiu "identificar as lógicas e racionalidades dos actores confrontando-as com o seu modelo de referência" (Guerra, 2006a: 22-27). Regressarei a este tema no momento descritivo da operacionalização do trabalho de terreno. Por enquanto, formulo a primeira hipótese:

> *(H1) O Modelo Subparadigmático Europeu para a Integração dos Migrantes Internacionais na Modernidade veicula formas de aculturação e perfilha um futuro de ordem racional colonial, enquanto a intercultura, desacreditada por gerar conflito social, representa um passado de caos intercultural porque veicula objetivos solidários.*

A primeira hipótese supõe que a afirmação do Modelo de "integração", e a consequente afirmação da conceção dominante do outro como objeto, levaram a que os estrangeiros na Europa sejam prevalentemente considerados uma classe subalterna, e perigosa, porque geradora de conflitos sociais. A razão deste estigma, no entanto, não residiria numa suposta vontade dos imigrantes da Europa em permanecerem excluídos da sociedade, isto é, na hipotética recusa da submissão ao processo de "integração" sociocultural, o que levaria à criação de guetos e a atitudes subversivas e destabilizadoras; pelo contrário, paradoxalmente, a razão da identificação dos imigrantes como elementos de perigo para a manutenção da ordem social (e cultural) residiria no seu interesse em contribuir para a realização de uma sociedade coesa. Assim, se o objetivo da coesão social perspetiva a superação de formas de aculturação através de um percurso de emancipação social, que se realiza com o diálogo intercultural, o Modelo de "integração" veria como potencialmente conflituante o desejo dos imigrantes ao reconhecimento como sujeitos, e não como objetos na sociedade de chegada. Na realidade, tal aspiração radica no direito à igualdade social em relação aos demais cidadãos, isto é, na livre possibilidade de articular as igualdades e as identidades que os imigrantes exprimem, vendo reconhecidas as diferenças das suas culturas, raças, cores, religiões e cosmogonias. Contudo, no Modelo de "integração" dominante, a intercultura representa o risco do caos gerado por conflitos interétnicos, contra o qual é necessário lutar em nome da ordem integrativa. Portanto, com o objetivo de evitar o caos da intercultura, que supostamente geraria conflito social, o Modelo impõe a *integração* dos imigrantes na ordem social moderna. É aqui que toma forma a relação entre "integração" e conflito social, pois o procedimento hegemónico da "integração" esconde o legado colonial da aculturação, o que resulta na transformação do outro em objeto. A reiterada imposição desta violência por políticas integrativas colide com os princípios democráticos que fundam a sociedade europeia; assim, estas políticas são responsáveis por gerar conflitos socioculturais, desigualdades, instabilidades e fraturas sociais, que envolvem não apenas os imigrantes, mas todas as pessoas que representam um perigo para a ordem social. *Segundo esta hipótese, em lugar de produzir formas de "integração", as políticas integrativas esconderiam objetivos de aculturação que, enquanto tais, não podem gerar coesão social mas apenas exclusão e conflito social.*

Para organizar o uso dos modelos e hipóteses como critérios para a análise que realizo neste trabalho, na Tabela abaixo ilustro a primeira das três tensões identificadas na transição paradigmática.[90]

Tabela 23: Quadro analítico da migração internacional na "transição paradigmática": tensão entre pilares das integrações e interculturas

	modelo hegemónico da integração	emergência contra-hegemónica	
caos (passado)	(EXCLUSÃO) CONFLITO SOCIAL	(igualdade) intercultura	(diferença) articular igualdade e identidade
ordem (futuro)	(ACULTURAÇÃO) INTEGRAÇÃO	(emancipação social) coesão social	reconhecer
	Que relação existe entre integração e conflito social?		

Fonte: Elaboração do autor.

[90] Neste, como nos outros quadros a seguir, na coluna à esquerda (mais larga e imponente), é identificada a conceção epistémica do modelo hegemónico, expressa na relação cognitivo-temporal entre caos (passado) e ordem (futuro). Entre parêntesis listo as condições sociais, políticas e territoriais com as quais são impostos o caos e a ordem. Na coluna à direita (mais estreita e subalterna), a emergência de uma alternativa contra-hegemónica é expressa através da livre justaposição de objetivos e métodos úteis para realizá-la. Entre as colunas, a linha tracejada indica a presença dos processos de recodificação e alteração orgânica da modernidade. A sintetizar cada caixa, a pergunta simples que contextualiza a tensão.

Passo a formular a segunda hipótese:

(H2) O Modelo Subparadigmático Europeu para a Representação dos Migrantes Internacionais na Modernidade veicula formas de isolamento político e perfilha um futuro de ordem racional colonial, enquanto a participação, suspeita de gerar conflito político, representa um passado de caos participativo porque veicula objetivos solidários.

Esta segunda hipótese afirma que o Modelo de representação, além de afirmar a conceção do outro como objeto, remete os estrangeiros na Europa a um estatuto de classe subalterna e perigosa, porque geradora de conflitos políticos. Este estigma não seria gerado pela hipótese do alheamento dos imigrantes face à vida pública, isto é, pela hipótese de permanecerem estranhos ao processo democrático ou auspiciarem derivas autoritárias, constituição de enclaves ou sistemas políticos paralelos e alternativos; pelo contrário, seriam paradoxalmente suas contribuições para a realização de um sistema político coeso que os tornaria perigosos para a manutenção da tradicional ordem política. Para o efeito, se a perspetiva de coesão política prevê a anulação das formas de *isolamento* por via da realização de um percurso de participação democrática como processo de incorporação do indivíduo na vida pública, o Modelo de representação contrapõe-se por considerar conflituante a participação dos imigrantes enquanto sujeitos democráticos na "sociedade de chegada". Entretanto, este anseio, baseado no gozo dos direitos políticos, permitiria a ampliação do sufrágio, graças a uma maior partilha dos procedimentos democráticos e à reinvenção de novas formas de demodiversidade. Contudo, no Modelo de representação dominante, a participação representa o risco do caos gerado por conflitos políticos, contra o qual é preciso lutar em nome da ordem representativa. Portanto, com o objetivo de evitar o caos da participação, que supostamente geraria conflito político, as políticas dominantes impõem um modelo político separado de representação dos imigrantes na ordem democrática. Tal forma de *apartheid* político segrega os estrangeiros e reitera a sua transformação em objetos. Estes procedimentos de herança colonial impedem o acesso paritário dos imigrantes à representação e à participação políticas, o que ameaça os fundamentos democráticos da sociedade europeia, provoca marginalização política e desconfiança nas instituições. *Segundo esta hipótese, ao invés de produzir formas de representação, as políticas representativas escondem objetivos de segregação que, enquanto tais, não podem gerar coesão política, mas marginalização e conflito político.*

Para a tensão entre representação e participação, reúno modelos e hipóteses na tabela abaixo.

Tabela 24: Quadro analítico da migração internacional na "transição paradigmática": tensão entre pilares das representações e participações

	modelo hegemónico da representação	emergência contra-hegemónica	
caos (passado)	(MARGINALIZAÇÃO) CONFLITO POLÍTICO	*(incorporação) participação*	*(demodiversidade) compartilhar a democracia*
ordem (futuro)	(ISOLAMENTO POLÍTICO) REPRESENTAÇÃO	*(emancipação política) coesão política*	*ampliar*
	Que relação existe entre representação e conflito político?		

Fonte: Elaboração do autor.

Formulo a terceira hipótese

(H3) O Modelo Subparadigmático Europeu de Desenvolvimento-sem-os-migrantes Internacionais na Modernidade veicula formas de xenofobia e perfilha um futuro de ordem racional colonial, enquanto a experimentação-com-os-migrantes, suspeita de gerar conflito territorial, representa um passado de caos experimental porque veicula objetivos solidários.

A terceira e última hipótese considera que o Modelo de Desenvolvimento-sem-os-migrantes, e a consequente afirmação da conceção dominante do outro como objeto, levaram à consideração dos estrangeiros imigrantes na Europa como uma classe perigosa, porque, ao pretenderem contribuir para o desenvolvimento local do território onde residem, provocariam mudanças na ordem territorial, o que subsequentemente geraria conflitos territoriais. Todavia, não seria o conflito o objetivo dos imigrantes, mas antes o desejo, baseado no direito à coesão territorial, de contribuir para as experimentações que se realizam em busca da sustentabilidade do projeto de desenvolvimento local. Neste cenário, os imigrantes, ao desejarem fazer parte da comunidade, passariam a ser depositários da confiança dos demais cidadãos, e não mais objetos de discriminações de índole xenófoba. Não obstante, graças à difusão do Modelo, tais objetivos identificam-nos como ameaças, pois a experimentação-com-os-migrantes é vista como fonte de caos, contra o qual é preciso lutar em nome da ordem territorial. Portanto, com o objetivo de evitar o caos da presença dos e das imigrantes nas experimentações sustentáveis, o que geraria conflitos locais, o Modelo impõe o desenvolvimento-sem-os-migrantes para a ordem territorial. Tal procedimento produziria políticas que consideram a imigração como *recurso exógeno do desenvolvimento*, e que resultariam na disseminação no território de novas formas de colonialismo, como a fragmentação territorial e a perceção dos imigrantes estrangeiros como objetos. Ademais, tais formas de xenofobia tenderiam a disseminar desconfiança pelas pessoas consideradas estranhas, diferentes, estrangeiras ou indefinidamente ádvenas. Portanto, este tipo de política desenvolvimentista acabaria por fragmentar o território, reproduzir sentimentos xenófobos, atitudes racistas e um clima de insegurança. *Segundo esta hipótese, em lugar de produzir formas de desenvolvimento local, as políticas de desenvolvimento-sem-os-migrantes esconderiam objetivos xenófobos que, enquanto tais, não podem gerar coesão, mas conflito territorial.*

Sobre a tensão entre desenvolvimento-sem-os-migrantes e experimentação-com-os-migrantes, reúno modelos e hipóteses na tabela abaixo.

Tabela 25: Quadro analítico da migração internacional na "transição paradigmática": tensão entre pilares do desenvolvimento-sem-os-migrantes e da experimentação-com-os-migrantes

	modelo hegemónico do desenvolvimento	emergência contra-hegemónica	
caos (passado)	(FRAGMENTAÇÃO) CONFLITO TERRITORIAL	(endogenia) experimentação-com-os-migrantes	(coplaneamento) confiar na comunidade
ordem (futuro)	(XENOFOBIA) DESENVOLVIMENTO-SEM-OS-MIGRANTES	(emancipação territorial) coesão territorial	descolonizar
que relação existe entre desenvolvimento e conflito territorial?			

Fonte: Elaboração do autor.

Reúno os três gráficos numa versão sintética dos quadros acima.[91]

TABELA 26: Quadro sintético da migração internacional na "transição paradigmática"

MODELOS HEGEMÓNICOS	emergências contra-hegemónicas	
(CONFLITO SOCIAL)	intercultura	articular
INTEGRAÇÃO	coesão social	reconhecer
(CONFLITO POLÍTICO)	participação	compartilhar
REPRESENTAÇÃO	coesão política	ampliar
(CONFLITO TERRITORIAL)	experimentação-com-os-migrantes	confiar
DESENVOLVIMENTO-SEM-OS-MIGRANTES	coesão territorial	descolonizar

Fonte: Elaboração do autor.

A definição do objeto empírico e a aplicação do modelo analítico

A partir da pergunta de partida e do quadro analítico ilustrados, o projeto de investigação foi construído com o objetivo de compreender *se, e como, os imigrantes internacionais participam no planeamento e implementação de políticas públicas em determinados contextos europeus*. Neste sentido, convenci-me de que procurar conhecer as modalidades de discussão, adoção e implementação, a par da presença de formas de interação com os atores locais – tanto nas fases de projetação como nas de realização das políticas –, possibilitaria encontrar evidências empíricas da afirmação de modelos de políticas públicas.

Em razão destes cuidados, a definição do objeto empírico realizou-se numa dinâmica circular contínua, ao longo da qual simultaneamente

---

[91] Como fiz antes, na coluna à esquerda posiciono os carateres dominantes do quadro, enquanto na coluna direita a emergência de uma alternativa contra-hegemónica é expressa na livre justaposição de objetivos e métodos úteis para realizá-la. A ausência de separações ilustra graficamente a subsidiariedade entre objetivos e métodos que caracteriza o paradigma alternativo. Entre as duas colunas, a linha tracejada indica a presença dos processos de recodificação e alteração orgânica.

construí um procedimento autorreflexivo de aprendizagem, realizei o trabalho de recognição e problematizei a investigação. Reproduzo uma imagem desta circularidade na Figura abaixo.

Figura 1: Circularidades para a escolha dos contextos

Nesta circularidade de ideias, o projeto de investigação tomou finalmente a sua forma numa proposta comparativa entre experiências autárquicas de governação local inovadoras, localizadas em Portugal e Itália. A opção de realizar uma pesquisa comparada foi motivada por um conjunto de fatores: a existência de dinamismos semelhantes na experimentação institucional local e ao nível geral da representação nas escolhas autárquicas; a facilidade de acesso às informações acerca dos estudos de caso; uma consistência do fenómeno migratório que difere em tamanho e, parcialmente, em países de origem dos estrangeiros imigrantes, mas não em proporções gerais, razões da presença, problemáticas ou quadro legislativo nacional; uma conjuntura comum de crise económica (ainda que em diferentes proporções) no contexto da pertença também comum à União Europeia; uma posição geográfica continental com características "meridionais" semelhantes, e uma história parecida no que diz respeito à contemporaneidade da transformação recente em "países de imigração" (o que chamarei de *transição migratória*); enfim, a presença de um passado colonial (ainda que muito diferente). Este quadro permitiu considerar aceitável o grau de comparabilidade dos dois países no contexto europeu.

A juntar a estes fatores, a revisão da literatura especializada evidenciou dois elementos: por um lado, o facto de ter sido igualmente marcante no tempo o impacto que a imigração provocou (e ainda provoca) no sistema político, económico e social dos dois países; por outro, o facto de, no âmbito das diretrizes de política europeia, os esforços portugueses e italianos para promover a "integração" dos imigrantes terem sido igualmente contraditórios, como evidenciaram os resultados obtidos pelos dois países em termos de "indicadores das políticas de integração" adotados pelo MIPEX III (Huddleston, 2011b).[92] Posteriormente, a definição do terreno onde realizar a investigação concretizou-se na escolha da Área Metropolitana de Lisboa (AML), em Portugal, e na província de Pádua, em Itália. A escolha destas duas áreas deveu-se, em primeira instância, às grandes possibilidades de acesso às redes de contactos que facilitaram o conhecimento dos processos.[93] Obviamente, as duas áreas eram completamente diferenciadas em termos de números absolutos de habitantes em geral, de imigrantes residentes e respetivos países de origem; mais diversa ainda era a conformação metropolitana e político-administrativa entre uma capital como Lisboa e um centro provincial como Pádua, ainda que ambas fossem pólos de referência de áreas vastas constituídas em torno de um Município central. No entanto, ao nível local, o foco de interesse não se concentrou, em nenhum momento, nas dinâmicas demográficas, mas foi subitamente atraído pela significativa presença de formas de experimentação institucional na governação local. De facto, algumas autarquias eram fortemente ativas na adoção de formas de ampliação

---

[92] Esta similitude controversa, em boa medida, confirmou a escolha dos dois países para a realização dos estudos de caso, e deu origem à pergunta de investigação. Tratarei deste assunto nos capítulos 6 e 9.

[93] No caso português, o acesso foi facilitado pelo Centro de Estudos Sociais da Universidade de Coimbra; no caso italiano, o acesso foi viabilizado pela Universidade de Pádua.

da governação, abrangendo outros atores locais – o que implicava, nomeadamente, na introdução de experiências de representação e de participação de estrangeiros imigrantes na realização de políticas públicas. Tratava-se de espaços públicos autárquicos que apresentavam impressionantes coincidências entre si, no tipo de respostas fornecidas pelo modo de regulação local do diálogo intercultural. Sendo assim, os organismos identificados foram, para Portugal, o Conselho Municipal para a Interculturalidade e a Cidadania (CMIC) de Lisboa[94] e a Rede Social Local (RSL) da Amadora;[95] para a Itália, a *Commissione per la rappresentanza delle cittadine e dei cittadini stranieri residenti nel Comune di Padova* (*Commissione Stranieri – CS*)[96] e a *Intesa Programmatica d'Area del Camposampierese* (IPA),[97] na província de Pádua.

A partir da definição dos estudos de caso, mantive sempre uma relação entre as circularidades que me levaram à escolha dos contextos e o necessário planeamento da investigação. Resultou, desta relação, uma constante interação entre experiências empíricas e abordagens teóricas, isto é, entre trabalho de campo e planeamento, objetos e hipóteses, que se concretizou na análise dos âmbitos territoriais e das experiências específicas. Resumo estas dinâmicas na Figura abaixo.

---

[94] O Conselho Municipal para a Interculturalidade e Cidadania (CMIC), segundo o seu próprio regulamento, funcionava como "instrumento de reforço das políticas de integração dos imigrantes, respeitando as diferentes identidades resultado da diversidade cultural da cidade e dos princípios democráticos nacionais".

[95] A Rede Social Local é uma medida de política social a que o Município da Amadora aderiu em 2003, e que tem por principal objectivo contribuir, através de um planeamento social integrado, para a eliminação/redução de situações de pobreza/exclusão social.

[96] Esta Comissão municipal possui finalidades consultivas e objetivos gerais muito parecidos com os do CMIC.

[97] A IPA é uma forma de programação intermunicipal do desenvolvimento local que foi introduzida pela legislação italiana no início dos anos 2000, e que, neste caso, unificou alguns serviços municipais de onze Concelhos pertencentes ao Distrito (*Provincia*) de Pádua.

Figura 2: Dinâmicas de análise, planeamento e realização do terreno

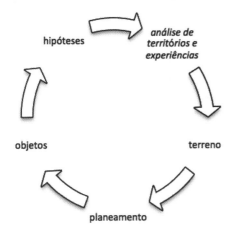

Ressalvadas já as circularidades que me levaram à escolha dos contextos, o trabalho de campo foi realizado em 21 meses (setembro de 2011 a maio de 2013), tendo planeado a sua execução em três fases sequenciais, específicas e complementares entre si.[98] Os modelos analíticos e as hipóteses formuladas forneceram os critérios para a análise de conteúdo do material recolhido no trabalho de campo, segundo a metodologia que ilustro de seguida.

Principais ferramentas metodológicas
Como fiz para o enquadramento teórico da tese, também no que respeita às diretrizes metodológicas encontrei numerosas ferramentas de trabalho, que não só contribuíram para definir métodos e objetivos de investigação, mas que também forneceram chaves para a sua compreensão

---

[98] Na primeira fase, estudei o fenómeno complexo da migração internacional, da condição socioeconómica e das formas de participação democrática dos imigrantes nos contextos nacionais e locais. Na segunda fase, a pesquisa focou o estudo das políticas sociais, interculturais e de programação territorial adotadas contextualmente, assim como os seus processos de elaboração, discussão, adoção, implementação e avaliação, sempre numa perspetiva de comparação e contextualização. Na terceira fase da pesquisa, abordei as experiências específicas de participação dos estrangeiros imigrantes na implementação das políticas, e os resultados obtidos por estas ao nível local.

hermenêutica. A seguir, reporto somente as principais ferramentas metodológicas adotadas.[99]

A epistemologia da visão
A primeira e mais importante opção hermenêutico-metodológica adotada provem dos princípios estabelecidos na "epistemologia da visão" (Santos, 2006: 228-235). Trata-se de um recurso hermenêutico que critica a racionalidade hegemónica da modernidade ocidental, a *razão indolente*,[100] e as dicotomias por ela concebidas, que sempre contêm uma hierarquia: conhecimento científico/conhecimento tradicional; homem/mulher; cultura/natureza; civilizado/primitivo; capital/trabalho; branco/negro; Norte/Sul; Ocidente/Oriente. Desta atitude resulta que nada existe fora da totalidade do que é por esta razão inteligível, e que nenhuma das partes é inteligível fora da totalidade: o Norte sem o Sul, a mulher sem o homem, etc. A compreensão do mundo por ela promovida, portanto, não é apenas parcial, mas internamente muito seletiva.[101] Em oposição a estas características da racionalidade ocidental, Santos propõe uma crítica fundamentada na *epistemologia da visão*, isto é, na capacidade de interrogar a forma hegemónica do conhecimento-regulação que a modernidade europeia gerou. Se com este, como explica Santos,

---

[99] Para realizar esta investigação adotei um conjunto de outros métodos que aqui não tenho espaço para ilustrar, e cujo detalhamento está em Mattiazzi, 2014 (146-152). Resumidamente trata-se da autorreflexividade (Burawoy, 1998), da pesquisa através de fontes orais (Zobel, 2005; Lechner, 2010; Zanin e Mattiazzi, 2011b), das críticas ao Eurocentrismo (Hoskins, 1992; Guha et al., 2002; Said, 2003; Wolf, 2010; Santos, 2008; Araújo e Maeso, 2010), da descrição densa (Geertz, 1973) e do Método Freire (Freire, 1967). Para conduzir uma análise da atuação política dos/das migrantes através de uma abordagem transnacional, adotei uma postura crítica em relação à etnicização metodológica (Glick Schiller e Povrzanovic Frykman, 2008), do nacionalismo metodológico (Wimmer e Glick Schiller, 2002), e do uso normativo do conceito de integração (Escrivá Chordá et al., 2009).

[100] A crítica de Santos à razão indolente é uma denúncia do desperdício da experiência (Santos, 2000: 39-40). Muito resumidamente, as características indolentes da razão que critica são quatro: a razão impotente (que não se exerce por pensar que nada pode fazer além de si própria); a razão arrogante (que não se exerce por se considerar livre de justificar as suas ações); a razão metonímica (que se reivindica como a única forma de racionalidade) e a razão proléptica (que não pensa o futuro por fazer dele o passado) (Santos, 2006: 91-111).

[101] Segundo Santos, "a razão metonímica é, juntamente com a razão proléptica, a resposta do Ocidente, apostado na transformação capitalista do mundo, à sua marginalidade cultural e filosófica em relação ao Oriente" (2006: 92).

"conhecemos criando ordem, a epistemologia da visão levanta a questão sobre se é possível conhecer criando solidariedade"; isto significa, sobretudo, reconhecer o "outro como igual, sempre que a diferença lhe acarrete inferioridade, e como diferente, sempre que a igualdade lhe ponha em risco a identidade" (idem, 2000: 228). A utilidade do uso da *epistemologia da visão* para o trabalho que aqui apresento reside no uso de "três procedimentos meta-sociológicos": a *sociologia das ausências*,[102] a *sociologia das emergências*[103] e o *trabalho de tradução*.[104] Ao serem utilizadas numa dimensão de marginalidade total – humana, económica, cultural, social e política, como é a da imigração "extracomunitária" na Europa –, estas ferramentas revelaram um grande potencial de explicação da complexidade daquelas vidas subterrâneas, ao ponto de se concretizarem em instrumentos fundamentais para o intenso trabalho de arqueologia social realizado. Para além disso, a *epistemologia da visão* utiliza uma forma de conhecimento que pode explicar, não apenas em termos epistemológicos, mas também sociais, a afirmação das emergências e experimentações produ-

---

[102] A *sociologia das ausências* tem por objetivo pensar as dicotomias (Norte-Sul, homem-mulher, etc.) para além das articulações e relações de poder que as unem e, assim, libertar os conceitos dessas relações para que seja possível revelar relações alternativas, ofuscadas pelas dicotomias hegemónicas. O objetivo da *sociologia das ausências* é "transformar objectos impossíveis em possíveis e com base neles transformar as ausências em presenças. Fá-lo, centrando-se nos fragmentos da experiência social não socializados pela totalidade metonímica" (Santos, 2006: 95).

[103] Diferentemente, a *sociologia das emergências* tem como objetivo atenuar a "discrepância entre a concepção do futuro da sociedade e a concepção do futuro dos indivíduos", transformá-lo num factor de ampliação do presente já que é no presente que se cuida do futuro. Esta forma de imaginação sociológica e política tem por objetivos conhecer melhor as condições de possibilidade da esperança; por outro lado, definir princípios de ação que promovam a realização dessas condições (Santos, 2006: 108-109).

[104] O *trabalho de tradução* é um procedimento hermenêutico, que cria "inteligibilidade recíproca entre as experiências do mundo, tanto as disponíveis como as possíveis, reveladas pela sociologia das ausências e a sociologia das emergências" (Santos, 2006: 114). Com este procedimento, o investigador não atribui a nenhuma experiência "o estatuto de totalidade exclusiva nem o estatuto de parte homogénea [mas] cria as condições para emancipações sociais concretas de grupos sociais concretos num presente cuja injustiça é legitimada com base num maciço desperdício de experiência" (idem, ibidem: 125). Para Santos, a transformação social que se poderá construir a partir do trabalho de tradução concretiza-se em práticas transformadoras, capazes de criar novos programas políticos.

zidas por processos de "transição paradigmática", que serão aqui analisados.[105]

Os três procedimentos meta-sociológicos que acabo de descrever serão aplicados na parte final do livro para apresentar os resultados conclusivos do trabalho.

Comparação por contextos
A metodologia escolhida para realizar as comparações entre contextos nacionais e entre dimensões locais baseia-se, em boa medida, no uso da *comparação por contextos*, tal como é feita por Messina (Messina, 2001; Messina, 2006; Messina, 2012).

A metodologia da comparação por contextos, ao contrário do que é feito no caso da comparação de dados estatísticos, analisa os diversos *sistemas de significado* e as praxis sociais presentes nos diversos contextos, culturais e institucionais, que o investigador quer analisar (Messina, 2012: 19). A referência clássica desta abordagem é o trabalho de Crozier e Friedberg (1978) acerca do "sistema concreto de ação", isto é, daquele conjunto de normas, corpos institucionais intermédios e praxis administrativas que regulam o comportamento dos atores num determinado sistema social. Na altura de comparar dois territórios, as características e especificidades deste sistema resultam num quadro de diferenças e similitudes que podem servir como critério de acareação. De acordo com a escolha das características a comparar, o investigador pode evidenciar conceitos-chave que permitem sustentar a sua análise empírica. É o que fez Messina, aplicando a comparação por contextos aos modelos analíticos propostos no estudo da cultura política (Trigilia, 1986; Tullio-Altan, 1995), e através da comparação institucional entre *output* e *outcome* nas políticas públicas (como em Mény e Thoenig, 1989).

---

[105] Santos, em poucas ocasiões (escritas e faladas) tem aplicado as suas teorias ao debate sobre migrações internacionais, limitando-se a referenciar a existência de minorias étnicas, ao lado de outras minorias como jovens, mulheres, idosos (como fez em 2006: 259-293). Não obstante, foi minha intenção clara aplicar concretamente a *epistemologia da visão*, não tanto na fase de planeamento, mas sobretudo na fase de realização e interpretação da investigação doutoral. O aspeto mais motivador esteve sem dúvida ligado ao que subjaz à dialética entre a *sociologia das ausências* e *das emergências*, e ao *trabalho de tradução*: a busca de um novo senso comum emancipatório.

Escrita criativa
Uma breve nota sobre a *escrita criativa*, uma verdadeira metodologia capaz de reinventar uma linguagem emancipatória para denunciar que palavras como *cidadania, democracia* ou *liberdade* podem, afinal, ser usadas de forma regulatória (Capinha, 1997: 65-73; Fonseca, 2010).[106] O seu objetivo foi romper com a hermenêutica formal, alcançando a hermenêutica multitópica, que poderá dotar-nos de consciência sobre o que nunca poderá ser completamente abarcado: o que ficou na parte branca da página escrita é o que nos deve interessar mais. O grande potencial deste tipo de trabalho é o de conseguir afastar-nos de nós próprios, sujeitos interpretativos. Susan Howe, no célebre poema *"the non conformist memorial"* (Howe, 1993), criou múltiplas camadas de sentido, narrativas de representações do mundo, que foi sobrepondo umas sobre as outras. Assim, colapsou hierarquias para evidenciar toda a conflitualidade patente no texto. Por isso, o poema (que pode ser lido em todos os sentidos, sem princípio, nem fim), deixa cair o poder destas normas para permitir ao leitor o poder da sua apropriação.

O legado da escrita criativa, assumido na dimensão transitória pós--moderna onde foi realizada a investigação, provocou na elaboração deste texto uma pequena ruptura com a escrita formal, evidente em algumas definições, no uso por vezes assíduo do itálico, sobretudo nos capítulos centrais do livro – nos quais são reportadas informações obtidas nas entrevistas, em longos trechos em itálico, transcritos (e, quando necessários, traduzidos pelo autor) com o cuidado de manter os registos linguísticos originais dos entrevistados.[107]

---

[106] Susan How, Robert Criliam, e Robert Duncan são alguns/mas dos/das autores/as que fizeram da escrita criativa uma ciência poética que procura captar as palavras da sociedade para tentar organizá-las, dando-lhes corpo e alertando para o facto de que existe uma padronização dos sentidos que é operada pelas instituições.

[107] O objetivo foi substituir a narração mediada do investigador pelo testemunho direto dos entrevistados, para que as palavras originais pudessem descrever mais honestamente o contexto do qual provinham. Desse modo, nos capítulos sete, oito, dez e onze, as descrições dos contextos estudados resultam em boa medida das palavras dos/das testemunhos/as, enquanto o autor se limitou à sistematização dos trechos numa sequência descritiva coerente com os focos da investigação. Em todo o livro, a autor utiliza recursos da escrita criativa mas seu uso mais expressivo e livre é feito no capítulo final.

Indução e coparticipação
O trabalho de campo foi planeado e realizado a partir de uma escolha clara por opções metodológicas indutivas e coparticipativas, que permitissem operacionalizar o método de acordo com as evidências empíricas e as respostas do terreno; isto é, foram adotadas técnicas de análise quantitativa e qualitativa no quadro dos paradigmas compreensivos (Guerra, 2006a).[108] Nesta perspetiva, o objeto da investigação foi deslocado das *instituições* para a *ação de sujeitos concretos*, e da centralidade da visão do investigador para "a atenção ao actor/utente" (idem, ibidem: 8). Desta maneira, o trabalho de construção do objeto, das hipóteses e do modelo analítico, foi sendo continuamente ajustado, desde o início até ao final da pesquisa.

O uso das metodologias compreensivas permitiu adotar um conjunto de posturas teórico-epistemológicas, aquelas que Guerra define como "postura analítica e reconstrução do sentido" (idem, ibidem: 31), para "produzir metodicamente sentido social", a partir da exploração de entrevistas de pesquisa. A análise partiu do sujeito (ou, melhor dizendo, do *outro*, para correlacionar a postura metodológica com o enquadramento teórico) enquanto "síntese ativa do todo social"; da relação com este, produziu-se material transcrito das entrevistas e, a partir deste, realizou-se uma análise de conteúdo que tentou "interpretar a relação entre o sentido subjectivo da acção, o acto objectivo (práticas sociais) e o contexto social em que decorrem as práticas em análise" (idem, ibidem: 31).[109] Com este intuito, para além da metodologia prevista (análise documental, observação, entrevistas, *focus group*), procurei observar e compreender formas de participação que não fossem institucionalizadas, mas marcadas pela informalidade.[110] Este trabalho cíclico de elaboração-reelaboração das *construções explicativas*, realizado graças à interação entre quadros de referência teórica (literatura especializada), informações de conjunto

---

[108] Após uma entrevista realizada com a Prof. Isabel Guerra, a investigação passou organicamente a articular métodos qualitativos e recolha de dados quantitativos. A entrevista foi concedida no DINAMIA-CET, IUL, em 22/10/2012.

[109] A hipótese central desta abordagem é de que "as lógicas que regem o conjunto social estão presentes nos microcosmos que as compõem, mas que é necessário também multiplicar os terrenos de observação para dar conta da diversidade do social" (idem, ibidem: 31).

[110] Às vezes, em situações informais, colhi informações que demonstraram a relevância da hipótese de Guerra.

social (dados compreensivos, qualitativos e quantitativos) e de microcosmo pessoal (entrevistas), produziu constantemente novos questionamentos.[111]

Recolha do material empírico
Em 21 meses de terreno, recolhi dados estatísticos, acedendo a fontes oficiais e secundárias, realizei 95 entrevistas individuais ou em dupla,[112] 16 sessões de observação direta[113] e 4 *focus groups* (dois em Pádua, um em Lisboa e um na Amadora), com um total de 44 participantes (entre estes alguns entrevistados previamente). Embora não procurasse representatividade estatística ou a deteção de regularidades, mas *a representatividade social e a diversidade dos fenómenos*, estabeleci que para cada estudo de caso específico deveria entrevistar pelo menos vinte pessoas.[114] Quanto ao planeamento e realização dos *focus groups*, para além da orientação formal, procurei informações na literatura, particularmente em Frisina (2010).

Enquanto realizava este trabalho de recolha, sistematizava e organizava os dados fiáveis, descartava os dados não fiáveis utilizando a técnica do *member checking*, e procurava um equilíbrio entre uma investigação de natureza teórica e uma de perfil mais empírico. A inserção de dados estatísticos ficou restrita ao enquadramento dos territórios portugueses e italianos (nacionais e locais) onde realizei os estudos de caso, ao passo em que a ilustração da problemática e das soluções encontradas no terreno, nos processos que observei, foram reproduzidas nos excertos de entrevistas.

---

[111] As novas perguntas foram incluídas progressivamente no guião das entrevistas ou, finalmente, no roteiro de condução dos *focus groups*.
[112] 77 das quais realizadas propriamente para a investigação doutoral e 18 para uma pesquisa sobre as "ações participativas", promovidas pela Câmara de Pádua (Allegretti e Mattiazzi, 2014). As entrevistas tiveram uma duração média de 60 minutos e foram integralmente transcritas. O material recolhido foi somente em mínima parte reportado neste texto.
[113] Os relatos das observações diretas, recolhidos no Diário de Campo da investigação foram aqui quase completamente retirados por motivos de espaço.
[114] O número de entrevistas a ser realizado numa pesquisa qualitativa depende de muitos fatores: o conhecimento do objeto, o tipo de pesquisa (exploratória, analítica, etc.), o universo em análise, os recursos disponíveis. Mesmo estando sozinho na realização da investigação, perante os quatro estudos de caso a realizar, não pude limitar-me à realização de algumas poucas entrevistas em cada caso.

Análise de conteúdo

Recolhido o material, avaliei o grau de generalização (ou representatividade) atingida, e realizei uma análise de conteúdo com o objetivo de transmitir, da maneira mais tridimensional possível, a relação entre as ações desenroladas, as práticas sociais que reproduzem e o contexto social no qual tomam forma.

Após ter avaliado outras soluções,[115] decidi realizar um processo simplificado de análise de conteúdo, seguindo as propostas de Poirier e Valladon (*apud* Guerra, ibidem: 68-69), que pretendem *descrever as situações, mas também interpretar o sentido do que foi dito*. Por outras palavras, a análise de conteúdo aqui levada a cabo tem como objetivos: (a) descrever os fenómenos (nível descritivo) e (b) identificar relações de causalidade e de interpretação das dinâmicas sociais em estudo (nível interpretativo). Seguindo esta tipificação dos objetivos, utilizei as entrevistas para fornecer a imagem dos contextos de acordo com a visão dos entrevistados.[116] Portanto, coerentemente com a classificação supraindicada, procurei deixar o máximo a cargo dos entrevistados: (a) a descrição dos contextos, dos atores, das ações realizadas, dos efeitos obtidos e dos mecanismos de poder; (b) as interpretações quanto aos conteúdos, modalidades, tempos e mecanismos dos processos; (c) o grau de satisfação/insatisfação perante os resultados produzidos (Guerra, ibidem: 77-83).[117]

O processo de codificação foi sucessivamente aplicado aos textos transcritos de cada entrevista (não sobre todas as entrevistas feitas) e dos grupos focais.[118] No caso da codificação mantive igualmente uma relação constante entre empiria e teoria, isto é, entre as vozes dos entrevistados e a exigência de dar sentido social às suas afirmações (Guerra, 2006a: 86).

---

[115] Presentes em Montesperelli, acerca da análise hermenêutica das entrevistas (Montesperelli, 1998) e em Vangelista, sobre o uso de fontes orais (Zanin e Mattiazzi, 2011b). Consultei também os manuais de Babbie (1990) e Cipolla (2003).

[116] Isto resultou numa descrição "impressionista" dos cenários, como observou o prof. Rogério Roque Amaro em ocasião da prova de Doutoramento, que se realizou em Coimbra, em 23 de junho de 2014.

[117] A transcrição das entrevistas e dos grupos focais foi realizada graças a uma equipa de colaboradoras e colaboradores, que trabalharam segundo uma lógica de transcrição imediata, isto é, fiel às expressões utilizadas pelos entrevistados.

[118] Utilizo este material nos capítulos sete, oito, dez e onze para ilustrar os contextos, as experiências, as políticas (descrições), e para apresentar as opiniões sobre toda a conjuntura (interpretações).

Todo o cuidado foi centrado no objetivo de reproduzir o sentido social, deixando muito espaço à voz dos testemunhos que entrevistei e dinamizei no terreno. Resumo esta dinâmica na Figura abaixo.

Figura 3: Circularidades para a codificação

A partir desta dinâmica, pude realizar a primeira codificação das entrevistas para o nível descritivo, baseada, muito simplesmente, no cruzamento das informações recolhidas no terreno dos estudos de caso (CMIC, CS, RSL, IPA), com a análise categorial dos Objetos de Estudo (OE) definidos desde o projeto inicial de investigação. Apresento a codificação na Tabela abaixo.

TABELA 27: Definição dos critérios para análise de conteúdo – NÍVEL DESCRITIVO (D)

Critérios (Objetos de Estudo – OE)	Códigos (D)			
	CMIC	CS	RSL	IPA
(OE1), contextos nacionais, português e italiano, à luz dos aspetos históricos e político-institucionais, com especial referência ao passado colonial, ao posicionamento no contexto comunitário europeu e às recentes dinâmicas migratórias (2000-2010)	CMD1	CSD1	RSLD1	IPAD1
(OE2), políticas sociais, interculturais e de planeamento territorial adotadas contextualmente e seus processos de elaboração, discussão, adoção, implementação e avaliação	CMD2	CSD2	RSLD2	IPAD2
(OE3), experiências específicas de participação de migrantes internacionais no ano de 2012 na implementação das políticas públicas identificadas no OE2, os resultados obtidos e sua avaliação	CMD3	CSD3	RSLD3	IPAD3

Fonte: Elaboração do autor

Para codificar os textos das entrevistas para o nível descritivo, em cada caso procurei as frases onde os entrevistados descreviam os contextos nacionais e locais (D1), as políticas realizadas (D2, inclusivamente as dos casos de estudos), e as ações desenvolvidas por eles próprios, enquanto membros dos organismos em análise ou de associações atuantes nos terrenos (D3). Cataloguei as frases de acordo com os critérios descritivos ilustrados nos Objetos de Estudo (OE).

Sucessivamente, a codificação do nível interpretativo buscou identificar relações de causalidade e de interpretação das dinâmicas sociais em estudo. Se a primeira codificação descreveu os sistemas concretos de ação, no nível interpretativo foi-se além, para descobrir "o sentido social que está subjacente à descrição dos fenómenos através quer da rearticulação das variáveis, quer da ligação aos fenómenos estruturais conhecidos" (Guerra, 2006a: 83). Nesta fase, procurei conceber novos conceitos e mobilizar proposições teóricas potencialmente explicativas dos fenómenos, não no sentido de uma demonstração causal, mas defendendo o sentido da plausibilidade dos resultados (idem, ibidem). A codificação foi baseada, menos simplesmente do que a outra, no cruzamento das informações recolhidas no terreno dos estudos de caso (CMIC, CS, RSL, IPA), com as palavras-chave produzidas no *Quadro analítico da migração internacional na "transição paradigmática"*.[119] Apresento a codificação na Tabela abaixo (entre parênteses os conceitos reportados no *Quadro*).

TABELA 28: Codificação dos critérios para análise de conteúdo – NÍVEL INTERPRETATIVO (I)

COS *(conflito social)*	*INTER* *(intercultura)*	*ART* *(articular)*
INTEG *(integração)*	*COES* *(coesão social)*	*REC* *(reconhecer)*
COP *(conflito político)*	*PAR* *(participação)*	*COMP* *(compartilhar)*
REP *(representação)*	*COEP* *(coesão política)*	*AMP* *(ampliar)*
COT *(conflito territorial)*	*EXP* *(experimentação-com--os-migrantes)*	*CON* *(confiar)*
DES *(desenvolvimento-sem--os-migrantes)*	*COET* *(coesão territorial)*	*DESC* *(descolonizar)*

Fonte. Elaboração do autor.

Ao contrário do definido para o nível descritivo, a seleção dos excertos para o nível interpretativo adveio dos quatro grupos focais realizados (um em cada caso estudado). Com o objetivo de problematizar a informação reportada no trabalho de descrição dos casos de estudo, realizei, a partir daí, a análise de conteúdo propriamente dita, de acordo com o modelo

---

[119] Não codifiquei estas informações dentro de um esquema mental predeterminado. A definição dos códigos de catalogação foi realizada apenas após ter recolhido o material, tê-lo transcrito e revisto. Além disso, a codificação foi feita após ter escrito os capítulos iniciais da tese. Finalmente, a codificação foi sendo adaptada à medida que era aplicada ao material. Quero, assim, evidenciar que a definição dos códigos para a catalogação do material, para fins de análise de conteúdo, segue a mesma metodologia circular com a qual construí o procedimento autorreflexivo de aprendizagem e, nele, equacionei a definição do problema de investigação, com ilustrei no início do capítulo.

analítico definido há pouco. Este trabalho de interpretação teve como objetivo evidenciar os *"mecanismos genéricos* de configurações específicas de relações sociais" que definem as situações e as lógicas de ação, e que se desenvolvem em resposta a situações; partilhei este objetivo com Guerra ao crer que é "descobrindo o geral no cerne das formas particulares que se pode avançar nesta via" (2006a: 86). Assim, adotei a prática da *intertextualidade,* para passar dos contextos sociais dos *focus* para os mais amplos contextos históricos e políticos dos territórios onde se realizaram, procedendo a uma análise crítica dos discursos, capaz de "interpretar como as interações entre participantes reproduzam ou desafiam as desigualdades sociais" (como sugerido por Frisina, 2010: 117).

CAPÍTULO 6
O CONTEXTO PORTUGUÊS[120]

Os resultados do *Migrant Integration Policy Index III* – MIPEX III, de 2011 (Huddleston, 2011) confirmaram Portugal como referência em políticas públicas de favorecimento da "integração" dos imigrantes; ao obter a segunda posição geral,[121] o país passou a ser considerado o destino de imigração laboral com as melhores condições de acesso ao mercado de trabalho e de reagrupamento familiar (idem, ibidem: 26 e ss.).[122] Nas palavras do relatório, esses resultados terão surgido dos significativos progressos alcançados "na resposta à situação laboral específica dos imigrantes", da garantia de "condições de autorização de residência associada à realidade da recessão", da realização das "melhores políticas educativas para migrantes, oportunidades de participação política e leis anti-discriminatórias dos novos países de imigração". O estudo assinalou também algumas dificuldades, designadamente em relação ao direito de voto, considerado pouco eficaz; aos organismos de consultas, caracterizados como pouco proativos; bem como aos organismos para a igualdade, aos quais o acesso seria difícil relativamente à situação dos países líderes do MIPEX.

A visão do MIPEX, ligada aos *outputs* legislativos, corresponde ao contexto imigratório em Portugal, isto é, aos *outcomes* das políticas públicas? Para responder, é preciso conhecer melhor, sob esse ponto de vista, o terreno em que se realizou parte desta investigação.

---

[120] Esta parte central do trabalho contextualiza, ilustra empiricamente e interpreta os fenómenos ligados às migrações internacionais em Portugal (nos capítulos seis, sete e oito) e em Itália (nos capítulos nove, dez e onze). No capítulo conclusivo da secção (doze) resumo as conjunturas, associando-as aos processos de recodificação e alteração orgânica da modernidade, apresentando o mecanismo que dinamiza este processo.

[121] Confirmada no índice Mipex 2014. Ver http://www.mipex.eu/portugal.

[122] Os países considerados em 2011 (e a sua respetiva pontuação) foram: Suécia (83), Portugal (79), Canadá (72), Finlândia (69), Países Baixos (68), Bélgica (67), Noruega (66), Espanha (63), EUA (62), Itália (60), Luxemburgo (59), Alemanha (57), Reino Unido (57), Dinamarca (53), França (51), Grécia (49), Irlanda (49), Eslovénia (49), República Checa (46), Estónia (46), Hungria (45), Roménia (45), Suíça (43), Áustria (42), Polónia (42), Bulgária (41), Lituânia (40), Malta (37), Eslováquia (36), Chipre (35), Letónia (31) (Huddleston, 2011b: 11).

A transição migratória portuguesa

Como observou Joel Serrão, é difícil distinguir na história portuguesa, no fluxo constante de emigrantes, "aqueles que devem ser inscritos na categoria de 'colonizadores' e aqueloutros para os quais seria mais pertinente reservar a denominação actual de 'emigrantes'. Colonizadores e simples emigrantes, porventura, coexistiram sempre" (Serrão, 1970: 597-617). Talvez, seja por esta abrangência que os dados estatísticos sobre a 'emigração colonizadora' portuguesa não são tão consistentes (Rovisco, 2001: 138-139), mas é óbvio que se tratou de um movimento que, ao longo de quatro séculos, mobilizou milhões de pessoas – ao ponto de, por exemplo, a população não escravizada no Brasil Colonial em 1819 totalizar cerca de 2,5 milhões de pessoas (Fausto, 1994: 137). Se considerarmos que Portugal iniciara sua expansão colonial no século XVI, possuindo cerca de 1,2 milhões de habitantes, é compreensível a razão pela qual, diante de um tão consistente fenómeno emigratório, o Conselho Ultramarino tenha assumido reiteradamente o seu receio sobre os riscos de despovoamento do Reino, com a emissão de textos legais que procuravam "criar embaraços à emigração" (Serrão, 1970: 601).

Notadamente, após ter experimentado a emigração ligada aos domínios ultramarinos, entre o início do século XX e a década de trinta, Portugal viveu um novo ciclo de emigração com a saída de uma média de 35 mil habitantes por ano, principalmente destinados ao Brasil, EUA, Canadá, Venezuela e África do Sul e, sobretudo na segunda metade do século XX, à França e à Alemanha (Rovisco, 2001: 138-139). Após uma fase de diminuição dos fluxos de saída nas décadas de trinta e quarenta do século XX, a maior vaga de emigração registou-se entre 1950 e 1975, com um número médio de emigrantes que atingia os 50 mil por ano. Um novo abrandamento da emigração teve lugar entre 1976 e 1990; contudo, o fenómeno não desapareceu por completo, registando-se 20 mil saídas/ano. Durante a década de noventa e até ao início do século XXI, observou-se a saída de cerca de 28 mil emigrantes, em média, por ano (Reis et al., 2010: 69). Esta retomada da emigração portuguesa, que se agudiza com a crise de 2008, caracterizou-se como uma verdadeira *fuga de cérebros*: a principal mudança em relação ao passado resultava do elevado nível de qualificação dos emigrantes que, para além das remessas, produziam formas de intercâmbio, investimento estrangeiro direto, transferência de investimento, criação de redes alargadas e formas de codesenvolvimento (Marques, 2010).[123]

Paralelamente aos fluxos emigratórios, nos últimos 40 anos Portugal tornou-se um país recetor de estrangeiros imigrantes, o que configurou um processo de *transição migratória,* devido à existência de uma relação entre a "transição demográfica"[124] portuguesa e a entrada de imigrantes internacionais no país. A relação entre imigração e demografia portuguesa foi descrita por investigadores da Universidade de Coimbra (Reis et al., 2010: 69-85). Segundo o estudo, o forte movimento imigratório em Portugal, a partir da década de 90 do século XX, teve impactos relevantes na estrutura demográfica: a imigração tornou-se "mecanismo de compensação das quebras observadas no crescimento natural"; sem este contributo, "a variação da população residente continuaria a pautar-se pelos níveis reduzidos de crescimento natural: [...] entre 1990 e 2007, situar-se-ia apenas em cerca de 135 mil habitantes, um valor muito diferente do crescimento líquido em cerca de 592 mil habitantes, que se regista entre o início da década de 90 e a actualidade" (idem, ibidem: 72).[125]

Apesar de a transição ter ocorrido entre as décadas de 80 e 90, a presença de imigrantes no território português está associada à própria fundação da nação (SOS Racismo, 2002: 21-28). Contudo, é o fim do colonialismo português, nas décadas de 70 e 80 do século XX, que provocou movimentos de populações das antigas colónias para a metrópole, sejam refugiados ou soldados *retornados* das guerras coloniais. Este último foi um contingente muito grande, que somou centenas de milhares de pessoas, uma percentagem considerável da população nacional da época (idem, ibidem: 27). Este movimento de *retorno* à metrópole marcou definitivamente o caráter interétnico da sociedade portuguesa contemporânea. Ademais, como efeito da adesão à União Europeia em 1986, Portu-

---

[123] Em 16 de setembro de 2012, o jornal britânico *The Guardian* noticiava: *Portuguese escape austerity and find a new El Dorado in Angola*. A informação resumia-se num duplo fenómeno: "The booming, oil-rich African country of Angola has become a refuge for Portugal's jobless, while Luanda's elite take advantage of EU troubles to buy up property in Lisbon". Acesso em 16/09/2012, disponível em: http://www.guardian.co.uk/world/2012/sep/16/portuguese--exodus-angola-el-dorado.

[124] Cuja primeira formulação é comummente atribuída ao demógrafo americano Warren Thompson (1887-1973) (Kirk, 1996).

[125] Este é um fenómeno que se repercute na Europa como um todo (Papademetriou, 2008: LVIII-LXIV).

gal tornou-se um país atrativo para novos imigrantes. Assim, o fenómeno tomou a forma contemporânea da imigração, cuja característica principal, segundo Padilla e Ortiz, é a de responder "a diferentes necessidades do mercado laboral": os imigrantes de origem africana, de Cabo Verde, Guiné Bissau e Angola, no mercado de trabalho pouco qualificado, e os europeus no mercado mais qualificado (Padilla e Ortiz, 2012: 163-164). De facto, os anos 90 foram marcados pela chegada do maior contingente de imigrantes em Portugal, os brasileiros, que ocuparam inicialmente lugares de qualificação alta e intermédia, passando, ao longo da década, a ocupar postos de trabalho de menor qualificação (idem: 164). Nesta última fase, como de resto aconteceu noutros países europeus (entre os quais Itália), Portugal promoveu um conjunto de programas de legalização de imigrantes irregulares.[126] A coexistência destes fenómenos elevou a população regular imigrante das 107 mil pessoas em 1990 para mais de 440 mil em 2010. Segundo Padilla, estes processos de regularização incentivaram o afluxo de imigrantes a Portugal. Ademais, desde a adesão da Roménia e Bulgária ao espaço Schengen em 2007, a presença de trabalhadores oriundos destes países aumentou significativamente, ao passo que, neste mesmo período, chegaram imigrantes da Ásia – especialmente da China, Índia, Paquistão e Bangladesh.

O ano de 2009 marcou uma nova fase da imigração no País, "com o início da crise em Portugal, os fluxos migratórios começaram a sofrer algumas alterações designadamente, a desaceleração e a diminuição da imigração" (Reis et al., 2010: 165). Resultou disto uma nova composição das principais presenças de estrangeiros imigrantes em Portugal. Em 2013, o Serviço de Estrangeiros e Fronteiras (SEF) registava cerca de 400 mil pessoas, estrangeiras residentes principalmente na zona litoral do país, nos distritos de Lisboa (cerca de 180 mil), Faro (pouco mais de 60 mil) e Setúbal (cerca de 44 mil). A violenta crise económica, no entanto, não foi suficiente para justificar esta considerável redução da presença de estran-

---

[126] Em 1992-1993, legalizaram-se cerca de 16 mil pessoas (num total de 39 mil pedidos, de uma maioria de cidadãos/ãs de Cabo Verde e Angola); em 1996, 30 mil (em 35.000 pedidos, a maioria oriundos de cidadãos/ãs dos PALOP); em 2001, 183 mil (de cidadãos/ãs oriundos/as sobretudo da Europa de Leste, do Brasil e dos PALOP); em 2003, 14 mil (30 mil pedidos de brasileiros/as, com 16 mil prorrogações de permanência); em 2004-05, 53 mil (50 mil registados e 3.019 prorrogações) e, finalmente, em 2007, 5.741 autorizações e prorrogações.

geiros no país. Em 2012, de facto, entrou em vigor a lei 29/2012, que transpôs para a legislação nacional algumas diretivas europeias, inclusivamente a Diretiva de Retorno, e introduziu novidades, entre as quais o cartão azul, que promovia a imigração qualificada, a penalização aos empregadores que contratassem imigrantes irregulares e aos casamentos por conveniência (Padilla e Ortiz, idem: 169). A medida foi criticada em Portugal e no estrangeiro (como observou Acosta em Padilla e Xavier, 2009: 53-62), sobretudo pela implementação do "termo de responsabilidade", um documento utilizado para instruir os processos de residência, com o qual o requerente devia fazer prova da sua capacidade financeira. Caso contrário, não seria autorizada sua permanência no país. As razões desta redução do número de imigrantes em Portugal, avançadas por alguns observadores[127] prendem-se com o facto de, numa fase de crise económica tão grave, os trabalhadores estrangeiros, especialmente quando empregados informalmente no serviço doméstico, nos serviços de limpeza, na construção civil ou no trabalho sexual, terem estado especialmente expostos ao sistema de expulsão fácil introduzido pela nova diretiva. Efetivamente, em Portugal, os imigrantes estiveram sobrerrepresentados no desemprego, nos grupos vulneráveis, no emprego flexível, precário, no emprego informal, situação que tendeu a agravar-se com a crise; tornam-se, assim, o grupo social mais imediatamente afetado pela conjuntura económica (Pereira, 2008: 47-94).

As políticas de "integração" dos e das imigrantes em Portugal
De acordo com Maria Ioannis Baganha (Baganha, 2005: 29-44), a política de imigração portuguesa pode ser dividida em três fases: a "fase da imigração zero" (1986-1995),[128] a fase "dos interesses geoestratégicos e

---

[127] Recolhidas no Seminário Internacional "Trabalho, imigração e questão social na contemporaneidade" realizado no dia 18 de outubro de 2012, na Faculdade de Ciências Sociais e Humanas da Universidade Nova de Lisboa (FCSH-UNL).

[128] Coincide com os primeiros anos da adesão de Portugal à UE, no quadro da qual se previu "o lançamento de um processo de Regulação Extraordinária, que incluía medidas de discriminação positiva em relação aos nacionais de países de língua oficial portuguesa [...] e subsequente implementação de legislação restritiva à entrada de imigrantes económicos". O objetivo destas medidas foi limitar a entrada de novos/as imigrantes, dando prioridade à "integração" das comunidades já presentes no país (Baganha, 2005: 32).

das considerações humanitárias" (1996-2000),[129] e a fase "da supremacia do mercado" (primeiros anos da década de 2000).[130] Outra periodização, desta vez mais centrada nas medidas de "integração" dos imigrantes residentes, divide a política portuguesa em duas fases:[131] a primeira, no período das décadas de 70 a 90 do século XX, realizada no quadro de um paradigma da *afinidade cultural*, por se concentrar na "integração" de pessoas oriundas de países lusófonos; a segunda começaria na década de 2000 e, ao realizar-se num momento de diversificação da origem dos imigrantes em Portugal, atenderia à necessidade de uma *abordagem multicultural/intercultural* nas intervenções públicas.[132] Esta necessidade resultou, em 2002, na fundação do Alto Comissariado para a Imigração e Minorias Étnicas (ACIME),[133] como serviço de coordenação de natureza interministerial para promover a integração dos Centros de Apoio ao Imigrante

---

[129] Que se configura a partir de um contexto específico: "criou-se uma nova bolsa de ilegais e [...] a Assembleia da República aprovou por unanimidade um novo processo de Regularização Extraordinária, [para] legalizar os imigrantes que não tinham sido abrangidos pela anterior Regularização de 1992/93 ou que, entretanto, se tinham tornado ilegais". Segundo Baganha, os pressupostos dessa nova fase visavam "promover a futura cooperação e amizade com os países africanos de expressão portuguesa e com o Brasil"; acabar com o "processo de exclusão dos imigrantes irregulares relativamente ao modelo social europeu (nomeadamente a proteção social e laboral)" e administrar os riscos "para os portugueses ameaçados pelo crescimento da marginalização e da exclusão provocadas pela imigração clandestina" (ibidem: 33).

[130] Foi para promover a legalização dos/as imigrantes oriundos/as do Leste, diante "das fortes pressões dos lobbies da construção civil e obras públicas e da indústria do turismo", que se regularizou a permanência de 184 000 imigrantes entre 2001 e 2003. Para Baganha, esta fase transforma totalmente a política migratória nacional, pois enquanto nos anos 90 do século XX a ineficácia dos mecanismos era reconhecida e "se tornava necessário permitir a inclusão no tecido social português para evitar maiores fracturas sociais num futuro próximo", em 2001 validou-se "a posteriori o funcionamento do mercado, reconhecendo tacitamente a total inoperância dos mecanismos de regulação existentes" (idem: 35).

[131] Informações recolhidas ao longo do VI Congresso da Associação Portuguesa de Ciência Política – APCP, realizado em março de 2012, no Instituto Superior de Ciências Sociais e Políticas da Universidade Técnica de Lisboa – ISCSP-UTL. Faz-se aqui especial referência à apresentação de Nuno Filipe Oliveira, do Centro de Investigações Económicas e Sociais do Instituto Universitário de Lisboa (CIES-IUL).

[132] Tratar-se-ia de uma reação à "sobre-enfatização do elemento étnico" (perpetuador de estigmatização e segregação) (Ruivo, 2010: 97), que terá tido como objetivo a adoção de estratégias consultivas mistas, capazes de incluir representantes imigrantes e apoiar as associações de imigrantes enquanto agentes de "integração".

[133] Criado pelo Decreto-Lei nº 251/2002, de 22 de novembro.

(Centros Nacionais de Apoio ao Imigrante – CNAIS e Centros Locais de Apoio ao Imigrante – CLAIS), que se constituíam como unidades orgânicas de serviço para os imigrantes regularizados. Mais tarde, numa fase de "reconhecimento intercultural" da imigração, o ACIME será transformado em Alto Comissariado para a Imigração e Diálogo Intercultural (ACIDI).[134] O instituto manteve a sua natureza pública e enquadramento na administração indireta do Estado, dotado de autonomia administrativa e vinculado à Presidência do Conselho de Ministros, sob superintendência e tutela direta do Primeiro-Ministro. Em 2014, o ACIDI tornou-se ACM (Alto Comissariado para as Migrações),[135] mantendo-se o principal promotor estatal de políticas migratórias em Portugal.[136]

O principal instrumento de programação das políticas estatais de "integração" portuguesas tem sido o *Plano para a Integração dos Imigrantes*,[137] implementado através do ACIDI no período 2007-2014.[138] O I Plano previa a realização de 90 medidas, divididas em 17 âmbitos de intervenção para a "integração" dos imigrantes, nomeadamente nas áreas da cultura e da língua, do emprego e da formação profissional e da habitação. No II plano foram incluídas duas novas áreas de intervenção: a da promoção da diversidade e interculturalidade, e a dos idosos imigrantes.[139] Todas as medidas foram implementadas procurando recorrer a parcerias com outras entidades.

---

[134] Criado com Lei Orgânica – DL 167/2007, de 3 de maio. Segundo esta Lei, sua missão é "colaborar na conceção, execução e avaliação das políticas públicas, transversais e sectoriais, relevantes para a integração dos imigrantes e das minorias étnicas, bem como promover o diálogo entre as diversas culturas, etnias e religiões".

[135] Através do Decreto-Lei nº 31/2014, de 27 de fevereiro.

[136] Apesar disto, o ACM não representa objeto de estudo desta investigação, portanto, todas as informações a este referidas são institucionais e não provêm de atividades de pesquisa.

[137] O primeiro *Plano para a Integração dos Imigrantes* vigorou no período de 2007-2009; a segunda edição entre 2010-2014. O Plano foi substituído em 2015 pelo Plano Estratégico para as Migrações 2015-2020.

[138] Resolução do Conselho de Ministros nº 74/2010. O Plano foi substituído em 2015 pelo Plano Estratégico para as Migrações 2015-2020.

[139] As 90 medidas deste Plano distribuem-se pelas seguintes áreas de intervenção: acolhimento, cultura e língua, emprego, formação profissional e dinâmicas empresariais, educação, solidariedade e segurança social, saúde, habitação, justiça, racismo e discriminação, acesso à cidadania e participação cívica, associativismo imigrante, descendentes de imigrantes, idosos/as imigrantes, relações com os países de origem, promoção da diversidade e da interculturalidade, questões de género, tráfico de seres humanos.

De facto, uma tão forte centralização das políticas de "integração", através de um instituto ligado ao Primeiro-Ministro como o ACIME/ACIDI/ACM, revela uma consistente presença do Estado, que se tornou um ator muito ativo e centralizador na concretização de políticas migratórias.

Além do Estado, e como acontece em geral com as políticas sociais portuguesas, nas políticas migratórias existe uma importante participação da Igreja Católica, das Instituições Particulares de Solidariedade Social (IPSS), de algumas associações de imigrantes e, cada vez mais, de autarquias locais, como ilustrarei mais adiante. Neste sentido, o poder local está a tornar-se cada vez mais relevante na determinação das relações existentes entre processos de "integração", representação dos imigrantes e desenvolvimento do território. Esta relevância do ator territorial, ainda em 2002, era destacada pela ONG SOS Racismo em inquérito aplicado a todos os municípios do País, com o "objectivo de conhecer a realidade e o impacto que o fenómeno da imigração tem provocado em Portugal" (como indicava Ana Cruz em SOS Racismo, 2002: 298-320).[140] Como notava o estudo, à época muitas cidades já assistiam a "casos graves de discriminação racial, e [possuíam] uma comunidade imigrante bastante excluída, urbanística e socialmente". Contudo, apenas cinco anos mais tarde, em 2007, uma equipa de investigadores coordenada por Malheiros e Mendes realizava, para o então ACIME, um estudo sobre "Espaços e expressões de conflito e tensão entre autóctones, minorias migrantes e não migrantes na área metropolitana de Lisboa" (Malheiros et al., 2007).[141] Segundo o exposto, a existência de conflitualidades de base étnica era, na altura, secundária: "enquanto as dimensões classe, género e idade surgem como fundamentais para a compreensão do fenómeno da conflitualidade urbana em Lisboa, já a questão étnica emerge como um elemento supletivo relativamente a essas variáveis" (Malheiros et al., 2007: 15-16). No entanto, afirmava-se, "uma vez que a estigma-

---

[140] O questionário abordava quatro aspetos essenciais que configuram os processos de *integração*: os dados quantitativos referentes aos/às imigrantes residentes, o relacionamento entre a população portuguesa e a imigrante, as medidas implementadas pelos municípios para promover a "integração", a presença e o desempenho do movimento associativo imigrante. Registou-se um total de 212 respostas, que correspondem a 68,8% do universo das autarquias em Portugal (308). Destas, apenas 13 disseram não ter imigrantes residentes; por isso, as percentagens baseiam-se numa amostra de 199 municípios.

[141] Os estudos de caso foram realizados na Área Metropolitana de Lisboa, no Alto da Cova da Moura (Amadora) e no Bairro da Quinta da Fonte (Loures).

tização negativa recai mais fortemente sobre determinados grupos étnicos, parece ocorrer uma *etnicização da pobreza* e os défices de sociabilização são acentuados pelas *distâncias culturais*" (idem, ibidem: 15-16). Por outras palavras, os estigmas não ocorriam por via étnica, mas por via socioeconómica e cultural (apesar dos investimentos em *intercultura*), sendo certamente possível "aplicar o termo guetos dos pobres ou, mais corretamente, *'guetos de exclusão'* a alguns dos bairros social e urbanisticamente degradados da AML" (idem, ibidem: 258-259).[142] Para os autores dos estudos, estas condições acentuavam o potencial de revolta dos jovens, "podendo contribuir, ainda que supletivamente, para a *emergência de conflitos* e de práticas criminais" (idem, ibidem: 256).[143]

Ao longo da investigação, esta crua descrição colidiu fortemente com o mito luso-tropicalista, que caracterizava o português como um povo misturado com outras raças e culturas, diferentes dos outros europeus, tendo produzido um processo de colonização como uma aventura multicultural singular.[144] Aos olhos do autor, para além do mito luso-tropical, outro mito português vinha sendo fortemente desmentido: o mito do antirracismo, que favoreceria a "integração" em Portugal. Nesse sentido, de acordo com informações fornecidas por Araújo, em Portugal nem todas as minorias étnicas enfrentavam as mesmas barreiras no seu percurso de "integração" (Araújo, 2006). Para o efeito, já o relatório de 2002 da European Commission Against Racism and Intolerance (citado como exemplo por Araújo) sinalizava como o processo de "integração" português era caracterizado por "duas velocidades": a da "integração" de quem vem de países africanos e que ainda enfrenta problemas na sociedade, e a dos recém-chegados dos países do Leste Europeu, que terão recebido melhor acolhimento, possivelmente por terem maior qualificação académica e profissional, e por serem brancos. Araújo, portanto, defendia que a cor ou raça desempenhava um papel importante na discriminação, e apontava

---

[142] Todos os itálicos são do autor.
[143] O estudo de Malheiros avança um conjunto de sugestões de políticas públicas organizadas em cinco vertentes de possível atuação: o domínio espaço-residencial, o domínio jurídico, o domínio do acompanhamento, intervenção social e educação, o domínio da segurança, o domínio do combate à estigmatização e à reconstrução das imagens (idem, ibidem: 259-263).
[144] Sobre o mito do luso-tropicalismo, para além da principal referência de Almeida (Almeida, 2000: 184-161), consultei vários estudos que o relacionaram com a dimensão migratória (Bastos, 1999; Araújo, 2006; Carvalhais e Cohen, 2007: 197-212; Baganha et al., 2009: 123-133; Araújo e Maeso, 2010).

para a necessidade de investigar os processos antigos e as novas feições da discriminação na sociedade portuguesa.

Diante destas contradições, como se configurava a política de "integração" portuguesa dos anos 10 do século XXI? Quais os processos gerados e os resultados obtidos? Para a antropóloga luso-brasileira Marluci Menezes do Laboratório Nacional de Engenharia Civil (LNEC), em entrevista realizada em Lisboa em 2012,[145] em Portugal havia na altura "mais integração de imigrantes do que em outros países da Europa, embora o problema da crise económica [estivesse] a colocar em risco esta perspetiva". O acesso à habitação, à escola – em suma, "às condições básicas" –, estaria garantido, ainda que "ao nível da dita integração social, no sentido mais completo do termo, talvez não". Isto é, havia em Portugal uma universalização dos direitos que, no entanto, era limitada por um ainda escasso reconhecimento cultural e por um direito à cidade – o direito ao espaço público urbano (transporte, acessibilidade, uso de espaços públicos) – ainda fracamente garantido. Para a antropóloga, estas eram questões estruturais que se colocavam para os imigrantes, mas que diziam respeito também aos nacionais. Por isso, o estudo sobre políticas públicas realizado pelo Laboratório Nacional de Engenharia Civil (LNEC), em 2011, considerava "necessário criar condições para que a *diversidade sociocultural* inerente aos principais contextos urbanos nacionais [fosse] espacialmente apropriada através da constituição de recursos sócio-urbanísticos integrados, mas também apropriada ao nível das representações socioculturais" gerais da sociedade (Laboratório Nacional de Engenharia Civil – Núcleo de Ecologia Social, 2011: 145-146; itálico do autor).

De facto, o tema da "integração" dos estrangeiros imigrantes em Portugal foi constantemente relacionado com o acesso à habitação. Após a Revolução de Abril, e em consequência das pressões imigratórias que subsequentemente se verificaram, foram implementados diversos programas de realojamento, como o Serviço de Apoio Ambulatório Local

---

[145] Realizada em 3 de março de 2012, no seu escritório no Laboratório Nacional de Engenharia Civil (LNEC). As entrevistas de recognição e exploratórias realizadas em Portugal estão resumidas em Apêndice, na Tabela 1.

(SAAL),[146] o Projeto de Intervenção a Médio Prazo (PIMP)[147] e, mais tarde, o Programa Especial de Realojamento (PER).[148] Especialmente em Lisboa e em sua Área Metropolitana, que recebeu um grande número de retornados da migração pós-colonial, formas de ocupação do espaço urbano intersticial produziram ocupações irregulares e a construção de muitas barracas. Nas décadas de 80-90, a informalidade cresceu a par da queda de investimento público em habitação, ao ponto de se ter implementado em 1993 o PER. Este programa foi substituído em 2004 pelo PROHABITA.[149] Sucessivamente, foram realizadas outras políticas nacionais de habitação para beneficiários imigrantes, como a "Iniciativa Bairros Críticos".[150]

---

[146] O SAAL assentava, de forma explícita, na auto-organização e corresponsabilização dos/as moradores/as, que deveriam envolver-se ativamente na sua implementação. Agradeço à Dr ª Camila Rodrigues por me ter permitido aceder a algumas informações sobre os programas de realojamento que apresentou no Workshop doutoral "Territórios (in)Justos, Princípios, Instrumentos e Exequibilidade", entre 15 e 18 de janeiro de 2013 em Lisboa, no Instituto de Ciências Sociais, Universidade de Lisboa (ICS-UL), e da qual foi *discussant*. Utilizei-as nesta nota e nas seguintes, sobre o assunto.

[147] Que visava o realojamento de indivíduos que se encontravam a residir em terrenos destinados à construção de infraestruturas rodoviárias.

[148] Criado através do Decreto-Lei nº 163/93, de 7 de maio, caracterizou-se por uma abordagem que pressupunha a construção massiva e os realojamentos concentrados de populações em situação de precariedade económica. O PER encerrou três ideias fundamentais: a erradicação das barracas; o forte envolvimento dos municípios, e a alteração de estilos de vida associados aos bairros degradados através do realojamento. Os procedimentos burocráticos inerentes à implementação dos projetos no âmbito do PER implicavam a articulação entre as Câmaras Municipais e o poder central, na figura do Instituto Nacional para a Habitação (INH) e do Instituto de Gestão e Alienação do Património Habitacional do Estado (IGHAPE). Sucessivamente, estes dois institutos foram unificados no Instituto de Habitação e Reabilitação Urbana (IHRU).

[149] Este programa procurou colmatar algumas limitações verificadas aquando da implementação do PER: apresentava uma visão mais lata da noção de carência de habitação, que deixava de estar restringida às barracas e passava a abranger uma maior diversidade de situações de desadequação habitacional. Foi um programa permanentemente aberto que cobriu todo o território nacional, pressupondo uma relação contratual entre os poderes central e local e uma articulação com outras dimensões das políticas urbanas, como o incentivo ao arrendamento e à reabilitação.

[150] A iniciativa foi criada através da Resolução do Conselho de Ministros nº 143/2005 de 2 de Agosto, publicada no *DR, I Série – B*, de 7 de setembro de 2005. Inicialmente desenhada para vigorar durante 2 anos, foi objeto de prorrogação até 2013, mediante a Resolução do

Segundo a SOS Racismo, as medidas tomadas ao nível da habitação no princípio da década de 2000 revelaram a adoção de "políticas racistas e xenófobas" (SOS Racismo, 2002: 7). Os programas de realojamento como o PER terão respondido "a critérios meramente económicos sem terem qualquer preocupação sociopolítica ou levando em consideração as especificidades socioculturais e económicas dos imigrantes" (idem: 7). Segundo esta ONG, a lógica do mercado imobiliário terá sido prioridade num dos problemas sociais mais agudos com que se defrontam os imigrantes; assim sendo, estes foram empurrados para as zonas degradadas e menos cobiçadas, levando à proliferação dos *guetos*.[151] Ainda segundo a SOS Racismo, esta situação provocara "uma *estratificação da cidadania*, em que nasceram várias categorias de cidadãos" (idem: 7; itálico do autor) que recebem o mesmo tratamento como se de cidadãos não se tratassem. A ONG, empenhada na luta antirracista, assinala como a "funesta e arbitrária" denominação de 1ª, 2ª e 3ª geração contribui para a estigmatização dos filhos de imigrantes, impondo-lhes preconceitos racistas e xenófobos que, obviamente, têm dificultado o *diálogo intercultural* e, por conseguinte, tem implodido o processo de *inclusão social*.

Anos mais tarde, no término da primeira década do século XXI, embora segundo Malheiros e Fonseca, os núcleos de barracas eram relativamente residuais, e o número de pessoas com necessidade de realojamento pequeno (Malheiros e Fonseca, 2011: 54), o PER ainda apresentava na AML uma taxa de execução global de 70%, como reportava um estudo do CET/ISCTE (2008) para o Plano Estratégico de Habitação 2008/2013.[152] Na altura, os casos mais problemáticos em termos de execução eram Odivelas (0%), Amadora (38%), Barreiro, Palmela e Seixal (pouco mais de 40%), Cascais e Loures (que rondavam os 50%). O adiamento da execução do programa, agravado pela crise económica que já se fazia sentir na altura, dificultava a sua exequibilidade financeira, o que teve como óbvia consequência o agravamento da situação habitacional nos territórios afetados, dado que aos casos recenseados se

---

Conselho de Ministros nº 189/2007, de 31 de dezembro 2007. Acesso em 29 de junho de 2013, disponível no Portal da Habitação: http://www.portaldahabitacao.pt/pt/ibc/apresentacao.
[151] Como exemplos de zonas de *guetização* na AML, em 2002, foram citados os bairros Quinta do Mocho, Bela Vista, Buraca, Apelação.
[152] De âmbito nacional, era da responsabilidade do Instituto de Habitação e Reabilitação (IHRU)

juntaram novas situações não abrangidas pelos recenseamentos (CET/ISCTE, 2008: 17). Disso é exemplo o ocorrido em bairros como a Quinta da Serra, em Loures, ou Santa Filomena na Amadora, onde no período 2012-2013 ainda existiam *informalidades urbanas* (como as define Gandy, 2005: 26-49), *conflitos interétnicos*, baixa mobilização e baixa auto-organização de moradores.[153] Os conflitos habitacionais, como descreverei mais adiante, tinham como habituais corolários a demolição de barracas, despejos de moradores e lutas por realojamentos.

As políticas de representação dos e das imigrantes em Portugal
Para Nelson Dias (Dias e Allegretti, 2009: 59-78), no seio das promessas democráticas não cumpridas em Portugal do séc. XXI, proliferaram experiências de ampliação da participação política, como os orçamentos participativos. Apesar da sua relativa difusão em Portugal, três grandes grupos não participaram dos orçamentos participativos: crianças, mulheres e imigrantes (idem, ibidem).

Como participam, então, os imigrantes na vida política portuguesa? As associações de estrangeiros[154] são reconhecidas por unanimidade como o espaço principal de participação na vida pública lusitana (Fonseca, 2005; Sardinha, 2006; Malheiros et al., 2007; Kolarova e Peixoto, 2009; Horta, 2010; Cancela, 2012). Uma investigação sobre estes aspetos, coordenada por Ana Paula Beja Horta em 2010 (Horta, 2010) reconheceu a importância da criação de oportunidades na inclusão das associações como parceiros sociais nos processos de decisão política, quer a nível nacional, quer a nível local. Contudo, o estudo apontava ainda que "a participação dos imigrantes [era], sobretudo, determinada por processos de topo para a base, e não tanto o resultado da mobilização das organizações locais face ao poder institucional" (idem: 19). Em suma, apesar da sua excessiva centralização e verticalização, como confirmaram outros estudos, "a den-

---

[153] No caso de Loures, recebi as informações do Dr. Eduardo Ascensão, na altura PhD no King's College London, Department of Geography, numa sessão de *papers* do Blog Manifestos Urbanos realizado em 5 de julho de 2012, em Lisboa, no Centro de Estudos Geográficos do Instituto de Geografia e Ordenamento do Território da Universidade de Lisboa (CEG/IGOT/UL). No caso de Santa Filomena, fui testemunha de demolições em 2013, ao realizar atividades de observação – como ilustrarei no capítulo 8.
[154] Disciplinadas pela Lei nº 115/99, de 3 de agosto, *Regime jurídico das associações de imigrantes*.

sidade das redes sociais em que as associações imigrantes se inscrevem [constituía] um importante catalisador de participação cívica e política" dos estrangeiros (idem, ibidem: 19).

Segundo Maria Lucinda Fonseca,[155] a forma mais difusa de participação ativa dos imigrantes na vida pública realizou-se por via das associações do terceiro setor, ao nível local. Estas organizações tiveram um papel muito importante na definição das políticas de habitação e das políticas sociais, especialmente na saúde e na educação. Para a geógrafa, muitas vezes as associações dos emigrantes eram ouvidas na hora de realizar políticas públicas: por exemplo, no caso da Câmara de Loures, as associações intervieram na questão da convivência de vários credos religiosos (devido à presença de comunidades hindu e muçulmanas), ao ponto de, em 1993, ter sido constituído um Gabinete de Assuntos Religiosos e Sociais Específicos (GARSE).[156] Noutras cidades da AML, foram numerosas as iniciativas autárquicas que apoiaram a participação dos imigrantes: por exemplo, na Amadora, associações e organizações de nível local colaboraram com a Câmara para discutir problemas relativos aos jovens, ao desemprego, às mulheres, ao trabalho e à saúde. Tratava-se de organizações de base local que recebiam apoios institucionais.[157] No Seixal foi realizado o programa "pacto para a cidadania", uma plataforma de intervenção integrada criada no âmbito do Projeto EQUAL "Migrações e Desenvolvimento", com vista à realização de uma rede de parcerias locais, que tinha como objetivo a "integração" dos e das imigrantes.[158] Na Câmara de Sintra, "embora o Presidente [fosse] do PSD", como sublinhava Fonseca, houve também essa sensibilidade, ao ponto de ter sido criado o Dia do Imigrante. Nalgumas outras Câmaras Municipais foram constituídos conselhos consultivos de imigrantes, embora "geralmente, estes existem nas municipalidades mais de esquerda"; tal foi o caso de Lisboa, onde o Conselho Municipal para a Interculturalidade e a Cidadania – CMIC

---

[155] A Prof.ª Fonseca concedeu-me uma entrevista, em 6 de março de 2012, no CEG/IGOT/UL em Lisboa.

[156] Sucessivamente, o Gabinete tornou-se Departamento de Cultura, Desporto e Juventude. Uma história do GARSE pode ser lida em Severino e Curado (2005: 121-125).

[157] O caso da Amadora foi indicado como muito relevante pela Prof.ª Fonseca e acabou por ser escolhido como estudo de caso. Falarei da Amadora no capítulo 8.

[158] Promovido pelo governo do PCP, mudou sucessivamente seu nome em "Pacto Territorial para o Diálogo Intercultural do Seixal". Informação institucional da Câmara Municipal do Seixal. Acesso em 29 de junho de 2013, disponível em: http://www.cm-seixal.pt

"foi instalado graças a um governo de aliança entre o PCP e o PS" desde 1993.[159]

Apesar destes exemplos positivos, e da existência ao nível nacional do Conselho Consultivo para os Assuntos da Imigração (COCAI),[160] verifica-se ainda uma última grande questão respeitante ao tema da representação dos estrangeiros em Portugal – concretamente, a da sua participação através do voto eleitoral.[161] Para além dos cidadãos dos estados membros da UE, a participação de estrangeiros imigrantes nas eleições locais portuguesas foi historicamente vinculada ao princípio da reciprocidade,[162] isto é, a concessão do direito ao voto ativo e passivo aos cidadãos cujo Estado de pertença reconheça o mesmo direito aos cidadãos portugueses nele residentes. O exercício deste direito obriga ao recenseamento dos eleitores estrangeiros.[163] A capacidade eleitoral ativa para estrangeiros em Portugal abrangia, em 2013, nacionais de Cabo Verde, Brasil, Argentina, Chile, Colômbia, Islândia, Noruega, Nova Zelândia, Peru, Uruguai e Venezuela; contudo, a capacidade eleitoral passiva era limitada, para além dos cidadãos da UE, somente aos nacionais de Cabo Verde e Brasil,[164] Neste aspeto, Allegretti, Barbosa e Zobel estudaram a residual represen-

---

[159] Estudo o CMIC no próximo capítulo.

[160] Criado pelo Decreto-Lei nº 167/2007 de 3 de maio, Artigo 6º (publicado no *Diário da República, I Série – Nº 85* – 3 de Maio de 2007), o COCAI é um órgão consultivo nacional instalado no ACIDI/ACM que reúne associações representativas dos/das imigrantes, parceiros/as sociais e instituições de solidariedade social, com o objetivo de definir políticas de "integração" social e de combate à exclusão. Acesso realizado em 03/07/2013, disponível no Portal do ACIDI: http://www.acidi.gov.pt/.

[161] Existe ainda uma questão relevante, a da presença de imigrantes nas estruturas sindicais que, contudo, mereceria uma atenção mais detalhada. Os sindicatos têm sido as estruturas político-sociais, certamente, mais atentas e recetivas aos problemas da imigração. Para uma visão deste assunto em Portugal, consultei Kolarova e Peixoto (2009).

[162] Estabelecido no artigo 15º da Constituição da República Portuguesa, como condição de exercício dos direitos políticos. A Lei Orgânica 1/2001, de 14 de agosto, alterou as leis anteriores que regulavam a eleição dos titulares dos órgãos das autarquias locais, o regime de financiamento dos partidos políticos e das campanhas eleitorais, e atribuiu aos/às estrangeiros/as residentes em Portugal o direito à participação política com capacidade ativa e passiva nas eleições locais.

[163] A 31/12/2012, os/as eleitores/as estrangeiros/as recenseados/as em Portugal eram 11.504 europeus/eias e 15.194 não europeus/ias. Ministério da Administração Interna, Direção-Geral de Administração Interna, Mapa nº 2/2013, publicado no *Diário da República, 2ª série – Nº 39* – 25 de fevereiro de 2013.

[164] Fonte: Declaração 4/2013, de 24 de junho, publicada no *Diário da República – 1ª Série, Nº 119*, de 24.06.2013, pág. 3460.

tação de indivíduos com origem estrangeira na política local portuguesa, revelando que as razões deste escasso interesse pela participação através do voto se deviam, sobretudo, a restrições resultantes do quadro legal (Zobel e Barbosa, 2011: 57-76). Os autores descreveram também "a ausência de políticas relativas ao voto dos imigrantes apoiadas por instituições estatais ou pelos partidos políticos, a distância entre os cidadãos e as instituições políticas locais e, fundamentalmente, a situação em que os direitos dos cidadãos continuam a estar fortemente associados à noção de pertença nacional" (Zobel e Barbosa, 2011: 58).

Resulta deste quadro um número muito baixo de candidaturas de origem imigrante nas eleições portuguesas que, na generalidade, são o "resultado de solicitações por parte de personalidades políticas locais que procuraram candidatos bem inseridos em redes sociais que poderiam dar acesso a potenciais eleitores e, eventualmente, desempenhar o papel de intermediários dos grupos marginalizados", como observou Ruivo em outro estudo (Ruivo, 2010b: 109). Além disso, o quadro participativo formal dos imigrantes em Portugal estava limitado não apenas pela concessão da nacionalidade, mas também "pelas normas sociais de participação" (idem, ibidem: 54). Por outras palavras, esta condição de sub-representação dos estrangeiros e das estrangeiras nas assembleias municipais e nas Juntas de Freguesia, nos cargos de vereação, de presidentes de Juntas de Freguesia ou de presidentes de Câmaras Municipais, podia ser justificada pela "opacidade do exercício do Poder Local [...] com as formas próprias de gestão de redes sociais, de reciprocidades", isto é, por uma "topografia de poder relacional onde o imigrante tem muito mais dificuldade em interagir perante procedimentos políticos substancialmente constituídos em torno de 'labirintos'" (idem, ibidem: 55).

As políticas de desenvolvimento local e as migrações em Portugal[165]

Segundo Ruivo, Francisco e Gomes, desde meados da primeira década de 2000, com a noção de *partenariado,* a Comissão Europeia procurou reforçar a legitimidade dos poderes locais, estimular a busca de interlocutores e parceiros para as suas tomadas de decisão e, ao mesmo tempo, atribuir

---

[165] Tanto em Portugal como em Itália, o tema do desenvolvimento local ficou intimamente ligado ao processo de reorganização do ordenamento do território (extinção das Juntas de Freguesia, agrupamento das Câmaras Municipais, etc.). Entretanto, por razões de foco da investigação este tema será tratado de forma muito marginal no texto.

maiores responsabilidades políticas às instâncias territoriais (Ruivo et al., 2011: 8-9). Como respondeu o poder local português a esta solicitação? Os resultados evidenciados não são muito reconfortantes: para os autores, o exercício do poder público em Portugal pautou-se por ritmos *distintos e conjugados*. O primeiro, "de cariz sociocêntrico, [consistiu] numa actuação geral e abstracta, a favorecer o espaço igualitário da cidadania"; o segundo "de carácter egocêntrico, [elaborou] respostas e decisões a partir de determinados particularismos ostentados por alguns cidadãos, contornando o pressuposto da igualdade de todos perante o poder" (idem, ibidem: 13).[166] Tais condições de funcionamento do poder local tenderam a comprometer o funcionamento das regras. É o caso da relação entre a sociedade civil e o Estado local, onde o modelo de gestão autárquica dominante mostrou também, desde logo, "o fenómeno da pessoalização do poder no Presidente de Câmara, numa espécie de 'cesarismo local'" (idem, ibidem: 221). Resultou deste quadro um "esvaziamento da importância dos órgãos consultivos institucionalizados e das assembleias eleitas, tornando a função presidencial fechada sobre si mesma e sobre o *inner group* das lealdades presidenciais" (idem, ibidem: 221).

A capacidade de inovação no poder local foi também o âmbito da investigação realizada por Tavares e Rodrigues, que aplicaram alguns inquéritos a municípios portugueses, com o objetivo de conhecer e avaliar os instrumentos de participação política e administrativa adotados a nível local (Tavares e Rodrigues, 2012). Apesar das dificuldades conjunturais (limitações orçamentais, obstáculos à participação, pressões sobre a qualidade dos serviços), os autores identificaram uma convergência entre a promoção da equidade social e a diminuição do afastamento das pessoas da democracia. O estudo negou a hipótese segundo a qual as administrações locais portuguesas recorreriam a mecanismos de partici-

---

[166] Esta investigação demonstrou que, em finais da década de 10 do séc. XXI, o sistema político local português continuava a colocar no centro das suas preocupações a captação de investimentos, privados ou públicos, junto da administração nacional e europeia: daí que a qualidade das relações com o Estado permanecia "a preocupação fundamental dos autarcas portugueses". A situação decorria segundo os autores "do paradigma de Poder Local com que funcionamos, cuja lógica é a da 'administração local' napoleónica (dependência do centro) e não a de uma verdadeira autonomia inerente a um 'governo local'". São características que incluiriam outros países, identificados com a matriz "sul" europeia (idem: 218-219).

pação por acreditar que estes tivessem impacto positivo na eficiência da administração da cidade.[167]

Como se configurava, na altura, a relação específica entre imigração e administração do desenvolvimento local no território da AML? Como lidava esta relação com o tema da inovação institucional? Como foi referido, ao nível local da AML, habitação, saúde, educação e ações sociais em geral foram áreas de intervenção pública onde os imigrantes, junto do tecido associativo local e dos departamentos de ação social das Câmaras Municipais, conseguiram protagonizar formas de participação significativas e influentes. Isto significa que, onde há participação local, existem imigrantes que realizam políticas públicas inovadoras, e que essa participação produz uma melhor qualidade do desenvolvimento local? A resposta dada por Lucinda Fonseca[168] foi afirmativa porque, por um lado, "algumas pessoas participaram dos diagnósticos dos problemas e da construção da solução, do outro desenvolveram estas interações mais positivas" e se valorizou esta diversidade, através da realização de projetos mobilizadores que implicaram interações mais amplas entre as pessoas. Para a geógrafa, "isso é fundamental para que haja relações de *confiança*, de conforto, para que as pessoas se sintam seguras" (itálico do autor). Transpondo o domínio do indivíduo para o nível social, segundo Fonseca, "quanto maior for essa participação na vida local, mais as pessoas se sentirão bem. A razão está no facto de que a inventariação participada e a capacidade de mobilização coletiva podem mesmo resolver os problemas, seja o caso dos imigrantes, como dos idosos". Ora, a autarquia local tem um papel muito importante na "integração", regulação, organização destas iniciativas. Mas este papel apenas pode ser levado a cabo "aproximando mais as populações que estão presentes neste terreno". Esta capacidade local de produzir arranjos contextuais, no entanto, faria com que nem todas as Câmaras consigam encontrar soluções ideais, pois "obviamente, o contexto tem sua influência, quer ao nível das organizações que resistem, das pessoas, dos técnicos que estão a frente dos serviços e dos políti-

---

[167] Mesmo assim, foi mapeada a presença de numerosos mecanismos da participação política, considerados inovadores, como os Gabinetes de Atendimento ao Munícipe (Lojas do Cidadão), formas de *e-Government* (o sistema on-line de apoio aos cidadãos, sistema eletrónico de gestão de reclamações, acompanhamento dos processos, etc.), Orçamentos Participativos, Referendos Locais, Consultas Públicas, Comissões de Estudo, Reuniões Informais (ibidem: 14-18).
[168] Em entrevista concedida ao autor.

cos". Para superar estas diferenças, Fonseca crê ser necessário nivelar, no *sentido participativo*, os modelos locais, pois "onde há uma maior participação das pessoas e dos grupos alvo o resultado de determinadas políticas será seguramente melhor. Especialmente nas iniciativas que são de base local e também as *comunitárias*".

As palavras de Maria Lucinda Fonseca estimulam numerosas reflexões sobre a importância da participação na realização dos objetivos de desenvolvimento territorial, no que diz respeito aos princípios da *coesão social*. Neste sentido, faço uma rápida referência a uma outra estrutura de base local, as Redes Sociais Locais.[169] Trata-se de redes de parceiros locais: organizações de base local, Juntas de Freguesia, escolas, coletividades locais, associações de imigrantes, instituições de solidariedade social e outros que, após a realização de um diagnóstico participado dos problemas do território, produzem um plano de desenvolvimento social. Embora seja uma ação proeminentemente ligada às políticas sociais, a Rede Social Local estabeleceu um princípio da subsidiariedade, segundo o qual os problemas são resolvidos nos territórios, *aproximando assim o desenvolvimento social do desenvolvimento local*. Por outras palavras, de acordo com a legislação, é na proximidade das populações que se deve atuar, de uma forma concertada, articulada e preventiva. Este tipo de ação visa identificar os problemas e as necessidades, os recursos, as capacidades e as identidades dos agentes de mudança e *experimentar, inovar* e desenvolver ações de intervenção coletiva para a resolução de problemas locais concretos. Para a Rede Social Local, a dimensão local é o espaço privilegiado "em que o Estado, a sociedade civil organizada e os cidadãos se unem, criando fatores de mudança propiciadores da inserção dos mais desfavorecidos e do desenvolvimento local".[170] Este tipo de experimentação institucional torna empiricamente mais explícita a relação que existe entre participação, alargada à realização de políticas públicas, e *inovação institucional*, no plano da governação local. Neste sentido, a ação desenvolvida nas Redes Sociais pela população imigrante representa um observatório relevante para a discussão que aqui é levada a cabo.

Apresento de seguida uma súmula comparativa das informações recolhidas no terreno com o quadro descrito pelo MIPEX III.

---

[169] Criada pela Resolução nº 197/97, de 18 de novembro e consolidada pelo Decreto-Lei nº 115/2006 de 14 de junho.
[170] Informação institucional. Estudo a Rede Social Local da Amadora no capítulo oito.

Evidências portuguesas dos processos de recodificação

Ao leitor não deverá passar despercebida uma certa incongruência entre o quadro positivo descrito pelo MIPEX III acerca das medidas favoráveis à "integração" dos imigrantes adotadas em Portugal, e o articulado complexo, repleto de contradições, que resultou das informações recolhidas. Se assim for, por que emergem todas estas contradições, as contrariedades e as dificuldades encontradas no terreno? Estarão as políticas portuguesas a não produzir os efeitos desejados? Haverá um paradoxo entre objetivos e efeitos? Neste caso, que fatores impedem a sua eficaz implementação? Para responder a estas perguntas, adentro-me nas contradições e problematizo a complexidade que delas resulta com três informações adicionais que resumem, como penso, os efeitos paradoxais das políticas migratórias em Portugal, revelados no terreno aquando da investigação.

A primeira nota concerne à modificação do regime jurídico da "integração", isto é, a entrada, permanência, saída e afastamento de cidadãos estrangeiros em território nacional, ocorrida em 2012, que provocou uma alteração sensível no tratamento dos imigrantes no país. De facto, uma vez aprovada a Lei nº 29/2012, associações de Imigrantes, de Direitos Humanos, Movimentos Sociais, associações Feministas e de cidadãos, manifestaram uma profunda oposição ao novo texto. Segundo nota assinada por várias associações,[171] com a aplicação desta Lei os imigrantes que não conseguissem manter a sua situação regularizada no país (isto é, manter uma relação laboral formalizada), ver-se-iam na iminência de ser expulsos. O que, continua o comunicado, colocava em causa "o Plano Nacional de Integração dos Imigrantes, colocando milhares de cidadãos e cidadãs estrangeiros que já vivem e construíram a sua vida em Portu-

---

[171] A nota foi assinada por: Associação ENDINSTVO; Associação AMIZADE; CENTRO DE ESTUDOS CIGANOS; Associação CENTRO CULTURAL LUSO MOÇAMBICANA; Associação dos CUBANOS em Portugal; Associação CASA DO BRASIL; Associação Guineense de Solidariedade Social AGUINENSO; Associação SOLIDARIEDADE IMIGRANTE; Associação CAPELA; Associação SOS-RACISMO; Associação COMUNIDÁRIA; Associação dos UCRANIANOS EM PORTUGAL; Associação BRASILEIRA DE PORTUGAL; Associação CENTRO CULTURAL MOLDAVO; Associação OLHO VIVO; Associação de Apoio IMIGRANTES DE SÃO BERNARDO em Aveiro; Associação MIR; os/as cidadãos/ãs: Afonso Gomes; Lívio de Moraes; Anabela Rodrigues; Beatriz Serrano; Thaís Rodrigues; Ana Catarina Morgado; Matthieu Pereira; Bruno Gonçalves. Publicada no jornal *Público*, em 17/12/2012. Acesso em 1 de julho de 2013, disponível no Portal do *Público*: http://www.publico.pt/sociedade/noticia/associacoes-pedem-revogacao-da-nova-lei-de-imigracao-1577789.

gal numa situação de insegurança permanente". Além disso, tratava-se de uma Lei com evidentes objetivos "securitários", como o "regresso de nacionais de países terceiros em situação irregular", que provocava nestes uma forte "situação de insegurança". Noutras palavras, o que se assumia como "segurança" para os nacionais do país europeu equivalia a "insegurança" para os estrangeiros.

A segunda informação consiste na crítica à Lei portuguesa de acesso à participação política dos imigrantes, que estabelece o vínculo da reciprocidade, contida numa Deliberação aprovada por unanimidade em Reunião Ordinária do Conselho Consultivo para os Assuntos da Imigração (COCAI), de 7 de fevereiro de 2011.[172] O documento expressava algumas considerações: a primeira, "os cidadãos imigrantes a residir em Portugal são trabalhadores e, acima de tudo, pessoas e cidadãos que devem tomar parte nas escolhas e nas soluções das políticas públicas que procuram ir ao encontro dos desafios que a República Portuguesa enfrenta"; a segunda, "a participação política dos imigrantes é um factor decisivo para a sua integração, reforça o seu sentimento de pertença à sociedade de chegada e, acima de tudo, promove a coesão social do país"; a terceira, "o Princípio da Igualdade exige a eliminação da condição de reciprocidade para o exercício dos direitos políticos e promove a responsabilidade democrática de todos os cidadãos." Finalmente, o COCAI apelava "a todos os Grupos Parlamentares dos partidos políticos com assento na Assembleia da República" para que se alterasse o artigo 15º da Constituição para eliminar o "Princípio da Reciprocidade como condição de exercício dos direitos políticos".[173] Aqui a contradição, interna à Constituição Portuguesa, era evidenciada pelo Conselho onde tomam assento muitas organizações de estrangeiros imigrantes: o princípio da igualdade colidia com o da reciprocidade, isto é, com o sistema de representação dos imigrantes vigente em Portugal. O que parecia "representação" para os nacionais equivalia à "não participação" para os estrangeiros.

Finalmente, sublinho um dado real referente aos efeitos do modelo de desenvolvimento que se realizava em Portugal nos anos da crise económica e do seu impacto nos objetivos de coesão territorial, não apenas para

---

[172] Informações disponíveis no Portal do ACIDI em: http://www.acidi.gov.pt/. Acesso realizado em 03/07/2013.
[173] A nota foi assinada pela Presidente do Conselho Consultivo para os Assuntos da Imigração, Rosário Farmhouse.

a população imigrante. Segundo a Cáritas portuguesa,[174] em 2012 o País como um todo defrontava-se cada vez mais com um estado de pobreza persistente, que atingia 17,3% da população, ao mesmo tempo que se verificavam níveis de endividamento individuais preocupantes. A crise tinha como consequências os baixos rendimentos, o aumento do desemprego, a privação de recursos, a limitação no acesso a determinados regimes de proteção social, como o abono de família, o subsídio de desemprego, o rendimento social de inserção. Na altura, aumentavam também a difusão de doenças e os níveis de pobreza envergonhada e infantil. As principais carências sociais resultantes da crise eram as dívidas com a habitação, com os serviços básicos (eletricidade, água, gás), o adiamento de consultas e tratamentos e a seleção dos medicamentos, a redução da escolaridade e a degradação da alimentação pessoal. Se os portugueses estavam a ficar mais pobres, o que se passava com os estrangeiros residentes em Portugal? Segundo António Dornelas,[175] a desigualdade aumentara em Portugal no período entre 1989 e 2009, passando a cidade de Lisboa de 32.5 para 40.0 pontos no coeficiente de Gini. Se cruzarmos estas informações com aquelas apresentadas há pouco sobre a situação da população imigrante (Malheiros, 2013) e sobre acesso à habitação e problemas residenciais dos imigrantes em Portugal (Malheiros e Fonseca, 2011), percebemos facilmente que a tendência (não apenas portuguesa) em matéria de *coesão territorial é para que o território fique cada vez mais fragmentado*. Neste sentido, embora represente uma fatia importante da população residente em Portugal, e contribua para o sistema económico e previdenciário, a população imigrada parece ocupar uma posição marginal na sociedade portuguesa, como se representasse um *fator de retrocesso no caminho linear do desenvolvimento*.

A análise do contexto imigratório português comparado com a avaliação das suas políticas feito pelo MIPEX III de 2011 permitiu observar um certo desfasamento entre objetivos nominais, isto é, declarados como desejáveis pelas políticas migratórias, e os resultados reais obtidos no terreno. Esta não coincidência evidenciou, mais pormenorizadamente: a

---

[174] Informações extraídas do resumo da apresentação de Isabel Monteiro, em 16 de novembro de 2012, na Conferência *Os principais desafios da coesão social na Área Metropolitana de Lisboa* (ISCTE, Edifício II – Auditório B103).

[175] Do Instituto para as Políticas Públicas e Sociais do Instituto Universitário de Lisboa, que apresentou uma comunicação na mesma Conferência, em 16 de novembro de 2012, no ISCTE.

existência de um *recrudescimento legislativo* na atitude do Estado em relação aos estrangeiros imigrantes, embora este tenha sido um reflexo de diretrizes tomadas ao nível comunitário; uma *inércia em relação às solicitações* advindas do mundo da imigração portuguesa para modificar o texto constitucional, no sentido de permitir um acesso mais igualitário ao voto autárquico para os imigrantes; um *afastamento dos objetivos de coesão territorial*, pois as desigualdades e a pobreza aumentavam, estando cada vez mais identificadas com áreas habitacionais específicas (no caso da AML, povoadas maioritariamente por imigrantes) e baixos níveis de educação e qualificação profissional (típicos da população imigrada). Em resumo, a relação entre marginalidade social e origem étnica em Portugal parecia ser cada vez mais estreita.

A razão desta *dissonância entre desígnios e êxitos* das políticas não pode ser imputada somente à atitude mais ou menos favorável à imigração deste ou daquele governo nacional, ou das coligações que dentro do Parlamento europeu orientam a definição desta ou daquela política comunitária. Não é crível imaginar que no contexto democrático europeu a defesa dos Direitos Humanos seja cinicamente reservada por políticos racistas apenas aos europeus brancos autóctones, enquanto os imigrantes mestiços são deixados na marginalidade social. O que parece evidente neste caso é a afirmação dos processos de recodificação que implicam a sociedade portuguesa como parte do mundo europeu e ocidental; dito de outra forma, na modernidade europeia os objetivos solidários de partilha do espaço social, político e territorial com os imigrantes passaram a ser considerados como potencialmente ameaçadores da estabilidade do tradicional projeto moderno. Mantidos apenas como objetivos nominais, foram historicamente substituídos por outros, que visam unicamente a ordem social política e territorial, o que permite a manutenção do projeto regulatório moderno. Neste processo, alguns legados das atitudes coloniais foram recodificados como funcionais à obtenção da ordem, e passaram a ser aceites como inevitáveis implicações: a *securitização social*, a *segregação política* e a *guetização do território* são dinâmicas concretas que caracterizaram a sociedade portuguesa das primeiras décadas do séc. XXI, do ponto de vista da sua abordagem ao fenómeno migratório. A ativação destas dinâmicas na sociedade, na política e no território, produziu *exclusão social, política* e *territorial dos migrantes em Portugal*, fenómenos que são descritos nos dois próximos capítulos de apresentação dos estudos de caso.

CAPÍTULO 7
REPRESENTAÇÃO DOS E DAS IMIGRANTES EM LISBOA[176]

Neste capítulo apresento os dados recolhidos em Lisboa, enquadrando os sistemas específicos de significados, histórica e geograficamente construídos. Para o fazer, recorro a informações oficiais, a dados estatísticos, a excertos de entrevistas e do grupo focal e a outras anotações feitas durante as observações. Divido o capítulo em três partes: na primeira, apresento uma caracterização do contexto migratório, na segunda, reporto excertos das entrevistas sobre o caso estudado, na terceira, reporto as interpretações produzidas a este respeito pelos participantes dos grupos focais.[177]

O contexto migratório lisboeta no começo do séc. XXI
No *Diagnóstico da situação da população imigrante em Portugal* de 2013 (Malheiros, 2013), Jorge Malheiros e Alina Esteves realizaram um inquérito aplicado a quase 5.700 "cidadãos não-comunitários de origem estrangeira" residentes em vários locais de Portugal. Apesar de não serem dados censitários, as informações basearam-se, para além dos inquéritos aplicados, noutros estudos publicados pelo então ACIDI e, obviamente, respeitaram estatisticamente as variáveis oficiais. Os dados são relevantes para

---

[176] Apresento seguidamente dois capítulos em que descrevo e interpreto os casos estudados em Portugal, de acordo com o tipo de modelo institucional adotado: neste capítulo abordo o modelo de representação dos e das imigrantes no poder local em Lisboa, com o caso do Conselho Municipal para a Interculturalidade e a Cidadania (CMIC) de Lisboa e, no capítulo oito, trato do modelo das parcerias multissetoriais locais, no caso da Amadora.

[177] Especificamente para o estudo lisboeta foram entrevistadas treze pessoas (sete portugueses e seis não nacionais), realizadas cinco observações diretas e um grupo focal. Em geral, as pessoas contactadas foram: investigadores universitários, assessores de vereação, membros de ONG, membros do Secretariado técnico do CMIC e da Câmara Municipal de Lisboa. Os entrevistados, em boa medida, participaram também do grupo focal, que contou, no entanto, com a presença de outras pessoas. As entrevistas em profundidade realizadas para o estudo do Conselho Municipal para a Interculturalidade e a Cidadania de Lisboa (CMIC) estão resumidas em Apêndice, na Tabela 3.

a AML, pois foi nesta zona que se aplicaram e validaram 46% dos inquéritos.[178]

Começo com o quadro sociodemográfico e económico dos inquiridos: até 2005, a AML reunia 58% da população total de imigrantes em Portugal, mas "foi perdendo importância para outras regiões, indiciando, contudo, uma estabilização para 2010-2011", que a posicionava ainda como a zona do País que reunia mais de 53% dos imigrantes (idem: 39-40). As razões apontadas pelos inquiridos para terem escolhido a margem Norte da AML (AMLN) para morar foram a proximidade a familiares e amigos e os baixos preços da habitação (ibidem: 97). Quanto à condição laboral, mais de 65% declarou estar empregado, e 7,6% desempregado. Sobre este aspeto, Malheiros analisou "o efeito da posse de nacionalidade portuguesa sobre a condição perante a atividade económica" (idem: 104): entre os imigrantes com nacionalidade portuguesa (ao nível nacional), os desempregados eram pouco mais de 7%, enquanto que entre os imigrantes com estatuto de estrangeiros a proporção subia para 12,4%. Os imigrantes trabalhadores independentes residiam na AMLN em apenas 10% dos casos, ao passo que, noutras zonas do país, nomeadamente na região Norte, na Madeira e nos Açores, se concentravam proporções maiores. Entre os trabalhadores ativos, os vínculos contratuais que os caracterizavam maioritariamente eram o contrato com termo (em 50% dos casos), o contrato sem termo (42,3%) e o informal (7,1%). Revestem-se de grande interesse as observações feitas neste estudo acerca da "distribuição por tipologia do primeiro alojamento", sendo que, no caso da AML, as formas de alojamento precário ("partes de casa" ou "barracas e similares") emergiam "como soluções precárias relevantes [...] e permanentes" (idem: 148). Quanto ao arrendamento social público, a sua relevância era limitada aos imigrantes chegados a Portugal antes de 1991 (idem: 153), que foram recenseados no PER e que na altura, em alguns poucos casos, ainda aguardavam por uma solução de realojamento. Finalmente, dois dados relativos às condições discriminatórias e associativas apresentadas no estudo de Malheiros: na vertente "discriminatória", mais de 40% dos entrevistados na AMLN declarava ter experienciado pessoalmente situações de discriminação por motivos raciais ou étnicos, sendo os brasilei-

---

[178] Escolho utilizar esta fonte, ao invés da fonte estatística censitária, pois reproduz informações qualitativas que permitem uma visão mais completa do contexto migratório lisboeta.

ros e os cidadãos oriundos de outros países de língua portuguesa os mais afetados. Na vertente associativa, era muito baixo (8,6%) o número de respondentes que declarava participar em associações de imigrantes na AMLN, sendo que era quase nulo (2,2%) o número daqueles que declarava ter utilizado os seus serviços.

No que diz respeito às políticas migratórias realizadas ao nível camarário em Lisboa, e como foi já adiantado no capítulo anterior, estas apresentavam-se bastante limitadas, face à importância das que eram realizadas por organismos nacionais, como o ACM, sediado na capital. O setor camarário que se ocupou das políticas sociais na gestão do Presidente António Costa, entre 2009 e 2013, foi a Direção Municipal de Habitação e Desenvolvimento Social, afiliada ao Pelouro da Habitação e Desenvolvimento Social, dirigido pela Vereadora Independente Helena Roseta. As políticas de habitação realizadas pela CML foram implementadas também através de programas de envolvimento da população no planeamento e na gestão habitacional, como no caso do Programa BIP-ZIP.[179] As políticas sociais eram definidas[180] de acordo com diretrizes gerais, construídas através de diagnósticos que precediam a implementação de planos e programas sociais.[181] De acordo com estes planos, o Setor realizou políticas de apoio no âmbito social (designadamente a associações, fundações, IPSS ou outras entidades com fins de interesse público municipal neste domínio); políticas integradas para o envelhecimento ativo e saudável dos e das séniores da cidade; políticas vocacionadas para as famílias e agregados familiares. O setor ainda desenvolveu atividades para os comportamentos de risco, as pessoas sem abrigo, a saúde, as pessoas com deficiência, o voluntariado, os direitos da criança, a economia social e empreendedorismo, os equipamentos sociais municipais, a igualdade de género.

---

[179] Acrónimo dos Programas Bairros e Zonas de Intervenção Prioritária de Lisboa, parte do Programa Local de Habitação (PLH).
[180] As informações seguintes são institucionais. Acesso em 22 de julho de 2013, disponível no Portal da CML: http://www.cm-lisboa.pt/.
[181] Nomeadamente, o Diagnóstico Social de Lisboa, o Plano Gerontológico Municipal, o Plano de Desenvolvimento Social (PDS), a Carta de Equipamentos de Saúde, as Orientações Estratégicas dos Equipamentos Sociais – Infância, o Plano Municipal Contra a Violência Doméstica, o Plano Municipal para a Igualdade, o Plano Cidade para a Pessoa Sem Abrigo.

As políticas para os estrangeiros imigrantes foram abordadas no âmbito das iniciativas para a interculturalidade, nomeadamente, o Fórum Municipal da Interculturalidade (espaço de debate, reflexão e participação cívica com vista à promoção do diálogo em torno da imigração, diversidade e interculturalidade), o Conselho Municipal para a Interculturalidade e a Cidadania (CMIC, a que me referirei mais adiante) e o Centro Local de Apoio à Integração de Imigrantes (onde a CML, no sentido de aperfeiçoar os procedimentos e mecanismos do acolhimento dos imigrantes, disponibilizava um serviço de apoio ao imigrante, que incluía apoio jurídico gratuito às pessoas imigrantes que residissem ou trabalhassem na cidade de Lisboa). Finalmente, a CML participava da Rede Social de Lisboa, da Rede Portuguesa de Cidades Saudáveis e da Rede Europeia de Cidades para Políticas Locais de Integração de Imigrantes – CLIP. Existia também um sistema de Conselhos Municipais, estruturas consultivas do município que integravam associações, representantes das comunidades e outras organizações representativas, visando promover a participação ativa dos residentes na vida da cidade. Para além do CMIC, Lisboa contava com o Conselho Municipal da Habitação, o Conselho Municipal para a Inclusão da Pessoa com Deficiência – CMIPD, o Conselho Municipal da Juventude, o Conselho Municipal do Desporto, o Conselho Municipal de Educação.

Perfil do Conselho Municipal para a Interculturalidade e a Cidadania (CMIC)
Segundo informações obtidas[182] junto do Secretariado Técnico do CMIC [Entrevista 10], *o Município de Lisboa foi pioneiro, ao criar, em 1993, o Conselho Municipal das Comunidades Imigrantes e das Minorias Étnicas (CMCIME), tendo como objetivo garantir a participação das comunidades imigrantes e das minorias étnicas nas políticas que se dirigem à sua integração na sociedade. Constituiu-se, assim, como um instrumento de reforço das políticas de integração dos imi-*

---

[182] Recordo o exposto no capítulo 5 acerca da reprodução de amplos trechos em itálico, transcritos e/ou traduzidos com objetivo de substituir a narração mediada do investigador pelo testemunho direto dos/das entrevistados/das. Para o efeito, a partir deste momento e nos capítulos oito, dez e onze, as descrições dos contextos estudados resultarão em boa medida das palavras dos/das testemunhos/as, que serão reportadas em itálico, mantendo o registo linguístico original. A sistematização dos trechos, no entanto, garantirá que a sequência descritiva seja coerente com os focos da investigação.

grantes, [...] de forma a suprimir fenómenos de discriminação, racismo e xenofobia. A participação dos membros e observadores nas atividades do Conselho Municipal não implicou um subsídio da CML. O CMIC ainda disponibiliza de *um Secretariado Técnico permanente, afeto ao Departamento de Desenvolvimento Social da CML, com dois técnicos.*[183]

O CMIC, ao longo da sua existência de duas décadas, promoveu numerosas alterações à sua própria designação, bem como às normas substantivas do seu regulamento geral. *Em reunião de 30 de abril de 2009, presidida pela Vereadora Ana Sara Brito, foram eleitos, por voto secreto, os membros do Conselho Municipal, na sequência do novo Regulamento Geral,* aprovado na altura. O CMIC passava assim a ser composto por 17 associações, com direito de voto, que representavam as comunidades estrangeiras em Lisboa,[184] e por 14 entidades com participação a título de observadoras.[185] Naquele ano, o CMIC realizou o *Fórum pela Cidadania e Justiça Social para Tod@s, o Fórum Municipal da Interculturalidade, os Jogos da Interculturalidade e Cidadania.*

Em 2010, o CMIC realizou ciclos de cinema e eventos interculturais (*mostras de Artesanato e Gastronomia, Música, Dança e Teatro, o Fórum Municipal da Interculturalidade*). *Durante o ano de 2011 o CMIC não reuniu.* Relativamente ao ano de 2012 realizou-se apenas uma reunião a 23 de julho, onde

---

[183] *O Secretariado Técnico [...] funciona estabelecendo a ponte entre as associações e a CML, tendo o papel e a responsabilidade de diligenciar todos os procedimentos logísticos e administrativos e de articular toda a informação com as demais entidades/associações, assim como, quando solicitado, de elaborar documentos de caráter técnico de suporte e apoio ao funcionamento do Conselho Municipal.*

[184] Associação dos Ucranianos em Portugal; ACAJUCI – Associação Cristã de Apoio à Juventude Cigana; APARATI – Associação para Timorenses; Associação Caboverdiana de Lisboa; Associação dos Amigos da Mulher Angolana; Associação dos Amigos do Príncipe; Associação Guineense de Solidariedade Social, Mulher Migrante – Associação de Estudo, Cooperação e Solidariedade, Casa de Moçambique; Casa do Brasil de Lisboa; Comunidade Islâmica de Lisboa; Comunidade Israelita de Lisboa; Instituto de Cooperação e Desenvolvimento Internacional; Movimento SOS Racismo; Obra Católica Portuguesa de Migrações; Serviço Jesuíta aos Refugiados; Solidariedade Imigrante – Associação para a Defesa dos Direitos dos Imigrantes.

[185] Associação da Comunidade de S. Tomé e Príncipe em Portugal, Associação Olho Vivo; Alto Comissariado para a Imigração e Diálogo Intercultural; Centro Padre Alves Correia; Comunidade Hindu de Portugal; Comunidade Muçulmana Ismaili; Congregação das Irmãs do Bom Pastor; Conselho Português para os Refugiados; Fundação Aga Khan (Projecto K'Cidade); Morabeza – Associação para a Cooperação e Desenvolvimento; Obra Católica Portuguesa de Migrações; Organização Internacional das Migrações; Secretariado Diocesano de Lisboa da Obra Nacional e Pastoral dos Ciganos.

foi apresentado o Plano de Desenvolvimento Social da Rede Social de Lisboa. Segundo o descrito na ata da Reunião, a presidente, Ver. Helena Roseta, "reforçou a importância da ligação do CMIC com a Rede Social de Lisboa, e o papel deste na proposta de desafios no âmbito do diálogo intercultural". Foi discutida uma nova proposta de alteração do Regulamento Geral do Conselho Municipal da Interculturalidade e a Cidadania. Neste sentido, o CMIC introduziu uma nova competência para assegurar a coordenação com a Rede Social de Lisboa, e criou um "grupo de trabalho para promover a dinamização do Conselho entre reuniões".[186] Além disso, passou a ser composto por 31 membros e a sua periodicidade obrigatória de reunir passou de trimestral a semestral.[187] Nesta reunião aprovou-se ainda a realização do Fórum Municipal da Interculturalidade – FMINT, para o mês de Dezembro daquele ano, e foi designado o Dr. André Costa Jorge, do Serviço Jesuíta aos Refugiados, como representante para a Comissão de Acompanhamento da Equipa de Missão Lisboa Europa 2020.[188] Estas atividades realizadas em 2012 não tinham sido aprovadas num Plano de Ação, por não ter havido reunião no ano de 2011. Assim sendo, as únicas atividades do CMIC em 2012 foram *a reunião a 23 de Julho, e [...] o Fórum Municipal da Interculturalidade, que decorreu entre os dias 6 e 8 de Dezembro, no âmbito do Fórum da Rede Social de Lisboa*. Ainda em 2012, foi prestada uma homenagem ao CMIC, no dia 18 de dezembro, na Sessão Solene de Encerramento das Celebrações dos 50 anos da Fundação da Obra Católica Portuguesa de Migrações. Neste ato, um diploma e uma medalha foram entregues ao Dr. André Costa Jorge, enquanto membro do Conselho. Em 2013, o CMIC não desenvolveu nenhuma atividade, a não ser uma reunião no dia 8 de julho de 2013, com a seguinte ordem de trabalhos: 1. aprovação da ata da reunião anterior; 2. pertinência e continuidade do CMIC; 3. estratégia Lisboa/Europa 2020 – balanço da participação do CMIC; 4. inquérito às associações de imigrantes.[189]

---

[186] Alteração do artigo 3º.
[187] Alteração do artigo 4º, nº 1, alínea b) e artigo 5º, nº 1.
[188] Estas alterações foram posteriormente apreciadas e aprovadas em reunião da Câmara Municipal de Lisboa (Ata nº 16), em 29 de maio de 2013.
[189] Acesso em 10 de janeiro de 2014, disponível no Portal da CML: http://www.cm-lisboa.pt/viver/intervencao-social/interculturalidade/conselho-municipal-para-a-interculturalidade--e-a-cidadania-cmic.

Visões da migração internacional em Lisboa
Nesta segunda parte, apresento as entrevistas realizadas com os atores locais em Lisboa, que foram construídas em torno de um único guião. Assim sendo, reproduzo as respostas fornecidas, reagrupando-as em torno do contexto migratório nacional e local e das experiências específicas dos atores locais (histórico das associações, atividades realizadas, equipas envolvidas, parcerias promovidas e sedes). Finalmente, apresento a caracterização do CMIC feita pelos entrevistados.

O contexto migratório lisboeta visto pelos membros do CMIC
Por trabalharem temas ligados à interculturalidade e à cidadania, os entrevistados focaram muitas vezes estes assuntos, mais do que nos outros casos, cruzando-os com temas correlacionados, como a concessão do voto, por exemplo. É o caso de um dos entrevistados, português: [membro de ONG – Entrevista 4] *a integração dos imigrantes? [...] Eu digo, toda a gente na sociedade portuguesa diz que o direito de voto tem que existir, até o PSD. Então, porque é que não existe? Percebes? [...] Mas, os imigrantes estão cá a pagar os seus impostos. [...] Para isso servem, mas para o resto não. [...] Porque estamos numa sociedade eurocentrista, racista e xenófoba [...] A Lei [...] que pune os atos racistas tem 11 anos de vigência. Tu sabes quantos casos foram até ao fim, até às últimas consequências? [...] Dois. [...] Há possibilidade de justiça? Há possibilidade de participação política? Não há. Há coisinhas... [...] No entanto, toda a gente sabe que a imigração dá lucro ao país. Centenas de milhões de euros, não é uns tostões. [...] Eu creio que as políticas públicas são definidas [...] a partir [...] de uma orientação de topo [...] e depois aplicadas nesse processo [...] em que pode haver auscultação ou envolvimento. Dou um exemplo. Ninguém, nenhum partido, nenhum governo até hoje construiu uma política de imigração, de integração de imigrantes a partir da auscultação das organizações que trabalham no terreno com os imigrantes. O que é que acontece? Acontece que as políticas são definidas pelos decisores políticos, pelos políticos dos partidos [...]*.

Sobre o processo histórico de construção das políticas migratórias em Portugal, a partir de uma reflexão sobre o conceito de "integração", um outro entrevistado, português, expressou-se da seguinte forma: [membro de ONG – Entrevista 9] *parte do Estado, da Academia, do pensamento,* [fez uma] *reflexão teórica sobre essas questões e depois os políticos têm uma visão. E no caso,* [criaram] *o Alto Comissário para a Imigração e Minorias Étnicas. [...] Portugal tem conseguido bons resultados em termos de integração e isto [...] é um pro-*

cesso que não tem passado necessariamente pela participação no sentido de baixo para cima, de decisão coletiva. A participação, os resultados têm saído apesar de não haver grande participação da sociedade civil. [...] Tem acontecido que [...] nas linhas de orientação para a política de integração de imigrantes [...] parte dos governos não tem seguido uma política humanista e tem havido um consenso na Assembleia da República sobre essa matéria; [...] mesmo as últimas alterações à força (porque tivemos que nos integrar na 'Diretiva do Retorno') quer dizer, são imposições de fora, da União Europeia, dos nossos compromissos europeus. [...] Mas isso em Portugal não colheu. Não faz parte do nosso património como povo. Isso pode acontecer de forma subtil, pontual, racismo, exclusão e pode haver aspetos da vida prática, do quotidiano que não favoreçam uma boa integração dos imigrantes no acesso à saúde, no acesso à justiça. Mas isso é para todos.

[...] Apesar da recente evolução restritiva, para outros dois entrevistados, brasileiros: [membros de ONG – Entrevistas 7 e 8], *a década de 2000 é uma década de evolução favorável da legislação, favorável de medidas [...] legislativas [...]. O acordo Lula de 2003*[190] *[...] realmente significou um ponto de viragem em políticas públicas a nível da legislação, a nível da questão legalização, porque gerou, criou as condições ou gerou um precedente que deu uma legislação mais favorável. [...]* Como se pode perceber, a condição dos imigrantes brasileiros em Portugal, em função de acordos assinados bilateralmente com o Brasil, gozava, na altura, de um *status* especial. Por isso, o que mais preocupava os dois interlocutores visados não era a condição legal de entrada e permanência no país para os conacionais, mas sim o acesso à habitação: *tem duas questões que eu vejo assim de partida. Habitação social é um problema massivo para os nacionais e para os estrangeiros [...]. Há um problema geral, digamos. Depois há um problema que pode estar relacionado com a habitação, mas que entra muito na questão da discriminação e o mercado aberto das pessoas que não conseguem alugar casa, não conseguem...que só conseguem alugar casas, arrendar casas a preços mais altos porque* [os proprietários] *sabem que podem explorar, porque sabem que as pessoas têm muita dificuldade no acesso e sabem toda coleção de estereótipos que tem em torno dos brasileiros nesse caso e que jogam com isso para puxar os preços mais para cima. Isso é outro problema.*

---

[190] Trata-se do "Acordo luso-brasileiro sobre contratação recíproca de nacionais", celebrado em 11 de julho de 2003, que proporcionou uma oportunidade de regularização *ad hoc* aos cidadãos brasileiros entrados em Portugal até 11 de julho de 2003, que na altura estivessem de posse de um contrato de trabalho.

Por um outro entrevistado português: [membro de ONG – Entrevista 3] *muitas vezes não se tem vontade de colocar o dedo na ferida.* Mas qual é a ferida? *[...] Os imigrantes têm que ser valorizados pelo que rendem por que eles pagam mais impostos daquilo que produzem. Os imigrantes, apesar de tudo conseguiram melhorar suas condições de vida, mas também deram a estabilidade ao sistema nacional de previdência social; portanto tem que haver um outro olhar que não é o olhar da tolerância e do paternalismo, mas é o olhar de respeito, somos cidadãos iguais, mesmos direitos e deveres.*

O CMIC visto pelos seus membros
Algumas entrevistas foram realizadas ao longo do FMINT 2012, que aconteceu dentro do evento geral do Fórum da Rede Social de Lisboa (FRSL). Por esta razão, alguns entrevistados falaram desta experiência, bem como da participação no CMIC, e da sua atuação enquanto indivíduos ou membros de associações. É o caso do entrevistado português, da SOS Racismo, ao qual pergunto se há participação dos estrangeiros imigrantes na realização de políticas públicas. [Membro de ONG – Entrevista 4] *na realização de políticas públicas, não há, não... Não participam na discussão. Há gente que tem a sorte de poder participar, percebes? Mas, não é real, não é real. Como te disse, houve agora a discussão dos Planos Nacionais Para a Integração de Imigrantes e da Estratégia Nacional para a Comunidade Cigana. Quer dizer, "houve"... eles apresentaram, a gente discutiu. Há alguma coisa que a gente tenha discutido que esteja lá plasmado? Népia. Zero.*
A visão deste entrevistado sobre o CMIC é bastante pessimista: *sim,* [reunimos] *há três ou quatro semanas, nos últimos dois anos... três anos. Antes, reunia mais, porque havia gente que estava mais séria à frente... [...] Passou para o António Costa, nunca mais reuniu a não ser no dia em que o António Costa se foi apresentar numa reunião, que foi há três anos. E reuniu agora [...] com a Helena Roseta. [...] E antes disso, [...] esteve cinco ou seis anos sem funcionar e depois esteve mais dois anos a funcionar e depois esteve mais seis ou sete anos sem funcionar, pá, desculpa... [...] Eu não me preocupo muito com isso, percebes? Porque, infelizmente, como aquilo é de fachada...[...] É tudo fingido. É tudo para dizer que há. [...] Se o* CMIC é falso, quem é que discute em Lisboa, área metropolitana, as políticas para integração ou para o diálogo intercultural? O ACIDI? *Exato.*
A opinião de outro entrevistado sobre o CMIC parece ser mais otimista, mas na essência, mantém-se negativa: [membro de ONG – Entrevista 9] *o Conselho Municipal* [CMIC], *como o COCAI, são órgãos de consulta,*

não são órgãos de decisão. Portanto, isso é importante perceber logo: [...] o seu uso, a sua importância dependem muito de quem? Dos dirigentes. [...] E, portanto, se os políticos olham para esses fóruns a cada tempo como uma coisa que se tem que fazer porque diz lá nos estatutos que têm que reunir de tal em tal tempo, então, eu creio que farão só os mínimos. [...] Se, pelo contrário, o tecido político valoriza a auscultação, valoriza a participação e até acha que esses atos legitimam a decisão, então estas estruturas são usadas mais frequentemente e são procuradas com maior necessidade. [...] As coisas que aconteceram nos últimos anos que estou no CMIC, as coisas mais importantes, foram algumas atividades para fora, nomeadamente no âmbito do Fórum Municipal para a Interculturalidade. [...]

Em outros dois casos, os entrevistados reconhecem o atual momento de inatividade do Conselho, mas procuram valorizar as suas potencialidades. [Membros de ONG – Entrevistas 7 e 8] *em 2012, só tivemos uma reunião. [...] O CMIC era mais ativo para atrás* [quando chamava] *"minorias étnicas" [...] a época mais rica em termos de participação das associações nas decisões do CMIC, logo em 93 quando ele começou. [...] O CMIC mais recente, ele é mais ... ele ampliou em termos, ele é um Conselho assim mais social e há outras representações que não os imigrantes. [...] Em 99 [...], o CMIC então agia, fazia material, distribuía material, dava apoio a associações para dar informações. Era bem mais ativo. [...] Eu acho que há certo desinteresse por parte da Câmara [...] parece que hoje o CMIC é muito esparso. Ele é mais 'oficialista', digamos assim [...], no sentido de descer um pouco de cima para abaixo.*

Na última entrevista, com um representante português, a avaliação do Conselho não poderia ser mais negativa: [membro de CMIC – Entrevista 3] *o CMIC, ou o ACIDI, não são instrumentos apoderados por parte das ONG. O CMIC vai funcionando conforme a música, [...] não se envolve com as propostas da sociedade civil. Porquê? [...] As coisas ficam de certa forma formatadas ao sabor do poder político. Nós não queremos representantes políticos a discutir primeiro do que nós. [...] É preciso ter outro olhar e atitude em relação à sociedade civil. [...] Se nós trabalhamos com gente que quer ser gente e esta gente criou consciência de participação de cidadania, amanhã vai criar uma dinâmica qualquer, um papel participativo. A democracia representativa, além dos subsídios, deve criar condições para que as opiniões da sociedade civil entrem. Mas hoje temos uma ditadura de democracia representativa sobre a democracia participativa. "Vocês deram o mandato e agora nós decidimos". Alguma vez se pediu a algum migrante a opinião sobre o orçamento? [...] Não existem políticas* [migratórias] *realizadas pela Câmara Municipal de Lisboa que possam ser consideradas realmente participativas, porque faltou a participação dos próprios* [imigrantes] *com liberdade e autonomia. [...] Todas as políticas que a Câmara Municipal de Lisboa produz em matéria de assuntos migratórios não passam pelo Conselho; o CMIC não tem sido parceiro da Câmara nisso. As decisões são tomadas dentro das comissões camarárias onde não há representantes da sociedade civil.*

Um pouco surpreendido com este quadro tão negativo, procurei a opinião da Vereação. Não falei com a Sra. Vereadora Helena Roseta por opção, pois queria mesmo ouvir a voz de algum assessor que pudesse ter uma postura menos oficial diante da realidade: [membro do CMIC – Entrevista 2] *o Conselho [...] posiciona-se ao lado de outros conselhos municipais que se ocupam de habitação, da juventude, etc. [...]. Nem todos os participantes do Conselho são imigrantes e o Conselho trabalha ao nível de consultoria, sendo que uma das atividades principais é a troca de informações. Entretanto, o CMIC tem por objetivo discutir* [a forma] *como a população migrante é representada e o que a população migrante aconselha à Câmara Municipal. O CMIC ficou parado entre o ano de 2011 e metade de 2012, mas estamos agora a retomar neste ano* [2012] *o FMINT, em dezembro, do qual sairá uma recomendação que prevê o reforço do Conselho. De todo modo, pretendemos ter mais regularidade nas reuniões do Conselho.*

Isto, de facto, não apenas não ocorreu mas já se configurava como afirmação contraditória pois, como foi ilustrado há pouco, na reunião de 23 de julho de 2012, o CMIC decidira alterar para semestral, em vez de trimestral, a sua periodicidade obrigatória de reunião. Além disso, na última reunião verbalizada no CMIC a que tive acesso, realizada em 8 de julho de 2013, voltava a recomendar-se (Deliberação n. 2): *reuniões mais frequentes e com a presença em plenário de todas as associações; ser ouvidos nas políticas relativas à interculturalidade e à participação cívica do Município.*

Mecanismos genéricos de configuração específica das relações sociais em Lisboa

Ao manter a mesma postura coparticipada e indutiva na forma de levantar e apresentar os dados, passo à interpretação de outro conjunto de informações recolhidas, reproduzindo a seguir (*em itálico*) trechos de intervenções de pessoas que participaram no *focus group* realizado sobre o CMIC em Lisboa.[191]

---

[191] Como antecipado no capítulo metodológico, os excertos foram selecionados utilizando os códigos para o nível interpretativo, enquanto a sua agregação em blocos foi realizada de acordo com o modelo analítico adotado. Todavia, ao contrário do que até agora fiz, a minha intervenção (apresentada em fonte não itálica) será mais frequente no texto, tendo por objetivo articular

O *focus group* sobre o Conselho Municipal para a Interculturalidade e a Cidadania (CMIC) foi realizado em abril de 2013, nas instalações da Câmara Municipal de Lisboa, tendo por título: "A experiência da participação: efeitos sobre a integração e as escolhas camarárias". Contou com a presença de nove pessoas, duas mulheres e sete homens, sendo seis representantes do CMIC, um assessor da Vereação e duas pessoas do secretariado técnico do Conselho.[192] Os excertos da transcrição dos diálogos são apresentados mantendo a repartição das três tensões entre pilares: começo pelo conflito entre o modelo hegemónico da "integração" e a emergência contra-hegemónica da intercultura (que foi referenciado por 15 vezes ao longo da discussão); de seguida, o conflito entre representação e participação (citado 45 vezes, sendo o assunto mais debatido por ser fulcral num organismo como o CMIC); finalmente, reporto algumas referências (apenas 5) do conflito entre desenvolvimento-sem-os-migrantes e experimentação-com-os-migrantes.

teoria e empiria, tanto nas análises dos/das participantes como nas minhas interpretações. Neste sentido, não tenciono simplificar ou, pior, homogeneizar a pluralidade das visões, mas evidenciar os mecanismos genéricos de configuração específica das relações sociais que observei em Lisboa. O método adotado (Guerra, 2006: 86; Frisina, 2010: 117) permite definir as situações, as lógicas de ação e evidenciar as respostas às situações, identificando nas interações do grupo a reprodução ou, ao contrário, os desafios lançados à desigualdade social. Isto é feito descobrindo nas expressões individuais as referências aos processos gerais que envolvem os/as participantes da pesquisa. Por esta razão, as tipologias interpretativas codificadas há pouco serão associadas às falas dos/das intervenientes, a fim de evidenciar tensões e conflitos entre pessoas, ideias, lógicas, projetos, ações e respostas no quadro transparadigmático descrito até aqui (os intervenientes não foram identificados e nem sequenciados na transcrição aqui feita). Disso resultará uma narração genérica de relações sociais específicas configuradas localmente que problematizará os contextos e os conflitos entre atores/atrizes territoriais descritos acima. Para além disso, o trabalho de interpretação deverá evidenciar ou desmentir a existência de uma relação entre conflitos e tensões transparadigmáticas, e entre estes e os processos de recodificação e alteração das políticas migratórias.

[192] De acordo com a ficha socioprofissional preenchida antes do *focus group* iniciar, entre os/as nove participantes apenas dois/duas declararam ter nascido no estrangeiro, um/a declarou nacionalidade não portuguesa e três declararam ter chegado a Portugal após ter residido no estrangeiro, o que ocorreu na década de 70 e 80. Entre as profissões declaradas contam-se atividades docentes, empregos administrativos no setor público e privado, dirigentes associativos/as, profissionais dos setores da advocacia e contabilidade. Há um/a aposentado/a. Quanto aos graus académicos mencionados, apenas um/a participante não concluiu o ensino superior. Os/as restantes são todos/das licenciados/as.

Posta à atenção do grupo como tema introdutório, a palavra "integração" configura-se imediatamente no debate como uma *buzzword*,[193] sendo identificada por um dos presentes, membro do CMIC, como uma *palavra [que] não tem nada a ver só com boas vontades de alguns*. Ao contrário, "integração" é algo que *tem a ver com a participação de toda a sociedade em processos que muitas vezes são processos emancipatórios de transformação e de criar políticas públicas efetivamente em igualdade das oportunidades*. O vínculo entre processos de "integração", emancipação, transformação social, políticas públicas e condições de igualdade não poderia ser mais claramente explicitado. Noutra intervenção, explicita-se uma visão holística da "integração", ao ponto de o interveniente, membro do CMIC, imigrante, se sentir constrangido em declarar-se mais "integrado" pelo simples fato de participar do CMIC: *não posso responder muito bem, "como eu trabalho no CMIC, sinto-me mais integrado!"... tento integrar melhor as outras pessoas, talvez seja mais isso. E contribuo, talvez, para a integração dos imigrantes em Lisboa. Quanto maior for o trabalho do CMIC, mais se consegue fazer isso. [...] É uma forma consultiva, no fundo, de a Câmara Municipal ter um contacto com estas associações e tentar dinamizar em conjunto ações que possam favorecer precisamente a integração.* Esta opinião não é partilhada por outro interveniente: *servir para integração de imigrantes este Conselho não serve. É evidente que não serve. Podia servir. Podia. Mas era preciso que a Câmara tivesse essa vontade, coisa que mostrou de não ter.* Um outro participante, com dupla cidadania, fala da "integração" da comunidade que representa: *atualmente tanto eu, como outros da comunidade, sentimos completamente integrados. Integrados, porque [...] somos portugueses. E isso facilita muito, apesar de termos uma origem de imigrante.* Neste caso, relaciona-se mais claramente a condição de "integração" com a posse da cidadania do país de chegada.

De acordo com alguns comentários, em Portugal, os processos de "integração" são bem-sucedidos, pois *não são boa parte dos imigrantes, [...] problemáticos, no sentido da sua integração*. Isto, no entanto, não significa dizer que não existam em Portugal conflitos sociais ligados à presença de estrangeiros, homens ou mulheres, como observa o representante muçulmano: *a comunidade islâmica e muçulmana [...] é uma das comunidades mais discriminadas em Portugal. Não estou de acordo relativamente se está bastante inte-*

---

[193] Ou seja, um *slogan*, uma expressão vaga que é compreensível na sua aceção, mas semanticamente difusa, gerando, assim, uma certa sensação de impotência diante da complexidade que pretende descrever.

grada. Não. Ainda há pouco tempo nós estamos a dar cultura e história islâmica em Coimbra com a comunidade islâmica e foram a pedir que fizéssemos a participação à comissão para igualdade. Mas àqueles cidadãos, só por serem imigrantes e muçulmanos, lhes foram retirados os subsídios que estavam a frequentar cursos no âmbito do POPH.[194] *Foram retirados os subsídios de transporte e alimentação [...] porque não eram portugueses ou porque não tinham residência permanente, ou por qualquer outro motivo. Isto tem sido sobre um determinado tipo de imigrante. [...] Portanto, há um estigma profundo na sociedade portuguesa [...]. Não somos uma sociedade que gostamos a todo o mundo e a gente sabe, mas a seguir ao 11 de Setembro,*[195] *houve um estigma muito profundo essencialmente nas instituições policiais em relação à comunidade muçulmana.*

Tratando-se de um Conselho para a *interculturalidade*, pareceu-me estranho que este conceito fosse citado num número muito reduzido de casos. Solicitados, os presentes asseguraram a inclusão das *questões de cultura e interculturalidade e as expressões culturais para imigrantes* nas agendas da cooperação entre CMIC e Rede Social de Lisboa, pois na *cultura da cidade* [está incluída] *a questão da dimensão social que liga os imigrantes a tantos outros excluídos e a idosos, imigrantes a deficientes... Que seja idoso, que seja mãe solteira, que não tenha muita possibilidade de se mobilizar dentro da cidade.* Sob o aspecto da convivência entre culturas, no entanto, segundo algumas intervenções, a imagem dos *migrantes* [não está] *associada a certos estereótipos que possam ocorrer noutros países*, pois o trabalho intercultural que foi feito na cidade tem *permitido também a essas pessoas de aprender o português. [Isto] ajudou a melhorar a situação, porque eles* [os imigrantes] *começaram a expressar-se melhor e houve melhor entendimento entre as pessoas.* Contudo, apesar de a Câmara Municipal ter realizado atividades para estimular a intercultura, como a *festa da diversidade* [que] *trouxe para a cidade um momento [...] de âmbito cultural ou intercultural*, não parece que a coesão intercultural estivesse alcançada em Lisboa, pois ainda *temos que lutar pela dignidade humana, a de um muçulmano ou de seja quem for, contra a violência policial, contra os gue-*

---

[194] O POPH é o programa que concretiza a agenda temática para o potencial humano inscrito no Quadro de Referência Estratégico Nacional (QREN), documento programático que enquadrou a aplicação da política comunitária de coesão económica e social em Portugal no período 2007-2013. Informações institucionais obtidas no Portal do POPH, disponíveis em: http://www.poph.qren.pt/. Acesso realizado em 04 de janeiro de 2014.

[195] 11 de setembro de 2001, dia do atentado às Torres Gémeas de Nova Iorque, reivindicado pela organização terrorista Al-Qaeda.

tos só para imigrantes. Esta diferença entre portugueses e estrangeiros imigrantes é expressiva, como diz outra pessoa: *é difícil encontrar um migrante mais próximo em vários níveis do que a massa da população portuguesa. Isto é, os imigrantes são muito diferentes de nós. Mesmo [...] o grande drama dos imigrantes do PALOP é assunto de ter as condições materiais e boa escolarização [...] nos bairros cabo-verdianos sobretudo.* Por esta razão, alguém observa que se o CMIC quiser tratar dos assuntos da imigração, é importante que esta diferença étnica, identitária e social seja reconhecida, porque *enquanto não somos imigrantes, não podemos compreender as exigências deles, mas são eles que devem participar, são eles que são o terreno, são eles que precisam dessas necessidades.*

Abre-se, dessa forma, o capítulo sobre a tensão entre representação e participação, a começar pelo orgulhoso autorreconhecimento, por parte de um membro do Conselho, da função do *movimento associativo imigrante, onde milhares e milhares de imigrantes saíram à rua, onde milhares e milhares de imigrantes fizeram e subscreveram cadernos reivindicativos, etc... influenciaram – e de que maneira! – nas atuais políticas [...].*[196] Outro participante acrescenta: *as associações que estão aqui são todas elas associações que não são legitimadas também por um trabalho qualquer. É porque têm um trabalho forte junto das pessoas.* O entusiasmo de umas pessoas é temperado pelo realismo de outras: *somos uma elite de dirigentes das organizações, das associações, etc. que, mais ou menos esclarecidos, vamos participando nos conselhos, nos COCAI, em tudo o que é representativo.* Embora os participantes sejam maioritariamente portugueses com instrução média, no CMIC a *participação* [realiza-se] *em função da entidade que a gente representa.* O conflito entre representação e participação – poderíamos dizer entre ser representante e ser imigrante –, acaba por avolumar a discussão, gerando tensões, pois coloca em foco o funcionamento do CMIC, tanto como conjunto de pessoas, como quanto ao seu formato institucional. Isto, obviamente, acaba por envolver na discussão o papel dos outros organismos onde a maioria dos presentes também participam.[197]

---

[196] Como exemplo é citado o Decreto Regulamentar 2/2007, de 18 de março, no artigo 123: *está lá uma coisa escrita que eles próprios no conselho consultivo disseram e isso foi uma revindicação nossa, pronto!*

[197] De facto, os/as representantes das associações de imigrantes que participam do CMIC são, em muitos casos, os/as responsáveis nacionais das mesmas. Esta coincidência entre participação num conselho municipal como o CMIC e num nacional, como o COCAI, por exemplo, não

A explosão do conflito "entre ser representante e ser imigrante" funciona como detonador da "barragem" que mantinha inquieta, mas comedida, a atitude dos participantes. Rompidos os freios inibidores, a crescente polémica tomou conta da paisagem dialética, revelando cruamente a situação de imobilismo do CMIC na altura: *praticamente o que passamos de aí para cá a fazer foi mudar de vereador, de responsável portanto, e mudar de estatuto cada vez que há uma reunião. As reuniões são estas. Reparem: 2009, 2010-11, 2012. [...] Vamos fazer agora uma [reunião] em Julho? E tivemos dois anos sem reunir? [...] Isto depende sempre das pessoas que queiram puxar. Mas isto tem uma estrutura da Câmara, portanto ... É uma Câmara que mostrou que não tem vontade de ter isto a funcionar. Não tem.* Ninguém parece surpreendido com a sinceridade desta declaração; outras pessoas aproveitam e desabafam: *o CMIC é uma estrutura consultiva sem orçamento, sem um plano. E este é o problema do CMIC. [...] A Câmara reúne quando se sente que precisa de consultar o CMIC, mas isto não devia ser sempre assim. E com toda a sinceridade. [...] uma coisa é um orçamento, outra coisa é sentir que a Câmara não está a usar um órgão que tem.* Alguém chega mesmo a colocar o dedo na ferida: *porque não basta dizer que se tem porque se apenas quer ter, porque agenda temos todos e francamente se não houver nenhuma reunião do CMIC, paciência. Agora, se houver 10 reuniões do CMIC num ano, estamos lá nas dez e nós nunca falhamos.*

A defesa do Conselho fica a cargo da instituição, tanto por parte da assessoria da Vereação, quanto do secretariado técnico que, à guisa de defesa, devolve a acusação de falta de vontade política para animar o CMIC, atribuindo às próprias associações presentes (e ausentes) um certo desinteresse pelo órgão. O clima dialógico está muito tenso, e os intervenientes exaltados. Entretanto, a Vereação procura usar um tom mais político-diplomático: *o CMIC podia e devia ser uma forma de ligação entre as próprias associações e as atividades que elas realizam e poderia ajudar a divulgação das mesmas. Mas a verdade é que pode até não existir, e a crítica é justa de que, se calhar, a Câmara precisa de se envolver mais no próprio CMIC. Mas também não chega nenhuma informação ao CMIC das próprias associações.* Na mesma linha, o secretariado aborda aspetos técnicos, tentando mediar entre o representante político da vereação e os representantes das asso-

---

deve passar despercebida, pois permite explicar, parcialmente, a pouca operacionalidade do Conselho de Lisboa.

ciações: *algo que a Câmara pode fazer na realidade, além do CMIC poder ser melhorado no funcionamento, é articularmos a divulgação dos eventos.*

Replicam, sem nenhuma diplomacia, os representantes das associações: *a Câmara tem uma política, mas o CMIC existe precisamente porque a Câmara quer adequar a sua política ao que acontece na cidade e ao que os agentes fazem, pensam e querem fazer. Daí a razão* [da existência do CMIC]. *A outra questão que foi aqui levantada tem a ver com os meios. A Câmara Municipal de Lisboa atribui fundos a associações para fazerem as atividades [...], portanto, o CMIC não tem um orçamento a ele agregado. Por exemplo, quando falam de um plano de atividade, para existir um plano de atividade tem que existir um orçamento. Isto é do básico. Portanto, se nós fizermos um plano sem orçamento, este plano não faz sentido.* Este aspeto é central, pois o CMIC não possuía, até 2012, um orçamento próprio, enquanto a Câmara de Lisboa financiava as associações através dos seus canais legítimos de financiamento direto. Isto resultava num esvaziamento da importância do CMIC, isento de poder decisório relativamente à atribuição de recursos. O representante da Vereação parece perceber pela primeira vez que este é o problema principal do Conselho, embora não seja o único: *foi essa também uma das propostas que falei com a vereadora e precisamente que fazia sentido na próxima reunião do CMIC que fossem também as associações, que podem e devem fazer, a proporem pontos para a ordem de trabalhos. [...] Porque é que o CMIC não faz uma recomendação à Câmara? Por exemplo, o CMIC pode e deve discutir se quer ter um orçamento e deve fazer uma recomendação à Câmara a dizer que precisa de um orçamento para desenvolver o seu plano de atividades.* O apelo não é sequer tomado em consideração, e (recordando a leitura das atas) lembro que aquela não era a primeira vez em que uma proposta de dotação financeira fosse levantada. Diante deste cenário desolador, os eventos precipitam-se repentinamente e a evidência do conflito político torna-se, no momento, manifesta: *no que diz com a minha experiência no CMIC, comecei com muita boa vontade, muito cheio de forças. Fizemos umas coisas, mas depois [...] cheguei a uma conclusão que não havia vontade política de fazer as coisas. Fala-se, apresenta-se, é tudo muito bonito, mas quando chega a verdade, esquece-se.* Outra pessoa acrescenta: *enquanto não se definir exatamente o que o CMIC pretende fazer ou que é que autarquia pretende com este CMIC que seja realizado na prática e que esteja mesmo preocupado com a participação dos imigrantes, acho que estaremos só a tentar fazer figura de presença e não iremos a nenhum lado.* Entre a falta de vontade política da CML e a falta de orçamento do CMIC, uma terceira questão relevante é invocada para justificar a decadência do órgão: o *CMIC surgiu com uma importância política de facto, de que era uma estrutura nova. No fundo, servia para as pessoas que estavam no poder, na governação, poderem auscultar o que é que de facto passava e saber informações e acompanhar. Mas, como eu disse, a partir de um momento em que o ACIDI, de certa forma, cria uma estrutura de governo [...] a partir daí essa estrutura é que passa a ser ouvida para tudo o que é importante em termos de imigração. Tudo o resto passa a ter um papel mais de participação, de apoiar coisas locais, mas, quer dizer, o peso desvanece.* Isto é, a sobreposição em Lisboa de um conselho municipal sobre assuntos migratórios (CMIC), onde participam os mesmos representantes do conselho nacional (COCAI), contribui para que a dimensão local perca relevância política.

Percebo, a esta altura, que o verdadeiro conflito político não é a administração dos recursos da CML para as associações, mas a participação daqueles representantes e dos imigrantes em geral na definição das políticas públicas. A tensão intensifica-se: *participação é muito bonito, mas é da boca para fora. Quando as pessoas participam, quando há atividade e as pessoas participam, as estruturas não gostam dessa participação. Estás a compreender? E isto que são políticas... e basta olhar para este país e ver estas coisas. De facto, é muito bonito que participamos, mas quando as pessoas estão a participar, há mecanismos que fazem com que* [a participação] *se esvazie.* Há quem diga também que *hoje a imigração não está na ordem da prioridade política, porque é menor ou porque levou mais longe... porque as pessoas não contam, não contam significa que não votam. Como não votam, isto são cidadãos de segunda e estão longe de ser considerados cidadãos de plenos direitos.*

O que significa então participação? *A participação dos próprios* [imigrantes]. *Aí eu acho que há ainda muito trabalho a fazer. Na perspetiva de envolver a população imigrante, sejam eles de qualquer proveniência, em processos de decisão, em decisões que tenham a ver muitas vezes com políticas públicas, e na interação também com a própria sociedade política portuguesa. [...] São eles que devem participar, são eles que são o terreno, são eles que precisam dessas necessidades.* Mas a realidade de Lisboa é outra: *efetivamente a participação está muito mais distante daquilo que é desejável. Agora se queremos que as pessoas façam parte das coisas, dos processos de construção, de resolução dos problemas, que façam parte da solução,* [então] *que venham para a rua e que façam coisas, isto é diferente!*

Como é possível obter isso? Buscando a coesão política: *Conselho Municipal ou Câmara, poder local é importante que ele se envolva com a sociedade civil mais ou menos organizada, em plenários ou outras formas.* Isto pode acontecer através da partilha de procedimentos democráticos disponíveis: *esse esquema do associativismo é um esquema que também garante alguma democracia, aproximação das pessoas e de escolha de pessoas para serem interlocutores, fundamentarem um trabalho e tentando reunir as pessoas de uma forma quanto mais direta melhor.* Mas isso não basta, é necessário também ampliar o espaço democrático disponível: *as associações têm que explicar, mas a Câmara também tem que saber o que é que quer ouvir das associações e quando sente necessidade de convocar as associações. E acho que era bom pensar mesmo nas reuniões periódicas do CMIC.* É a vez das propostas voltarem a florescer entre o grupo: *um salto qualitativo seria fazer esta passagem do representativo para o participativo. [...] era importante que a participação dos imigrantes passasse por um nível diferente. [...] É preciso outras dinâmicas junto às pessoas na perspetiva de dar a volta a esta situação e fazer com que haja uma participação mais efetiva de eles próprios imigrantes.*

O motor que permitiria o desenvolvimento destas perspetivas, que para já parecem um tanto entusiásticas e quiméricas, parece ser a *experimentação institucional* que envolva os migrantes: *pensar também em novos modelos de como é que o Conselho Municipal pode funcionar de outra forma, que outros instrumentos se podem adicionar a ele, como é que é o orçamento participativo.* [Como no caso do Projeto BIP/ZIP] *um instrumento importante e que podia ser até um volante desta situação e até novos programas e novas formas a atuar.*

CAPÍTULO 8
MIGRAÇÕES E GOVERNAÇÃO LOCAL
NA AMADORA[198]

O capítulo divide-se em três partes, replicando a estrutura do capítulo anterior: caracterização do território e do caso estudado, excertos das entrevistas[199] acerca do contexto migratório e do estudo de caso[200] e, finalmente, a interpretação dos excertos extraídos do grupo focal.

O contexto migratório amadorense no começo do séc. XXI
Em apenas trinta anos, de 1960 a 1990, a Amadora quase quadruplicou a sua população, passando de 49 mil habitantes em 1960 a 181 mil em 1990. Em 2011, com pouco mais de 175 mil habitantes, a Amadora era a quinta maior cidade da Grande Lisboa.[201] Já foram reportadas informações acerca dos fenómenos migratórios que afetaram a AML após a Revolução de Abril de 74; resta precisar que uma boa parte da população *retornada* que chegou a partir desta altura se dirigiu à margem norte da AML, inclusivamente para a Amadora, atraída pelas boas oportunidades de emprego, pela proximidade a familiares e amigos e pelos baixos preços da habitação (Malheiros, 2013: 97). No entanto, muito rapidamente a disponibilidade habitacional foi-se reduzindo, à medida que os estrangeiros imigrantes continuavam a chegar. Esta conjuntura deu origem à proliferação de bairros de barracas, sobretudo na década de 80, período marcado pelas numerosas chegadas de cabo-verdianos a Portugal. Por isso, a Amadora foi "o segundo município, a seguir a Lisboa, com um maior número de fogos acordados", no PER (CET/ISCTE, 2008: 29). Neste sen-

---

[198] Neste capítulo, apresento informações oficiais, dados estatísticos, excertos de entrevistas e do grupo focal, para além de outros textos oriundos de anotações feitas durante algumas observações diretas.

[199] As testemunhas entrevistadas foram catorze (sete portugueses/as e sete imigrantes), a saber: técnicas do Departamento Intervenção Social da Câmara Municipal da Amadora, uma representante do Instituto da Segurança Social da Amadora, membros de ONG da Amadora e de Lisboa e da Comissão de Moradores do Bairro Santa Filomena, um dirigente da Santa Casa da Misericórdia da Amadora. Ver Apêndice, tabela 4.

[200] Nesta apresentação, como em todas as outras em que recorro a excertos de entrevistas, as intervenções originais dos entrevistados são transcritas em itálico, enquanto as minhas eventuais perguntas ou comentários ao longo do texto são redigidos na forma regular da fonte.

[201] INE, Recenseamento Geral da População e Habitação, 2011.

tido, o eixo que integra, o Concelho da Amadora, especialmente pelas freguesias da Venda Nova, Buraca, Falagueira, Reboleira, Mina, Brandoa e Alfornelos, ainda em finais da década de 10 do séc. XXI, evidenciava uma "forte correlação positiva entre a percentagem de moradores originários dos PALOP e a proporção de famílias a residir em alojamentos sobrelotados e em alojamentos não clássicos, com a percentagem de famílias monoparentais femininas, muitas das quais de origem africana" (Fonseca, 2008: 79-80). Segundo o Diagnóstico Social da Amadora (DSA),[202] publicado pela Rede Social Local em 2011, existiam, na altura, ainda 1.395 agregados PER residentes em 1.800 barracas, a aguardar regularização da situação habitacional e 2.071 fogos de habitação social, que realojavam 2.010 agregados familiares. Segundo o estudo, "o traçado territorial do concelho [era] marcado pela existência de bairros sociais e bairros degradados, que acarretam em si uma multiplicidade de problemáticas associadas". Estes locais "não oferecem condições de habitabilidade condignas, potenciam a guetização e a estigmatização dos seus moradores, maioritariamente imigrantes muitas vezes em condição ilegal no país"; para além disto, verifica-se que "nestes bairros se associam as questões da toxicodependência e delinquência". Estes fatores acarretavam uma "perda dos laços de vizinhança e da identificação com o próprio bairro", o que favorecia situações de exclusão social. Acresciam, no diagnóstico, "as questões das fracas habilitações, o desemprego ou a precariedade dos postos de emprego, comummente pouco qualificados e mal renumerados".

Por consequência desta difícil conjuntura, a demografia do município apresentava naqueles anos uma mudança tendencial. Por um lado, dados do Censo de 2011 (Instituto Nacional de Estatística, 2012) confirmavam como a população amadorense com nacionalidade estrangeira aumentara cerca de um terço numa década, representando 10% da população total residente naquele ano. A comunidade brasileira foi a que registou maior aumento entre 2001 e 2011, enquanto as mulheres representavam 52% do total de estrangeiros residentes; para além da já comum imigração com origem nos PALOP, a década testemunhou a imigração dos paí-

---

[202] Trata-se do principal instrumento de caracterização das condições sociais do Município, realizado no quadro do Programa da Rede Social (que trato a seguir). Acesso em 23 de julho de 2013, disponível em Portal da Câmara Municipal da Amadora: http://www.cm-amadora.pt/instrumentos-de-planeamento.

ses de Leste, nomeadamente da Roménia.[203] A idade média dessa população, mais jovem do que a portuguesa, era de 33 anos, enquanto o total de eleitores recenseados na cidade não chegava a 2 mil.[204] Por outro lado, em 2013, segundo o Sistema de Indicadores de Desenvolvimento Territorial (SIDT) do Município da Amadora (Município da Amadora – Divisão de Informação Geográfica, 2013), o Município apresentava uma dinâmica tendencialmente decrescente da sua população residente, manifestando-se o envelhecimento da população como um dos aspetos mais marcantes (idem: 9). Este decréscimo da população pode ser razoavelmente reconduzido ao encarecimento da habitação e à redução geral tanto da população autóctone quanto do número de imigrantes no país, que caracterizou o período da crise económica (2008-2014), para além dos já citados fatores legislativos.[205]

Segundo informações institucionais recolhidas em 2013,[206] Câmara Municipal da Amadora (CMA) tratava as questões da imigração e das minorias étnicas "de forma integrada, inclusiva e transversal pelos diferentes serviços": Ação Social, Educação e Habitação. Entretanto, a mudança do Regulamento Orgânico dos Serviços Municipais ocorrida no mesmo ano[207] não implicava na integração dos serviços, sendo que os Departamentos de Habitação e Requalificação Urbana e o de Educação e Desenvolvimento Sociocultural permaneciam separados. Este último agregava a Divisão de Intervenção Cultural (DIC), a Divisão de Intervenção Educativa (DIE) e a Divisão de Intervenção Social (DIS): a DIS era a divisão encarregada de efetuar o diagnóstico social e identificar as carências de grupos específicos, além de conceber e desenvolver programas e projetos integrados de ação social. Os principais projetos realizados pela DIS da Amadora eram definidos pelo Plano de Desenvolvimento Social (na altura, o do período 2012/2014), que detalho futuramente, no contexto do funcionamento da Rede Social Local. Paralelamente às medidas

---

[203] Acesso realizado em 23 de julho de 2013, disponível em Portal da CMA: http://www.cm--amadora.pt/instrumentos-de-planeamento

[204] Precisamente, 1928 eleitores recenseados. Informação disponibilizada pela Câmara Municipal da Amadora (CMA) em publicação institucional "Amadora XXI". Acesso em 23 de julho de 2013, disponível em Portal da CMA: http://www.cm-amadora.pt/componentes/componente-contacto/pessoas.

[205] Como detalhado no capítulo 6.

[206] Acesso em 23 de julho de 2013, disponível em Portal da CMA: http://www.cm-amadora.pt/.

[207] Publicado no *Boletim Municipal*, Edição Especial, de 6 de março de 2013.

da Rede Social, outras iniciativas de política social foram tomadas entre 2004 e 2008, nomeadamente para a criação de Programas e Projetos como o PROGRIDE – Programa para a Inclusão e Desenvolvimento,[208] o PARES – Programa de Alargamento da Rede de Equipamentos Sociais[209] e o CLDS – Contratos Locais de Desenvolvimento Social.[210]

Perfil da Rede Social Local da Amadora

A Rede Social Local é uma medida nacional de Política Social a que o Município da Amadora aderiu em 2003. O Programa Rede Social foi criado para articular propostas das autarquias e de entidades públicas ou privadas, visando "a erradicação ou atenuação da pobreza e da exclusão e a promoção do desenvolvimento social".[211] O objetivo da Rede é formar "uma consciência coletiva dos problemas sociais e contribuir para a ativação dos meios e agentes de resposta e para a otimização possível dos meios de ação nos locais". O estilo de governança adotado baseia-se no nível micro-local (de comunidade), para que "se criem novas formas de conjugação de esforços, se avance na definição de prioridades e que [...] se planeie de forma integrada e integradora o esforço coletivo através da constituição de um novo tipo de parceria entre entidades públicas e privadas [...] nos mesmos territórios".

No Município da Amadora, segundo informações da CMA, a adesão ao Programa Rede Social remonta a 2003, aquando da constituição do Conselho Local de Ação Social da Amadora (CLAS), do Núcleo Executivo (NE), das onze Comissões Sociais de Freguesia (CSF) e dos Grupos Temáticos do CLAS (Risco na Infância, Educação, Emprego e Formação Profissional, Deficiência, Juventude, Saúde, Qualificação das Respostas Sociais). Em 2004, segundo a CMA, foram elaborados os primeiros instrumentos de planeamento, o Diagnóstico Social e o Plano de Desenvolvimento Social, tendo sido identificados os principais problemas do

---

[208] Portaria nº 730/2004, de 24 de junho – Cria o Programa para a Inclusão e Desenvolvimento.

[209] Portaria nº 426/2006 de 2 de maio – Cria e regulamenta o Programa de Alargamento da Rede de Equipamentos Sociais.

[210] Portaria nº 396/2007 de 2 de abril – cria os CLDS e aprova o seu respectivo regulamento; Portaria nº 285/2008 de 10 de abril – introduz alterações no que diz respeito ao período para o qual são elaborados os Planos de Ação e duração dos CLDS. Esta intervenção foi objeto de atenção especial ao longo da investigação, como será reportado a seguir.

[211] As informações reportadas entre aspas são institucionais. Acesso em 23 de julho de 2013, disponível Portal da CMA: http://www.cm-amadora.pt/rede-social.

território e definidas as áreas de intervenção prioritárias, que se materializaram em três eixos: Parcerias e Desenvolvimento Local, Envelhecimento e Grupos Vulneráveis. O CLAS assumiu como objetivos da sua intervenção realizar e atualizar o diagnóstico social do concelho, e o planeamento integrado e participado das suas ações. Em 2007, com a revisão do regulamento interno do CLAS da Amadora,[212] o Núcleo Executivo procedeu à eleição dos representantes dos setores de intervenção presentes no CLAS, nomeadamente nas áreas dos Idosos, Deficiência, Infância, Cultura e Desporto, dando cumprimento ao novo sistema de representatividade. No entanto, em 2009, e uma vez que esta metodologia não produziu os resultados esperados, optou-se por cessar o sistema de representatividade, tendo sido excluídas 10 instituições por falta de participação nas reuniões, e integradas no CLAS mais 19 instituições. Em 2012, faziam parte do CLAS 71 parceiros. O NE do CLAS da Amadora foi constituído em 2003 e, em 2012, era composto por sete elementos, reunindo ordinariamente com uma periodicidade quinzenal. Finalmente, as Comissões Sociais de Freguesia estavam localizadas em Alfornelos, Alfragide, Brandoa, Buraca, Damaia, Falagueira, Mina, Reboleira, São Brás, Venda Nova e Venteira.[213]

Os principais universos de problemas identificados pelo Diagnóstico Social da Amadora,[214] elaborado em 2011 pela Rede Social, foram: a tendencial perda populacional,[215] a estrutura etária envelhecida, a imigração, a saúde, a crise económica,[216] a educação, a habitação,[217] a Proteção

---

[212] Na sequência da publicação da Legislação da Rede Social – Decreto-Lei 115/2006 de 14 de junho.

[213] Segundo a Legislação vigente, as Comissões Sociais de Freguesia (CSF) são fóruns de articulação com intervenção ao nível local (território da freguesia).

[214] Diagnóstico da Rede Social Local da Amadora. Acesso em 23 de julho de 2013, disponível em Portal da CMA: http://www.cm-amadora.pt/instrumentos-de-planeamento.

[215] Entre 1991 e 2011 a Amadora sofreu uma redução populacional na ordem dos 3%, consequência, segundo o diagnóstico, do encarecimento da habitação.

[216] A economia do município era caracterizada pela predominância de microempresas, representando 97% do tecido empresarial. Houve um aumento do número de desempregados/das inscritos/as no Centro de Emprego.

[217] Na malha urbana existiam ainda quatro grandes bairros de habitação social: Bairro do Zambujal, Casal da Boba, Casal da Mina e Casal do Silva. No que respeita aos núcleos degradados, em julho de 2011 tinham sido resolvidos 5.287 dos casos recenseados em 1993.

Social,[218] os grupos vulneráveis[219] e o associativismo. Assim sendo, as Prioridades de Intervenção definidas no Plano de Desenvolvimento Social (PDS) foram: *Eixo 1 – Qualificação das Organizações e Responsabilidade Social; Eixo 2 – Envelhecimento e Qualidade de Vida; Eixo 3 – Territórios e Grupos Vulneráveis*. O Plano de Ação 2012 estabeleceu as medidas concretas a ser tomadas para aquele ano no âmbito dos eixos de intervenção prioritária e integrou outros dois documentos de Planeamento em áreas chave do desenvolvimento do território: o Plano Gerontológico e o Plano Municipal contra a Violência.

Em outubro de 2012, observei uma reunião do CLAS da Amadora. O encontro realizou-se na Divisão de Intervenção Social na Brandoa, sendo a quadragésima nona Sessão Plenária do Conselho Local de Ação Social da Amadora. Reportei, então, no meu diário de campo:[220] *[...] estão presentes cerca de 70 pessoas, das quais 12 homens. [...] Pessoas de raça negra presentes são somente 4. [...] A impressão é que as lideranças comunitárias são poucas, que estão presentes mais técnicas, especialistas, autarcas. Em termos de imigrantes não foi possível localizá-las, não foi possível saber se as pessoas presentes eram nacionais ou estrangeiros. Contudo, posso afirmar que das pessoas que falaram nenhuma era migrante (ou, ao menos, tinha sotaque diferente)*. Participei também nalgumas reuniões do NE do CLAS. Transcrevo algumas informações sobre a que se realizou em outubro de 2012 na Divisão de Intervenção Social da Brandoa:[221] *parece existir um problema de pessoas que aparentemente estão inscritas no Rendimento Social de Inserção (RSI) e recebem benefícios, mas não se sabe por que motivo (?). Este problema é chamado o problema dos "escondidos". Há muitos migrantes que recebem o RSI. A impressão que eu tenho é que esta coisa é vivida com algum incómodo por parte dos presentes. Se discute também qual a possibilidade de o RSI poder ser defraudado (risos). Há migrantes contemplados para*

---

[218] Com uma diminuição do número de beneficiários/as de Rendimento Social de Inserção (RSI) na Amadora (4.641 famílias em 2010), maioritariamente em idade ativa e residentes nas freguesias da Buraca, Brandoa, Falagueira e São Brás.

[219] Segundo o documento, a criminalidade é uma realidade, embora dados da Polícia de Segurança Pública – Divisão da Amadora apontem para um decréscimo da mesma, associada ao reduzido número de queixas formais. Nota-se também o aumento do número de crianças e jovens acompanhadas pela Comissão de Proteção de Crianças e Jovens (CPCJ): em 2010 estavam ativos 1.262 processos de proteção de menores.

[220] Notas do Diário de Campo – Comentários à reunião do CLAS da Amadora, 19/10/2012.

[221] Notas do Diário de Campo – Comentários à reunião do Núcleo Executivo da RSL da Amadora, 26/10/2012.

o realojamento nos bairros sociais, mas surgiram muitos guineanos (sic) *em vários sítios. Dizem que essas pessoas não falam português, só francês. Isto "é complicado". [...] Há um número significativo de prestações familiares concedidas a famílias com crianças e jovens para um total de 23.488 pessoas na Amadora. Há pessoas de Cabo Verde que receberam subsídios mas que não moram em Portugal. A comunidade brasileira está a sair da Amadora e do país (risos). O problema do Centro Territorial de Emprego (CTE) da Amadora está ligado à diminuição das competências [...] na cidade, o nível médio de qualificação é a sexta classe, pouca aptidão, baixa proatividade. [...] Em Alfornelos e Reboleira há um grande número de romenos menores de idade que andam por própria conta, são cerca de 30 pessoas. [...] Os jovens da Amadora têm problemas de tráfico de drogas. Estão acontecendo demolições de barracas e consequentes realojamentos no bairro Sta. Filomena. As demolições estão na quarta e quinta fase enquanto a sexta fase acontecerá em Janeiro de 2013. Há acompanhamento por parte do ISS, ACIDI, Embaixada de Cabo Verde para ajudar as pessoas que devem deixar as barracas. Os conflitos são muito intensos e houve algumas prisões. Está a voltar o mesmo fenómeno de 30 anos atrás com ocupações informais de terrenos em todo o município. Existem 1.200 pessoas não inseridas no programa de realojamento.*[222]

Visões da migração internacional na Amadora
Nesta secção, estudo a participação dos estrangeiros imigrantes na Rede Social Local (RSL) de uma forma geral e, mais especificamente, no "Programa Amadora Empreende"; contudo, apesar de manter o Programa "Amadora Empreende" como estudo de caso, na parte descritiva, de acordo com a informação veiculada nas entrevistas, optei por reportar parte das informações recolhidas sobre os desalojamentos de Santa Filomena[223] e sobre o Contrato Local de Desenvolvimento Social (CLDS), que

---

[222] Na altura, após ter anotado estas informações sobre as demolições de Santa Filomena, não tive a oportunidade de aprofundar o assunto. Fi-lo alguns meses mais tarde, em janeiro de 2013, após ter entrevistado um representante da Associação SOS Racismo e um da Associação Caboverdeana de Lisboa.

[223] De acordo com as indicações que dei, no capítulo metodológico, acerca da circularidade do método de codificação das entrevistas, o conteúdo das secções é, neste capítulo, organizado com algumas particularidades. No caso específico da Amadora, foram poucas as informações recolhidas acerca da contextualização geral da migração, assim como sobre a visão dos entrevistados sobre a RSL. Como elemento de principal conflito a ocorrer no terreno, emergiu impetuosamente o caso dos desalojamentos no bairro Santa Filomena, aquando da realização das entrevistas e das observações. Tal processo não havia sido contemplado como

foi realizado no Bairro entre 2009 e 2012 (e do qual o Programa "Amadora Empreende" foi uma das ações previstas).

O contexto migratório amadorense visto pelos entrevistados
Alguns entrevistados colocaram imediatamente a tónica na forma específica como a crise económica e a consequente agudização da pobreza afetam os imigrantes: [membro de ONG – Entrevista 8] *[...] há muito desemprego e estamos a tentar encaminhar as pessoas para um apoio alimentar, ou à Segurança Social para pedir o RSI, [...] ajudar as pessoas a fazer... procurar o tipo de trabalho. Ajudar a fazer o curriculum.* [Membro de ONG – Entrevista 7] *[...] há muito trabalho a fazer, muito trabalho. As pessoas não se entendem, mesmo entre os moradores. [...] Aqui, as pessoas estão integradas, há serviços, há comércio, há tudo. Na Mina* [Bairro Casal da Mina], *não. [...] Está a começar a melhorar, mas só recentemente é que teve transportes. Digamos que o ponto de viragem da Mina, que ainda está distante, foi com a entrada do Dolce Vita.*[224] *E os problemas têm sido resolvidos ou ainda permanecem muitos?* [Membro de ONG – Entrevista 8] *Alguns. Alguns ainda vão permanecendo. Nomeadamente quais? Prefiro não comentar sobre isso. Não. Sobre esses problemas? Sim, nomeadamente dizer quais, prefiro não comentar sobre isso.*

Outro assunto referido diz respeito aos reflexos da introdução de leis mais severas para os imigrantes: [membro de ONG – Entrevista 7] *[...] houve algumas mudanças de atitude dentro do SEF. [...] Vou-te dar um exemplo: um imigrante que esteja desempregado pode renovar a residência se apresentar um termo de responsabilidade de um familiar. O SEF fechava os olhos se apresentasse um amigo ou alguém, pode ser... agora já não é assim. Isso é uma coisa que alterou bastante. Houve, digamos assim, uma alteração, um endurecimento... mas isso alterou logo aqui a situação das pessoas. Agora, é muito mais difícil renovar um documento.*

Foi também mencionado o voto: [membro de ONG – Entrevista 5] *Amadora tem X imigrantes, não tem um vereador negro. [...] Há muitos recenseados, mas não há nem um negro na Câmara. [...] Ninguém se organizou, porque muitas vezes o cabo-verdiano deixa-se manipular [...] mas ainda estou a ver se consigo reunir com as associações, ainda durante o próximo mês, para ver se a gente*

---

caso de estudo, mas, devido à gravidade dos eventos, foi recorrentemente mencionado pelos/as entrevistados/das. Estas circunstâncias impuseram uma reorientação parcial do foco das entrevistas e, no texto, a presença de uma secção dedicada.

[224] Um centro comercial de grandes dimensões construído poucos anos antes.

consegue pressionar para as pessoas se recensear. [...] neste momento não temos pessoas disponíveis. [...] Nesse momento não podemos exigir lugar elegível, porque não temos votos suficientes. [...] Eles viram que a população não tem votos, mas as pessoas ao redor votam. Então tiram as casas e voltam as pessoas a ficarem no prédio. Ganham votos. [...] Aí a gente sempre disse: "p'ra candidatar, para aparecer na fotografia, não estar num lugar elegível, mais vale a pena não candidatar". E não vai dar apoio ninguém e ficamos ali.

O caso da habitação também foi citado entre os que mais provocam dificuldades: [membro de ONG – Entrevista 7] *quando houve agora a alteração das rendas, por exemplo, a minha colega recebeu aqui imensas pessoas a pedirem apoio da Associação. Aliás, está ainda a executar esse trabalho.* [Membro de ONG – Entrevista 5] *Há um problema que está a haver, porque mesmo as pessoas que estão no Casal da Boba foi atualizada a renda e passaram a pagar, de 40-50 euros, passaram a pagar 150-200 e tal euros.* [Membro de ONG – Entrevista 8] [E ainda há] *problemas dentro da casa, infiltração, humidade, essas coisas, desde que o pessoal veio para cá, não se resolve nada. Um dos maiores problemas. E tem estado sempre a fazer petições e expor o problema, petições constantemente, sempre e nunca se resolve.*

O caso dos desalojamentos em Santa Filomena
O caso dos desalojamentos e das demolições que estavam a ocorrer em Santa Filomena, na altura em que realizava entrevistas e observações na Amadora, constituiu o principal elemento de *conflito territorial* que pude presenciar. Estas circunstâncias impuseram uma reorientação parcial do foco das entrevistas e a inclusão desta secção específica no texto.

Como dizia um imigrante irregular angolano [Membro de Comissão de Moradores – Entrevista 6] *o bairro praticamente em si próprio já tem quarenta anos [...] e as pessoas que fundaram esse bairro, a maioria já não vive cá nesse bairro, já criaram outras vidas [...]. Então, o que é que aconteceu? Quando fundou-se o bairro, as pessoas foram chegando, embora que dizem que o bairro é clandestino. O bairro é legal, mas o bairro foi crescendo e a Câmara depois fez o recenseamento em 93. [...] Embora [estejam] aqui alguns portugueses [...] as pessoas que foram chegando são pessoas africanas. Vieram de Cabo Verde, vieram da Angola, vieram de São Tomé, [...] uma parte do Brasil [...] Guiné também. [...] As pessoas não sabiam que o bairro era para acabar. Se o bairro era para acabar ou quando o bairro acabasse, pelos anos que eu sei, já estão cá a viver, pelo menos e para eles é um direito de serem realojados com uma habitação. Mas então a Câmara praticamente em si própria foi deixando as pessoas ... viveram cá e construíram eles mesmos as casas [...]. E as pessoas foram ficando no bairro e nesse momento no ano passado [2012], quando a Câmara fez uma atualização [...] praticamente eles viram que o bairro já tem a mais população do que a população que eles fizeram o recenseamento em 93. [...] Eu já estou cá, já tenho cinco anos nesse bairro... desde 2007 é que estou nesse bairro. Nunca vi um elemento da Câmara a me dizer que vai acabar, que o bairro é para acabar e as pessoas têm que se prepararem. Eu só comecei a ver os elementos da Câmara o ano passado, a partir de um processo que eles começaram em fevereiro do ano passado [2011]. Vieram os fiscais da Câmara, começaram a notificar ações, deixavam editais nas portas, que o bairro é para acabar, que as casas vão ir para baixo. Quando aconteceu essa demolição em julho [de 2012] praticamente a casa foi abaixo, depois ainda fui detido, fiquei umas horas na esquadra da polícia da Mina e o polícia olhou para a minha cara e disse: "ah, agora, tu vais para a tua terra". "Olha aí", eu respondi, "não tenho problema para ir à minha terra". E ali fiquei e depois levaram-me para o Tribunal de Alfragide e fui ouvido no Tribunal de Alfragide, expliquei o que é que aconteceu e o sortido no processo que eles puseram, puseram como eu estava embarricado dentro casa. Como é que eu estava embarricado dentro casa, se a casa quando eram 9 horas da manhã, a casa já tinha ido abaixo e eu só fui detido às 11 horas? Isso é mentira, porque eu nem estava embarricado. Eles quando chegaram de manhã, o fiscal disse-me que a casa vai abaixo, a primeira coisa que eu fiz, comecei a esvaziar as coisas todas que estavam dentro do meu quarto, esvaziei tudo, meti ao lado num canto e eu fiquei sentado ao pé das minhas coisas. E a polícia quando foi lá, depois passando, depois da casa ir abaixo, não sei, mas eu já tenho conhecimento que foi um assistente social que denunciou que eu não tinha documento. O imigrante, na altura, tinha assistência legal garantida por uma ONG de Lisboa: [...] essa advogada veio da associação do [fulano]. Ele é que arranjou a advogada e eu fui com ela ao SEF nesse dia e praticamente expliquei e voltei a falar. E praticamente a decisão que ficou lá no Tribunal que [...] se arranjasse um trabalho com contrato, que é para me legalizar, voltava a legalizar outra vez. E sem um contrato de trabalho, não tinha outra forma de ser legalizado, não tinha outra saída. A única saída que eu tive no SEF é arranjar um contrato de trabalho. [...] Então, isto é assim que é para me legalizar. Sem esse, então não me consigo legalizar. E eu tenho um processo de expulsão a decorrer.*

Este episódio foi bastante divulgado pela imprensa e pelas associações que se ocupam de direitos humanos e direito à habitação. Uma outra associação de imigrantes de Lisboa também foi implicada. Aliás, foi na altura que aprofundei o meu conhecimento sobre os desalojamentos em

Sta. Filomena: [Membro de ONG – Entrevista 14] *repare, é que não podemos generalizar para todos os cidadãos de Santa Filomena e dar as mesmas respostas a todos, não é verdade? [...] Eu acredito que todo esse processo devia ser gerido de uma outra forma. [...] O caso de Santa Filomena tem a ver com políticas, é um caso político, mesmo. Portanto...mas eu penso que a Embaixada de Cabo Verde está a acompanhar, o ministro das Comunidades deu uma grande entrevista em que também fez esse apelo de bom senso, o Presidente da República de Cabo Verde encetou também conversações com o governo português, quando o doutor Passos Coelho*[225] *foi a Cabo Verde. Os dois deputados da área da imigração [...] estão no terreno e já participei nalguns eventos aí...* A serenidade diplomática com que o membro da ONG cabo-verdiana discute este assunto, a partir do conforto de seu gabinete em Lisboa, contrasta com a crua realidade do que foi reportado por quem mora no Bairro. É o caso de outro imigrante, angolano, representante de uma associação: [membro de ONG – Entrevista 5] *Quem não estava* [recenseado no PER no Bairro Santa Filomena] *não ia ter direito* [a ser realojado]. *Só que o problema que está cá não é o direito de ontem, é o direito de hoje. Essas pessoas não têm direitos. Mas se essas pessoas podem pagar uma renda, a Câmara pode arranjar uma casa e depois eles pagam uma renda ou deixam-nos aqui por enquanto, enquanto o problema que o país tem. Porque neste momento essas pessoas são pessoas que trabalham nas obras, são pessoas que trabalham nas limpezas, neste momento são sítios onde o desemprego está a bater mais.*

A desastrosa situação social do Bairro é muito bem descrita pelo morador desalojado: [membro de Comissão de Moradores – Entrevista 6] *aqui no bairro nós não temos crescimento dos jovens, os jovens praticamente não têm crescimento a nível de formação. Não tem um espaço onde os jovens se possam formar e onde os jovens possam buscar uma formação que é para dar um crescimento a nível do futuro deles, não há. Nós nesse bairro nunca tivemos. [...] Eles agora não dizem o que vão fazer, mas nós já temos, já sabemos que esse terreno...que a Câmara já vendeu esse terreno, uma parte já foi vendida e uma parte onde eles vão fazer escritórios e não sei quê, vão fazer habitações privadas. E isso aqui a Câmara praticamente não quer se abrir, não quer dizer se já vendeu ou não. A Câmara continua a dizer que esse terreno pertence à Câmara e as pessoas têm que sair e têm que sair.* A conversa decorre enquanto andamos pelo Bairro. A certa altura, a pessoa entrevistada indica-me um bairro ao lado, a Vila Chã: [...] *Vila Chã é uma urbanização de luxo, é para pessoas ricas, pessoas que têm dinheiro e que*

---

[225] O então Primeiro-Ministro de Portugal.

podem. Praticamente essa urbanização não fica por aqui [...] é uma coisa para avançar. Se eles não avançam é porque está cá o bairro e é por isso que não avançam. [...] É só condomínio de luxo, só para pessoas ricas que vivem nesse condomínio. No ano passado assinaram uma petição na net em que diziam que os moradores desse bairro [Santa Filomena] *tinham de sair daí sem direito a casa, sem nada. [...] Quando essa urbanização começou a ser feita o bairro já cá estava. Se esses moradores não se sentem bem com a vista do bairro, eles é que mudem de espaço ou mudem a janela para outro lado. Porque eles encontraram já cá o bairro.* A denúncia, feita não apenas pelos moradores, mas também por ONG e movimentos políticos, é de que a retomada imprevista das demolições que ocorreu a partir de 2012, esteve ligada ao processo eleitoral autárquico de 2013, e ao projeto de ampliação do condomínio de luxo "Vila Chã" – cujo primeiro lote é adossado ao bairro, que terá sido planeado para ocupar o centralíssimo terreno onde nasceu Santa Filomena.[226]

A Rede Social Local vista pelos entrevistados
Ao aprofundar o caso das demolições de Santa Filomena, a minha intenção não foi mudar o foco da pesquisa, que se manteve concentrada na participação dos imigrantes nas atividades da Rede Social Local da Amadora. Para o efeito, a presença deste grande conflito territorial na Amadora desafiava, a meu ver demasiadamente, a Rede Social Local a lidar com o problema. No entanto, depressa compreendi que a questão já não estava a ser tratada pelo Departamento de Educação e Desenvolvimento Sociocultural, cujo Departamento de Intervenção Social (DIS) fora responsável pela dinamização da Rede até 2012, mas havia passado para a tutela do Departamento de Habitação e Requalificação Urbana. Configurava-se, a meu ver, uma grande *contradição interna* às políticas camarárias, pois o DIS havia acompanhado a evolução do Contrato Local de Desenvolvimento Social (CLDS), iniciado em 2009 no bairro[227] até ao momento da sua extinção.

---

[226] Não procurei aprofundar este tema junto da CMA, pois não era este o meu foco de estudo.
[227] Na altura em que o CLDS fora iniciado, em 2009, não existia a DIS, mas o Gabinete de Ação Social. Segundo a informação prestada pela Santa Casa da Misericórdia da Amadora [membro de IPSS – Entrevista 12], *as reuniões ocorreram sempre em conjunto com os vários representantes que estão no núcleo executivo do CLAS. Portanto, dos vários ministérios com representantes de IPSS, com a presença da Vereadora Carla Tavares* [responsável do Pelouro da Ação Social, que depois se tornou Presidente da Câmara em 2013]. *[...] Essa era a equipa de trabalho. Por isso, é que teve muita*

Nesse sentido, procurei obter mais informações acerca do grande investimento em políticas sociais, o CLDS, que até poucos anos antes havia beneficiado o Bairro de Santa Filomena, sendo parte das ações inspiradas pelo Diagnóstico Social da RSL. Afinal, o facto de um projeto de grande envergadura ser realizado num bairro que iria ser demolido apresentar-se-ia, inevitavelmente, contraditório aos olhos de qualquer investigador. Mas, como viria a descobrir mais adiante, com a "imposição a nível superior" do fim do Contrato (como colocado por um membro de IPSS – Entrevista 12), a intervenção social camarária deixou de ser considerada a mais pertinente gestora de um processo de desalojamento. Assim, do ponto de vista da minha pesquisa, senti que aprofundar esta contradição se impunha como um elemento incontornável na avaliação do desempenho da Rede.

De facto, depois de ter sido iniciado em 2009 pela Santa Casa da Misericórdia, o CLDS foi encerrado em 2012 e, no lugar dele, iniciou-se o processo de desalojamento, numa evidente *mudança de linha política* por parte da Câmara Municipal da Amadora. É isto que relata um dos entrevistados, morador do bairro: [membro de ONG – Entrevista 5] *A Santa Casa desenvolveu o projeto que inicialmente um dos objetivos era ajudar as pessoas de Santa Filomena à procura de emprego e formação para essas pessoas que moravam cá no bairro; só que, de repente e sem justificação de outros parceiros, só a Santa Casa e a Câmara, conforme a Santa Casa informou, receberam informações da Câmara que era para trabalhar com as famílias que iam ser realojadas dentro do programa PER. Já não eram os objetivos iniciais, que eram formação e outras coisas, passou completamente para outra coisa. E disseram que [...] não tinham verba suficiente para dar formação às pessoas. [...] Esse projeto que nós vemos foi gastar dinheiro à toa [...] não se formou jovens, que nós em princípio indicámos os cursos que nós achámos do apanhado que se fez com os jovens, que eram cabeleireiro, formação profissional, inglês e outros que tinham saídas profissionais [...] O problema é que o Contrato de Apoio Local foi desfeito. [...] no início de 2012 ou final de 2011 é que acabou o projeto. [...] Não apresentaram relatório de nada, não disseram nada de nada. [...] Disseram "acabou o projeto". Simplesmente foram-se embora.*

A visão sobre o mesmo CLDS por parte de outra entrevistada, que faz parte de outra associação no Bairro, é oposta: [membro de ONG – Entre-

força este projeto, porque não foi feito por uma instituição numa lógica só de outsourcing. De facto, nós estávamos a prestar um serviço às comunidades [...].

vista 13] *[...] a primeira reunião foi com a população em geral. Foi feita na capela. [...] Informaram-nos. [...] Participámos. E alguns moradores também. [...] Algumas pessoas, que trabalham connosco e que se envolvem aqui na associação, gostaram do projeto, porque eles também participaram muito. [...] Porque eu soube que houveram várias, fizeram vários trabalhos de qualificação. [...] Nós achamos que o projeto devia ficar mais tempo, devia dar mais continuidade, porque o tempo foi muito curto. [...] Porque na altura em que eles já estavam a habitar e tentar fazer alguma coisa, [começou] a demolição das casas.*

Bastante preocupado, e tendo que interpelar a Santa Casa da Misericórdia da Amadora em função do estudo de caso sobre a RSL, decidi acrescentar algumas perguntas específicas sobre CLDS: [membro IPSS – Entrevista 12] *Santa Filomena foi escolhido por ter sido um território crítico, uma vez que é um bairro que foi aparecendo no concelho de Amadora há cerca de talvez 40-50 anos...e o que aconteceu foi que as pessoas foram ficando naquela zona que é mesmo no centro da cidade. O que aconteceu foi que os prédios de construção dita normal começaram a rodear o próprio bairro e era uma situação crítica, porque o bairro não tem ruas para que se possa circular... [...] Portanto, a nível de acesso, a nível de precariedade, a nível de condições até de higiene, saneamento público... fortes índices de criminalidade, jovens mulheres grávidas adolescentes, violência doméstica, consumo e tráfico de droga, era um diagnóstico social que a própria Rede [Social Local] tem nos seus relatórios que justificava a intervenção. [...] O projeto em si que ocorreu foi de 2009 a 2012, embora nós só tenhamos conseguido ir para o bairro concretamente no final de 2009, portanto, início de 2010. Estivemos no bairro o ano de 2010, o ano de 2011, até abril de 2012. [...] As várias atividades que foram desenvolvidas procuraram trabalhar desde crianças até aos idosos, trabalhar áreas da formação, da empregabilidade, do empreendedorismo, do acesso às tecnologias de comunicação, maximizar atividades comunitárias entre as pessoas, desenvolver competências para que as pessoas pudessem procurar trabalho, sensibilizá-las para a importância da educação, a importância dos cuidados primários de saúde, portanto uma área muito abrangente. [...]* Quanto à "mudança de planos" o meu interlocutor foi bastante diplomático, mas sublinhou que a mudança foi política, e não técnica: [membro de IPSS – Entrevista 12] *[...] se existisse financiamento para continuar, havia muito trabalho a ser feito ainda. [...] Tínhamos um diagnóstico e a ideia era consolidar as pessoas no próprio bairro, ou seja não era uma perspetiva de demolir aquelas casas e realojar as pessoas. A meio do processo houve, então, a orientação por parte do Estado para que o processo de realojamento se iniciasse. Tivemos que mudar o plano de ação.*

Após ter recolhido estas informações, ainda procurei ouvir dos meus interlocutores uma avaliação da RSL em geral, independentemente da questão de Santa Filomena: [membro de ONG – Entrevista 5] *Nós fizemos parte da Rede Social aqui da Mina. Só que é uma rede social [...] da Junta de Freguesia. Só que quem aparece ali não são pessoas de decisão. Aquilo é para perder ... perde-se mais tempo ali, porque nós conversamos, planeamos tudo, tudo o que é planeado, muito bem* [na] *Comissão Social de Freguesia [...], mas quando chega o momento para fazer ... [...] ninguém pode decidir, porque quem está lá são técnicos que vão representar as entidades, depois têm que ir perguntando aos responsáveis se podem gastar dinheiro ou não podem gastar dinheiro, depois tem que se marcar outra reunião... [...] A Rede Social é uma coisa também que é bonito tudo de ver o que está no papel, a ideia toda é bonita, mas na realidade não funciona. A Rede Social funciona porque os projetos para imigração já têm destino, completamente. Todos os projetos para a imigração no relatório vão para Unidos de Cabo-Verde, normalmente vai para Unidos de Cabo-Verde. Se não vai para Unidos de Cabo-Verde p'ra imigração, vai para o Moinho da Juventude. São duas entidades [...] que por acaso têm nome e já são mais antigas. Mas acho que a Rede Social devia distribuir mais para todos os países, porque há imigração em vários sítios. A imigração não é só no Casal da Mina, não é só na Buraca, há Santa Filomena, Quinta da Laje que está disperso e não tem nenhum apoio. Há Reboleira que também tem ali o povo...*

[Membro de ONG – Entrevista 13] *Em relação às reuniões da Rede Social, (...), segundo a alteração que fizeram* [ao Regulamento do CLAS][228] *as associações que não têm mais projetos dentro do Conselho não estarão propriamente nessa reunião, porque é representado pela Junta de Freguesia. Isso não quer dizer que nós não sabemos o que é que se passa nessa reunião [...]. Pedem a opinião das coisas que estão a fazer. Às vezes há divisão em grupo.* [Mas] *nós no ano passado* [2012] *por acaso não colaborámos [...].*

[Membro de ONG – Entrevista 7] *Em termos de participação na Rede Social, isso depois tem a ver com outras questões, tem a ver mais com as questões orçamentais. Já fomos mais ativos, agora estamos mais passivos, devido à contenção orçamental, à diminuição de recursos humanos. Nós aqui já fomos mais... agora somos menos, eu, neste momento, acumulo mais funções e isso faz com que a participação na Rede Social, neste momento, esteja um pouco só em termos de acompa-*

---

[228] Alteração que ocorreu em 2009 e que cessou o sistema de representatividade, tendo sido excluídas 10 instituições por falta de participação nas reuniões.

nhamento, mas, em termos de propostas, tenho-me estado a conter, porque a direção não me dá acompanhamento orçamental.

O caso escolhido: o Programa Amadora Empreende na descrição dos técnicos
O planeamento do estudo de caso sobre a Rede Social Local da Amadora previa a escolha de uma medida específica tomada dentro do Plano de Ação para o ano de 2012 ou já em curso no terreno, naquele mesmo ano. Assim sendo, percebi que o "Programa Amadora Empreende" havia sido realizado numa colaboração entre parceiros da Rede, da Câmara e associações de imigrantes.[229] Reporto, a seguir os excertos das entrevistas com as técnicas da DIS e, depois, a opinião dos outros entrevistados.

[Técnicas CMA – Entrevistas 10 e 11] *O "Amadora Empreende" nasceu em 2008 e tinha um funcionamento por candidatura [...] abria uma candidatura e qualquer pessoa que tivesse uma ideia de um negócio concorria e abria-se o processo de seleção. [...] Não havia qualquer tipo de diferenciação entre público e imigrantes [...], a escolha fazia-se por grupo, por exemplo: entrevistas, dinâmicas de grupos e a escolha da seleção, e o perfil do empreendedor. [Estas pessoas] vieram à dinâmica de grupos, vieram às entrevistas e de facto não foram selecionadas porque a entidade que fazia esta seleção (neste caso não éramos nós, era o AUDAX-ISCTE aquilo que fazia), considerou que aquelas pessoas não tinham o perfil empreendedor. [...] Depois começava a dar uma formação, no final da formação havia um* coaching *para estruturar o plano de negócio e a partir daí havia também acompanhamento na implementação do negócio. [...] Logo em [...] 2009 o foco foi nos territórios vulneráveis, ou seja, divulgar o programa juntos dos territórios, desde que pertinentes e achou-se também importante envolver mais esta população. [...] O programa funcionou assim em 2008, 2009, 2010. Em 2011, entendeu-se que a metodologia utilizada deveria ser um pouco alterada ou reformulada, porque se começou a perceber que havia também... uma procura diferente, porque começaram a haver mais pessoas [...] oriundas de Cabo Verde, dos PALOP [...] e que era necessário dar outro tipo de resposta [...]. O programa foi reformulado e pretendeu-se [...] valorizar este tipo de intervenção. [...] Em vez de ser uma candidatura anual, passou a haver um serviço aberto, a qualquer hora e a qual-*

---

[229] Para a escolha, ainda concorreu o facto de, como mencionado no Plano de Ação 2012 da RSL, o "Programa Amadora Empreende" se ter articulado com dois CLDS: o do bairro do Zambujal e o do Bairro de Santa Filomena. Neste último caso, o Programa inseria-se num contexto que já estava a estudar, em virtude dos acontecimentos supramencionados.

quer pessoa que [...] tivesse uma ideia de negócio ou quisesse implementar um negócio, deixando de haver as tais candidaturas. [...] O que [...] fizemos [no primeiro caso] *foi trabalhar com [...] as associações que estão no bairro [...]. Portanto, a ideia era dar algumas competências à pessoa para ela preparar no seu local de residência antes de poder apresentar algumas ideias no Centro de Apoio ao Empreendedorismo. Aquilo que na altura nós constatámos, e foi muito dito por essas instituições que estão no bairro, foi que as pessoas que vivem nestes bairros [...] no geral são imigrantes, de primeira, segunda e terceira geração, de imigrantes cabo-verdianos na sua maioria, com pouca escolaridade, com baixos rendimentos, com muitos desempregados, muitos dependentes de subsídios públicos. E este é o quadro. E estas pessoas, aquilo que nos diziam, é que têm uma atitude muito pouco proativa perante a vida. Portanto, estão à espera que a situação mude por si, uma atitude muito de ... à espera que alguma coisa mude sozinha [...]. Aquilo que nós fizemos foi organizar um conjunto de workshops, sobretudo com jovens, 20 anos, 25, até aos 30. [...] O balanço foi positivo no final. Nunca tinha sido feito nada dessa natureza junto daquela população. [...] No entanto nós começámos com 9 ou 10 jovens e ficámos com 3, porque foram desistindo ao longo do percurso [...]. Por outro lado, concluímos que não os preparou para a criação de um negócio, faltava uma série de competências para a apresentação de um negócio e portanto aquilo que foi o objetivo final acabou por não ser conseguido. Isso foi na primeira metade do ano de 2012.*

No segundo semestre do ano, estes mesmos parceiros chegaram à conclusão de que, tendo em conta o contexto socioeconómico do país, a melhor opção era deixar de focar tanto a questão do empreendedorismo enquanto criação de um negócio e passar a focar mais a questão da inserção no mercado laboral, porque neste momento é mais seguro e, se calhar, é a maior necessidade de que as pessoas apresentam, jovens e adultos do bairro, porque o desemprego tem uma taxa muito elevada naquele território específico. [Assim] foram selecionadas todas as pessoas oriundas dos bairros que não tinham sido selecionadas para iniciar a formação no "Amadora Empreende" e foram encaminhadas para estruturas existentes no município que faziam algum tipo de formação em empreendedorismo, nomeadamente no projeto que nós tínhamos que ... era um projeto do "Zambujal Melhora".[230] *Havia um eixo que trabalhava o empreendedorismo [...], como era uma formação mais adequada a este público e mais adequada no sentido em que a própria comunicação tinha em conta*

---

[230] Criado por uma parceria entre a Câmara Municipal da Amadora, o Instituto da Habitação e da Reabilitação Urbana e a Escola Intercultural das Profissões e do Desporto da Amadora.

as habilitações das pessoas, que isto também interfere com o processo da aprendizagem. Daquelas pessoas que foram encaminhadas, três situações chegaram ao fim e foram implementadas de facto.

O Programa visto pelos outros entrevistados

Sobre o programa, falei com outras pessoas, especialmente das associações de imigrantes: [membro de ONG – Entrevista 7] *"Amadora Empreende"? [...] Estivemos a participar mais no apoio às pessoas na candidatura das pessoas [...] informar na internet e ajudar aqui as pessoas na criação da proposta de negócio. [...] Eu acho que isto é muito importante. Eu acho é que, se calhar, isto não foi muito bem... devia ter sido um bocadinho mais aprofundado. Há aqui muitas pessoas que têm capacidade para abrir o seu próprio negócio. [...] Eu continuo a achar interessante, já que há imensas lojas encerradas que podem ser ocupadas e há aqui ideias boas. [...].* E, depois, chegaram a criar o negócio? *Que eu saiba, nenhuma.*

[Membro de ONG – Entrevista 9] Dizias-me que participaste do projeto "Amadora Empreende"? *Sim. Fizemos a divulgação aqui no bairro. Em 2009-2010 [...] trabalhava como mediadora para a Câmara e chegou uma altura em que me foi pedido para acompanhar o projeto "Amadora Empreende" [...]. Houve uma ideia que era catering, buffets; houve uma que era desportos radicais, que essa por acaso achámos gira; houve uma que era fotografia – houve vários; houve restauração; houve uma que era – acho se não me engano que foi essa que ganhou – que era de alimentação [...] essas pessoas seriam acompanhadas tipo numa formação de X horas pelos técnicos [...] mini-formação. Um acompanhamento até como planear, como montar, onde buscar, as coisas mais básicas. Seriam acompanhados por eles.* E, depois, então, o resultado? *Resultado? Nenhum. [...] Não vi nenhum. Não há nenhuma pessoa que tenha aberto uma loja aqui, e podia ser um dos objetivos ocupar estas lojas porque estão a ser vandalizadas [...], também porque ninguém iria num bairro social a alugar as lojas.* Por que não se realizou nenhum projeto de empreendedorismo? *As pessoas que moram no próprio bairro, também como já conhecem um bocadinho o ambiente, também ficou aquele medo de montar uma loja para vender. E, depois, imaginam que se lhe emprestam um sítio, tenho que pagar 50 ou 100 mil, a pessoa à partida já tem medo. [...] Quer dizer, no banco já sabem como é que é ... não consigo, pedem isto, pedem aquilo, pedem outro e não sei quê, perdemos tempo ali, vou acabar no fim e nem me vão dar o empréstimo.*

Mecanismos genéricos de configuração específica das relações sociais na Amadora

O *focus group* sobre a Rede Social Local da Amadora foi realizado em abril de 2013, na Divisão de Intervenção Social da Câmara Municipal da Amadora, tendo por título: "A experiência da participação: efeitos sobre a 'integração' e as escolhas da Rede", e contou com a presença de doze pessoas, sendo três homens e nove mulheres. O grupo mais representado foi o dos técnicos municipais, seguidos por representantes de ONG, da Segurança Social, da Santa Casa da Misericórdia; todos eles com envolvimento não apenas no Programa "Amadora Empreende", mas também com os processos de desalojamento que ocorriam em Santa Filomena. O grupo contou também com a presença de uma pessoa beneficiada pelo Programa "Amadora Empreende" e que viabilizou o seu projeto empresarial, e por uma dirigente da Divisão de Intervenção Social.[231] A seguir, reproduzo os excertos da transcrição dos diálogos, seguindo a mesma a estrutura utilizada no caso anterior; no entanto, no caso da Amadora, a discussão sobre "integração" não revelou a emergência de um modelo contra-hegemónico da intercultura (identifiquei apenas 14 referências ao tema da "integração"); além disso, o conflito entre representação e participação ficou desequilibrado a favor desta última (citado 18 vezes), sendo a participação direta um dos elementos centrais para a Rede; pela mesma razão, o assunto mais debatido foi o conflito entre desenvolvimento-sem--os-migrantes e experimentação-com-os-migrantes que ocorre ao nível territorial (citado em 42 oportunidades).

Estava ciente de que, devido aos processos de desalojamento, era expectável que a *tensão* entre o grupo fosse muito elevada; o que não previra era que todo o debate fosse constantemente dominado por uma ininterrupta *conflitualidade*, estruturada em torno de uma *fratura* muito nítida, entre o grupo dos imigrantes (negros, minoria) e o grupo dos não imi-

---

[231] As fichas socioprofissionais distribuídas e preenchidas forneceram as seguintes indicações: quatro participantes declararam ter nascido no estrangeiro, mas apenas uma declarou nacionalidade não portuguesa e outra declarou possuir tripla nacionalidade. Quatro pessoas declararam ter chegado a Portugal entre 1976 e 1990. As profissões declaradas foram: assistência social, consultoria profissional, empregos administrativos no setor público e privado, psicologia, mediação social. Não foram declarados cargos de dirigentes associativos/as. Os títulos de estudo mencionados referem que, entre os/as participantes, apenas um/a não concluiu o ensino secundário e um/a não declarou. Os/As demais são todos/das licenciados/as.

grantes (brancos, maioria). Um dos técnicos da Câmara comenta as declarações sobre os efeitos positivos (supostos por mim) da RSL sobre a "integração" dos imigrantes na Amadora: *através do trabalho da Rede Social Local, o cidadão sente-se mais integrado [...] a ideia é juntar essas pessoas e perceber ao auscultá-las quais são os problemas que têm e como é que elas acham que a comunidade pode responder a esses mesmos problemas. E, pronto, eu acho que a nossa tentativa enquanto rede é que todos se sintam integrados.* Uma participante imigrada não concorda: *a integração é outra coisa. Passa pelos problemas de habitação...* A discussão logo se adensou, e acabou por concentrar-se sobre os diversos preconceitos da sociedade portuguesa e amadorense relativamente a quem é imigrante: *antigamente [...] não chamavam de imigrantes, chamavam de filhos de segunda geração e muitos jovens chatearam-se com isso porque diziam que não eram 'da segunda', mas só imigrantes que vieram. É isso. Um bocado aqui no debate sobre a integração ou não integração [...] por exemplo, tem um projeto com um "bairro crítico":*[232] *vão lá a saber das pessoas o que é que faz parte nessas pessoas que estão ali! Não chegar com um projeto ou com um desenho de um projeto para integrar...* Outra imigrante intervém: *as pessoas não aceitam esta conotação* [bairro crítico]. *E dizem que já estão fartos [...]. Eu digo isso porquê? [...] Porque as medidas da segurança social não vão ao fundo da questão do que eles realmente precisam. A questão é dizer: eu sei arrumar a minha despensa. Eu não vou querer um apoio que, de uma certa forma, não vai [lidar com] a minha situação real. Então, é necessário que temos um pouco de cuidado aqui, porque são pessoas.* Outro imigrante é decididamente mais polémico sobre a RSL: *já participei em vários fórum que falam sobre a imigração e muitas coisas, e quanto começam a falar as pessoas, elas falam tudo bonito, mas na realidade do que se diz e do que se escreve na realidade não acontece.* Ao prosseguir a sua queixa, neste caso sobre a conclusão antecipada do CLDS de Santa Filomena, o interveniente reifica a imagem do imigrante de uma forma muito clara: *chegou no meio a contar com um projeto que iam explicar como é que ia ser feito, chega no meio e diz que o projeto já não vai ser e vai ser diferente. Nós passamos ali e pas-*

---

[232] A participante refere-se às políticas nacionais de habitação pensadas para os/as imigrantes, chamadas "Iniciativa Bairros Críticos" e lançadas pela Secretaria de Estado do Ordenamento do Território e Cidades, através do Instituto da Habitação e da Reabilitação Urbana, em meados de 2000.

samos a ser um ping-pong. A Santa Casa, a Câmara e a Segurança Social fazem aquilo que querem da população.[233]

Não foram citadas propostas ligadas à *intercultura* como alternativas para solucionar os *conflitos sociais*. Da mesma forma, a ideia de procurar a *coesão social* através da *articulação das igualdades e das diferenças e do reconhecimento das especificidades culturais* não foi discutida. Pelo contrário, a tensão entre representação e participação apareceu apenas no sentido de discutir a presença dos estrangeiros imigrantes e dos parceiros dentro da Rede Social Local, pois neste caso não haviam formas de representação no sentido político (através de um voto ou de uma nomeação). Por isso, sobre representação mencionou-se só uma oportunidade: *hoje em dia, eu acho que uma pessoa imigrante ou não imigrante pode se rever ou não nesse modelo de organizações* [ONG étnicas]. *E tem o livre direito de escolher: "eu tenho aquela associação no bairro que me dá resposta a isso ou vou procurar outra associação que está na rua em baixo que pode responder às necessidades que eu tenho". Eu acho que hoje em dia não se sente essa realidade como se sentia quando os primeiros imigrantes começaram a vir para o Concelho.*

Também na dimensão política o antagonismo foi central nesta fase da discussão, onde as contraposições manifestaram-se relativamente a vários temas e tópicos. Primeiramente, como falta de participação política geral: *tanto os imigrantes, como também os nacionais estão um pouco separados da vida pública política* [isto é] *falta de participação. [...] Isso nota-se muito – eu conheço muito mais as atividades do PSD do que do PS – mas há poucos participantes nos partidos políticos [...] imigrantes e nacionais em geral.* Seguidamente, como falta de participação dos dirigentes nas reuniões do CLAS da RSL, como explicado pela dirigente camarária: *estamos aqui a gerir 200 instituições com formas de fazer, de estar, com técnicos e outras sem técnicos que são diferentes. De qualquer maneira, acho que nos últimos tempos – não sei porquê – os dirigentes das instituições, quem pode quem manda, têm-se demitido muito do seu papel de parceiros efetivos nas reuniões plenárias do CLAS. E isso é, se calhar, a grande crítica que eu tenho a fazer, neste momento, à Rede. [...] Os dirigentes delegam nos técnicos a representatividade no CLAS. Isso faz toda a diferença. O técnico, por muito que tenha falado com o dirigente e que ele tenha delegado competências, não vai numa reunião do CLAS definir se pode fazer ou não pode. [...] E mais: o que é que se passa*

---

[233] O debate sobre o caso de Santa Filomena estendeu-se por muito tempo ao longo do *focus*; no entanto, por não se tratar do tema principal da investigação, não será extensivamente reportado.

no CLAS passa-se nas Comissões de Freguesia. Portanto, a ausência dos dirigentes. Muitas vezes quem está é quem está no terreno. [...] no início havia uma grande participação das instituições e essa participação tem vindo a diminuir. Este problema, que se apresenta como um verdadeiro curto-circuito entre parceiros da RSL, não escapou à avaliação do programa feita pela Segurança Social: *pelos dez anos do Programa* [RSL] *a nível nacional foi feita recentemente uma avaliação* [...] *em que um dos pontos que é exatamente destacado é isto: a ausência dos decisores* [nas reuniões dos CLAS]. A questão é efetivamente grave, pois *o que está em questão, como se pode perceber, é mesmo a participação não apenas dos migrantes mas de todos os parceiros, e portanto, de um número muito elevado de pessoas, nas atividades promovidas pela Rede.* Observa-se, portanto, um aparente afastamento dos cidadãos relativamente à Rede Social Local: *a participação da comunidade em geral, no meu entender, continua a ser insuficiente, continua a ser escassa e continua a não ser ao nível que nós sugeríamos para que a comunidade tivesse o próprio retorno da informação e dessa participação. Portanto, aqui não distingo se são cidadãos nacionais, se são imigrantes, se são filhos de imigrantes que também já são portugueses. Eu não tento fazer esta distinção. Portanto, acho que há ainda uma escassa participação.* Para além das restrições financeiras, referidas durantes as entrevistas, uma outra possível explicação para este afastamento pode residir no limite operacional da RSL, que uma das técnicas deixou claro: *a forma de nós olharmos para os projetos também é vista de outra maneira e de uma outra perspectiva. E, se calhar, agora estes* [grupos focais] *acabam por ser quase uma coisa muito mais usual, porque é evidente nas políticas sociais não é possível fazer políticas e projetos de intervenção ouvindo tudo o que as pessoas têm para dizer. Isto é uma utopia. [...] É uma utopia pensarmos que cada projeto que vai ser implementado vai dar voz às pessoas e que vai de acordo com aquilo que elas têm para nos dizer.* Neste quadro de dificuldades pelo qual estava a passar a Rede Social Local da Amadora, ao longo do *focus* não foram discutidas perspetivas concretas que sustentassem *planos alternativos* em busca de *coesão política*, maior *partilha* ou *ampliação* dos instrumentos democráticos, para além do que já é feito.

A terceira tensão, entre desenvolvimento-sem-os-migrantes e experimentação-com-os-migrantes, foi sem dúvida o tópico central no debate, até porque refletia a preocupação da Rede em promover a *coesão territorial* através de políticas sociais. O tema do desenvolvimento foi abordado, mais uma vez, a partir do conflito, nomeadamente pela denúncia por parte dos imigrantes do risco que correriam enquanto *grupo social*, de *não ser considerados* como *parte da comunidade* ou *do território: [...] eu percebo muito bem o português, eu sei minimamente me lidar com papéis e hoje percebo perfeitamente que muitas das coisas que eu não pude ter por causa da minha nacionalidade. [...] Eu digo que a pessoa está no meio de um bairro crítico, esta pessoa tende a ser sempre crítica e é uma base para muitas coisas.* Os participantes revelam-se um pouco surpreendidos com a imprevisibilidade e crueza desta declaração, ainda que uma outra representante de ONG, também imigrante, não pareça concordar: *[...] eu vivi e percebi os problemas dos meus familiares, mas a minha mãe e os irmãos dela... eu percebi que o problema já não tem muito a ver com a nacionalidade, tem muito a ver, e mesmo na altura teve muito a ver, com a escolaridade.* Mas a primeira imigrante rebate: *minha mãe quando veio para aqui tentou leccionar, a minha mãe era professora, e nunca conseguiu.*

Entramos assim no momento mais difícil do *focus*, aquele em que se enfrentou a realidade de um território onde se investem muitos recursos financeiros e energias profissionais em busca da *coesão social*, mas que apresenta ainda muitas contradições e condições de *sofrimento humano*. Um membro de ONG, autóctone, reconhece: *podemos dizer que melhorou, mas Amadora ainda não trabalha com aquela imigração em pleno de Amadora. [...] Porque [...] uma entidade tem uma fotocópia de borla e outra também vai emitir a fotocópia, outra entidade tem um contacto com o SEF que pode tratar o problema do SEF em frente a outra entidade, fazer qualquer coisa, fazer a mesma coisa. [...] E acho que Amadora tem muito para ganhar com os imigrantes integrados. A comunidade em si – existe a Rede Social, existem outras coisas – sente-se um pouco excluída. É preciso chamar as pessoas para estarem ali no momento e para dar a sua manifestação e para estar ali. Há coisas que se não se está no sítio exato e no momento exato para discutir não se chega.* Surge neste momento do debate a ideia do *círculo vicioso*, pelo qual apesar dos esforços de integração por parte dos imigrantes, estes são sempre confrontados com obstáculos a essa "integração": *aquilo que eu percebo das pessoas e sobretudo dos jovens que é o que mais me preocupam é que as habilitações ficam a volta do quinto ou sexto ano de escolaridade. E fiz esta crítica no Centro de Emprego no início deste mês que as formações que eles pensaram são poucas ou não adaptadas à população aqui da Amadora. Porque a aprendizagem é para jovens com menos de 24 anos e com o nono ano. Destes jovens, eu consigo colocar dois ou três. E, depois, para adultos que tenham o sexto ano e queiram ter o nono existem quatro ações de formação [...]. Para quem tem a quarta classe não tem hipótese, tem que ir para Lisboa. Isso é um problema.* Diante deste cenário desencorajador, as dinamizadoras da

Rede apelam à responsabilidade das associações: *a responsabilidade da rede somos todos nós. Quando as instituições dizem que a rede fez ou deixou de fazer... a Rede somos nós, somos todos nós, através das nossas instituições e não podemos ... no fundo, essa parceria não tem uns mais responsáveis que outros.*

Para sair do quadro marcado por certos aspetos dramáticos, sugiro aos interlocutores que o Programa "Amadora Empreende", nomeadamente por ter passado por uma certa reformulação após ter sido avaliado como não respondente às necessidades levantadas no terreno, representa um caso de *experimentação-com-os-migrantes* por várias razões. A experiência da jovem empreendedora presente no grupo é positiva: *houve algumas trocas até porque houve uns ajustes naquilo que íamos fazer e íamos finalizar. Eu acho que as funções estão direcionadas para os projetos que estamos a ajudar a evoluir para implementar efetivamente o projeto e quando trabalhava neste aspeto nem pensava, porque eram diversos. Alguns eram organizadores, outros eram associações de apoio à gestão de tempo e de família. A formação estava toda encaixada no programa para esses diversos conteúdos.* Não é essa a opinião de outra pessoa que participou do Programa: *as pessoas vieram com aquela ideia: "pronto, vou entrar num negócio, mas vou ter apoio, vou ter suporte". As formações foram boas, só que, chegado o fim, acho que a maioria das pessoas ficou desiludida quando disseram que eram as pessoas que tinham de preparar o negócio e têm que ir vender o seu negócio para alguém que compra aquela ideia para conseguir investir.* Sabemos terem sido poucas as *start-up* que efetivamente funcionaram, até *porque efetivamente há um grande constrangimento a nível da economia e, portanto, não estamos em altura de montar negócio. Só se alguém tivesse muito dinheiro, mas os bancos não emprestam dinheiro, o micro-crédito também não está a apoiar.* Portanto, neste quadro fortemente influenciado pela crise económica o Programa foi condicionado e reorientado.

Ao longo de todo o debate, não consegui fazer nenhuma marcação de excertos que pudessem reconduzir o discurso a um cenário de *coesão territorial* – o que, a meu ver, indica esta como a principal *carência* da Amadora. Não faltaram, no entanto, referências àqueles que considero elementos que possibilitam alcançar esta condição, como a *confiança* na contribuição que a população pode dar a este objetivo, embora este tema tenha sido muito polémico. Neste sentido, uma técnica sublinhou como *no caso de "Amadora Empreende" essa auscultação foi sendo feita através da implementação do projeto. [...] Quero dizer que aquela auscultação das pessoas, dos participantes, dos destinatários do projeto não tem que ser feita no momento formal como aquele que nós estamos aqui. [...] Outros momentos em que tivemos a oportunidade de conversar com parceiros que estão no território e conhecem bem a população [...] serve a nós para podermos reformular aquilo que está feito e que percebemos que não estamos a responder.*

Finalmente, notar-se-á que em nenhum caso se falou do outro elemento, a meu ver essencial, para atingir um grau de coesão territorial satisfatório: a *descolonização* das relações territoriais. Este tema não surgiu em nenhum momento no debate e faz-me intuir que a veiculação de atitudes coloniais pode ter-se refletido num certo incómodo, expresso por parte do grupo dos brancos em relação ao dos negros. Tratar-se-ia de uma forma de impaciência, que percebi expressa em algumas situações ao longo da dinâmica, por parte dos técnicos em relação aos imigrantes.

Passo agora ao contexto italiano.

CAPÍTULO 9
O CONTEXTO ITALIANO[234]

Na classificação do MIPEX III de 2011 (Huddleston, 2011a), Itália foi posicionada à margem do grupo de países onde os imigrantes beneficiam de políticas favoráveis ou ligeiramente favoráveis, em décimo lugar, entre os 31 países analisados.[235] Segundo o relatório, apesar dos cortes nas "cotas" de ingresso de trabalhadores[236] e das *políticas de repulsão* dos imigrantes em mar aberto,[237] Itália continuava sendo um dos principais novos países de imigração laboral e de refúgio humanitário. Contudo, o estudo criticava o governo italiano por ter adotado normas menos favoráveis à "integração", assim como criticava a representação frequente dos imigrantes como os responsáveis dos problemas sociais em geral, com o uso de estatísticas questionáveis e desprovidas de avaliações dos impactos das políticas sobre a "integração". A acrescentar a estas falhas, as políticas para o reagrupamento familiar e residência de longa duração terão estado desfasadas face às condições reais da sociedade, enquanto as *políticas de igualdade* permaneciam "as mais fracas da Europa [e] o governo [...] inativo em matéria de direitos eleitorais e reforma da cidadania" (Huddleston, 2011a: 26). De

---

[234] Neste capítulo, confronto a visão do MIPEX com o fenómeno imigratório italiano, apresentando depois os contextos locais de Pádua (no capítulo dez) e da zona do Camposampierese (no capítulo onze), enquanto casos de estudo. Todos os textos italianos foram livremente traduzidos pelo autor.

[235] Posição que recuou para 13º lugar no índice Mipex 2014. Ver: http://www.mipex.eu/italy.

[236] As cotas de ingresso são formas de regularização programada de imigrantes realizadas anualmente ou bienalmente.

[237] Através da assinatura de acordos bilaterais com a Líbia e, posteriormente com a Tunísia, a partir de 2009 Itália organizou um sistema de policiamento bilateral da fronteira marítima no Canal de Sicília, com o objetivo de intercetar embarcações de migrantes económicos e possíveis refugiados dirigidas ao próprio litoral, para então identificar os/as tripulantes antes da sua chegada e verificar *preventivamente* quem é elegível para requerer refúgio. Muitas vezes, daí o nome de *repulsão*, as embarcações foram "acompanhadas" ao porto de origem, sem sequer levar em consideração o direito dos/das imigrantes ao refúgio, como ilustrou Boldrini (2010). Com o fim do regime líbio, e a multiplicação do número de embarcações, Itália promoveu outras operações de policiamento e acolhida de prófugos, como descrito mais detalhadamente de seguida.

seguida, passo a confrontar a visão do MIPEX com o contexto imigratório em Itália.[238]

A transição migratória italiana
A partir da década de 80 do século XX, Itália, que havia tido até então milhões de emigrantes, experimentou um processo de *transição migratória*, ao tornar-se um país de imigração.

Antes disso, estima-se que cerca de 26 milhões de italianos, em 100 anos, deixaram o país para uma grande variedade de destinos, principalmente europeus, americanos e oceânicos (sendo cerca de 12 milhões os que regressaram numa fase posterior). São notórias as condições políticas e económicas dramáticas que afetaram a população italiana nos últimos 30 anos do século XIX e na primeira metade do século XX (Bevilacqua, 2001). Para além disso, os incentivos à fundação de colónias agrícolas estimularam as saídas, sobretudo em direção aos países latino-americanos (Franzina, 1976; Trento, 1987; Devoto e Rosoli, 1988). É relativamente comum identificar quatro grandes períodos da emigração italiana: o primeiro, entre 1876 e 1900 (5,3 milhões de emigrantes); o segundo a partir do início do século XX até à primeira guerra (9 milhões); o terceiro, no período entre as duas guerras mundiais (3,2 milhões); o quarto, entre 1945 e o final dos anos 60 (6,7 milhões) (Bevilacqua, 2001).[239] No entanto, a emigração italiana não terminou nos anos 60, pois continuou, embora com ritmos brandos mas significativos, até à década de 80 (com 1,6 milhões de emigrantes de 1970 a 1988). A partir daí, o movimento emigratório clássico deu lugar ao fenómeno contemporâneo do *brain drain*.[240]

---

[238] As entrevistas de recognição e exploratórias realizadas em Itália estão resumidas em Apêndice, na Tabela 2.
[239] Sobre a periodização da emigração, consultei em especial Golini e Amato (2001).
[240] Em 2005, o Instituto Eurispes (*Rapporto Italia 2005*, Capítulo 5) recolheu dados sobre a emigração de italianos e italianas empresários/as, profissionais liberais, artesãos/ãs, estudantes, trabalhadores/as qualificados/as. De acordo com esta sondagem, 37,8% dos/as italianos/as com este perfil terão estado na altura disponíveis para deixar o país. Esta percentagem era ainda maior entre os/as jovens com idades compreendidas entre 18 e 24 anos (54,1%), e pessoas com idades entre 25 e 34 anos (50,5%). Os principais países de destino na altura foram Espanha (14,2%), França (12%) e Reino Unido (9%). As razões da disponibilidade para emigrar apontadas foram a procura de emprego (25,7%), curiosidade (22,9%), cultura (14,2) e "para dar

Foi neste último período que a *transição migratória italiana* se concretizou, quando os primeiros imigrantes africanos (sobretudo magrebinos e subsaarianos) chegaram para ocupar postos de trabalho sazonais nas produções agrícolas do Sul, nas empresas manufatureiras do Centro-Norte e nos trabalhos domésticos nas grandes cidades (neste caso, ocupados maioritariamente por mulheres imigrantes eritreias, somalis, cabo-verdianas e filipinas) (Caponio, 2006: 25 e ss.; 304). Uma parte desta primeira imigração era originária das ex-colónias italianas: Eritreia (colónia italiana entre 1882-1947), Somália (1890-1960), Líbia (1911-1943), Abissínia (atual Etiópia, 1936-1941). Mais tarde, nos anos 90, assistiu-se ao grande êxodo da Albânia (também colonizada entre 1939-1943), provocado pelo fim do regime comunista.

Como aconteceu em Portugal, a imigração produziu um impacto visível no saldo demográfico, permitindo que este se mantivesse positivo. Para Dalla Zuanna e Crisafulli (2001), o aumento da fertilidade entre as mulheres estrangeiras produziu um efeito de recuperação conhecido por quem estuda as inter-relações entre fecundidade e imigração: "normalmente, as imigrantes chegam ao país de destino, sem filhos, passam um período de estabilização, e tentam, mais tarde, realizar os seus projetos de fecundidade"; neste sentido, o aumento na fertilidade das estrangeiras (mais intensa no Norte) foi um "indicador de estabilização e de integração de novos casais de residentes" (Dalla Zuanna e Crisafulli, 2001: 8-9). Entre a década de 80 e até o ano de 2012, a presença de imigrantes em Itália cresceu mais de vinte vezes, ao passar das 210 mil pessoas em 1981 para pouco mais de 4 milhões em 2012.

Neste quadro, diante da intensificação crescente da entrada de imigrantes, a partir de 1986 Itália decidiu adotar uma sequência de medidas legislativas que regularizavam o trabalho de "extracomunitários" no país,[241] o que se repetiu em 1990.[242] O objetivo principal, para além da

---

mais oportunidades aos filhos" (13,1%). No *25º Rapporto Italia – 2013*, o Eurispes assegurava que, em 2012, 16,2% dos/as investigadores/as formados/as em Itália haviam deixado o país.

[241] L. 30 dicembre 1986, n. 943, *Norme in materia di collocamento e di trattamento dei lavoratori extracomunitari immigrati e contro le immigrazioni clandestine.*

[242] L. 28 febbraio 1990, n. 39, *Conversione in legge, con modificazioni, del decreto-legge 30 dicembre 1989, n. 416, recante norme urgenti in materia di asilo politico, di ingresso e soggiorno dei cittadini extracomunitari e di regolarizzazione dei cittadini extracomunitari ed apolidi già presenti nel territorio dello Stato. Disposizioni in materia di asilo.*

regularização, foi introduzir um sistema de *fluxos* de entradas programadas de trabalhadores imigrantes (cotas), que acabou por ser adotado posteriormente de forma regular.

Sucessivamente, na década de 90, Itália viveu a experiência de uma imigração massiva. No início da década, com a queda do regime comunista, dezenas de milhares de pessoas saíram da Albânia rumo ao litoral sul-Adriático de Itália em embarcações de todo tipo.[243] A década foi marcada por outros tipos de chegadas, nomeadamente dos países do Leste Europeu, do Norte da África e da América Latina. Sucessivamente, outras medidas instituíram cotas anuais de ingresso de trabalhadores imigrantes (que variam de acordo com a procura no mercado de trabalho)[244] e, sucessivamente, tornaram mais difícil obter o reagrupamento familiar, estenderam o prazo para a obtenção da autorização de residência permanente, tornando mais difícil a renovação da permissão.[245] No final da década de 2000, Itália atingiu a marca histórica de quase 4,5 milhões de imigrantes (em 2010), sendo estas pessoas originárias de 191 países. Perante este grande número de imigrantes, e a paralela afirmação de movimentos políticos *xenófobos*, abertamente contrários à sua presença,[246] foi adotado em 2009 o chamado *Pacchetto Sicurezza*, um diploma em matéria de *segurança interna* que, de modo significativo, estabeleceu normas com implicações na condição dos imigrantes.[247] Esta lei transpôs de facto

---

[243] Emblemático foi o caso ocorrido em 8 de agosto de 1991, quando o navio mercantil Vlora saiu de Durrës rumo a Bari com 20 mil pessoas a bordo. Os/As imigrantes albaneses/as em Itália passaram de pouco mais de 10 mil, no princípio de 1991, a 173 mil em 2001 e a 466 mil em 2009.

[244] Legge 6 marzo 1998, n. 40, *Disciplina dell'immigrazione e norme sulla condizione dello straniero* (conhecida como Lei Turco-Napolitano).

[245] Legge 30 luglio 2002, n. 189, *Testo Unico delle disposizioni concernenti la disciplina dell'immigrazione e norme sulla condizione dello straniero* (conhecida como Lei Bossi-Fini).

[246] Refiro-me à afirmação do partido Lega Nord, de aspiração separatista, que catalisou os votos dos/das trabalhadores/as e dos/das empregadores/as da parte setentrional do país. Entretanto, se os/as primeiros/as terão podido justificar a atitude xenófoba em relação à "concorrência" dos/das trabalhadores/as imigrantes, os/as segundos/das aproveitaram-se bastante desta "concorrência entre pobres". Falo ironicamente em atitude *xenófoba* e não *racista*, pois este movimento não julga as pessoas pela origem étnica, mas pela procedência geográfica; para o efeito, quando em Itália, nas décadas de 70 e 80, quase não existiam imigrantes estrangeiros/as, a xenofobia da Lega Nord era então dirigida aos/às imigrantes italianos/as do Sul do País. Sobre o partido da Lega Nord, consultei Jori e Diamanti (2009).

[247] Legge 15 luglio 2009, n. 94, *Disposizioni in materia di sicurezza pubblica*.

a Diretiva Europeia do Retorno mas, segundo Acosta, a Lei italiana foi mais severa ainda (Acosta, in Padilla e Xavier, 2009: 59).[248]

Nesta mesma altura, em 2009, iniciou-se *a política da repulsão* (conhecida na Itália como *política dei respingimenti*) contra a imigração por via marítima. O número de rejeições, em 2009, chegou a 1.409 pessoas e manteve-se nos anos seguintes.[249] Contudo, este tipo de *arbitrariedade legalizada* não impediu que, a partir de 2011, desembarcassem nas costas sul de Itália dezenas de milhares de pessoas, oriundas de países interessados por conflitos sangrentos ou condições extremas de pobreza (Síria, Iraque, Afeganistão, Eritreia, Somália, Palestina, Líbia, Tunísia, Congo, Nigéria, Gambia, Senegal, entre outros).[250] Uma parte destas foi encaminhada pelos poderes locais em centenas de estruturas. Outras, conseguiram sair da Itália, rumo aos demais países da Europa, o que gerou *tensões* com a França (na fronteira com Itália) e na Inglaterra (em função do ingresso de imigrantes e refugiados através o Eurotunnel, em Calais na França). Na altura, o governo italiano solicitou a colaboração da UE para gerir a emergência, na sequência do que foi instituída a Operação HERMES, viabilizada pela agência Frontex, em parceria com a Tunísia.[251] Em 2013,

---

[248] De fato, o texto tomou medidas severas contra a imigração irregular: por exemplo instituiu o crime de *imigração clandestina*, punido com uma coima entre 5 a 10 mil euros e a expulsão do país.

[249] Informações disponíveis no blog *Fortress Europe*, disponível em: http://fortresseurope.blogspot.it/2006/01/libia-elenco-dei-respingimenti.html [10 de dezembro de 2013]. Itália chegou a ser condenada por esta política com voto unânime do Tribunal Europeu dos Direitos Humanos de Estrasburgo. O caso em questão é conhecido como "Hirsi": 24 pessoas que em 2009 foram rejeitadas em mar, violando assim o artigo 3 da Convenção dos Direitos Humanos. Itália não recorreu da sentença (o governo Berlusconi havia sido substituído pelo governo Monti) e ressarciu cada uma das 22 vítimas em 15 mil euros. Sobre a política de repulsão, consultei Boldrini (2010).

[250] Segundo o Ministero dell'Interno, os pedidos de refúgio humanitário em Itália foram poucos menos de 23 mil em 2013, e cerca de 58 mil em 2014. Segundo fontes de imprensa, foram pouco mais de 52 mil, no primeiro semestre de 2015, as pessoas socorridas ao largo do litoral sul da Itália. Informações disponíveis no site do Ministério, em: http://www.interno.gov.it/it/sala-stampa/dati-e-statistiche. Consultei também o site do jornal *La Stampa*, em: http://www.lastampa.it/. Acesso realizado em 01/08/2015.

[251] Um dos objetivos da operação foi interceptar embarcações em toda a Sicília e em Lampedusa, para identificar o local de origem dos/das migrantes, ajudando Itália a organizar o seu retorno, e identificar eventuais redes de tráfico de seres humanos. Em 2011, perante as situações insustentáveis a que foram sujeitos/as muitos/as migrantes detidos/das nos Centri di identificazione ed espulsione (CIE), organizaram-se revoltas e motins, como em Pozzallo

o Governo italiano instituiu a Operação Mare Nostrum, um articulado equipamento de meios da Marinha e da Aeronáutica Militar italianas que atuou em colaboração com estruturas sanitárias para socorrer embarcações de refugiados empenhadas na travessia do Mar Mediterrâneo (Caffio, 2013: 11-20). A operação Mare Nostrum foi substituída em 2014-2015 pela Operação Triton, novamente dirigida pela União Europeia/Frontex.

As políticas de "integração" dos e das imigrantes em Itália

Como mencionado há pouco, a Lei 94/2009 (o chamado *Pacchetto Sicurezza*) veio implementar medidas importantes no sentido da "integração", designadamente a adoção do "Acordo de Integração",[252] que previa a assinatura de uma declaração por parte do imigrante que requeria a autorização de permanência. A assinatura do Acordo era condição necessária para obter a concessão (ou prorrogação) da autorização, e obrigava o imigrante a assumir o compromisso normativo de *se integrar*: com a assinatura do Acordo de "integração", o *contratante-Estado* compromete-se a fornecer instrumentos *linguísticos e culturais*, e a garantir a extensão ao imigrante das normas previstas na Constituição; por outro lado, o *contratante-imigrante* vincula-se a *respeitar as leis* escritas e costumeiras e, sobretudo, a "Carta de Valores da Cidadania e da Integração".[253] Juntos perseguem o objetivo da "integração".[254]

(8/7 e 23/8), Lampedusa (8/7), Trapani (20/7), Roma (30/7), Bari (1/8), Pantelleria (17/8), Bolonha (24/8).

[252] O texto introduziu uma definição normativa do conceito de "integração" que passou a ser designado como "processo finalizado à promoção da convivência dos cidadãos italianos e estrangeiros, no respeito pelos valores da Constituição italiana, com o empenho recíproco de participar da vida económica, social e cultural da sociedade" (art. 4-bis) (Osservatorio Regionale sull'Immigrazione, 2011: 25).

[253] Um documento de seis páginas, disponibilizado em seis línguas, que fornece informações sobre temas como "dignidade da pessoa, direitos e deveres, direitos sociais, trabalho e saúde, direitos sociais, escola, educação, informação, família, novas gerações, laicidade e liberdade religiosa, posicionamento internacional de Itália" nas relações com os outros países.

[254] Nomeadamente, os objetivos são: adquirir um nível adequado de conhecimento da língua italiana, adquirir um conhecimento suficiente da cultura cívica, garantir o cumprimento da obrigação de instrução dos/das filhos/as menores de idade. O Acordo baseia-se no sistema de créditos: no momento da assinatura são atribuídos ao/à imigrante dezasseis créditos. Para renovar a autorização de permanência, o/a imigrante deve conseguir créditos, sob pena de ser expulso do território nacional.

Para além dos protestos generalizados dos partidos da oposição de centro-esquerda, de setores da sociedade civil laica e católica e dos sindicatos, a adoção do Acordo foi contestada pelo poder local italiano, sobretudo pela falta de clareza em relação aos recursos necessários para a sua adoção.[255] O Acordo foi finalmente aprovado em março de 2012, sendo que se aplicou apenas aos maiores de dezasseis anos, chegados a Itália após essa data, que requeriam uma autorização de residência superior a um ano. Após a adoção deste Acordo, o governo implementou em junho de 2010, o "Plano para a integração segura identidade e encontro" (*Piano per l'integrazione nella sicurezza identità e incontro*). O plano resumia a estratégia do governo definida no *Libro Bianco sul futuro del modello sociale*: educação e aprendizagem (fixação do número máximo de alunos em cada sala), trabalho (*programação dos fluxos* de imigrantes trabalhadores de acordo com a capacidade real de absorção da força de trabalho, isto é, como se pode ler no Plano, "um caminho, este, que deve começar tão cedo quanto nos seus países de origem"); habitação e gestão do território (evitar o *conúbio entre imigração e crime*, "muitas vezes devido à criação de enclaves mono-étnicos"); acesso aos serviços essenciais (com recurso a *mediadores culturais*). Além disso, o Plano pretendia facilitar o *regresso voluntário* dos imigrantes aos seus países de origem. Finalmente, uma outra medida adotada para a "integração" ao nível nacional foi a introdução de *testes obrigatórios* de língua italiana para estrangeiros requerentes autorização de residência de longa duração.

Para além das políticas nacionais, qual foi a atitude das instituições, dos indivíduos, das empresas e do terceiro setor ao nível local no que diz respeito à *"integração"*? A grande importância dos poderes locais em Itália condicionou a realização das políticas, mesmo quando adotadas pelo Legislador ao nível nacional.[256] Sensível à relevância da dimensão territo-

---

[255] Em novembro de 2010, no âmbito da *Conferenza permanente per i rapporti tra lo Stato, le Regioni e le Province autonome di Trento e Bolzano*, a sede oficial de cooperação e discussão entre os poderes locais e o Estado. Ver os pareceres: "Parere sullo schema di decreto del Presidente della Repubblica recante *Regolamento concernente la disciplina dell'accordo di integrazione tra lo straniero e lo Stato, a norma dell'articolo 4-bis, comma 2, del Testo Unico delle disposizioni concernenti la disciplina dell'immigrazione e norme sulla condizione dello straniero, di cui al decreto legislativo 25 luglio 1998, n. 286 (INTERNO)*" e "Parere ai sensi dell' articolo 9, comma 3 del *Decreto legislativo 28 agosto 1997, n. 281*. Os pareceres estão disponíveis em www.statoregioni.it/.

[256] Em Itália, de acordo com o artigo 121º da Constituição, as regiões exercem também o poder legislativo.

rial dos processos de "integração", o *Consiglio Nazionale dell'Economia e del Lavoro* (CNEL) desenvolve anualmente um "índice do potencial de integração" dos territórios italianos (expresso ao nível das vinte regiões e das cento e dez províncias e cidades capitais de província) (Consiglio Nazionale dell'Economia e del Lavoro, 2012). Em 2012, a classificação regional posicionou em primeiro lugar a região do Friuli Venezia Giulia, enquanto o Véneto, a região onde se situa Pádua, ficou em quarto.[257] A partir do reconhecimento da "integração" enquanto *processo* e não como *condição* (ibidem: 1-2), a pesquisa do CNEL confirmou uma tendência crescente das províncias de tamanho médio-pequeno para explorarem melhor o potencial da "integração" dos imigrantes, se comparadas com as áreas urbanas ou mesmo metropolitanas mais concentradas. No entanto, o que mais pareceu interferir na capacidade de "integrar" foram os *mecanismos de mediação cultural*, cada vez mais no centro das políticas locais direcionadas à população imigrante.

Relativamente à região do Véneto, o CNEL indicava uma fragilidade do lado socioeconómico da *"integração"*, pois confirmava quanto reportado por outros estudos acerca de como os estrangeiros nesta região "ainda vivem situações de trabalho menos favoráveis [que as] dos italianos, e por esta razão estão entre os mais afetados pela crise económica" (Osservatorio Regionale sull'Immigrazione, 2011: 164). No entanto, esta condição não provocava uma redução das presenças, mas uma desaceleração das entradas, como resultou dos dados sobre a percentagem dos imigrantes na população total e sobre a presença de menores entre a própria população imigrada. Apesar disto, os jovens de origem imigrante residentes na região demonstravam um progressivo afastamento dos modelos familiares, manifestando uma convergência com os padrões mais comuns entre os conterrâneos italianos. Neste sentido, aumentava o número de jovens imigrantes que conduzia de forma regular o ciclo de estudos e prosseguia os estudos de índole profissional ou técnica (sinalizando um maior realismo na perspetiva de emprego) (Regione Veneto, 2012: 173).

Como avaliar a política de "integração" italiana e, designadamente, véneta? Que processos geraram e que resultados obtiveram? Em 2003 (sob a vigência da Lei Bossi-Fini e muito antes da aprovação do *Pacchetto Sicurezza*), Basso e Perocco definiam a política de imigração italiana como

---

[257] A província de Pádua classificou-se em 27º lugar entre as 110 províncias (distritos) italianas.

um *modelo itálico de apartheid* (Basso e Perocco, 2003: 18-22): *assimilacionista* sem assimilação, pois exigia que os imigrantes se assimilassem sem estender os seus direitos; reconhecia as diversas origens étnicas sem reconhecimento da *diversidade*, pois considerava-os diferentes, mas não adotava medidas de *valorização* dessa diversidade. Além do mais, a seleção, rotação e a *precarização* da força de trabalho à qual estava sujeito o imigrante terá produzido nele uma tríplice separação: *separado do Estado*, que o trata somente como força de trabalho; *separado dos outros imigrantes*, em virtude da forte concorrência gerada entre grupos étnicos; *separado dos nativos*, por todas as razões acima descritas. Ademais, segundo Mantovan (2007), o recurso sucessivo a políticas de regularização não desincentivou a imigração irregular em Itália, mas, pelo contrário, encorajou-a. Esta política definiu um tipo de modelo migratório que foi definido como "implícito" (idem, ibidem: 44-45): uma certa espontaneidade das chegadas, um quadro de escassa regulação institucional, uma *polarização* da opinião pública posicionada entre *solidariedade e repulsão*, e a precariedade e subqualificação da inserção socioprofissional, relativamente aos níveis de qualificação dos imigrantes. Neste sentido, o trabalho dos imigrantes em Itália tendia a ser geralmente *pesado, precário, perigoso, mal remunerado e socialmente penalizado* (idem, ibidem: 39). Para além disto, o modelo "implícito" denotava a influência relevante exercida pelos atores locais na predisposição das medidas de acolhimento, face à ausência do ator nacional. Desta forma, o poder local, as instituições de solidariedade social, como sindicatos, ONG, igrejas, desenvolveram um papel fundamental na "integração" do imigrante ao nível local.

As políticas de representação dos e das imigrantes em Itália

Em Itália, a extensão do direito de voto aos imigrantes foi condicionada por uma interpretação política e juridicamente restritiva do artigo 48º da Constituição, que vinculava o direito de voto à cidadania determinada pela nacionalidade, impedindo os não italianos de votar. Em função desta interpretação, Itália não ratificou o Capítulo C da Convenção de Estrasburgo sobre a Participação dos Estrangeiros na Vida Pública ao Nível Local.[258] Assim, para criar formas alternativas de representação, algumas

---

[258] Com a Lei de 8 de março de 1994, nº 203, *Ratifica ed esecuzione della convenzione sulla partecipazione degli stranieri alla vita pubblica a livello locale, fatta a Strasburgo il 5 febbraio 1992, limitatamente ai capitoli A e B*.

normas foram introduzidas ao nível nacional, como a instituição de comités consultivos, órgãos cuja composição devia refletir a presença de diferentes partes interessadas nas políticas de "integração" dos imigrantes, incluindo as suas próprias associações.[259]

Entretanto, para superar as limitações da legislação nacional, na esfera autárquica muitos municípios mobilizaram-se para tomar medidas e atitudes políticas que incentivassem a ratificação do Capítulo C da Convenção de Estrasburgo. Com efeito, desde meados dos anos 90 algumas Regiões, Províncias e Câmaras Municipais promoveram a adoção de conselhos e conselheiros imigrantes. As consultas, criadas localmente, elegiam ou cooptavam imigrantes recenseados no quadro do registo de residência. Para o efeito, realizaram-se numerosas *experimentações institucionais* com o objetivo de eleger organismos representativos dos estrangeiros. Estas inovações, com critérios e características localmente variadas, foram geralmente realizadas na forma de consultas camarárias ou provinciais, ou com a eleição de um *Conselheiro adjunto* da Assembleia Municipal. Como recordam Zincone e Tintori (Asgi, 2005; Zincone, 2010: 56), as Comissões Consultivas introduzidas em 1986,[260] foram efetivamente estabelecidas pelo poder local italiano antes dessa data; naquele ano, quase todas as regiões estabeleceram novos *comités consultivos para imigração* ou inovaram os já existentes.

Mais especificamente, na Região do Véneto, desde 2000, foi instituída uma consulta regional[261] com atribuições para a elaboração de um Plano

---

[259] Inicialmente, em 1986, foi criado o *Conselho Nacional para os Problemas dos Trabalhadores não Pertencentes à UE e suas Famílias*, que também promoveu a criação de comités consultivos regionais. Em 1998 o Legislador italiano substituiu o primeiro Conselho por uma nova estrutura, desta vez *para* os trabalhadores imigrantes e suas famílias (com tarefas e composição semelhantes ao anterior, mas sem centrar a sua atividade nos *problemas*). Paralelamente, criaram-se também o *Organismo Nacional para a Coordenação das Políticas de Integração* e os *Conselhos Territoriais para a Imigração* (CTI), estabelecidos a nível provincial no âmbito da *Prefettura* (órgão de representação local do governo central), com a tarefa de analisar as necessidades e promover ações a implementar a nível local. Os CTI's foram instituídos por Decreto Lei, de 18 de dezembro de 1999.

[260] Com a Lei 943/1986.

[261] Instituída com a Lei Regional de 30 de janeiro de 2000, nº 9. A consulta avalia propostas de programas de apoio, de assistência social e de cariz cultural (avançadas pelas associações de imigrantes e associações que lhes prestam serviços de continuidade), bem como iniciativas e medidas para atender às principais necessidades dos/das imigrantes e das suas famílias, nas áreas de saúde e habitação, educação, cultura e assistência social.

trienal para a imigração, para a verificação periódica da dimensão do fenómeno (incluindo as dimensões dos problemas sociais e económicos decorrentes), e para a definição de critérios para a concessão de subvenções atribuídas aos municípios ou associações de imigrantes. Há ainda a registar o funcionamento de consultas municipais nalguns concelhos da região. Pádua, ainda em 1993, criou uma consulta para a representação dos cidadãos estrangeiros residentes, a *Commissione per la rappresentanza delle cittadine e dei cittadini stranieri residenti a Padova*.[262]

Algumas investigações da década de 2000, como as realizadas por Mantovan na região do Véneto (Mantovan, 2007) e por Caponio na região de Emília Romanha (Caponio, 2006: 14-15), demonstraram uma certa fragilidade destas iniciativas. Os organismos, na maioria dos casos, tiveram existência fugaz, em virtude de uma forte deslegitimação provocada pela sua instabilidade, pelo escasso nível de representação dos eleitos, e em função do papel residual exercido na programação local (Mantovan, 2007). Além disso, segundo Caponio, a participação de estrangeiros foi, de facto, solicitada apenas no momento da eleição das consultas, através de reuniões que visavam reunir os cidadãos pertencentes a diferentes áreas geográficas. Quanto à legitimidade dos eleitos, não pareceram ter, ao longo dos mandatos, capacidade para dar conteúdo às suas propostas, o que resultou num sentimento de desilusão e de frustração para representantes e representados (Caponio, 2006: 14-15).[263]

No tocante à vertente associativa, Mantovan propôs uma periodização do papel desempenhado pelas associações de imigrantes em Itália: da década de 70 até o início dos anos 80 do século XX, as ONG ligadas à imigração terão sido monotemáticas e ter-se-ão ocupado quase exclusivamente de assuntos muito específicos da esfera política ou estudantil. Seguiu-se uma "fase de ouro", entre as décadas de 80 e 90, que testemunhou a constituição da *Federação das Organizações e das Comunidade Estrangeiras em Itália* (FOCSI, no acrónimo italiano), a realização de manifestações de protesto ao nível nacional, de assembleias de imigrantes, e a fundação de associações de base étnica. Finalmente, a terceira fase, desde o final dos anos 90, foi a da proliferação das associações de migrantes com base étnica local, já não coordenadas ao nível nacional, menos cen-

---

[262] Estudo a consulta no capítulo 11.
[263] Esta substancial falência do mandato político foi confirmada por Candia e Carchedi (2012: 34)

tradas em objetivos políticos e mais nas questões da solidariedade social, em temas culturais e em atividades recreativas (Mantovan, 2007). Outra classificação é proposta por Lo Schiavo (Schiavo, 2009: 27), que distingue a natureza dos objetivos assumidos pelas diferentes associações, e que poderão ser: *caritativas*, quando fornecem ajuda direta às pessoas necessitadas; *reivindicativas*, quando operam principalmente na proteção dos direitos dos migrantes; *empreendedoras*, quando prestam assistência, intermediação para o emprego, habitação, escola; e finalmente, *étnicas*, quando muitas vezes trabalham informalmente, mas podem ser eficazes no apoio à integração dos seus membros no país de acolhimento (idem, ibidem: 27).

Como sublinharam Candia e Carchedi numa pesquisa sobre associações de imigrantes em Itália, que analisou casos em Emília Romanha, Lazio e Calábria (Candia e Carchedi, 2012), o contexto político e institucional italiano da primeira década do século XXI, tendeu a enfraquecer a ação das associações, pois não as considerava instâncias políticas, pelo que não lhes assegurava espaço para exercer as suas atividades. Por outro lado, paradoxalmente, delegava-lhes atividades de solidariedade social, por vezes complementares ou substitutas da realizada pelos serviços públicos. A conclusão do estudo é perentória, pois defende que tais organizações de imigrantes estarão "destinadas a desaparecer com a evolução do processo de integração, para [sucessivamente] confluírem em formas de associação não conotadas com a pertença a uma comunidade nacional"; isto é, "uma vez eclipsada nas instituições a ideia de que esses atores sociais poderiam garantir a representatividade dos imigrantes, desviou-se a atenção para a sua função de integração e intercâmbio" (ibidem: 3). Neste contexto, Caponio observava como entre as associações de imigrantes em Itália o principal problema residia na ausência de atores suficientemente fortes e, portanto, capazes de atuar como um elo entre os imigrantes e instituições representativas, articulando programas, problemas e interesses (Caponio, 2006: 14-15).[264]

No Véneto, eram cerca de 200 em 2012 as associações regionais, inscritas no Registo das Associações, que operavam continuadamente junto

---

[264] Assim, para Caponio, a participação política dos municípios, ao invés de ajudar a preencher essa lacuna, pareceu ir muito longe na direção oposta, promovendo a mobilização limitada à fase puramente eleitoral, que pareceu ter mais a função de selecionar a opção "representante confiável" em lugar de "representante representativo".

de imigrantes não comunitários".[265] Segundo Mantovan, as associações de migrantes na região do Véneto foram caracterizadas na década de 2000 por uma forte fragmentação: associações monoétnicas, mononacionais e religiosas foram fundadas com o objetivo de fornecer socorro aos compatriotas, de intervir nos países de origem, de promover a própria cultura e religião. Tratava-se, portanto, de uma atitude pragmática e visível, ainda que sem uma estratégia de reivindicação política para obtenção de direitos ou novas formas de representação (Mantovan, 2007: 309). Subjacentes a esta estratégia estariam algumas razões: os mecanismos de cooptação e seleção dos representantes dos imigrantes, o escasso poder de influência destes na política local, e a presença de dirigentes italianos entre as associações de estrangeiros. Nessas condições, terá sido difícil dar "o salto de assistidos a protagonistas, sofrendo a embaraçante tutela dos italianos" (idem, ibidem: 310). As conclusões de Mantovan apontam para a existência de um *interesse difuso por parte dos imigrantes em participar na vida pública*, que é enfraquecido pelos *limites impostos pelas instituições representativas*.

As políticas de desenvolvimento local e as migrações em Itália [266]

Em Itália, as "leis Bassanini"[267] e a modificação do Título V da Constituição Italiana[268] promoveram a descentralização da regulação política local, o que resultou na atribuição de funções para os governos locais até então nunca exercidas. Com base nos princípios da subsidiariedade, da diferenciação e adequação, estas reformas ajudaram a disseminar a ideia de que "uma política para o desenvolvimento local pode ser verdadeiramente eficaz se for capaz de interceptar recursos endógenos locais, através de pro-

---

[265] *Registro Regionale delle associazioni, degli enti e degli organismi che operano con continuità nel settore dell'immigrazione*: o Registo foi instituído em 2000, com a Lei Regional de 30 de janeiro, nº 9. Em toda a Itália, existiam em 2012 dezassete registos regionais das associações de cunho migratório.
[266] Tanto em Portugal como em Itália, o tema do desenvolvimento local ficou intimamente ligado ao processo de reorganização do ordenamento do território (extinção das Juntas de Freguesia, agrupamento das Câmaras Municipais, etc.), que foi promovido em finais da década de 2000. Por razões de foco da investigação este tema foi tratado de forma muito marginal.
[267] Trata-se um conjunto de normas que promoveram reformas administrativas do Estado: Lei de 15 de março de 1997, nº 59; Lei de 15 de maio 1997, nº 127 (Bassanini bis); Lei de 16 de junho 1998, nº 191 (Bassanini ter); Lei de 8 de março 1999, nº 50 (Bassanini quater).
[268] Lei Constitucional nº 3 de 2001, *Modifiche al titolo V della parte seconda della Costituzione*.

cessos de participação popular e coplaneamento para o desenvolvimento local" (Messina, 2009: 13).[269]

A descentralização do poder ao nível local impactou também sobre as políticas de imigração, como foi evidenciado sobretudo no que diz respeito às formas de representação dos imigrantes, mas não apenas nestas. No quadro jurídico nacional, as decisões sobre matérias e processos de políticas públicas para a imigração foram, em parte, transferidas para o nível local, uma vez que é no território que se define a "fisionomia real da migração" (Schiavo, 2009). Entretanto, como resumiu Caponio (Caponio, 2006: 72-89), tanto a Lei "Turco-Napolitano" como a "Bossi-Fini" promoveram uma separação entre as políticas de "integração", por um lado, mantidas ao nível de programas nacionais e de ordenamento do território, e as políticas de assistência e proteção social, onde a administração local desenha e implementa as intervenções. Nas políticas de imigração e desenvolvimento local, no entanto, o ator principal tem sido certamente o governo regional (idem, ibidem: 73). Concretamente, o poder nacional e o regional determinavam a parcela do financiamento destinada às intervenções para os imigrantes, que podiam ser mais ou menos significativas em função das prioridades políticas estabelecidas.[270] Por conseguinte, as ações dos municípios a favor da "integração" dos imigrantes residentes no território pareceram estar fortemente influenciadas pelas políticas sociais adotadas a nível regional. Por exemplo, tal situação pesou na conceção e implementação de intervenções previstas no *Piano di Zona*,[271] um instrumento de política pública para a implementação do sistema integrado de intervenções e serviços sociais ao nível regional.

---

[269] Tradução livre do autor. A *subsidiariedade horizontal* é um princípio, instituído pelo artigo 118º da Constituição Italiana, segundo o qual devem ser explorados todos os recursos de um território, das instituições e dos serviços locais, as Instituições Particulares de Solidariedade Social e até o/a cidadão/ã, numa lógica de cooperação e intercâmbio que tenda à concretização dos princípios de responsabilidade e de liberdade, combinados com o da solidariedade.

[270] A Lei orçamental define nacional e regionalmente a existência de vínculos à transferência de fundos (do nacional ao regional e do regional ao provincial e municipal), prevendo a realização de diretrizes específicas de política pública. No caso da imigração, as diretrizes podem estabelecer que uma parte dos fundos seja destinada a famílias de imigrantes através de programas de apoio habitacional, sanitário, educacional, etc.

[271] Previsto pela Lei nº 328/2000, *Legge quadro per la realizzazione del sistema integrato di interventi e servizi sociali*.

Em suma, era no território, seja na dimensão urbana, periurbana ou rural, que ocorria o "encontro/confronto entre os imigrantes e os locais", e terá sido este o contexto fundamental para o estudo dos processos de *interação social dos estrangeiros*, como observou Lo Schiavo (2009: 30). Para o efeito, no seu estudo sobre as políticas públicas migratórias em Milão, Bolonha e Nápoles, Caponio (2006: 304) demonstrou a centralidade do governo local enquanto arena de confronto de identidades e interesses na realização de tais políticas. Para fazê-lo, no entanto, precisou de sublinhar a diferença entre as formas de *governo* e de *governação local*: para o governo, entendido como forma de representação política tradicional, "podemos esperar que a imigração represente um problema desconfortável e em que é difícil intervir, dada a constante atenção dos media, a fácil manipulação política e a atitude muitas vezes não favorável do eleitorado"; inversamente, na governação, entendida como um "conjunto de atividades e interações que moldam a política local" entram em jogo redes de atores "com uma configuração variável" (idem, ibidem: 13). Nesta dimensão, o governo local, e, mais especificamente, autarcas e técnicos, dependem das interações com os demais atores da rede, tais como organizações do terceiro setor, sindicatos e associações de imigrantes (idem, ibidem: 13). O resultado dessas interações, de acordo com os dados levantados por Caponio, não foi sempre necessariamente favorável à imigração (ou à *inovação institucional*), mas representou uma articulação nova entre redes de governação e política tradicional local. Tal significa que, no mesmo quadro macro-fatorial nacional, os atores locais foram capazes de desenvolver políticas migratórias diferenciadas.[272] Com efeito, os resultados do estudo demonstraram uma forte incidência ideológica (e eleitoral) nas escolhas feitas nas cidades e a presença de um "interesse cíclico" dos políticos no tema, presente sobretudo em fases de emergência. Para além disto, na altura em que foi realizada a investigação, em 2005, revelava-se

---

[272] A análise feita por Caponio dos diversos governos camarários que se sucederam nos anos 1990 até princípio de 2000 procurou verificar, por um lado, se autarcas de partidos diferentes adotaram políticas migratórias diferentes; por outro, especificar o papel dos atores políticos autárquicos nas redes locais que acompanharam a questão da imigração. O objetivo final foi entender melhor como a política local agiu perante um tema tão delicado do ponto de vista eleitoral, e ver se realmente o "pânico eleitoral" (isto é, o medo de os/as políticos/as não serem reeleitos/as por terem assumido medidas impopulares, porque favoráveis à imigração) prevalecia na definição das políticas (ibidem: 17).

incipiente, mas cada vez mais importante o papel exercido por redes de atores locais não autárquicos. Ainda sobre este assunto, Lo Schiavo observava como é relevante a dimensão cognitiva no modo de representar e definir o problema de política pública (Schiavo, 2009: 32-33). Neste caso, é a construção da *imagem do imigrante e da imigrante* que define as escolhas e, portanto, os resultados da formulação de políticas. Estes serão diversos, consoante a conceção adotada predominantemente seja a do *imigrante como um recurso* ou a do *imigrante como um problema*, ou, ainda, como uma *pessoa desfavorecida* ou *desviante e marginal*.

Como se configurava a relação entre imigração e poder local no território do Véneto? Segundo Messina,[273] a chegada dos imigrantes coincidiu com mudanças profundas que afetaram o território. Com efeito, a partir do século XX, numa região que se apresentava como uma extensa cidade "difusa e preterintencional" (como escreveu Jori em Messina, 2008: 77),[274] procurava enlaçar-se o sistema global aos novos modelos empresariais, capazes de integrar indústria e serviços para produzir inovação. Era um sistema que também vivia as contradições típicas de uma sociedade cosmopolita, interétnica e intercultural, desprovida de uma grande cidade metropolitana capaz de catalisar competências profissionais do terciário avançado que caracterizam a economia do conhecimento (Rullani em Messina, 2008: 26-43).[275] Estas mudanças encontraram alguns atores políticos impreparados, nomeadamente ao nível regional, enquanto outros, designadamente ao nível municipal, produziram *formas de experimentação e inovação institucional*. Com efeito, alguns municípios de média dimensão deram origem a redes interinstitucionais que, através de "mesas de concertação", estabeleceram formas de *cooperação entre concelhias*, como no caso dos Acordos Programáticos de Área (*Intese Programmatiche d'Area*

---

[273] Não realizei uma entrevista específica à Profª Patrizia Messina da Università degli Studi di Padova, mas uma colaboração na realização de numerosas atividades de pesquisa, com o objetivo de relacionar o tema da migração internacional com o do desenvolvimento local. Apresento aqui algumas reflexões fruto desta colaboração.

[274] Tradução livre do autor.

[275] No entanto, a grande fragmentação administrativa representada pela presença de 581 municípios venetos, dos quais mais de metade abaixo dos 5.000 habitantes, impedia um governo territorial uniforme. Além disso, as instituições públicas e os/as atores/atrizes privados/das que representassem os interesses locais estiveram ainda muito ligados/das ao sistema manufatureiro tradicional.

– IPA).[276] Este instrumento de planeamento territorial descentralizado, em sentido amplo, permitiu a concertação política entre representantes dos governos locais e atores do território, pela qual se tornou possível dedicar recursos ao planeamento e à construção de uma sólida rede de governança multiator, capaz de interagir com o ator regional e com atores locais, autóctones e imigrantes.[277]

Evidências italianas dos processos de recodificação
Para ilustrar o que, mais uma vez, se parece com um desencontro entre a avaliação do MIPEX III e os dados que recolhi no terreno, agrego a informação de acordo com as três dimensões gerais da imigração que são tratadas aqui: a "integração", a representação e o desenvolvimento local.

A primeira nota respeita às mobilizações dos imigrantes que aconteceram a partir do ano 2010, em todos os dias 1 de março. Organizadas em torno da adesão ao apelo feito pelo movimento *1º Marzo*,[278] em dezenas de cidades italianas realizaram-se manifestações sob o slogan *Un giorno senza di noi* (Um dia sem nós). Em 2010, primeiro ano de convocação, cerca de 300 mil pessoas saíram às ruas para lembrar a importância dos *novos cidadãos* para o país, protestar contra o *racismo institucional*, a lei Bossi-Fini e o *Pacchetto Sicurezza*.[279] Os manifestantes posicionaram-se a favor da concessão da cidadania aos nascidos em Itália e da participação dos imigrantes nas eleições locais. Tratou-se de uma tomada de consciência para reivindicar direitos violados utilizando uma irónica e provocatória referência à possibilidade de imaginar o que aconteceria no país se os imigrantes desaparecessem repentinamente, como ficcionado no romance de Vladimiro Polchi (Polchi, 2010). O evento nasceu espontaneamente na internet e publicitou-se informalmente, de boca em boca, sendo finalmente

---

[276] Introduzidas com a Lei Regional 35/2001, *Nuove norme sulla programmazione*.
[277] É este o caso da Intesa Programmatica d'Área (IPA) da zona do Camposampierese, na província de Pádua. Estudo este caso no capítulo 11.
[278] Nascido em 2009 e coordenado por Cécile Kyenge, médica italo-congolesa, membro do Partido Democrático (PD) da Emília Romanha, exerceu funções de coordenação das políticas de imigração. Kyenge foi Ministro da Integração no 62º Governo Constitucional, cujo Primeiro Ministro foi Enrico Letta (2013-2014).
[279] Sendo que segundo testemunhos foram mais os/as italianos/as presentes do que os/as próprios/as estrangeiros/as, como observou Alberto Colaiacomo. Acesso em 2 de março de 2010, disponível no *site* especializado de notícias sobre a imigração "Immigrazione Oggi": http://www.immigrazioneoggi.it.

organizado por centenas de organizações que o interpretaram das formas mais diferentes: greve, festa, confronto com a polícia. Muito relevante foi a ação dos sindicatos dos trabalhadores.[280] Esta denúncia revelou a grande contradição que caracteriza os processos "integrativos": pede-se aos *imigrantes que se integrem*, mas quando o fazem (como trabalhadores, cidadãos, contribuintes de impostos) tornam-se *invisíveis, desconsiderados*, úteis à sociedade apenas para cumprir a jornada de trabalho, objeto de todo tipo de discriminação enquanto estrangeiros, quando não associados automaticamente aos fenómenos de criminalidade.

A segunda nota é uma não-informação, ou, mais precisamente, a ausência de uma informação. Em 2011, o *Ministero dell'Interno* italiano produziu um relatório sobre as atividades dos *Conselhos Territoriais da Imigração (Consigli Territoriali per l'immigrazione)*, referente ao ano de 2009. Os dados estatísticos forneceram algumas noções da estrutura representativa: em 2009 participaram dos conselhos territoriais 2.901 instituições e entidades públicas ou privadas, o que soma 42% dos componentes. Participaram também associações comerciais (17%), grupos ou associações de assistência a imigrantes (16%), sindicatos (13%) e associações de estrangeiros (12%). Foram realizados 120 projetos concretos para um investimento total de 7,8 milhões de euros, dos quais 19% para famílias de baixa renda, 17% para as questões culturais e interculturais; 13% para a escola e os jovens (Ministero dell'Interno, 2011: 45-48). Em 2009, os Conselhos Territoriais da Imigração organizaram 712 reuniões (um aumento de 14,5% em relação a 2008). Quanto aos principais temas abordados, 18% foram assuntos relacionados com problemas dos jovens imigrantes (crianças ou adolescentes desacompanhados, menores em situações de risco, escolaridade, etc.); 9% trataram temas da "integração" e de coesão social; finalmente, 8% foram dedicados ao trabalho. Os restantes assuntos foram variados, sendo que 40% do total envolveram questões locais (idem: 48).

---

[280] Como para o caso português, tal argumento mereceria uma atenção mais detalhada. Limito-me aqui a referenciar que há uma resposta positiva por parte dos/das imigrantes, que aderiram de forma significativa a estas organizações em Itália (com uma taxa de adesão de 45% em comparação com 27% dos/das italianos/as, somando em 2010, segundo fontes sindicais, cerca de um milhão de inscritos). No entanto, existem problemas de sub-representação dos/das imigrantes nas direções sindicais, e não foi ainda produzida uma fase da luta conjunta entre trabalhadores/as italianos/as e imigrantes. Para uma visão deste assunto, consultei Mantovan (2007).

Assim, questiono: em nenhuma reunião se pensou em produzir uma discussão sobre direito de voto dos imigrantes? Talvez esta não seja uma prioridade para quem participa nos Conselhos. Ou talvez, o facto de a palavra "voto" não estar impressa no relatório (que reporta as atas de *todas* as reuniões) seja imputável *à ausência* do tema nas discussões? Neste caso estamos diante de uma condição de *silenciamento* deste tema, dentro de uma entidade de grande relevância institucional – que manifesta como o direito ao voto dos imigrantes em Itália se configura como um verdadeiro *tabu*.

A terceira informação diz respeito à publicação, pelo *Ministero del Lavoro e delle Politiche Sociali* (em referência ao biénio 2011/12) em finais de 2013, dos dados nacionais italianos sobre a coesão social no País (INPS, 2013). Alguns dados estatísticos comparados entre italianos e imigrantes davam conta, por exemplo, que em 2012 o salário mensal médio dos trabalhadores do setor privado foi de 1.304 euros para os italianos (1.432 euros para os homens e 1.146 para as mulheres) e de 986 euros para os estrangeiros (1.120 euros para os homens e 793 para as mulheres). Além disso, se para os italianos o salário mensal se manteve no mesmo patamar do ano anterior (houve apenas um pequeno aumento de 4 euros), para os estrangeiros, entre 2011 e 2012, o salário médio mensal diminuiu 18 euros, atingindo o valor mais baixo desde 2008. Neste contexto, as diferenças na presença de trabalhadores sobrequalificados[281] é ainda mais gritante: em 2012, se 19,4% do total de italianos empregados estivessem sobrequalificados, entre os trabalhadores estrangeiros a percentagem subia para 41,1%, sendo isto particularmente evidente no caso das mulheres imigrantes (49,1%, contra 34,8% de homens) (idem: 13). Finalmente, para completar o quadro dramático, notava o relatório que em cada 100 famílias em situação de risco de "pobreza relativa"[282] 49 eram compostas exclusivamente por cidadãos estrangeiros, 33 eram mistas e 18 exclusivamente constituídas por cidadãos italianos (ibidem: 46). Se somarmos os dois primeiros dados, resulta como evidente que, em 2012, 82% das famílias pobres em Itália eram constituídas, parcial ou integralmente, por membros estrangeiros. Esta é a demonstração mais clara de como existia

---

[281] Trata-se de trabalhador/a que desempenha tarefas abaixo do seu nível de qualificação profissional.
[282] O nível de "pobreza relativa" é fixado para uma família de duas pessoas, cujas despesas são equivalentes ao valor médio *per capita* vigente no País.

em Itália uma verdadeira *fratura social* entre imigrantes e não imigrantes, o que correspondia a uma *condição territorial cada vez mais fragmentada*.

Se focarmos o quadro local, no nosso caso reportando-o ao Véneto, o Observatório Regional da Imigração confirmou que em 2011 os "estrangeiros no Véneto ainda viviam situações de trabalho menos favoráveis que os italianos, e por esta razão estão entre os mais afetados pela crise económica" (Osservatorio Regionale sull'Immigrazione, 2011: 164).[283] Não é de admirar, então, que no Véneto, entre os imigrantes que trabalhavam regularmente, 40,3% desempenhassem tarefas abaixo do seu nível de qualificação (em comparação com 17,1% dos italianos) e que esta condição se agravara ao longo dos anos. Ou ainda que, nas regiões do Nordeste (Friuli Venezia-Giulia, Trentino Alto-Adige e Veneto) 38 em cada 100 imigrantes declaravam falta de bens e/ou serviços básicos (contra 8 em 100 italianos) e que, destes, 65% não possuia capacidade para lidar com imprevistos financeiros. Além destes, os maiores problemas levantados diziam respeito à condição habitacional dos imigrantes: arrendamentos elevados e por vezes irregulares, superlotação de moradores, má qualidade da habitação, habitação nem sempre equipada com electrodomésticos. Embora tenha sido reduzida para 32% a proporção de imigrantes no Véneto que viviam em agregados familiares em risco de *pobreza e exclusão social* (em 2011 a estatística nacional era de 39%), o peso do arrendamento habitacional equivalia a 35% do rendimento do trabalho, 12% a mais do correspondente para os trabalhadores italianos (Regione Veneto, 2012: 164-165).

Resumindo: no inicio da década de 10 do séc. XXI, os imigrantes em Itália tomavam parte da sociedade enquanto trabalhadores desqualificados, aceites quase que por obrigação pelo sistema económico. Fora do posto de trabalho, pareciam ocupar o incómodo lugar do hóspede indesejado da sociedade italiana. Apesar de Itália ter sido colocada, na classificação do MIPEX III, entre os países onde os imigrantes poderiam beneficiar de políticas que lhes são *favoráveis* ou *ligeiramente favoráveis*, as condições reais ilustradas acima demonstraram haver o mesmo desfasamento verificado no caso português. Ademais, como em Portugal, observou-se o mesmo processo de *securitização legislativa* provocado pela transposição das Diretivas Europeias, sendo agravado em Itália por aquilo que

---

[283] Tradução do autor.

foi definido por alguns imigrantes como *racismo institucional*. Por outro lado, embora com menor acesso ao direito do voto para os imigrantes, mas de forma muito parecida com o que acontece em Lisboa, a *inércia italiana* em relação à introdução de modificações ao texto constitucional era petrificante, ao ponto de o assunto parecer ter sido banido do debate institucional. Finalmente, os dados apresentados sobre a *coesão social* apontavam claramente para a coincidência entre origem étnica e acentuados níveis de pobreza e desemprego/emprego precário, existente tanto ao nível nacional, como regional. Como no caso português, também em Itália a implementação de políticas *favoráveis* ou *ligeiramente favoráveis* aos imigrantes não se traduzia em melhorias significativas nas suas *condições de vida*, de *afirmação pessoal*, de *representação política* e de *integração territorial*. A razão desta *incongruência entre desígnios e êxitos* das políticas pareceu claramente provocada pela *reiterada e hegemónica prioridade concedida à busca pela ordem social política e territorial*, uma verdadeira obsessão italiana que permitiu a afirmação de movimentos políticos abertamente xenófobos e disfarçadamente racistas. Por isso, muito mais na Península que em Portugal, *atitudes coloniais* passaram a ser toleradas em nome da *manutenção da ordem*. A ativação destas dinâmicas produziu *exclusão social, política e territorial* dos imigrantes, como ilustram os próximos dois capítulos de apresentação dos casos de estudo.

CAPÍTULO 10
REPRESENTAÇÃO DOS E DAS IMIGRANTES EM PÁDUA[284]

Tal como na discussão dos casos portugueses, estruturo os capítulos relativos ao contexto italiano em duas partes: as *visões da migração internacional*, descortinável nos excertos das entrevistas dos atores sobre o contexto migratório local e as políticas em análise, e a interpretação das informações recolhidas nos grupos focais com recurso à transcrição de partes da discussão.[285]

O contexto migratório paduano no começo do séc. XXI

No período intercensitário 2001-2011, somente graças à imigração a população veneta e paduana aumentaram (Regione Veneto, 2013: 214-215). Neste mesmo período, em Itália os residentes estrangeiros aumentaram mais de 200%, enquanto os italianos diminuíram em 0,5%; no Véneto a tendência foi semelhante, chegando a somar em 2011 cerca de 457 mil residentes estrangeiros (9,4% da população total). Entretanto, na província de Pádua, o incremento chegou a 277%, passando dos cerca de 30 mil residentes de 2001 aos mais de 83 mil de 2011, o que representou uma passagem da percentagem de estrangeiros no total da população de 2,6 a 9,1% em apenas dez anos. Todavia, a partir de 2009, a crise económica diminuiu esta tendência: a taxa de crescimento anual da população imigrante baixou para 5,4%, quase metade das taxas do período 2001-2008, época em que a região oferecia mais elevadas oportunidades de emprego. Em finais de 2012, os residentes estrangeiros na província eram pouco menos de 90 mil, enquanto os inscri-

---

[284] Este capítulo apresenta os dados empíricos recolhidos em Pádua, ao estudar o caso da *Commissione per la rappresentanza delle cittadine e dei cittadini stranieri residenti nel Comune di Padova* (Commissione Stranieri – CS).

[285] Em Pádua, foram treze as pessoas entrevistadas, sendo estas dirigentes camarários/as, políticos/as locais de origem estrangeira, investigadores/as da Universidade de Pádua, membros da CS, de ONG e de Instituições Privadas de Solidariedade Social, para além de uma estudante de origem ganense. Alguns/as entrevistados/das participaram também no grupo focal, a par de outras pessoas, somando um total de treze participantes. Ver Apêndice, Tabela 5.

tos no registo municipal de residentes eram pouco mais de 29 mil em 2012.[286]

Segundo dados publicados pelo Observatório Regional sobre a Imigração no Véneto (Osservatorio Regionale sull'Immigrazione, 2013), 2012 foi um ano de crise ao nível do emprego que afetou consideravelmente os trabalhadores estrangeiros homens na região (com um saldo de 2.400 novos desempregados em 2012), ao contrário das mulheres que registaram um saldo de 500 novas admissões. Os despedimentos ocorreram principalmente na indústria (sobretudo no setor metalúrgico) e na construção civil, enquanto foi o terciário (sobretudo o setor turístico) o responsável pelo saldo positivo. Era notória também uma tendência para a estabilização contratual dos estrangeiros no Véneto, que passavam mais frequentemente a ser contratados sem termo (idem, ibidem: 40). De qualquer maneira, em 2012 a percentagem de estrangeiros que perdeu o trabalho na região, em relação ao total de cessações contratuais, foi de cerca de 12%, acima da taxa média que se verificava (9,4 %) quando considerada a população total.

Estes números evidenciavam que, na altura, os estrangeiros continuavam a representar "a componente mais elástica da oferta de trabalho, particularmente sensível ao andamento do ciclo económico" (idem, ibidem: 41). A condição de subalternidade do trabalhador imigrante no Véneto podia ser ainda comprovada pelos dados relativos ao rendimento médio *per capita* dos estrangeiros residentes, que passou de 61% em 2004 para 55% em 2011, em relação ao dos nacionais. Uma redução de cerca de 10% em termos relativos que indicava, por um lado, o aumento da disponibilidade de mão-de-obra imigrante não qualificada na região e, por outro, o progressivo *afastamento social* entre trabalhadores nacionais, com melhores salários, e não nacionais, com salários mais baixos.

Como foi dito há pouco e também observado no caso português, as tendências demográficas e económicas da imigração cruzam-se diretamente com a questão socio-habitacional: rendas altas, superlotação, má qualidade da habitação, habitação não dotada de electrodomésticos, etc. (Regione del Véneto, 2011: 164-165).

Quanto ao associativismo imigrante na região, Saborio (2011) revelou que na província de Pádua, em 2011, estavam inscritas no registo muni-

---

[286] Onde não especificado, os dados são do Istituto Italiano di Statística (ISTAT).

cipal de ONG (que conta mais de mil filiações), 55 associações atuantes na dimensão migratória. Destas, 43 foram classificadas "para imigrantes", isto é, associações de autóctones que possuíam filiados de origem estrangeira, enquanto 12 declaravam ser associações "de imigrantes", compostas apenas por estrangeiros. A área paduana, relativamente a outras províncias, assistia a uma maior concentração dentro da região de associações de imigrantes; dessas, 70% eram compostas por organizações com base nacional, ou monoétnicas, e o restante por associações mistas, ou plurinacionais.[287] Quase todas as associações, para além disso, declararam oferecer um curso de língua aos seus membros, quer fosse a língua do país de origem ou o italiano. Um outro tipo de atividade comum a quase todas as associações era a da gestão do tempo livre através de festas e atividades desportivas.

Em relação às políticas migratórias realizadas ao nível camarário em Pádua, os setores que na altura realizavam a maioria das atividades dirigidas aos imigrantes eram os Serviços Sociais (*Settore Servizi Sociali*), ligados ao pelouro homónimo (tendo sido Vereador Fabio Verlato, ao longo da administração Zanonato/Rossi de 2009-2014)[288] e à divisão camarária dedicada ao Acolhimento e à imigração (*Unità di Progetto Accoglienza e Immigrazione*), diretamente dependente do Gabinete do Presidente.

O setor dos serviços sociais da Câmara de Pádua oferecia mais de cem prestações destinadas a toda a população da cidade, inclusivamente para as áreas mais críticas: atendimento aos moradores de rua, dependências, arrendamento de habitação social e instabilidade laboral, casos de conflitos parentais e tutela da proteção de menores. Para realizar a maioria destes serviços, a Câmara apoiava-se em cooperativas, IPSS, redes de voluntários e também em profissionais que ofereciam competências especializadas que os técnicos camarários não possuíam, ou que cuja contra-

---

[287] Das nacionais, as mais numerosas eram as senegalesas, com 16,6%, seguidas das associações marroquinas com 7,8%, albanesas, com 7,1%, e nigerianas, com 6,5%. 70% das associações de imigrantes desenvolviam, em conjunto com outras, atividades de tipo religioso. Destas, 40% declaravam desenvolver atividades de acolhimento e apoio económico, sobretudo em relação aos/às recém-chegados/as. Outras associações concentravam as suas atividades em relação às profissões, escola, educação, habitação, saúde, assistência, informação, orientação.
[288] Em 2013, O Presidente da Câmara (*Sindaco*) Flavio Zanonato foi chamado para compor o executivo presidido por Enrico Letta, ocupando a cadeira de Ministro do Desenvolvimento Económico. Para tal, demitiu-se do cargo de Presidente do Concelho de Pádua, deixando-o para o Vice-Presidente, Ivo Rossi.

tação seria muito dispendiosa. O segundo setor que se ocupava de temas ligados à imigração, e neste caso de forma exclusiva, era a divisão camarária *Unità di Progetto Accoglienza e Immigrazione* (UPAI). Em entrevista concedida por uma dirigente do setor foram identificados os serviços oferecidos maioritariamente utilizados por imigrantes: a Mediação Social no Território (disponibilização de mediadores/facilitadores culturais), o Apoio jurídico aos imigrantes e atividades de formação, o acompanhamento social, as traduções linguísticas, os Centros de informação e serviços (CISI), o *Sportello Centro Donne dal Mondo* (serviço especializado de atendimento a mulheres), *Sportello RAR/Progetto Rondine* (serviços para refugiados), cursos realizados nas Juntas de Freguesia para adultos, crianças e adolescentes, com o objetivo de favorecer a "integração" e a convivência, serviços de acompanhamento e reforço escolar para adolescentes imigrantes. A UPAI realizava atividades de secretariado técnico para a Commissione Stranieri de Pádua, cujo histórico e atuais atividades passo a descrever.

Perfil da Commissione per la rappresentanza delle cittadine e dei cittadini stranieri residenti a Padova[289]

Donatella Schmidt e Giovanna Palutan (Schmidt, Palutan, 2010), num volume sobre a participação, a cidadania e os novos atores sociais na cidade, relatam que a primeira experiência de representação dos estrangeiros em Pádua remonta ao primeiro mandato autárquico do Presidente Flavio Zanonato (1994-1999), quando, em 1996, a Câmara Municipal aprovava o Regulamento "para a promoção da cultura da paz, dos direitos humanos e da solidariedade". O Artigo 11º previa a participação dos estrangeiros na vida da cidade através da instituição de um conselho de representantes das comunidades estrangeiras. O regulamento havia sido aprovado graças à pressão do movimento associativo que lutava pela "integração" dos imigrantes nas áreas de chegada. Assim, em Junho de 1997, era eleito o *Consiglio delle Comunità Straniere* (CCS), sendo a primeira experiência deste tipo em Itália. Desta forma, segundo outro estudo realizado por Caponio, a cidade de Pádua emergia como uma das mais importantes experiências italianas de elaboração de políticas de "inclu-

---

[289] Perante a inexistência de atas que resumissem quanto ocorrido no período de 2000-2010, reporto informações presentes na literatúra.

são" e participação dos imigrantes, contrastando com as tendências normativas presentes ao nível nacional (Caponio, 2006: 304). Em 1999, a ascensão de uma Presidente de centro-direita, Giustina Destro, trouxe consigo continuidades e mudanças com a administração anterior. Continuidade, relativamente aos projetos de assistência para as vítimas de tráfico e para as mães estrangeiras solteiras; descontinuidade, graças a uma nova organização do Conselho, que passava a estar dividido em seis sub-conselhos que representavam as áreas geográficas. A ideia *multicultural* que subjazia a esta modificação era que diferentes tradições culturais deviam ser representadas em diferentes grupos de imigrantes, colocados a dialogar graças à presença de facilitadores culturais. A nova *Consulta cittadina sull'immigrazione*, que passava a ser composta por 25 pessoas, sendo apenas seis as imigrantes, abarcava objetivos mais amplos que a anterior, abrangendo domínios como a saúde, habitação, trabalho, segurança pública, serviços sociais. Anos mais tarde, novas mudanças foram introduzidas na segunda administração Zanonato (2004-2009), que criou um novo pelouro, o "do Acolhimento e da Imigração" (*Assessorato alle Politiche dell'Accoglienza e Immigrazione*), com uma atenção mais profunda dedicada ao tema. O objetivo central do pelouro era favorecer a representação dos imigrantes através de organismos de eleição direta; nesse sentido, a Câmara municipal de Pádua, apoiada por sindicatos e associações, propôs a extensão ao nível nacional dos direitos políticos aos cidadãos estrangeiros legalmente residentes. Em 2006, após as medidas tomadas em relação ao chamado "Gueto da Via Anelli",[290] um novo Conselho será constituído por 28 membros: 12 deputados municipais (7 da maioria e 5 da oposição), três representantes sindicais e três empresariais, um da Igreja católica, um da Universidade e oito das associações da cidade. Os membros puderam eleger um Presidente que participava dos trabalhos da Assembleia e, diretamente, das reuniões das Comissões Camarárias. Uma nova versão da Comissão, promovida pela terceira administração Zanonato (2009-

---

[290] Uma ampla operação conjunta da Câmara, dos Serviços Sociais, do Pelouro da Habitação e das forças de segurança, para requalificar um conjunto habitacional altamente degradado e entregue aos gangues de imigrantes, localizado nas imediações da Rua (*Via*) Luigi Anelli, na imediata periferia da cidade. As polémicas foram causadas pelo facto de a Administração Zanonato ter decidido cercar os prédios com uma grade metálica, reforçada com painéis de alumínio, que impedia o livre acesso das pessoas, obrigando-as a passar por acessos controlados pelas autoridades. Esta cerca foi apelidada de "Muro di Via Anelli".

2014), foi a chamada *Commissione Stranieri*.[291] O novo regulamento proposto em 2009 previa a eleição direta dos membros e a possibilidade de estes apresentarem propostas na Assembleia Municipal.[292] A eleição ocorreu domingo, 27 de novembro de 2011, nos pavilhões da Feira de Pádua: votaram 3.843 pessoas, cerca de 21% do total de recenseados.[293] ONG e sindicatos dos trabalhadores exerceram um papel fundamental no apoio à Câmara de Pádua para a realização de todo o processo eleitoral. Contudo, apesar de tê-los candidatados não conseguiram eleger nenhum representante entre os membros das associações e entre os sindicalistas de origem imigrante. A *Commissione* eleita, composta por 16 membros, apresentou-se à Assembleia Municipal e logo depois realizou a sua primeira reunião. Egi Cenolli, albanesa de 25 anos, estudante com mestrado em ciência política, em Tirana, na altura residente há dois anos em Pádua, foi eleita Presidente. Como na versão anterior, um representante da Comissão (a Presidente) tomou assento na Assembleia Municipal, com a possibilidade de intervir sobre os tópicos em discussão, quando assim autorizada pelo presidente da Assembleia, além de apresentar propostas que poderão ser colocadas em agenda, através um pedido escrito. Ademais, a Comissão designava dentro de cada Comissão Concelhia e Junta de Freguesia um delegado próprio, com direito de palavra e de proposta, mas sem direito ao voto. A Comissão permanecia *instrumento consultivo* do Presidente da Câmara, dos pelouros das comissões camarárias, da Assembleia Municipal e das Juntas de Freguesia. Em 2012, a CS reuniu-se em treze ocasiões

---

[291] Para além dos dados recolhidos no terreno e na imprensa, utilizei informações contidas no trabalho de Donatella Gasperi, Francesca Helm e Marquidas Moccia, *L'elezione della commissione stranieri di Padova*, realizado em 2011 para o Laboratorio dell'inchiesta economico e sociale – LIES de Pádua. Agradeço à Dra. Sandra Kyeremeh por ter procurado o material, e ao Dr. Giulio Todescan por ter autorizado a sua utilização.

[292] Na segunda metade de 2011 fora lançado o edital para as candidaturas, que puderam ser formalizadas até meados de outubro: foram-na apresentadas 66, de cidadanias diversificadas.

[293] Os eleitores recenseados foram 17.893 (o recenseamento não foi voluntário mas baseado nos dados do registo de residentes estrangeiros da Câmara). Para eleger a CS previu-se um quórum mínimo de 15%, isto é, 2.684 pessoas. Puderam votar os maiores de idade residentes em Pádua, cidadãos de estados que não fizessem parte da União Europeia, apátridas, quando portadores de uma autorização de permanência regular, ou em renovação.

oficiais, sem contar outras iniciativas realizadas sem redação formal de atas.[294]

Visões da migração internacional em Pádua
Nesta segunda parte, como fiz nos outros capítulos empíricos, apresento as entrevistas realizadas, agrupando as respostas de acordo com o contexto migratório local e com as experiências específicas dos atores locais. Finalmente, reporto a caracterização da CS feita pelos próprios entrevistados.

O contexto migratório paduano visto pelos entrevistados
A presença dos imigrantes, na altura, estava fortemente condicionada pela situação de crise económica na qual vivia o país e a zona de Pádua. [Membro de ONG – Entrevista 11][295] *Os migrantes [...] deslocalizaram as despesas, no sentido que mandaram de volta para casa as próprias famílias. Quem tinha um apartamento, reduziu o próprio espaço, colocando-se em grupo com outros ami-*

---

[294] Os encontros tiveram por tema: a escolha dos/das representantes da CS para participar nas Comissões Camarárias e nas Juntas de Freguesia (JF); modificações ao Regulamento Interno; criação do Grupo de Trabalho (GT) para a atividade "DNA L'altro gusto delle idee"; comunicações do Presidente da Câmara quanto à realização de encontros da CS com os/as Vereadores para ilustração das políticas adotadas pelo Município, informação acerca das competências de cada Pelouro e para a participação dos/das membros da CS numa sessão da Assembleia Municipal; apresentação do Projeto "Pádua Meeteen. Grandi si diventa" (participação de pré-adolescentes em atividades promovidas pela Câmara); encontro com o Vereador das Políticas da Educação, Claudio Piron; comunicações dos/das membros da CS quanto à participação nas reuniões das JF e nas Comissões Camarárias; comunicação da Deputada Municipal Cristina Toso sobre a manifestação "Europeade 2012" – Festival europeu do folclore; comunicação do Vereador do Meio Ambiente, Alessandro Zan, sobre a recolha diferenciada de lixo; comunicações do Vereador para a Habitação Giovanni Battista di Masi acerca do Edital para a Habitação Social; discussão sobre a proposta de adesão do Município à European Coalition of Cities Against Racism (ECCAR); apresentação de Malijan Mabel Lanorio, eleita membro da CS no lugar da demissionária Vergara Elizabeth Imperial; programação das atividades de receção dos/das cidadãos/ãs; programação para realização de encontros nos bairros; propostas para a participação da CS em eventos culturais, comunitários e outras atividades nos bairros, proposta de realização da atividade em 27 novembro 2012 (Celebração do 1º Aniversário da CS); discussão das atividades de organização e promoção do balcão "A Porte Aperte" (auscultação da população). Estas informações foram recolhidas a partir das Atas da CS. Acessos entre 2012 e 2013, no Portal da Câmara Municipal de Pádua: http://www.padovanet.it/.
[295] As entrevistas foram realizadas em italiano e traduzidas pelo autor, procurando reportar, quando presentes, os registos linguísticos equivalentes.

gos p'ra diminuir as despesas de aluguer, luz, água e gás, que são despesas fixas. [...] Este fenómeno é causado pela falta de emprego, portanto, a falta de um compromisso. [Membro da CS – Entrevista 10] [Os despedimentos começam pelo] *operário desqualificado, digamos operário comum. Começam exatamente daqui. Quando cortam, a maior percentagem é dos imigrantes, não dos italianos mas dos imigrantes, eu também sou uma das vítimas.* [Membro da CS – entrevista 8] Quais são as maiores dificuldades da tua comunidade hoje? *Neste momento o trabalho, não somente para os nossos* compaesani,[296] *mas para todos os imigrantes. Muitas pessoas voltaram p'ra casa desde quando começou a crise.*

Um outro argumento bastante discutido é o da representação e participação dos imigrantes na vida pública da cidade: [deputado municipal – Entrevista 4] *definitivamente, podemos dizer que tanto em Itália quanto na Câmara de Pádua, os imigrantes participam muito no momento em que deve realizar políticas exclusivamente dedicadas a eles, tipo as feiras multiétnicas, os cursos de italiano, os projetos interculturais em geral. Todavia, na programação, elaboração, realização, implementação de políticas públicas [...] os imigrantes participam menos ou participam pouco mesmo. Ainda não chegámos ao ponto que o imigrante possa compreender que a sua participação é necessária em todos os setores.* [Membro da CS – Entrevista 10] *Eu não sei se isto* [a participação] *é coisa que deve mudar ou coisa que devemos fazer compreender a todo o povo em geral. Porque as pessoas não esperariam nada mais que representação, muito mais do que consulta, muito mais do que ser membro da nossa Comissão. Mas como é previsto pela lei, não podem fazer nada.*

Obviamente, os temas da degradação urbana e da segurança eram atuais, sobretudo por causa de conflitos muito graves que aconteceram na cidade e que podiam ser decisivos para desfazer o consenso político deste ou daquele autarca: [Membro da CS – Entrevista 8] Quais são os principais problemas do seu bairro? *O problema principal é o lixo [...] outro dia chegou o chinês aqui do bar da esquina [...] depois o senhor aqui em frente, Guido. E de um outro bar ao fundo também, todos chegaram para mim a dizer: "tu que és membro do conselho da Junta de Freguesia, tu tens responsabilidade!". [...] Uma outra vez eu tive um problema, entraram aqui e fizeram um furo* [indica a vitrine da loja]. *Apanharam 300/400 euros de moeda, levaram a caixa. [...] Eles são grupo,*

---

[296] Expressão do registo informal da língua italiana que indica o concidadão da mesma 'aldeia' (*paese*), e, por extensão, da mesma nacionalidade.

e quando veem uma pessoa sozinha, começam a segui-la e na escuridão fazem o assalto.

Na cidade de Pádua, *atitudes racistas e discriminatórias* em relação aos imigrantes eram relativamente comuns, mas diminuíram desde 2006. [Deputado municipal – Entrevista 4] *Depois daquilo que aconteceu na Via Anelli, e também no contexto nacional, onde desapareceu aquele estado de medo e aquela conexão entre insegurança e imigração, mesmo por causa do declínio* [do partido político] *Lega Nord,*[297] *o ódio percebido, a desconfiança em relação ao imigrante, diminuíram muito neste período. Seguramente, a instituição da Comissão ajudou nisto, porque se viu que* [os imigrantes] *participam e que querem participar e portanto, [...] em relação a um ano atrás na cidade, vive-se melhor.* O deputado, no entanto, aprofunda a questão: *muitas vezes os imigrantes não sabem nem com quem falar. Ou porque não se sentem à vontade ou porque vivem situações tão pesadas e estão tão sozinhos que se convencem de serem inferiores aos italianos. [...] O serviço médico, judicial, o serviço público em geral, discriminam os cidadãos estrangeiros em relação ao italiano e, portanto, impedem que mesmo dentro das administrações tenhamos imigrantes. Isto faz com que muitas pessoas trabalhem em funções desqualificadas em relação à própria profissão, como é o caso dos enfermeiros que possuem diploma de médico.*[298] Apesar desta visão do imigrante vítima de discriminação ser a mais disseminada, não faltou entre os membros do CS quem apontasse as responsabilidades dos próprios estrangeiros: [membro da CS – Entrevista 9] *se tu não respeitares é lógico que não pode pretender certas coisas; vem aqui, faz "tudo o que quer" e ainda quer respeito? Vá lá! É daqui que nasce o ódio racial e tudo mais.*

A Commissione Stranieri vista pelos entrevistados
A opinião dos membros da CS sobre seu próprio desempenho como representantes políticos incluiu informações muitas vezes ligadas à difícil relação com os seus representados. Os problemas descritos concentraram-se muitas vezes na dificuldade em destrinçar a burocracia das repar-

---

[297] O interlocutor faz referência ao péssimo resultado obtido nas eleições de 2012 pelo partido independentista Lega Nord, cujos principais dirigentes ficaram envolvidos em escândalos financeiros. A posição anti-imigrantes da Liga Norte permitiu ao partido angariar votos em todos os anos 90 e 2000, quando a impetuosidade do fenómeno migratório em Itália levava os *leghista* a denunciar a "invasão dos muçulmanos" (Jori e Diamanti, 2009).
[298] O que no capítulo anterior foi definido como "sobrequalificação" dos/as trabalhadores/as imigrantes.

tições públicas, ou na impossibilidade de atender a todos os pedidos dos eleitores. A partir destas situações, gerava-se um sentimento de impotência quanto à eficácia da própria ação política, o que levava alguns entrevistados a expressar uma avaliação geral negativa das suas experiências "políticas": [membro da CS – Entrevista 9] *existem tantas coisas boas as quais a gente queria participar mas que não são publicitadas. A mensagem não chega às pessoas. [...] Muitas pessoas se dirigiram a mim e pensavam que esta Comissão poderia fazer algo prático para eles, útil, alguma coisa que chegasse às pessoas dentro de casa. Tipo uma ajuda para a casa, ajuda para as habitações sociais. Depois, as pessoas pediam trabalho, uma ajuda da Câmara.* [Membro da CS – Entrevista 10] *[...] Desde que eu me elegi, tentei organizar encontros com os chefes das associações subsaarianas, até três ou quatro vezes. Tento explicar aquilo que estou a fazer, tentei explicar Estado, população, território, valor dos votos, grande governo, tribunal, tipo de tribunal (se é o das Contas ou o Administrativo).* Certa frustração, com muita dignidade, transpareceu em alguns momentos no contexto das entrevistas: [membro da CS – Entrevista 6] [Somos] *pessoas humildes, muito fortes, participamos de um projeto no qual entramos com os olhos fechados, porque eu também fui com os olhos fechados, conseguimos envolver muitas pessoas com mentalidades diferentes e conseguimos ganhar concursos, porém somos humildes e isto digo com o coração, muito convencida. [...] Uma outra coisa é participar com direito de voto.* [A CS] *deveria ser* [mais ativa] *ao nível político, ao nível de decisão.* Nesta situação não faltam as críticas dos próprios membros ao organismo no qual participam: [membro da CS – Entrevista 11] *Trata-se de um grupo de pessoas muito boas de um ponto de vista do empenho pessoal, mas que não possuem grandes experiências em termos de comunicação em direção ao exterior. Talvez representem internamente a próprias comunidades, talvez esta era um pouco a dificuldade contingente, isto é, a de aprender a trabalhar coletivamente, juntos.* [Membro da CS – Entrevista 5] *O grupo é muito heterogéneo e de difícil gestão, isto é, trata-se de pessoas que nunca fizeram política, que possuem obviamente interesses cívicos mas que nunca fizeram política, e, portanto, têm tendência para confundir as coisas. No fundo, não têm ideia de como se realizam as negociações em termos de mecanismos políticos, nem de como levar adiante as propostas políticas. A maior evidência disto é que depois de um ano a Comissão ainda não produziu uma proposta formal onde toma uma posição em relação às políticas municipais gerais, fazendo disso propostas concretas.* [CS – Entrevista 7] *Há pouco que se faz, não podemos decidir nada [...] pouco [...] somos enquadrados demais, temos pouca liberdade, é uma perda de tempo e eu só gostaria de fazer mais.*

Vivo aqui em Itália há trinta anos [...] sou membro da Comissão e temos que propor alguma coisa aos nossos chefes e eles vão falar com as Comissões normais [onde] *eu só vou para ouvir, não posso decidir [...] falar sim, o voto não. Mas numa Comissão onde os rumos já estão decididos de que é que eu tenho que falar?* Reflexões (auto)críticas advieram também de quem trabalha com a CS, ainda que não enquanto eleito: [dirigente camarário – Entrevista 2] *o problema é que a nível institucional teríamos que preencher de conteúdos essa função de consulta, portanto não sei, este órgão deve expressar pareceres, por exemplo, quando se fala de recolha diferenciada de lixo...* [Deputado municipal – Entrevista 4] *Precisaríamos de mais um pouco de experiência política. Implicada, de qualquer maneira, na vida política da cidade de Pádua, para aquilo que é.* Da mesma forma se expressam, em algumas passagens da entrevista, alguns observadores externos: [membro de ONG – Entrevista 11] *Se tu fizeres uma outra 'casta'* [299] *isto não leva a nenhum resultado. Pelo contrário, torna-se autorreferencial e isto é o mal pior, porque, depois, tens referentes que não têm nada a ver com [...] as comunidades. Porque o problema é sempre o mesmo. Se tu necessitas de pessoas que se candidatem, tu começas a fazer um trabalho com estas pessoas, que, depois, por sua vez fazem um grupo através do qual te apoiam, é claro que depois se tornam autorreferenciais.* [Membro de IPSS – Entrevista 12] *Creio que* [a CS] *incidiu, pelo menos de forma superficial, também no ponto de vista da imagem do imigrante na cidade [...]. Sinceramente nem sei se isto influenciou a vida dos imigrantes. [...] Mas eu acredito que não possui um tipo de representação na vida real. Representam perante a sociedade política. Eu creio que nunca fizeram um encontro com a Câmara de Comércio, eu creio que nunca fizeram encontro com grupos religiosos, creio que nunca fizeram encontro com a escola, e assim por diante... com as autoridades sanitárias. Reduzir tudo ao político, somente ao político, creio que nos diz tudo sobre como esta coisa é limitada.*

Mecanismos genéricos de configuração específica das relações sociais em Pádua

O *focus group* sobre a *Commissione Stranieri* (CS) foi realizado em março de 2013, na sede da Comissão na Câmara Municipal de Pádua, tendo como

---

[299] Referência ao livro de inquérito jornalístico sobre os privilégios gozados pelos políticos italianos *La casta. Così i politici italiani sono diventati intoccabili* (Rizzoli, 2007), escrito por Gian Antonio Stella e Sergio Rizzo, dois jornalistas do *Corriere della Sera*, que teve grande difusão em Italia, ao ponto de tornar a palavra *casta* (cada uma das classes em que se dividem os povos da Índia) sinónimo de *classe política italiana*.

título: "L'esperienza di partecipare: effetti sull'"integrazione' e sulle scelte del Comune di Padova".[300] Participaram treze pessoas, seis mulheres e sete homens, na sua maioria membros da CS; os restantes participantes foram membros de ONG, do Secretariado Técnico, uma dirigente do setor e uma deputada municipal.[301] Como para os outros casos, os excertos são apresentados em blocos referentes às três tensões transparadigmáticas: o conflito entre modelos da "integração" e da intercultura (sobre o qual reporto 17 referências); entre representação e participação (com 40 citações, o assunto mais debatido); e entre desenvolvimento-sem-os-migrantes e experimentação-com-os-migrantes (sobre o qual registei 7 citações).

A discussão inicia-se com a mesma pergunta-estímulo utilizada para o conselho lisboeta: com o objetivo de espoletar o debate, peço que se fale da relação entre participar na CS e eventuais mudanças ocorridas na condição de "integração", tanto ao nível pessoal (de cada um, enquanto imigrante) como coletivo (dos imigrantes da cidade). Decididamente, não interessava discutir o significado do conceito, mas testar a sua eficácia concreta como objetivo claro, real e partilhado de política pública. Os participantes dividiram-se sobre o assunto, tornando o debate imediatamente intenso: *para mim, não é certo que estamos mais integrados do que outros... Pode ser que nós damos um pouco de contribuição mais, mas mais integrados do que o outro não estamos ... Há outros que são integrados muito bem, até mais do que nós que estamos aqui.* Pertencer à CS, no entanto, para algumas pessoas significou conhecer melhor a cidade: *pessoalmente, sinto-me mais integrada quando estou na Comissão, mesmo que em algumas questões antes ainda era bastante coerente, mas algumas coisas simplesmente não conhecia.* [Pensava] *"isso não me interessa, [vou] fazer as minhas coisas e basta". Mas agora sou muito mais atenta, se há*

---

[300] O *focus group* foi realizado e conduzido em língua italiana. A tradução é do autor e foi feita com o cuidado de reproduzir, sempre que possível, o registo linguístico utilizado pelos/as intervenientes.

[301] Entre os/as treze participantes, dez declararam ter nascido no estrangeiro, seis declararam ter nacionalidade italiana, e somente três nasceram e foram criados/das em Itália, sendo que um deles residiu muitos anos no estrangeiro. A maioria dos/das nascidos/das no estrangeiro declarou ter chegado a Itália ao longo da década de 2000. Entre as profissões contam-se trabalhadores/as no setor administrativo público e privado, no setor de cuidados domésticos, na mediação linguístico-cultural, estudantes e operários não qualificados. Há uma desempregada. Os graus académicos são variados: a maioria dos/das participantes declarou ter concluído o ensino superior, enquanto uma parte minoritária completou apenas o ensino secundário.

um evento cultural na cidade ou qualquer outra coisa. Para outros, não se conseguiu mexer na "integração" da própria comunidade: *nossa comunidade [...] é muito fechada em si mesma, porque há mulheres de uma certa idade, digamos 80%, que trabalham aqui, e são trabalhadoras domésticas, ou seja, elas ficam aqui por poucos anos e o seu nível de integração é muito baixo, dizem que elas não precisam de representantes. Eles não precisam de nada! As pessoas são passivas, [...] é difícil derrubar esta barreira.*

Para um perfil de participantes como este, a relação entre vida pública e "integração" teria necessariamente de envolver uma reflexão sobre direito ao voto nas eleições autárquicas: *a primeira coisa que irá integrar os imigrantes é o direito de votar [...], isso é claro, daquela maneira as pessoas depois te procuram, pois não tem essa coisa aqui, tu vens aqui, [és aquele] que fala melhor italiano [...].* Outra conselheira acrescenta: *obviamente, a Comissão dá respostas limitadas, por isso temos que levar a nossa mensagem para as pessoas. [...] Eu também tenho encontrado esse discurso que me disseram "O que vocês fazem? 'Arranjam' alguma coisa? Dão emprego? Dão casa grátis? Passe livre, o que dão?".*[302]

Os efeitos da *recodificação dos objetivos* das políticas de "integração" vêm claramente de cima, na medida em que cada um dos intervenientes abordava um aspeto diferenciado do conceito de "integração". Ou seja, não havia a menor concordância sobre o que o que pode significar *estar integrado* – o que confirmava, por um lado, o caráter vazio desta expressão e, por outro, a sua fácil manipulação e transformação em qualquer outro tipo de política. Para confirmar esta sensação, à medida que o tempo passava e as pessoas comunicavam com menos reservas, surgiram alguns relatos sobre a real condição de *conflito social* que pairava sobre a cidade de Pádua. Uma conselheira confessa a frustração de estar a realizar um esforço tão profundo quanto ineficaz para "fazer integrar" os seus compatriotas asiáticos: *da nossa parte é que nós queremos ser integrados, mas não conseguimos fazer isso, há muitas coisas que estão na nossa frente e não conseguimos superá-las. Pelo menos, não podemos fazer ... há muitas coisas que impedem... percebes? [...] Realmente queremos integrar os nossos amigos, nossos "paesani"*[303] *... Sim, é verdade! Mas há alguns que não têm nenhum desejo de fazer o que queremos.* O conflito é latente, entre uma vontade de se integrar e uma *negação social*

---

[302] Reporto a restante discussão sobre voto autárquico na secção dedicada à tensão entre representação e participação.

[303] O mesmo de *compaesani*.

à *integração*. O *estigma* sobre o imigrante não "integrado" é tão pesado que gera conflito até entre os próprios imigrantes: uma delas afirma que *há pessoas que dizem "por que eu preciso 'partir a cabeça', todos os dias eu tenho que sair aqui e ali ... Vou para o trabalho, chego em casa, lavo-me, fico perto da minha família, perto de meus filhos ... Meus vizinhos gostam de mim, eu gosto deles, o que eu quero mais do que isso?"*. Por outras palavras, seria como dizer que para "ser integrado" não basta ser um cidadão comum, com uma casa, uma família, um trabalho, bons hábitos sociais. O que está, de facto, a acontecer? De onde vem este *curto-circuito* que gera tamanho *sofrimento humano* entre os presentes? A *obsessão iníqua* pela busca de "integração", que no entanto parece uma *meta inalcançável* apesar de todos os esforços realizados, deixava-me convencido de que estes conflitos resultam precisamente desta *frustração alienante*. Uma frase pairava na sala: "fazemos de tudo e não conseguimos integrar-nos e, além disso, há sempre alguém mais integrado à nossa frente!". A *reiteração obsessiva* das políticas de "integração" influencia as comunidades de imigrantes, ao mesmo tempo que produz a sua própria *objectificação*. Parece que a sociedade paduana, em geral, quer mais e mais "integração", numa *repetição infinita*. Os conselheiros, neste sentido, encontram-se pressionados pelos seus próprios semelhantes: *entre nós, digamos entre os imigrantes, eles acham que nós* [membros da CS] *temos vantagens, mas não é verdade! Aqui em Itália, "fundada no trabalho"*,[304] *no final, quando dizem que tu és o Presidente da Comissão, Vice, [...] e te perguntam* [qual é a sua ocupação] *e tu dizes que está desempregada ... acabou tudo! Digamos claramente! Porque sim, se tu não trabalhas, tu és fome! Tu não tens nenhuma contribuição, não tens muito valor ... Então podemos dizer que a Comissão nos deu visibilidade, nos deu algum reconhecimento, mas falta-nos a substância ...* Ser representante da CS coloca os eleitos sob *pressão* tanto dos seus compatriotas como dos não imigrantes, que exigem resultados como se faz com qualquer representante eleito, esquecendo que a Comissão possui apenas caráter consultivo. Não será, por isso, casual, que as atividades mais realizadas na altura em que se completava um ano da sua tomada de posse tenham sido as de natureza *intercultural*: *as atividades culturais... houve todo o ano ... [...] isso não faltou*, como lembrou numa rápida intervenção o dirigente camarário. No entanto, uma representante de uma IPSS

---

[304] A pessoa está a referir-se ao Artigo 1º da Constituição, que funda as bases da República Italiana no *trabalho*: "L' Italia è una Repubblica democratica, *fondata sul lavoro*. [...]" (itálico do autor).

não se satisfez com o reconhecimento de que a CS produziu muitas atividades interculturais, e lembrou que entre as obrigações da CS *há também o lado social* [isto é, estar], *mais perto dos cidadãos, para aqueles que conhecemos, que votaram em nós [...] façam uma pequena pesquisa, achem os números, vejam do que eles* [os estrangeiros] *precisam ... Precisam de casa? Claro! Mas só há necessidade da casa? Quase todos agora têm uma ... Não é boa, isso é verdade, então essa é outra* [necessidade]. *Mas não confundam a necessidade da casa com a necessidade de que todos eles têm de uma casa mais digna [...]*.

Com esta intervenção tornam-se mais patentes os *limites*, que ninguém em momento algum escondeu, que caracterizam a ação de um organismo institucional como este. Por isso, enquanto passava ao tema da *representação*, o mais central no estudo da CS, comecei por perguntar se, segundo os presentes, o desempenho da Comissão havia melhorado as *condições de vida* dos imigrantes da cidade, ou havia *influenciado* as decisões da Câmara de forma a torná-las mais favoráveis aos imigrantes. Afinal, não podemos esquecer que a CS foi eleita, e não nomeada – isto é, existe graças a uma real competição eleitoral, que envolveu milhares de eleitores e dezenas de candidatos. Isto implicou um esforço, da parte da Câmara de Pádua, na promoção de uma *experimentação institucional* muito inovadora em Itália. Alguns participantes do *focus* lembraram este facto como uma conquista em si mesmo para os imigrantes paduanos: na *competição eleitoral para a constituição do órgão, houve realmente um grande envolvimento que mostrou uma evolução [...] da sociedade civil, tanto dos cidadãos quanto dos estrangeiros [...], no sentido de conhecer e querer criar um organismo que possa [...] representar os interesses*. Outra pessoa recorda como a falta de uma mesquita na cidade *foi resolvida graças ao Presidente da Câmara, por isso graças também aos estrangeiros da Comissão: o problema foi resolvido porque a Câmara concedeu um ginásio para toda a comunidade muçulmana ao longo do mês de Ramadão*. Entretanto, entre a narração do trabalho realizado, uma representante de ONG decide ser transparente e quebrar a cordialidade institucional que se criara no grupo. *Neste momento, eu tenho que dizer a verdade: há uma emergência económica, há uma emergência habitacional, há uma emergência na renovação da autorização de residência que de alguma forma empurra a opinião pública, especialmente os estrangeiros, a perguntar "mas o que eles estão a fazer?!"*. Assim, os membros da CS são outra vez fortemente pressionados, desta vez não pelo efeito de uma recodificação, mas pela realidade exposta por um operador: *vocês devem ir para a Assembleia Municipal não para falar sempre dos imigran-*

tes, mas [...] *para levar a vossa sensibilidade imigrante sobre todos os temas, desde as questões viárias até à segurança pública.* Isto é, o interveniente propõe a *oposição à hegemonia* de um *modelo de representação* que de certa forma tende a *reduzir* os imigrantes a meros representantes da sua própria *subalternidade*, sem lhes oferecer grandes possibilidades de realizar uma intervenção mais ampla sobre o território. Os limites do Conselho estão agora claros e não podem ser camuflados. Uma conselheira subscreve a última intervenção e tenta orgulhosamente uma inflexão no debate, tornando-se afirmativa: *o que mudaria seria [apresentarmos] uma proposta [...] à cidade e lá se pode ver se é aceite ou não ... Se for aceite muda algo que esta Comissão quer mudar, então esta Comissão fez o seu trabalho.* Esta ideia obtém apoio de outras pessoas, não representantes: *o facto de ser uma comissão não lhe dará a oportunidade de decidir, mas os outros prestam atenção ao que vocês dizem.* E mais: *um conselho em dois anos pode ter um projeto mínimo a ser levado a cabo, melhor se com retornos dados ao eleitor, à sociedade civil, às associações.* Uma das conselheiras, no entanto, volta a colocar a discussão num patamar mais realista: *vamos falar sobre trabalho e habitação, como a senhora disse que estamos em crise, é verdade. Porque [...] somos 23-24 mil estrangeiros aqui em Pádua, quando a habitação social do município não são mais do que 80-90 fogos, assim como se pode satisfazer todos [...]? Para a saúde é a mesma coisa, [...] porque a Comissão não pode fazer nada sobre o discurso dos cuidados de saúde.*

Neste ponto, o *conflito político* torna-se latente: estou diante de um grupo de imigrantes fortemente determinado em *participar na vida pública* da cidade, mas desprovido de instrumentos, políticos e procedimentais, para influenciar as políticas públicas, além das camarárias. Um sentido de *frustração* toma conta da dinâmica do grupo. Para distinguir entre contornos políticos e técnicos deste limite evidente, pergunto se a Comissão incentivou a Câmara a tomar novas medidas que, sem a sua intervenção, não teriam sido tomadas. A resposta do deputado municipal é desarmante: *medidas novas? [...] Eu sei que a cidade de Pádua a partir deste ponto de vista é muito inovadora [...] em todo o país ... [mas] não seria capaz de aplicar medidas próprias específicas.* Irrompe mais uma vez a participante da IPSS, desta vez de forma muito enérgica, como se quisesse agitar a discussão: *vocês têm um constrangimento grande, que é estarem sozinhos! Vocês foram eleitos diretamente e não há ninguém "por trás" de vocês.* Um pouco a medo, aproveito mais este estímulo para introduzir um outro tópico previsto no meu roteiro: o tema das parcerias, a exemplo do outro modelo institucional que estudava.[305] Pergunto se a CS já tentou articular-se com outros atores institucionais do território, se promoveu "mesas de coordenação" sobre assuntos específicos. Recolho imediatamente alguma concordância: *esta "mesa de coordenação", se faz falta! Eu lembro-me de quando começámos aqui, eu insistia que tínhamos que ter bases com as associações, [...] mas* [o representante da Câmara] *insistia que não devemos ter esse tipo de apoio, porque seria chamar a associação para vir e fazer um pacto, como era antes* [na antiga Comissão 2004--2009]. *Mas eu insisti, porque eu sabia que essa era a única maneira de manter contato* [com] *as da base [...] por isso fui a primeira que fez reuniões com a comunidade.* Alguém recorda a participação dos membros da Comissão nas reuniões das Juntas de Freguesia (JF), uma excelente oportunidade para criar formas de colaboração sobre temas de proximidade. Um dos conselheiros no entanto, decide narrar a experiência pessoal dramática nesse domínio: *quando fui pela primeira vez à Junta de Freguesia do meu bairro, toda a gente olhou para mim como uma pessoa estrangeira que nunca veio aqui, todos me olharam com olhos diferentes; olharam uns para os outros, porque eles não sabiam quem eu era. Uma pessoa [...] veio aqui e a sua cara dizia que era para eu sair, mas depois ele recuou. Deve ter havido cinco minutos assim ... Então, quando chegou o Presidente* [da JF], *porque eu já tinha falado com o Presidente, ele disse: "O senhor [...] veio aqui... Apresentamos o novo conselheiro e nosso colega" disse assim ... "nosso colega"! Então eu apresentei-me, depois acalmaram-se um pouco. Isto para dizer que entra-se devagar, tem que haver um pouco de tempo.* O clima conversacional torna-se denso, pesado. A dirigente que participou na dinâmica, até então de forma muito discreta e silenciosa, sente-se na obrigação de intervir para romper o silêncio e aligeirar um pouco a tensão: *a ansiedade deles é ter que fazer forçosamente alguma coisa [...] para ser automaticamente reconhecidos no seu papel.*

Participar, decidir, incidir, ser reconhecidos: estas são a preocupações vitais dos conselheiros. Poder fazer algo de *útil* para eles e para as suas *comunidades*. No entanto, as *limitações* à sua posição, alimentam um sentimento de *impotência* que gera *conflito político*: *não podemos dar uma solução para os maiores problemas dos imigrantes, ou seja, trabalho, casa, ou seja, pelo menos, trabalhar sobre isto! Porque estamos aqui a fazer nada, falar, falar ... as pessoas têm expectativas, votaram porque eles têm expectativas e estão à espera do que podemos*

---

[305] Nomeadamente, a Rede Social Local da Amadora e a *Intesa Programmatica d'Area* de Camposampierese.

fazer por eles. O que poderia, então, inverter esta tendência que, afinal, leva à agudização dos conflitos, até dentro das próprias comunidades de imigrantes? Duas soluções indicam o caminho da *coesão política e territorial*. A primeira, como um mantra, é *o reconhecimento do direito de voto*. Assim, a *Comissão não faria mais sentido existir [...] ficaria talvez com uma função cultural*. A ideia que surge è uma maior *articulação com as associações, porque [...] o mundo das associações aqui em Pádua já está bem estabelecido, porque conheço-os pela minha própria experiência, eles já têm o seu público, eleitorado, [...] e então nós temos que trabalhar com eles, ouvi-los, porque talvez pudéssemos encontrar uma [...] proposta em conjunto*. O segundo caminho é, neste sentido das parcerias, procurar nos territórios um modo de desenvolvimento local alternativo, estendendo o diálogo ao *tecido das associações [...] religiosas, comerciais, culturais*. Mais uma vez, a proposta é que os imigrantes tomem a iniciativa para romper com a condição de *subalternidade* na qual se encontram, como é sugerido novamente pela representante da solidariedade social: *então, 97% dos imigrantes estão aqui para o trabalho, para a família, para outras coisas ... são estes que queremos representar, sim ou não? Para seguirmos o objetivo errado* [os restante 3% com comportamentos delinquentes], *basta ter a marginalidade como coisa normal entre os imigrantes*.

Experimentar novas formas de atuação é, afinal, a perspetiva que unifica as sugestões de todas as pessoas presentes, já que se trata da essência da própria CS: *é uma situação complexa esta da Comissão porque é absolutamente experimental, mesmo em comparação com experiências anteriores. [...] Uma tentativa que estamos a fazer (com dificuldade, mas é uma tentativa de fazer) é abrir um balcão chamado "Porta de casa aberta"* [Porte Aperte]: *todos os sábados de manhã aqui numa sala do pátio de acesso à Câmara estamos aqui para ouvir [...] simplesmente para ouvir, não temos grandes pretensões, somente para acolher...* Afinal, esta experimentação parece ter já gerado alguns frutos: *o clima melhorou muito ... Não há mais, mesmo na imprensa, nos media locais, entre a opinião pública, já não se 'criminaliza' tão facilmente uma comunidade por crimes realizados por uma pessoa daquela nacionalidade. Isto, se não desapareceu completamente, é muito reduzido*.

CAPÍTULO 11
MIGRAÇÕES E GOVERNAÇÃO LOCAL
EM CAMPOSAMPIERESE

Apresento os dados recolhidos ao longo da investigação acerca do contexto territorial e migratório, para depois discutir os excertos extraídos do grupo focal.[306]

O contexto migratório de Camposampierese no começo do séc. XXI
No período 2002-2012, a população residente nos onze municípios de Camposampierese[307] passou de cerca de 85 mil para quase 100 mil habitantes, um aumento de cerca de 15 mil pessoas, em boa medida estrangeiras.[308] A percentagem de imigrantes na população total atingiu o 15%. As três comunidades estrangeiras maioritariamente presentes em Camposampierese na altura da investigação (2012-2013) eram a romena (43% do total), a marroquina (11%) e a albanesa (10%).

No território de Camposampierese os imigrantes entraram facilmente no mercado de trabalho, tanto como empregados, como no papel de pequenos empresários terceiristas. Os setores com maior participação de trabalhadores imigrantes eram o da agricultura, da indústria, da construção civil e do trabalho doméstico. Contudo, segundo informações do *Centri per l'Impiego* (Centros de Empregos) recolhidas por Cec-

---

[306] Foram treze os atores locais entrevistados (dez italianos/as e três migrantes), a saber: uma docente universitária, um dirigente e uma técnica da Intesa Programmatica d'Area (IPA), um dirigente da Azienda Sanitaria Locale (ASL) 15, da zona da Alta Padovana e dois dirigentes de Cooperativas, além de três membros de ONG (os/as únicos/as imigrantes do grupo), dois sindicalistas, uma diretora de uma unidade escolar, uma política. Alguns/as dos/das entrevistados/das participaram também no *focus group*, perfazendo um total de apenas oito participantes. Ver no Apêndice a Tabela 6.

[307] São os que formam a Federação dos Municípios e realizam o Projeto IPA: Borgoricco, Campodarsego, Camposampiero, Loreggia, Massanzago, Piombino Dese, San Giorgio delle Pertiche, Santa Giustina in Colle, Trebaseleghe, Villa del Conte, Villanova di Camposampiero. Todas as informações cuja fonte não está especificada são do Ufficio di Staff Federazione dei Comuni del Camposampierese – A.S.I.-SRL. Agradeço ao Dr. Stefano Franco pela constante atualização dos dados.

[308] Entre 2006 e 2007 houve um forte aumento da população estrangeira residente, o que se deve sobretudo ao aumento da presença de cidadãos/ãs romenos/as que, com a entrada da Roménia no "Espaço Schengen", puderam facilmente regularizar-se.

chini (2011), era *baixa a perspetiva de mobilidade social* para os trabalhadores estrangeiros pois, frequentemente, a sua carreira profissional era *fragmentada*, o que encontrava confirmação nos dados sobre a tipologia de contrato mais frequente entre imigrantes. Em Camposampierese, as contratações de estrangeiros a termo incerto correspondiam a 22%, enquanto as por termo certo ascendiam a 57%, outras formas de contratos 16%, e o estágio remunerado 5%. Em 2012, além dos trabalhadores por conta de outrem, em Camposampierese estavam presentes 747 empresários imigrantes, sobretudo chineses e romenos.

Esta presença marcante coincidiu com a afirmação de movimentos políticos hostis aos imigrantes (e, em alguns casos, abertamente xenófobos), o que deu lugar a fortes *conflitos territoriais*, de que é bom exemplo o que aconteceu no final de 2009 na cidade de Camposampiero:[309] na altura em que a crise económica no município se intensificou, a Câmara deliberou a favor da criação de um edital público que disponibilizava um fundo de 50 mil euros a ser distribuído por famílias carenciadas.[310] No entanto, os requisitos para aceder ao edital previam a residência permanente no município de Camposampiero por, pelo menos, 10 anos consecutivos, o que excluía a grande parte dos imigrantes chegados após 2002. Esta medida, como veremos, gerou numerosos protestos das associações de imigrantes e dos sindicatos dos trabalhadores.

As políticas sociais do território não eram realizadas nem pela IPA nem pelas Câmaras, mas com fundos regionais através da Azienda Sanitaria Locale (ASL), do Serviço Distrital de Saúde (*Unità Locale Socio-Sanitaria- -ULSS*) e da Província (sobretudo na área da formação profissional). No caso da IPA de Camposampierese, todos os onze municípios faziam parte da ASL da Alta Padovana (ASL-15), que produzia um *Piano di Zona* (2011- -2015) com numerosas medidas de política, digamos, "sociomigratória", a saber: potenciação do *Servizio di Mediazione Linguistica e Culturale* em todos os âmbitos sociossanitários geridos diretamente pela ASL-15; consolidação da parceria interinstitucional entre ASL e sistema escolar com o objetivo final de inclusão social de mulheres e menores estrangeiros; dinamização das atividades de inclusão e coesão social com a valorização da rede

---

[309] Informações recolhidas ao longo da entrevista com uma técnica da IPA [Entrevista 3].
[310] Delibera di Giunta Comunale n. 80 del 9.9.2009: *Bando pubblico per l'assegnazione di un contributo straordinario destinato alle persone che si trovano in situazioni lavorative di disagio (cassa integrazione-mobilità) o che hanno perso il lavoro, ad esclusione del licenziamento per giusta causa.*

de associações de migrantes; promoção de estratégias e intervenções inovadoras, objetivas e setorizadas para as áreas materno-infantil e familiar.[311]

As poucas políticas promovidas pelas Câmaras pertencentes à IPA foram ilustradas numa entrevista realizada com um dirigente [Entrevista 2]: *a publicação de um livrinho em romeno que contém as informações úteis para uso dos serviços sociais oferecidos pelas Câmaras. [...] Um projeto, especialmente, chamado "Camposampierese sicuro", promoveu a realização de reuniões específicas com representantes das comunidades dos países da Europa do Leste, sobre o tema da segurança nas estradas.*[312] *[...] Um guiché para os estrangeiros de Camposampiero em parceria com a* Questura[313] *de Pádua.* [314] Além disso, no âmbito empresarial, o *Sportello Unico Attività Produttive* (SUAP), um ponto de referência das empresas no território para resolver as questões de caráter burocrático, adotou temporariamente guias bilingues italiano-romeno e italiano-chinês, com informações gerais sobre as normas italianas mais pertinentes para as empresas, úteis sobretudo para os empresários estrangeiros. Quanto às políticas para a educação, estas eram realizadas pelas escolas do território graças a parcerias entre si (Rete Mosaico), com a ASL 15 e com cooperativas privadas para a *mediação e a formação intercultural*. Paralelamente, no que diz respeito à condição habitacional, na zona de Camposampierese, a notável capacidade de atração demográfica dos onze municípios era sustentada por uma rede de assistência social aos imigrantes com problemas de habitação, administrada diretamente por cooperativas privadas sociais, que, contudo, não possuíam relações diretas com a Federação. Existiam, no entanto, convénios com as administrações municipais para administrar serviços sociais de prestação obrigatória. Uma dessas cooperativas era a *Nuovo Villaggio*, que operava na altura em toda a pro-

---

[311] Falar-se-á do Piano di Zona ao longo do *focus group* que será apresentado na seção final do capítulo.

[312] Tais iniciativas foram parte de um conjunto mais amplo de atividades de cooperação judicial entre Itália e Roménia (projetos Inteljust e Inspire), promovidas pela Universidade de Pádua. Concretamente, os projetos previam a redação e difusão de alguns guias em língua italiana e romena, nos quais os/as cidadão/ãs estrangeiros/as podiam encontrar contactos úteis para as primeiras necessidades no momento da chegada a Itália.

[313] Sede provincial da Polícia, com atribuições parecidas ao Serviço de Estrangeiros e Fronteiras (SEF) de Portugal.

[314] Todavia, assinala o dirigente, o guiché não pode ser considerado um instrumento de "integração" porque é um instrumento extraordinário: é um instrumento que pode substituir aqueles que já existem apenas numa situação de emergência.

víncia de Pádua oferecendo soluções de habitação, administrando e mantendo residências próprias, garantindo percursos de proteção social, serviços às famílias e à infância, mediação linguística e cultural, animação territorial e formação. Em Camposampierese a *Nuovo Villaggio* administrava também um balcão com funções de orientação para o emprego e procura de habitação, para além de 60 residências com cerca de 180 pessoas. 80% das pessoas que se dirigiam à cooperativa para procurar habitação na altura eram estrangeiras.[315]

Perfil da Intesa Programmatica d'Area del Camposampierese

Nos anos 90 em Itália, os princípios da subsidiariedade foram reforçados na Constituição, de modo que os organismos locais passaram a ser considerados responsáveis pelo fornecimento dos serviços sociais (Zara, 2007).[316] Neste sentido, a forma institucional da "União de Municípios" assumiu a possibilidade de produzir regulamentos. Assim, o estatuto da União passou a agregar tanto as funções desenvolvidas por ela própria quanto o elenco das competências atribuídas de forma imediata à estrutura de poder local, eventualmente alargada por um elenco de funções transferidas, de forma facultativa, num momento posterior. Intervenções sucessivas do Legislador[317] permitiram que "as Uniões de Municípios fossem reconhecidas como poder local constituído por dois ou mais Municípios, geralmente vizinhos, com o objetivo de exercer de forma conjunta uma pluralidade de funções".[318]

---

[315] Destas, 75% eram africanas, sendo o restante 25% constituído sobretudo por romenas e moldavas. Nos casos em que os/as requerentes não possuíssem os requisitos para aceder à habitação social convencionada, a cooperativa desenvolvia um papel de mediação no mercado, operando diretamente com os/as proprietários/as e com as agências imobiliárias.

[316] Além disso, com o decreto legislativo número 112/98, a legislação reconheceu às entidades locais uma ampla possibilidade de "autónoma individualização do sujeito, das formas e das metodologias com as quais realizar modalidades de administração associada supraconcelhia" (tradução livre do autor). A alteração legislativa foi particularmente importante, por transformar em objetivo primário a extensão do recurso às formas associativas e de cooperação entre municípios.

[317] Como o Decreto Legislativo de 18 de agosto de 2000, nº 267, *Testo unico delle leggi sull'ordinamento degli enti locali* (TUEL), publicado na *Gazzetta Ufficiale* de 28 de setembro de 2000, nº 227, que, pelo Artigo 32º, constituía a União dos Municípios como "poder local".

[318] Artigo 32º.

Neste cenário, a União dos Municípios de Camposampierese (nascida formalmente na primavera de 2001) e a União dos Municípios da Alta Padovana (que se constituíra em Novembro de 2000) decidiram confluir numa única associação supraconcelhia chamada *Federazione dei Comuni del Camposampierese*. As competências transferidas das autarquias para a Federação foram: policiamento local, proteção civil, atividades produtivas, defesa cível, registo de imóveis e o balcão único de serviços para a gestão dos recursos humanos. Neste processo, para aprofundar a capacidade de inovação territorial, em 2006 realizou-se o projeto *"Intesa Programmatica d'Area"* (IPA), com o objetivo de intervir na forma de produzir, gerar receita e administrar o património, na mobilidade e na relação com os cidadão e as instituições.[319] A este contexto somava-se o facto de os recursos financeiros transferidos do Estado para os municípios serem cada vez mais escassos, e de a sociedade estar, em razão disso, a reorganizar-se em redes estruturadas de forma multinível e multisetorial. O objetivo geral a que a IPA se propôs foi alcançar um crescimento sustentável na área de Camposampierese através do aumento do Produto Interno Bruto (PIB) e do aumento do BEST (Benessere Equo Sostenibile Territoriale).[320] Sendo assim, os municípios decidiram, em 2005,[321] ativar a IPA como um projeto de desenvolvimento sustentável partilhado, expressão da identidade, dos recursos e do *know-how* específicos do território. Para esta finalidade, instituiu-se uma sede de concertação permanente própria, denominada por estatuto *Tavolo di concertazione (mesa de concertação*-TC), da qual participam os representantes legais ou delegados dos municípios da província de Pádua, os representantes económicos e

---

[319] Para além do já descrito acima em termos de quadro legislativo nacional, a IPA baseia-se num conjunto de normas regionais (protocolos de entendimento entre promotores IPA), como a lei regional do Véneto de 29 novembro de 2001, nº 35, *Nuove norme sulla programmazione*, que instituiu as modalidades e os instrumentos de programação regional, particularmente o *Programma Regionale di Sviluppo*, os *Piani Regionali di Settore*, o *Documento di Programmazione Economica e Finanziaria*, o *Piano di Attuazione e Spesa* e os *Bilanci Pluriennali e Annuali*. O artigo 4º desta lei regional estabeleceu, para todos os instrumentos de programação territorial da região, os princípios da concertação com o poder local e com as partes económicas e sociais.

[320] O BEST é um indicador de desenvolvimento local planeado, aplicado, medido e avaliado pela IPA, em colaboração com o ISTAT e com a Università di Padova.

[321] Reunião de 19 de abril de 2005, realizada no Município de Piombino Dese.

sociais, e outras entidades públicas e associações representativas dos interesses coletivos, sediadas no território de Camposampierese.[322]

As atividades da IPA compreendem a constituição e regulamentação da parceria local, representativa dos parceiros dos vários ambientes institucionais e socioeconómicos do território; a definição da área geográfica de intervenção segundo os critérios de homogeneidade baseados nas caraterísticas geomorfológicas, históricas e socioeconómicas; a realização de um diagnóstico territorial da área de intervenção, que compreenda tanto a análise dos pontos fortes e fracos, quanto o exame da programação local, provincial, regional, nacional e comunitária; a análise das necessidades das áreas de intervenção, de localização dos objetivos de desenvolvimento partilhados ao nível local, das linhas de intervenção, além das ações multissetoriais necessárias para resolver os problemas fundamentais da região e alcançar novos objetivos, entre outras. A governação da parceria, tal como prevista no regulamento, é delegada num dos Presidentes da Câmara que fazem parte da Federação de Municípios, que se torna presidente da TC e desenvolve funções de coordenador e eventual promotor das iniciativas. O *Documento programmatico d'area* (DPA) 2008-2012 estruturou-se em seis eixos temáticos: inovação e economia do conhecimento, capital humano, acessibilidade, qualidade de vida, qualidade do ambiente natural, dinamismo e coesão social.[323]

Visões da migração internacional em Camposampierese

As informações recolhidas logo evidenciaram o alto grau de consciencialização política dos atores locais, o que permitiu recolher bastantes elementos acerca do contexto migratório local. No entanto, paradoxalmente, a esta preparação política correspondia a limitada atuação das associações de migrantes presentes no território. Quanto ao estudo de caso pla-

---

[322] Na altura, o Tavolo di Concertazione era composto, para além dos Concelhos da Federazione dei Comuni, pela Provincia di Padova, Unindustria, Cia-Confederazione Italiana Agricoltori, Coldiretti, Cna-Confederazione Nazionale Artigianato, Upa, Ascom, Confesercenti, Cisl-Confederazione Italiana Sindacato Lavoratori, Cgil, Uil-Unione Italiana Del Lavoro, A.A.T.O Brenta, Seta Spa, Consorzio Sinistra Medio Brenta.
[323] Por este estatuto, a Federação dos Municípios de Camposampierese foi escolhida para ser a entidade responsável da IPA com funções de garantir, entre outras, o correto e eficaz funcionamento da parceria institucional e económico-social local, a representação unitária da TC e dos interesses das entidades promotoras da IPA, também nas sedes de concertação instituídas ao nível regional e nacional.

neado, a "participação dos migrantes nos trabalhos da IPA", este acabou por se tornar um estudo sobre a "não-participação", resultante do facto de os imigrantes não estarem incluídos no *Tavolo di Concertazione* da *Intesa* – apesar de eles próprios terem proposto a sua participação, enquanto atores locais. Portanto, após reportar a visão da IPA pelos entrevistados, junto informações sobre este "não-caso" que gira em torno da tensão entre emergência de formas de inovação institucional e ausência, no seu seio, de representação/participação dos imigrantes.

O contexto migratório Camposampierese visto pelos entrevistados
Os temas mais citados pelos entrevistados foram os conflitos, a segurança, a crise económica e a habitação. As primeiras informações foram recolhidas junto de uma técnica italiana que trabalhava na IPA: [técnica da IPA – Entrevista 3] *existiam algumas tensões [em 2009] com o vereador responsável pelo pelouro da segurança. Acusado de racismo. Com manifestações e tudo mais. Houve uma certa altura em que a polícia local fazia visitas a algumas habitações onde residiam os estrangeiros para verificar se o número de residentes correspondia, se havia clandestinos, ou não. Essas visitas eram feitas de manhã cedo, por volta das 6h30. Depois [...] em 2009, o vereador da segurança, que é um ex-Carabiniere, próximo da AN* [sigla do partido de direita da altura: Alleanza Nazionale], *começou a conceder entrevistas na imprensa dizendo que era necessário dar mais segurança, que os clandestinos nos traziam criminalidade e que teria entrado nesta luta pessoalmente. E assim ele mesmo começou a ir, com a polícia local, às casas [...] dos cidadãos estrangeiros, uma ação com um forte valor simbólico, muito forte. [...] Até que, a certa altura, deram de caras com o presidente da JAPOO, que é uma associação senegalesa muito importante... não sabiam. Ficaram a saber depois. E o presidente, para além de os ter denunciado na imprensa, apresentou também uma queixa oficial com advogado e tudo mais [por] abuso de poder. [...] Logo depois houve uma manifestação. Foi no mesmo período em que a Câmara queria dar dinheiro às famílias que terão feito pedidos de ajuda (o problema é que era necessário ter como requisito dez anos de cidadania).* Procurei depois um representante da associação senegalesa que protagonizou a manifestação: [membro de ONG – Entrevista 6] *lembro-me, quando tomou posse esta nova administração, eles lançaram uma mensagem* [que veiculava] *que se devia controlar casas dos imigrantes, se existiam clandestinos [...]. Organizamos [...] uma manifestação [...] porque foram à casa dos imigrantes, que há muitíssimos anos que estão aqui, foram lá para controlar, o que nunca tínhamos visto.* Perguntei também a um outro protago-

nista dos factos, um membro da Cooperativa Nuovo Villaggio, que havia sido envolvido na questão porque um imigrante irregular fora encontrado nestas rondas numa das casas da cooperativa: [membro de cooperativa – Entrevista 9] *Zanon Domenico?* [o então presidente da câmara na altura dos fatos] *Falei com ele duas vezes, uma denunciou-me, apresentou queixa contra mim e eu evitei conhece-lo melhor. Denunciou-me por atividade abusiva de hospedagem e por favorecer a imigração clandestina, porque, segundo ele, na casa* [administrada pela cooperativa] *em Santa Giustina in Colle eu hospedava imigrantes clandestinos ... ele devia mostrar que defendia as "raízes venetas" ... obviamente chegaram os Carabinieri, encontrando imigrantes clandestinos. [...] Se eu dei a casa em Santa Giustina a famílias de estrangeiros, se estes à noite hospedam algumas pessoas, eu posso fazer alguma coisa? Eu não sou um polícia, primeiro. Segundo, não tenho obrigação de saber o que eles fazem na casa deles, porque a casa é deles, não é uma hospedaria de imigrantes: é um apartamento que eles alugam, e respondem por ele; entretanto a má fé dessas personagens que usam essas coisas para mostrar: "tás a ver que eles favorecem os clandestinos?" ...* Segundo um dos três imigrantes que consegui entrevistar: [membro de ONG – Entrevista 7] *para evitar certos problemas* [conflitos entre imigrantes e não imigrantes] *dever--se-ia colaborar com as associações locais. O problema que aconteceu em Camposampiero* [as inspeções nas casas] *em Trebaseleghe* [município onde está sediada a sua associação] *nunca aconteceu. Eu lembro-me que o ano passado um proprietário de casa que colocava a sua casa para alugar teve problemas com os seus inquilinos. Quando o senegalês teve problemas com o senhorio, eu fui falar com os Carabinieri antes de ir à Câmara e o Comandante disse-me: "achem, encontrem um acordo, a primeira coisa que vocês têm que fazer é tentar resolver o problema". Eu faço voluntariado porque eu gostaria que sinceramente as relações entre as comunidades estrangeiras e os nossos concidadãos fossem melhores.*

Num contexto de grande *conflito*, os anos da crise não ajudaram a criar um clima de convivência e de *confiança* entre migrantes e não migrantes, sobretudo porque, como já foi dito, *a crise afetou mais dramaticamente os primeiros*.

A IPA vista pelos entrevistados

A *fratura* que referi acima repercutiu-se na avaliação do desempenho da IPA, pois as associações de imigrantes não faziam parte da TC. Apresento nesta secção a avaliação da IPA, incluindo a que é expressa pelos não migrantes que não participam na IPA, nomeadamente a ASL 15 e os cooperantes (que, no entanto, são representados por uma associação empresarial na TC). Dedico ao tema da não participação dos imigrantes uma secção específica.[324]

[Dirigente da IPA – Entrevista 2] *Do ponto de vista sempre da IPA, neste caso, todas as administrações municipais foram convidadas a realizar dentro da própria Câmara iniciativas ligadas à integração.*[325] *A ideia é sempre a mesma, dizer que nos tornámos ativos e colocámos a atenção em todas as realidades que desde baixo, nas formas associativas e de maneira espontânea, nascem; deixamos espaço, valorizamo-las [...]. Há uma atenção partilhada, mas nem sempre com a ideia de necessariamente colocar o selo institucional. Como dizer, nós acompanhamos com grande atenção, apoiamos, criamos espaços, mas o importante é que seja a sociedade civil que neste momento se movimente nisto. [...] Também na mesa da IPA se trabalha para a integração, para a qualidade de vida, para a cultura local, para a recolha de lixo diferenciada, para a segurança nas estradas, para a difusão da língua italiana e a compreensão das línguas estrangeiras para oferecer a todos bons serviços.* A imagem positiva do dirigente é um pouco mais problematizada na visão da técnica: [técnica da IPA – Entrevista 3] *a Câmara de Camposampiero [...] está entre as Câmaras que tem mais dificuldade em investir na integração e na mediação dos conflitos. Quem o faz são as cooperativas que propuseram ser mediadoras nos conflitos de condomínio (pois há muitos!) ou também entre vizinhos... E depois existem episódios de racismo especialmente em relação a marroquinos e nigerianos aos quais raramente o mercado imobiliário oferece uma habitação independentemente de qualquer coisa. E mais do que em qualquer outro sítio, os cidadãos italianos dirigem-se ao guichê para procura de emprego e reclamam "contra os estrangeiros que roubam o trabalho".* [De qualquer maneira, a política migratória] *para mim é feita individualmente pelas Câmaras Municipais. Pode ser que* [uma] *parte seja feita pela IPA. Não sei porque isto é dividido, é deixado para ser a Câmara a tomar conta [...].* Da mesma forma, uma dirigente escolar mantém uma postura bastante crítica em relação à IPA: [dirigente escolar – Entrevista 11] *como escola começámos este ano a ter uma representação ... [Esta*

---

[324] Existem outras avaliações, nomeadamente produzidas pela União Europeia, em função de pedidos de financiamento de projetos de desenvolvimento local, que aqui não foram reportadas.

[325] *Por exemplo em Loreggia, a Câmara Municipal, todos os anos visita as mães que tiveram filhos e portanto os recém-nascidos, ou então há um prémio para estudantes e estamos a ver que nos últimos anos os homenageados são principalmente garotos estrangeiros. Em San Giorgio delle Pertiche, há a Festa dei Popoli. Camposampiero, há pouco tempo atrás, organizou uma noite com jantares multiétnicos.*

representação das escolas] *desde o início é um dos elementos particulares positivos, de novidade em relação às outras TC das IPA do Véneto. [...] Na IPA há uma avaliação quase sempre final daquilo que foi realizado. [...] Tenho a impressão que é uma fase pré-definida. [...] A avaliação antes foi feita numa outra sede, quer seja um executivo, quer seja a "Conferenza dei Sindaci",*[326] *portanto (se quisermos ser sinceros até ao final) a TC não tem toda esta força de planeamento executivo [...]. A TC da IPA apoia, discute, mas toma conhecimento, digamos que a expressão exata é esta: "tomar conhecimento" ratificar decisões e partilhá-las. [...] Eu não percebi esta possibilidade de dizer: "sim, porém esta coisa eu não concordo, talvez teremos que fazer doutra forma" [...].*

As cooperativas participavam na TC pelo representante empresarial (a par dos empresários e dos sindicatos). Mas o representante de uma das cooperativas mais ativas no território queixava-se de nunca ter sido consultado sobre políticas habitacionais pela IPA, concluindo ironicamente que esta não devia ocupar-se do assunto: [membro de cooperativa – Entrevista 5] *obviamente nós nunca fomos chamados para trabalhar sobre a IPA. [...] Peço desculpa, mas se eu estou na administração de casas que na tua Câmara, entre outras coisas, são tua propriedade, tu queres considerar-me como sujeito? Queres pensar que eu possa dizer algo? Tu podes também dizer que eu sou um estúpido, mas chama-me, pá! Eu faço estas perguntas. Estas perguntas, se eu fosse uma IPA, as faria. [Mas] hoje nós administramos as nossas casas e ponto.*

Como foi dito, a ASL não participava na IPA, mas relaciona-se diretamente com todos os Presidentes de Câmaras Municipais na *Conferenza dei Sindaci*. Sendo assim, a relação com a IPA era muito pontual: [dirigente da ASL – Entrevista 4] *nós trabalhamos com as Câmaras, não com a Federação dos Municípios. Há uma vinculação institucional, da relação entre a ASL, que é uma entidade de serviço, e a "Conferenza dei Sindaci". O resto é "tudo free". [...] Pode ser que com o Departamento de prevenção tenhamos feito alguma coisa, mas não saberia dizer, mesmo porque nós somos 2.800 na ASL, portanto uma realidade bastante grande, os âmbitos de atividade são muitos e eu interesso-me pelo "social". [...] Não vejo nunca uma alternativa entre ASL e IPA. Os sujeitos que trabalham neste território, confrontam-se com os níveis institucionais que os representam. Portanto para nós, poder trabalhar com um interlocutor que expressa numa palavra as 28 Câmaras é uma coisa que nos poupa muito trabalho, [...] pois é claro que o presi-*

---

[326] Uma mesa de coordenação de políticas sociossanitárias que reúne todos os Presidentes de Câmaras Municipais pertencentes a uma ASL e da qual participam os dirigentes sanitários da própria ASL, como previsto pela Lei nº 328/2000.

dente da IPA é um Presidente de Câmara que, portanto, faz parte da "Conferenza". Portanto digamos que a parte política, assim, para nós, está sempre presente [...] nunca me coloquei o problema de dizer: "tenho que envolver a IPA", porque, de fato, os participantes da IPA já são diretamente envolvidos.

O caso escolhido: a não-participação dos e das migrantes na IPA
O planeamento do estudo de caso sobre a Intesa Programmatica d'Area de Camposampierese previa, a par do caso da Amadora, a análise de uma política territorial que envolvesse imigrantes (realizada no ano de 2012). Contudo, à medida que aprofundei o conhecimento sobre a IPA, percebi que os imigrantes não só não participavam na TC, como não realizavam sequer atividades com a rede. Diante deste cenário decidi, portanto, escolher esta ausência como estudo específico de caso, e pedir aos entrevistados que me falassem acerca disso. Reporto, a seguir as suas opiniões.

O primeiro dos imigrantes nem sequer parece saber do que se trata: [membro de ONG – Entrevista 6] *não, isto não...IPA? Não participamos nestes encontros. Sei que existe, porém nunca fui a estes encontros. A Câmara, no entanto, de Camposampiero, por exemplo, chama-nos quando há "Mano amica",*[327] *eu acho que tu sabes, todas as festas que organizam para famílias lá, chamam-nos, eu participo sobretudo com a "Praça para brincar": [...] todos os miúdos se reúnem para brincar, cada um faz algo para os miúdos, imigrantes fazem aquilo que podem fazer, nós fazemos as tranças nos cabelos, as nossas mulheres vão lá e fazem as tranças no cabelo, ou batemos nos tambores, fazer algo para os miúdos, para satisfazê--los, como se chama...cada grupo faz algo. Chamam-nos, mas eu nunca participei nestes encontros.* O segundo entrevistado relata uma tentativa que foi feita formalmente em 2011 pelas associações de imigrantes da zona, apoiadas pelo sindicato, no sentido de propor a entrada destas na TC: [membro de ONG – Entrevista 7] *encontrámo-nos com todas as associações de imigrantes da zona e estava* [o Presidente da IPA] *com quem fomos falar, no fundo para encontrar possibilidades, em 2009-2010. E a partir dali tivemos mais duas reuniões [...] havíamos pedido a todos os imigrantes, com apoio* [do sindicato] *[...] "Mas quando é que teremos um representante na TC"?* E ela [a então Presidente da IPA e da Câmara de Villanova de Camposampiero, Silvia Fattore] *respondeu-me: "tenta refletir um pouco: não pensar como um imigrante, pensa como um cidadão, pensa como um trabalhador. Estás representado? Estão representa-*

---

[327] Uma festa intercultural da cidade de Camposampiero.

dos? [O sindicato] está, porque representa todos os trabalhadores, os nossos Presidentes das Câmaras estão, isto significa que vocês estão representados". E a partir daí, pensei: "ok, para mim tá bom, não há problemas. Desde que os outros estejam de acordo, também estou de acordo". Todos os membros, aqueles que haviam participado da reunião das associações de imigrantes de Camposampierese, estiveram de acordo? *Sim, estiveram de acordo por ser representados. E havia nigerianos, marroquinos, que são associações de cultura islâmica de Borgoricco, estava Costa do Marfim, estava JAPOO, TAM TAM.* E tu estás convencido desta ideia, da não representação dos imigrantes na TC? *[...] Não é que eu esteja convencido, digo ainda, porém se a escolha não está, então é necessário se contentar* [com aquilo] *que se pode ter, não sei se tu entendes. Para mim (...) seria melhor ter um representante lá dentro; porque existem algumas Câmaras onde existem sempre, não digo brigas, mas problemas entre comunidade imigrantes e autoridade municipal da zona. [...] Para evitar coisas deste tipo seria melhor ter um representante na IPA, não sei se tu entendes... Porém, se não há, não me impede de ir em frente com o meu trabalho.*

A narração do sindicato a este respeito é clara: [sindicalista – Entrevista 13] *nós tentámos, porque ali, na Alta Padovana, há uma longa história de trabalho com migrantes que existe há quase 20 anos, que depois viu nascer diversas associações que trabalham também com a "Festa dos Povos" em San Giorgio delle Pertiche. [...] Tendo em conta que é uma zona altamente industrializada, portanto existem muitíssimas empresas, muitíssimos rapazes inscritos nossos, principalmente homens, e portanto temos trabalhado em conjunto para poder tentar fazer uma coordenação. Depois a ideia política básica era aquela que perante as várias formas de discriminação que também nos levaram a apresentar queixas em relação ao Vereador de Camposampiero os imigrantes pudessem entrar na TC [...] pedir à IPA que colocasse um representante para as comunidades. Não houve maneira: mesmo sendo uma IPA que funciona muito bem, este pedido não foi aceite. [...] Disseram-nos que não, por não serem entidades que possuem valor económico de facto. [...] Eles* [os Presidentes das Câmaras contrários à proposta] *[...] veem o tema da imigração no social e não no tema das atividades produtivas, da economia e portanto o social, mesmo tendo a ASL adquirido todas as ações, cada Câmara seguirá a sua própria população imigrante. Nunca consideraram o tema e as políticas migratórias como uma forma de relançar o território, e não como uma política estritamente ligada à marginalidade ou ao acolhimento.* [Apresentámos um documento com a proposta] *[...] na realidade, o documento não propunha algo de muito específico, apenas lembrava algumas questões, por exemplo a emergência habitacional para os imigrantes que perdiam o emprego, e frente a isto colocavam-se à disposição da IPA para participar em projetos.*

Agora, a visão da IPA: [político – Entrevista 12] *foi através de uma rapariga da CGIL que se ativou esta iniciativa, porque depois pediam uma presença no interior da TC desta associação de imigrantes. Em suma, explicámos qual é o papel da TC da IPA, e não é que possamos entender a participação na mesa como uma "presença por partes da sociedade". Soubemos que temos este tema do terceiro setor por representar, portanto encontrámos a "maneira para ...". No entanto, a ideia é que "estejam os vossos Presidentes de Câmara presentes", está o sindicato para representar os trabalhadores, estão as empresas para os empresários, e entre eles também há imigrantes, está o mundo da escola que é representado. Portanto simulámos uma abordagem para dizer: "porque não trabalhamos com a cidadania ativa no lugar de?", ou "então o risco é que tu não levas as instituições para a TC, mas levas estruturas de uma parte". Nós queríamos evitar isto.* A posição do dirigente da IPA, no entanto, fora mais otimista quanto às possibilidades [dirigente da IPA – Entrevista 2] *houve uma ação de um grupo de [imigrantes], que tem uma associação [...], que através do sindicato várias vezes tentou encontrar o Presidente da IPA, [...] também pediram para poder [...] estar presentes com representantes na TC. Por isso estamos a raciocinar, a discutir, porque não é exatamente uma coisa fácil, no sentido em que não é que não tenhamos que ter um representante da população estrangeira, o problema é que temos que achar a forma de este ser representante de todos. E não é assim tão fácil. Porque uma coisa é dizer que há um representante dentro das Assembleias Municipais. Esta é uma lógica institucional, e portanto uma outra história.* Parcialmente diferenciada é a ideia do "mundo das escolas": abrir à presença dos imigrantes somente em ocasiões especificas. [Dirigente escolar – Entrevista 13] *Relativamente à representação dos imigrantes imagino, nem sei se isto foi levado à TC, ou se foi discutido antes entre os Presidentes, não tenho memória para além deste último ano e meio, mas compreendo a perplexidade de dizer "façamos a representação". É também verdade que é uma representação [...] de um grupo que possui caraterísticas específicas... [...] Portanto, ter também a voz ao nível consultivo... Às vezes seria necessário fazer mesas com geometrias variáveis. Se discutirmos certas problemáticas, falar do ausente, talvez não faça muito sentido. Se falarmos de problemáticas relativas aos migrantes, ter representantes ao menos nesta ocasião, dos migrantes, das associações dos migrantes presentes, portanto, seria a solução mais sensata.*

Mecanismos genéricos de configuração específica das relações sociais em Camposampierese

Como para os restantes casos, passo a interpretar os dados do terreno: o *focus group* deste caso foi realizado em maio de 2013, na Universidade de Pádua, tendo por título: "L'esperienza di partecipare: effetti sull'"integrazione' e sulla governance locale",[328] e contou com a presença de oito pessoas: uma mulher e sete homens, sendo estes representantes de ONG, dirigentes de repartições públicas locais (uma do setor educacional outra do setor de saúde), sindicalistas e dirigentes cooperativos. Ao encontro faltou uma dirigente camarária e uma Presidente de Câmara, que justificaram a ausência.[329] Os excertos são reportados em blocos que refletem as tensões identificadas no modelo analítico: os pares integração-intercultura (que teve 22 referências); representação-participação (também com 22 citações); desenvolvimento-sem-os-migrantes e experimentação-com-os-migrantes (com 23 citações). Ao contrário do que aconteceu nos outros *focus* realizados, houve neste um maior equilíbrio entre os assuntos, o que interpreto como uma maior disponibilidade para discutir os três temas ("integração", participação, desenvolvimento local) de forma mais intersetorial.

Uma vez mais, iniciei a sessão com a pergunta-estímulo que, nas outras experiências, já demonstrara a sua eficácia na ativação imediata da discussão. Pergunto explicitamente se a relação diretamente proporcional entre participação e "integração" serviu como hipótese para formalizar a proposta de alargamento da TC. A resposta que recebo do sindicalista é positiva pois, primeiro, *as associações de imigrantes tornaram-se menos autorreferenciais e mais autónomas em relação aos atores políticos e administrativos que estão lá*. Dirige-se aos imigrantes presentes na sala: *isto permitir-vos-ia não apenas "participar de vez em quando", mas tornarem-se sujeitos que compõem o*

---

[328] O *focus group* foi realizado e conduzido em língua italiana. Como no caso de Pádua, a tradução é do autor, e foi feita com o cuidado de reproduzir, pelo menos parcialmente, o registo linguístico utilizado pelos/as intervenientes.

[329] As fichas socioprofissionais preenchidas reportaram as seguintes informações: três participantes declararam ter nascido no estrangeiro, dois declararam ter nacionalidade não italiana. Os/As nascidos/das no estrangeiro declararam ter chegado a Itália na década de 80 e no final da década de 90. Quanto às ocupações dos/das intervenientes, distribuem-se pelo setor administrativo público e privado social, e pelo setor fabril (operários não qualificados). Há um desempregado. Sobre o nível de estudos, são minoritários os que declaram a conclusão do ensino superior, tendo a maioria completado apenas o ensino secundário.

território, elementos constitutivos de uma área, o que já é diferente. [O segundo objetivo seria a abertura e a transformação das associações étnicas, pois] *alguns problemas, penso na casa, no trabalho [...] não é porque um é senegalês que tem um problema diferente do outro, que é marroquino ou o que é romeno*. Um dirigente de cooperativas pede aos presentes que considerem *a progressão do enraizamento dos imigrantes no território* [para] *compreender o valor da integração dos estrangeiros, da sua participação, para que se tornem fatores de desenvolvimento do território. [...] E nós ainda estamos aqui para discutir a integração ou o valor da participação? Acho que perdemos o dinamismo: hoje deveria ter alguém de fora da história que nos diga se a participação ajuda a melhorar a integração, se este é um fator de desenvolvimento. Porque, como pessoas que de alguma forma participaram desta história, eu acho que é inevitável a resposta: [...] necessariamente positiva.* [...] Mas a sua reflexão vai além, pois o cooperante declara não *interpretar as políticas a serem implementadas apenas com referência ao nível de participação de quem é portador de necessidade ou de sofrimento. A partir do momento em que eles são integrados e participam, há uma dimensão que vai além da nossa visão e da sua própria participação na política local*. Por outras palavras, existem necessidades de representação, de abertura e de reconhecimento das necessidades dos imigrantes, que deveriam já ter sido reconhecidas pelas instituições.

A dirigente do setor educacional posiciona-se num mesmo nível de discussão: *a primeira questão foi mesmo comunicar com as pessoas que vinham de realidades diferentes. Em seguida, houve a intervenção da cooperativa [...] e do sistema sanitário [...] com os mediadores linguísticos e culturais [...] porque eu acho que o problema para participar [...] era como passar determinadas informações sobre a organização da escola e auscultar certos problemas para sermos capazes de nos conhecermos uns aos outros*. Neste quadro, o percurso de "integração" correlaciona-se com a responsabilização do imigrante: *quando estou envolvido também sou forçado a assumir responsabilidades [...] tanto na decisão, como na realização da decisão. Então eu acho que [...] quanto mais eu participo muito mais estou integrado, pois sinto-me parte daquela comunidade ou, de qualquer forma, sinto-me mais responsável ou corresponsável. [...] Caso contrário, as associações tornam-se apenas o amplificador de necessidades especiais e de pedidos de respostas específicas*.

Entre os participantes, esteve um dirigente do Serviço Social da ASL 15 que participara na realização do *Piano di Zona*, o instrumento de política sociossanitária que contém numerosas medidas que beneficiam a população imigrante. A este, e ao dirigente cooperativo que atuava em parceria com o seu distrito sanitário, também presente, perguntei se o *Piano* contemplara esta ligação entre "integração" e participação. *Não é uma meta que foi definida explicitamente* [embora] *é claro que o sentido do envolvimento da sociedade civil é [...] um pré-requisito.* O Piano di Zona, *a lei indica que deve ser realizado com a colaboração de entidades públicas e privadas, e portanto realizámos isso. No entanto, é claro que os níveis de envolvimento e o significado real em termos de participação é muito diferente para cada sujeito e em cada realidade. [...] Uma declaração desse tipo é quase tautológica, no sentido de que é claro que no momento em que eu participo asseguro maior integração.* Para o dirigente, no entanto, o problema não é participar, mas o *porquê tu participas? Eu posso participar para contribuir para o desenvolvimento local, mas também pode ser, e é isso que eu vejo mais, por ser portador de interesses, enquanto sujeito que requer atenção. E que, portanto, exige respostas. [...] Mesmo neste caso, quando temos uma perspectiva de interesse particular, da mesma forma, na minha opinião, se realiza a integração.*

Nesta altura do debate, a ausência das representantes políticas que se opuseram a ter uma representação dos imigrantes na TC impediu uma dialética mais aprofundada, permanecendo a sensação de que todos concordavam com a hipótese de que bastaria aos imigrantes participar na vida pública para gerar maior "integração" e coesão social na zona de Camposampierese. Entretanto, como vimos acima, o território foi marcado por fortes situações de conflito que não deixaram, contudo, de emergir. Tal aconteceu, primeiro, pela voz do sindicalista: *há uma ideia na sociedade dos onze municípios de Camposampierese de que o envolvimento, a integração, é um dar e receber com equilíbrio? [...] Eu não tenho essa impressão, e digo-o explicitamente. Eu sei que existem excelentes respostas para algumas emergências, mas estas [...] não definem uma ideia de como e onde vivemos, isto é, tomar nota de que a nossa sociedade [...] nos últimos doze anos mudou profundamente. Eu não tenho essa sensação ... eu vejo intervenções específicas e até especializações que são um facto certamente importante e positivo, mas se estas não se realizam [...] dentro de uma ideia geral de sociedade, tornam-se apenas rigidez: "tu tás dentro quanto atendes àquele protocolo, mas tás fora quando o protocolo não o prevê".*

Diante destes conflitos, o recurso a *políticas interculturais* foi citado apenas duas vezes, de forma positiva e negativa. No primeiro caso, na experiência das escolas, no sentido de considerar *a questão do conhecimento intercultural* [como] *uma experiência enriquecedora para todos, porque com a pressão da presença das crianças, das famílias de vários grupos étnicos e origens culturais, houve uma revolução nos nossos currículos, com os professores e a colaboração das famílias a terem um conhecimento mútuo das suas tradições, das suas culturas e da nossa cultura.* Para um outro dirigente de cooperativa, há que fazer uma leitura negativa da intercultura quando esta significa *fazer a festa intercultural* [que] *ajuda a mudar um pensamento, mas eu não sei o quanto impacta no que são as urgências e as necessidades. O que são* [por exemplo] *as tragédias das famílias que hoje perdem o trabalho [...].*Por esta razão, segundo o interveniente, uma maior estruturação *das associações de migrantes, [...] faz chegar* [às Câmaras] *as necessidades de mudança [...] a lista de coisas que devem ser feitas. Portanto, a questão é como promovê-las?* A ideia de promover as associações de imigrantes para favorecer a *coesão social* configura-se como um dos elementos que definem até aqui a discussão sobre Camposampierese. Di-lo claramente um dos imigrantes: *para o desenvolvimento local é preciso haver coesão social. Antes do desenvolvimento [...]. Coesão social serve para os imigrantes, precisamos de um sistema para serem capaz de viver a sua cultura, talvez a sua fé, porque normalmente quem incomodar, aqueles que causam problemas são aqueles que estão perdidos, que não tem mais estrada, que perderam a sua identidade e não sabem mais o que fazer, tornam-se pervertidos e fazem qualquer coisa. Mas se tu permitires que ele faça a sua fé, a sua cultura normal, torna-se um bom cidadão normal. E um bom cidadão deve primeiro perguntar "o que me dá o meu país e o que dei eu ao meu país?", e nós consideramos a Itália como a nossa segunda pátria, nós fazemos parte dessa população, já não somos mais convidado, eu não vejo isso dessa forma: não somos mais convidados, mas eu sou parte integrante da sociedade porque é aqui onde a comunidade é feita, a segunda pátria.*

A segunda tensão, entre *representação e participação*, ficou mais claramente definida na discussão. O debate girou, mais uma vez, em torno do papel das associações de imigrantes para a *coesão*, desta vez política, e a procura das instâncias associativas por uma maior presença na arena democrática. Contudo, a leitura das associações de imigrantes no território afigurava-se, consequentemente, negativa: *as associações, pelo menos na experiência que tivemos, [...] sofrem de todas as limitações e todas as dificuldades [...] tornaram-se espaços de interpretação, espaços de negociação, espaços de liderança. [...] Também com muita ingenuidade de nossa parte na tentativa de dizer "as associações de migrantes abrem-se" [...]. Por isso, algumas leituras sobre a nossa parte têm sido simplistas.* São os nacionais que caracterizam os elementos de *conflito político* em torno da crise e da limitação do acesso à *participa-*

ção, um curto-circuito que não abrange apenas os imigrantes, mas também os italianos: *aplica-se não só aos imigrantes, também se aplica a qualquer cidadão. E é verdade que hoje o que está em crise é, mais em geral, os métodos de participação. [...] Há vazio por várias razões: porque certamente é menor a pressão da sociedade civil [...] e provavelmente porque as ferramentas que são oferecidas são áridas.* Outra pessoa observa: *a questão da participação, em geral, é muito confusa. [...] Precisamos primeiro descobrir: "participas pra que?". [...] E depois há condições para os imigrantes participarem: o conhecimento da língua, um mínimo de segurança económica e habitacional. E mais: eu acredito que, com as instituições [...] nem sempre estamos dispostos a aceitar a participação. Nós não temos as ferramentas: de um certo ponto de vista, é mais fácil decidir e propor. Mas aí tenho que saber se podemos propor o que queríamos e, em seguida, perguntar-te o que achas; então, isto é participação se eu não posso mudar nada? Isso é um pouco o que acontece, no* Piano di Zona, *no* PAT[330] *e noutras atividades.*

Diante desta multiplicidade de críticas ao instrumento de participação, senti ser necessário esclarecer a minha ideia em torno da *participação não apenas representativa*, mas focada *na realização* das políticas para o *desenvolvimento local*, o que significaria contribuir concretamente para as decisões tomadas ao nível institucional (Câmaras, ASL, escolas): isso não significa ir a uma reunião, apenas para ouvir, ou participar numa feira ou assistir a uma festa, mas significa *decidir* em *conjunto* com os decisores políticos e os diversos setores técnicos-institucionais. A resposta dos participantes não tardou: *coplanear significa que eu coloco o problema, ouço toda a gente, chegamos a uma tomada de decisão partilhada em que vemos também os custos, os benefícios e assim por diante. Mas uma coisa dessas eu, honestamente, nunca vi. [...] Temos que ser muito sinceros: eu às vezes sinto vergonha de falar em participação dos migrantes [...]. Gostaria de perguntar sobre a participação dos cidadãos, uma vez que é na verdade o mesmo problema de como envolver os cidadãos italianos e as famílias nas decisões dentro da escola. Para as famílias migrantes pode haver um problema na parte da comunicação linguística [...], mas o meu problema é "como participar" [...]. Por isso, eu acredito que o problema da participação dos migrantes é um pouco o problema da participação dos cidadãos.* Uma última intervenção concluiu com uma pergunta excruciante: *a pergunta que vos*

---

[330] *Piano di Assetto Territoriale*, o principal instrumento de planeamento territorial, previsto pela lei regional do Véneto 11/2004, *Norme per il governo del territorio e in materia di paesaggio* que, em algumas experiências municipais como em Pádua e nas autarquias vizinhas, foi realizado de forma participada com os/as cidadãos/ãs.

faço a é "quantos daqueles a que podemos chamar imigrantes estão a participar nos espaços de tomada de decisão, desde as Assembleias Municipais até às direções dos sindicatos?"

A resposta dos imigrantes é surpreendentemente reativa e tende a valorizar as suas intervenções, adotando uma visão alternativa, menos técnica e mais humana: *falei também com o Departamento de Serviços Sociais [da Câmara Municipal], porque não espero que os senegaleses tenham problemas e assim eu saio para movimentar; não me sinto um imigrante, sinto-me um cidadão, eu coloco-me em todos os problemas que acontecem na zona e acredito que seria justo que cada um de nós, quando sente que há um problema... mas todos nós sabemos que as autoridades não têm medo da pessoa individual, eles têm medo do grupo e enquanto nós nos colocamos no grupo ... vai ser um problema para matar--nos, mas se nos separamos ... olha, aí há hipótese de acabar connosco.* Outro imigrante intervém para dizer que *talvez não seja viável, mas consultar antes [...] de tomar a decisão [...] as associações de imigrantes para dar a sua opinião, principalmente sobre território parece-me, vejo que é importante. Responsabilidade ... Mas aos poucos as coisas estão a andar para a frente. [...] Fazemos parte do país e temos a disponibilidade, [...] estamos a dar a nossa disponibilidade.* A ideia de partilhar os rumos do país através de uma ampliação dos espaços democráticos é imediatamente acolhida pelo sindicalista, que planeia voltar a insistir na "integração" de um representante das associações de imigrantes na TC: *forçar um pouco e solicitar a participação para que eles também tenham que decidir [...] quem os representa: não é que todas as associações estarão presentes na IPA [...]. Vocês terão que recolher [...] a responsabilidade, ver quais são as prioridades e eleger uma ou duas pessoas que estarão lá para representar todos.*

Chegamos à terceira tensão, talvez a mais expressiva para este grupo focal, que se realiza no plano territorial, entre desenvolvimento-sem--os-migrantes e experimentação-com-os-migrantes. O primeiro dado é sobre o amplo território da Alta Padovana, que até a década de 90 do século precedente era uma das locomotivas italianas e que, na altura, embora muito rico, atravessava uma crise industrial profunda, como reconheceu o dirigente sindical: *a questão é que agora tanto os imigrantes como os [...] locais não vêm ao sindicato para discutir o modelo de sociedade. A tragédia é que eles vêm para procurar trabalho, porque eles estão em emergência continuada.* Esta condição emergencial acaba por constranger os já limitados espaços, e torna ainda mais rara a lucidez política que deveria produzir uma *visão coesa do território*, onde há elevadas taxas imigratórias. O outro lado desta moeda revelou uma ideia *fragmentada do território*, como denunciava o dirigente sanitário: *o problema é que uma conceção global* [da migração], *mesmo em Camposampierese, não há, nunca houve [...] porque o problema da imigração tem sido gerido na emergência. Há refugiados? Encontramos uma solução. Há crianças na escola? Cada um vai fazer o que pode, mas na verdade não há um projeto que tenha uma moldura, que tenha objetivos de longo prazo, que pergunte "que tipo de sociedade queremos?". Não houve.* Face à pergunta que coloco ao grupo – sobre se a atividade dos imigrantes no território da Alta de Pádua melhorou a avaliação feita pela União Europeia da *qualidade do desenvolvimento local* –, era expectável uma resposta negativa: *não, porque a presença, a atividade dos migrantes individual ou associada [...] não se realizou nos lugares onde as decisões são tomadas.*

Nesta fratura, o conflito territorial torna-se manifesto. Do seu ponto de vista privilegiado, o dirigente sanitário revela: *a comunidade local quer ou não a participação e a integração? Isso não é assim tão óbvio. Eu lido com 28 municípios e asseguro-vos que nem todos os municípios têm a mesma opinião.* O ambiente fica mais tenso e um dos imigrantes decide dizer mais claramente o que, até então – talvez por um excesso de cautela – havia ficado nas entrelinhas: *eu acho que a partir do terreno onde eu trabalho, a ligação é completamente interrompida: [...] nós não vemos nem um questionário de perguntas/respostas sobre alguma opinião, sobre algo que está a acontecer, nós nunca preenchemos e nunca recebemos. E isso explica que não há coesão, que não há ligação [...]. Se há algo, podemos discutir isso, mas eu não vejo nada de ligação, para dizer algo que nos conecta [...]. Tentamos, digamos, buscar as coisas em comum, denominadores comuns para realizar projetos em conjunto; no entanto, não encontramos ninguém, nada que nos convide a fazê-lo, para dar uma opinião, para participar, nada. Estamos em Borgoricco há 13 anos, nós sempre apresentámos o nosso estatuto na Câmara, mas nunca houve nenhuma chamada, qualquer tipo de discussão sobre alguns ... isso seria um sonho para mim: participar nas decisões que nos cercam, imigrantes e também italianos.* O fantasma do caráter *exclusivo, divisivo e fragmentário* das políticas migratórias europeias implementadas ao nível local volta a dominar a discussão. O imigrante mais idoso concorda com o mais jovem, embora reconheça que alguma coisa em Camposampiero foi feita – ainda que de forma pontual, precária e não continuada. O terceiro imigrante, aquele que com a sua associação colabora mais com uma das Câmaras da IPA, parece chamar a atenção dos colegas das associações: *antes de as associações de migrantes falarem com as associações de italianos – não o digo por racismo ou ignorância – mas eu acredito que é preciso primeiro falar entre nós, mas esta é uma coisa que falta sempre: porquê? Porque cada um de nós acredita que a Bíblia dele é melhor do que a do outro e, enquanto isso, não vamos a lugar nenhum.* O reconhecimento da gravidade da situação é geral. Obviamente, repito, a falta da parte política ao encontro agravou certamente a leitura negativa do quadro, mas confesso que não esperava reconstruir uma imagem tão *fragmentada de um território* que os estudos e os dados trabalhados descreviam como coeso, rico e harmonioso. Algumas afirmações finais das participantes italianas provocaram um sentimento de inquietação: *hoje em dia a assunção de responsabilidade que prevê a participação, já não somos capazes de a realizar, [...] já não temos oportunidade para construir um tecido que nos junte. Isto, hoje, é muito difícil, tanto em termos de resposta inicial às necessidades básicas, e ainda mais nas necessidades da maior incidência sobre políticas.* Mais uma vez, a acusação é dirigida ao nível político, que *"é o que é"* [é incompetente]. *Afinal, a questão da participação no desenvolvimento local, o que implica um nível mais elevado* [de políticas] *em relação às corriqueiras ... se eu tiver que olhar para as políticas dos municípios, vejo é um fato de Arlequim*, onde cada um faz o que quer.

Neste momento, vejo desmoronar a imagem da IPA de Camposampierese como organismo realmente democrático, aberto e inovador. No final, a realidade aparece, nua e crua, nas palavras de uma das dirigentes, sobre como a IPA recebe as propostas feitas *pelas associações [...] na verdade elas param lá, toma-se conhecimento das mesmas, mas o Plano* [estratégico 2008-2012] *já foi pré-desenhado.* Noto que as associações presentes diziam não ter sido convidadas para as reuniões de discussão do *Piano di Zona*, e pergunto se as convidaram. A resposta do dirigente sanitário é estarrecedora: *convidámos aqueles que conhecíamos [...] fico feliz em conhecer mais, da próxima vez convidamos [...].* Cai também a imagem do *Piano de Zona* como instrumento de coplaneamento. O dirigente justifica: *nós cometemos um erro [...]: participaram mais de duas centenas de pessoas [...] tentámos espalhar o máximo possível, foi publicado no jornal, achámos que aqueles que quisessem participar viriam [...] talvez não tenhamos chegado a absolutamente todos. É evidente que o número de entidades envolvidas é obviamente incrementável, e esta ocasião é também uma oportunidade útil.*

Na tentativa de fecharmos o grupo focal com algumas propostas, concentramo-nos sobre a possibilidade de *ampliar* o caminho da *experimentação institucional*, desta vez com os imigrantes. Não foi fácil pensar naquela altura em *coesão territorial*, o que, contudo, podia ser feito a partir de coisas muito simples: *o projeto que estamos a fazer com o Pelouro da cultura, que lida com a biblioteca municipal, para termos os livros que vêm do Senegal – para que os nossos filhos, que nasceram em Trebaseleghe, ao invés de esquecer a sua tradição, vão para a biblioteca pública descobrir. E não é a única coisa: temos colaborado, e ainda colaboramos, com o Departamento de Serviços Sociais numa ação de despejo que levou há dois anos onde foi solicitado [...] nós trouxemos a nossa própria opinião e dizer o que poderia resolver o problema. E eles ouviram*. Em suma, o que parece faltar, afinal, é maior *confiança* na capacidade de os imigrantes, a da população em geral, possuírem as informações e os conhecimentos necessários para encontrarem soluções para os problemas diários. As últimas duas intervenções, a de um imigrante e de um local, notam isso mesmo: *eu digo que temos que nos dar nascimento nestes grupos de discussão, que estamos todos em setores que podem* [fazer algo] *... porque agora encontrámos uma bola de problemas que não sabemos como resolver [...] mas podemos encontrar uma saída diferente num grupo de discussão, onde existem mecanismos que podem atuar no problema e trabalhar juntos, porque é a primeira vez que vejo um grupo como este que quer resolver um problema, e que quer dar uma mão em alguma realidade para mudar. [...] Nós, como muçulmanos, não pensamos só em feriados religiosos, não, isso tem, mas queremos ser felizes numa sociedade que produz felicidade. Não é que queremos adaptar vocês a nós. Nós sempre queremos ser apenas felizes dentro da vossa felicidade*. A segunda intervenção é menos filosófica: *gostaria que aqueles que gerem a política do território avaliassem se aqueles que fazem políticas* [no terreno] *é interessante que participem da discussão. Eu acho, no entanto, que isso não é suficiente. Deve haver uma disposição para ouvir e mudar os programas que têm em mente. Isso significa: eu tenho algumas ideias sobre como usar algumas áreas do território [...], mas* [o que se pode fazer] *se já existem programas e planos que respondem a todas as orientações de planeamento regional? [...] Acredito que somos sujeitos que podem propor medidas, [...] que seria interessante, para aqueles que fazem a avaliação das políticas, considerar*. Neste sentido, há uma tentativa de *descolonização* do território: *há dinheiro em outros cantos que não é utilizado e que poderia realmente criar uma integração relevante, onde a pessoa se identifica com o território: "eu vim de lá, mas aqui sou um cidadão porque eu participo nestas coisas, porque eu vejo que posso contar e dar uma mão"*.

CAPÍTULO 12
O CIRCUITO DA DESORDEM NAS MIGRAÇÕES INTERNACIONAIS

Este capítulo relaciona as informações recolhidas no terreno com o quadro mais amplo dos processos de recodificação e alteração orgânica da modernidade, assim como foram aqui descritos. Desta justaposição emerge uma esquematização que designo como "Circuito da desordem nas migrações internacionais", e que identifico como o principal mecanismo de perpetuação do sofrimento humano na dimensão migratória europeia. A descrição do funcionamento do *Círculo* permitirá testar o sentido social das hipóteses formuladas.

Recodificações das políticas públicas ao nível local e respostas às perguntas simples
Para o efeito, a narração dos casos estudados em Portugal e Itália compôs dois cenários: o primeiro diz respeito à *transposição recodificada* das diretrizes de política comunitária europeia para o quadro das políticas nacionais; o segundo decorreu da *implementação recodificada* destas nos contextos locais lisboeta e paduano. Em ambos os casos, as consequências sociais desses processos de recodificação e os efeitos das tensões transparadigmáticas nas políticas públicas produziram sofrimento humano, exclusão, marginalização dos imigrantes e fragmentação do território.

Por outras palavras, na dimensão nacional observei a evidente condição hegemónica dos modelos de "integração", representação e desenvolvimento-sem-os-migrantes sobre os pares alternativos, e a presença notável de processos de recodificação daqueles sobre estes. Resultou uma abordagem nacional às imigrações caracterizada por três elementos mais significativos: a *securitização do quadro legislativo*, a *limitação ao sufrágio universal*, e *descoincidência entre objetivos e resultados de coesão territorial*. No plano local, a recodificação e a alteração orgânica da modernidade tornaram-se evidentes nos chamados *mecanismos genéricos de configuração específica das relações sociais*, identificados na parte interpretativa dos estudos de caso. Trata-se de contraposições presentes em condutas, políticas, ações institucionais ou não governamentais, avaliações oficiais e informais: relações tensas que revelaram dificuldades paradigmáticas de compreensão, como a adoção de linguagens incomunicáveis, registos linguísticos e hermenêuticos distantes entre si e que exigem traduções. A observação e interpretação destes fenómenos permitiu considerar imbuídas de efetivo sentido social as hipóteses formuladas anteriormente, pois os efeitos modernos da recodificação e alteração foram dramaticamente transpostos do plano epistemológico para o plano territorial, isto é, da teoria à prática.

Sentido social das hipóteses investigativas e respostas às perguntas simples

Começamos pelas políticas de "integração", em função dos efeitos *excludentes* que estas produziram em Portugal e em Itália. Como descrevi, a adoção contextual de Planos e Programas para a "integração" possuiu, no período considerado, o objetivo *nominal* (somente *nominal*) de "integrar" os imigrantes, o que significaria incluí-los na sociedade de chegada, aplicando-lhes o direito à igualdade válido para os restantes cidadãos, sendo reconhecidas as diferenças das suas culturas, raças, cores e religiões. No entanto, como emergiu repetidas vezes, o objetivo *real* do modelo de "integração" no qual estas políticas podem ser inscritas é, simplesmente, a manutenção da ordem social, o que se realiza através da *aculturação* dos imigrantes no paradigma da cultura nacional. Este objetivo racional colonial vem sendo alcançado através da recodificação das políticas públicas que formalmente (*output*) declaram empenhar-se para garantir a articulação entre igualdades e identidades dos imigrantes no processo de "integração", mas que, concretamente (*outcome*), produzem intervenções socialmente sistémicas, veiculando formas de aculturação. A existência deste paradoxo remete para o facto de que também no *Modelo Subparadigmático Europeu para a Integração dos Migrantes Internacionais na Modernidade* coexistem elementos reconduzíveis a políticas de cunho regulatório e emancipatório. Refiro-me aos objetivos da "integração" mútua, da adaptação dos imigrantes à sociedade de chegada e vice-versa (alegadamente, um processo dinâmico e bidirecional), ou do respeito pelos valores fundamentais da UE: objetivos que poderão realizar-se pelo modelo através do emprego, do conhecimento da língua e da efetivação do *diálogo intercultural*. Apesar desta coexistência nominal entre princípios regulatórios e emancipatórios modernos, na tensão real entre políticas integrativas e interculturais, os objetivos emancipatórios são claramente dominados pelas finalidades regulatórias que perseguem a *ordem social*. Assim, e aqui respondo à primeira pergunta simples, no plano local, a relação entre "integração" e *conflito social* é dada pela transposição de políticas comunitárias e nacionais que tencionam evitar, limitar, controlar e, em última análise, *reduzir a presença dos imigrantes nas sociedades portuguesa e italiana*.

Esta concreta e paradoxal realidade confere sentido social à primeira hipótese (H1) formulada no capítulo cinco pelas seguintes razões: (a) ainda que de forma contraditória, o *Modelo Subparadigmático Europeu para a Integração dos Migrantes Internacionais na Modernidade* tornou-se a política hegemónica da "integração" em Portugal e Itália, dominando e desacreditando as políticas interculturais; (b) em razão disto, o excesso de "integração" produzido fez considerar as políticas interculturais incapazes de realizar a *inclusão social* dos imigrantes, elegendo, pelo contrário, as políticas de "integração" como as únicas capazes de o fazer; (c) as políticas integrativas reais identificadas, no entanto, agem como se "integrar os migrantes" significasse principalmente evitar, limitar, controlar e até reduzir a sua presença física nas sociedades portuguesa e italiana, o que resulta em formas concretas de *exclusão*; (d) em consequência da *aplicação* destas políticas, alguns imigrantes são obrigados a deixar a Europa, quando deixam de reunir as condições sociais para aí permanecerem; a sua *reiteração* transformou os que permanecem em objetos de medidas obsessivas de "integração", ainda que o imigrante residente se sinta formal e culturalmente "integrado"; (e) este tratamento reservado aos imigrantes no plano social produz *conflitos*, pois a sua transformação em meros objetos de medidas colide com os objetivos *nominais* das políticas que propõem formalmente a *coesão social*. Para enfrentar estes conflitos, impõe-se violentamente o modelo hegemónico da "integração", aplicando o critério da *aculturação* como única condição para o ingresso social; (f) é, portanto, *excludente*, o caráter deste paradoxo, pois gera subalternidade e consequentemente *conflito social*.

Neste cenário, o imigrante residente no país de chegada, trabalhador ou empreendedor, contribuinte de qualquer maneira, e por vezes já cidadão europeu, continua a ser objeto de políticas de "integração", sendo que o seu processo de "integração" conta já com muitos anos. A *revolta social* de quem se sente objeto de políticas integrativas, embora esteja perfeitamente "integrado", é imediatamente detetada dentro do Modelo hegemónico da "integração", onde é identificada como *promoção de políti-*

cas interculturais e, em geral, com qualquer ação que persiga objetivos de *coesão social*. Estas ações são vistas como reminiscências de um *caos emancipatório* que precisa de ser aniquilado, em nome da obtenção de um futuro de *ordem racional moderna*.

No plano das políticas de representação, verificaram-se efeitos de *marginalização* dos imigrantes nos dois países estudados.

A redução da representação política ao mundo do associativismo, a concessão do voto autárquico exclusivamente em caso de reciprocidade, e os sistemas de Conselhos, Consultas e Comissões, procuraram atingir o objetivo *nominal* (e apenas esse) de *representar democraticamente* os imigrantes. Isto, nominalmente, significaria *incorporá-los* no sistema democrático, aplicando o direito ao exercício político gozado pelos outros cidadãos, ampliando e partilhando o sistema de representação. No entanto, como já foi dito, o objetivo *real* do modelo de *representação* no qual estas políticas podem ser inscritas é, simplesmente, a manutenção da ordem política, o que se realiza graças a verdadeiras formas de *apartheid* político, isto é, de separação do corpo eleitoral dos imigrantes estrengeiros do corpo eleitoral nacional. Estes objetivos racionais coloniais são perseguidos por políticas públicas recodificadas que aparentemente (*output*) propõem a partilha dos procedimentos democráticos e a ampliação da participação política através da representação, mas que concretamente (*outcome*), realizam objetivos politicamente sistémicos, como a manutenção dos estrangeiros num recinto político separado dos nacionais. Este paradoxo toma forma na contradição implícita ao *Modelo Subparadigmático Europeu para a Representação dos Migrantes Internacionais na Modernidade,* no qual coexistem elementos de políticas representativas e participativas, como o reconhecimento da relevante contribuição dada pelo ativismo dos imigrantes à vida pública local e ao dinamismo do poder autárquico. No modelo realizado de representação, no entanto, dominam as contrariedades às formas de extensão participativa, justificadas com argumentos de defesa da segurança nacional e de preservação da identidade, afirmadas pela adoção do critério da reciprocidade ou cidadania. Tais contradições explicam a contrastada adoção, limitada em Portugal e nula em Itália, de *formas de participação ativa e passiva* dos imigrantes na vida política e eleitoral. Consequentemente, na tensão real entre políticas representativas e participativas na dimensão migratória, os objetivos de *ordem política* são certamente preponderantes relativamente aos da emancipação política dos imigrantes. Assim, e aqui respondo à segunda pergunta simples, adotam-se, nacional e localmente, políticas de representação que tencionam evitar, limitar, controlar e, em última análise, *marginalizar os imigrantes no sistema político*.

Este quadro paradoxal, não isento de contradições e facetas diversificadas dentro dos mesmos casos de estudo, confere sentido social à segunda hipótese (H2), porque: (a) embora de forma contraditória e em detrimento das políticas de participação, as políticas de representação em Portugal e Itália afirmaram-se como *Modelo Subparadigmático Europeu para a Representação dos Migrantes Internacionais na Modernidade*; (b) o excesso de representação que produzem fez considerar os princípios de participação incapazes de *incorporar os imigrantes* no sistema político-institucional local e, pelo contrário, seriam as políticas de representação a fazê-lo; (c) todavia, as políticas representativas reais identificadas atuam como se "representar os imigrantes" significasse maioritariamente marginalizar a sua participação no sistema institucional autárquico, o que resulta em formas concretas de *isolamento político*; (d) consequentemente, no plano local, aos imigrantes são reservados espaços de representação separados, impossibilitados juridicamente de produzir decisões sobre as políticas locais. A reiteração destas políticas transformou os que delas participam em objetos inertes, que não podem representar eficazmente ninguém e que, por isso, não se sentem representativos; (e) este tratamento reservado aos imigrantes produz conflitos políticos, pois a sua marginalização e objetivação contradizem os objetivos *nominais* de coesão política expressos pelas autoridades. Para prevenir este risco, impõe-se violentamente o modelo hegemónico da representação, considerando a segregação política a única condição para que haja diálogo institucional; (f) este paradoxo provoca, portanto, *marginalização*, pois gera *conflitos políticos* tanto entre os imigrantes que procuram participar na vida pública e cujas ações são ineficazes, como entre quem, não participando, aprofunda a sua condição de subalternidade política.

Neste quadro, o imigrante residente no país de chegada permanece objeto das políticas de representação, sendo que ninguém o representa e não pode ser representado institucionalmente por ninguém. *A revolta política* de quem se sente um objeto porque não é representado pelas políticas representativas, embora tenha interesses em tornar-se sujeito ativo dos processos de representação, é detetada dentro do Modelo hegemónico da representação, onde é associada ao *ativismo participativo* de quem persegue objetivos de *coesão política*. Estas ações, a par das que possuem objetivos interculturais, são vistas como reminiscências de um *caos emancipatório* que também precisa de ser aniquilado.

O último paradoxo diz respeito aos efeitos das políticas de desenvolvimento-sem-os-migrantes, que produzem a *fragmentação* dos territórios maioritariamente caracterizados pela presença de estrangeiros residentes.

Como ilustrei em ambos os países, ao nível local, tais políticas incluíram objetivos de crescimento, inovação, descentralização administrativa, parceria e codesenvolvimento; metas alcançáveis, em tese, com a contribuição de *todos* os habitantes de um território, sem distinções quanto à origem geográfica ou étnica de quem contribui, no contexto de uma comunidade *descolonizada*, onde vigore a confiança recíproca. No entanto, como emergiu do trabalho de terreno, o objetivo *real* do Modelo de *desenvolvimento-sem-os-migrantes* é a manutenção da ordem territorial, o que acaba por engendrar formas extremas de *hostilização xenófoba* em relação aos imigrantes. Exemplo disto é a ausência dos imigrantes dos projetos de desenvolvimento social e local que observei, respetivamente, na Amadora e em Camposampierese. Este modelo é imposto por uma ideia da imigração como elemento temporário ou circular, e da contribuição dada pelos imigrantes ao desenvolvimento circunscrita à transferência de remessas, ou, no máximo, numa dinâmica de codesenvolvimento. Isto evidencia ausência de *confiança* em relação às capacidades dos imigrantes enquanto potenciais parceiros do desenvolvimento social e territorial. O objetivo racional colonial dessas políticas obtém-se com o mesmo processo de recodificação observado no caso dos outros dois modelos: declara-se (*output*) considerar os imigrantes partes da comunidade, depositários da confiança dos demais cidadãos, e preza-se para que não continuem sendo objetos de discriminação de cunho colonial. No momento da implementação (*outcome*), no entanto, as políticas perseguem simples objetivos territoriais sistémicos, o que implica tolerar como efeitos colaterais atitudes xenófobas que contribuem para a manutenção dos imigrantes sob o controle de uma ordem territorial segura. Mais uma vez, o paradoxo entre objetivos nominais e reais, fruto da recodificação, é implícito ao *Modelo Subparadigmático Europeu de Desenvolvimento--sem-os-migrantes Internacionais na Modernidade*, no seio do qual coexistem elementos de política experimental, como a busca da coesão territorial, do bem-estar social e da sustentabilidade do desenvolvimento local. Na experiência realizada localmente, no entanto, os projetos de *desenvolvimento local* realizam-se maioritariamente sem os imigrantes: em termos de *coesão territorial*, por exemplo, a maior incidência dos efeitos negativos da crise económica sobre estes, como devidamente ilustrado nos capítulos anteriores, transmite a ideia de que em vez de coesão social, em Portugal e em Itália, existe *fragmentação territorial*, pois partes do mesmo território, numa escala geográfica muito restrita, reproduzem condições de vida social muito diferenciadas. Consequentemente, os objetivos emancipatórios são forçosamente dominados por princípios regulatórios, e assim, a inclusão endógena dos imigrantes na comunidade local é vista como um retrocesso no desenvolvimento do território.[331] Por estas razões, e aqui respondo à terceira pergunta simples, adotam-se políticas que tencionam *impedir a presença dos imigrantes nos projetos de desenvolvimento local* português e italiano, desagregando-os dos territórios.

Esta multifacetada e paradoxal realidade confere sentido social à terceira hipótese (H3) formulada no capítulo cinco, porquanto: (a) mesmo com algumas contradições, o *Modelo Subparadigmático Europeu de Desenvolvimento-sem-os-migrantes Internacionais na Modernidade* tornou-se a expressão política hegemónica do *desenvolvimento local* em Portugal e Itália, dominando as políticas de experimentação-com-os-migrantes; (b) a afirmação do modelo fez considerar as experimentações-com-os-migrantes incapazes de promover a coesão territorial; pelo contrário, só o desenvolvimento-sem-os-migrantes seria capaz de o fazer; (c) as políticas desenvolvimentistas reais identificadas, portanto, agem como se o "desenvolvimento local" pudesse realizar-se de forma sustentável sem a contribuição de todos os habitantes para o planeamento do território, o que resulta na efetiva *fragmentação da comunidade local*; (d) por conseguinte, os imigrantes são maioritariamente considerados elementos exógenos das zonas dos municípios onde residem, isto é, pessoas que não pertencem à comunidade tradicional, seres temporariamente presentes no território, ou até parte de uma comunidade de estrangeiros encerrada nalguma zona da cidade. Estas atitudes transformaram os imigrantes em *objetos estranhos*

---

[331] Segundo esta visão, o *retrocesso* seria provocado pelos custos, não apenas económicos, da inclusão dos/das imigrantes como parte endógena do território do país onde residem, pois isto teria implicações na ampliação dos benefícios derivados da sua emancipação social, na concessão de confiança para permitir a sua participação na vida pública e, finalmente, no reconhecimento da contribuição destes/as para as experimentações em busca da sustentabilidade local.

e/ou exóticos, ainda que, a par dos nacionais, paguem os seus impostos, respeitem a lei e produzam capital social; (e) este tratamento xenófobo reservado aos imigrantes na dimensão local produz conflitos disruptivos, pois destoa dos objetivos *nominais* das políticas que propõem o desenvolvimento homogéneo do território, isto é, a coesão territorial. Diante destas turbulências, o modelo hegemónico é reiteradamente imposto, ainda que daqui derivem, involuntariamente, episódios de xenofobia; (f) é, portanto, *fragmentário* o caráter deste paradoxo, pois gera *conflito territorial* em comunidades onde se reproduzem condições de subalternidade humana.

Nestes territórios, o imigrante que nele reside, trabalha ou empreende, contribui para o sistema de Segurança Social mas continua a não ser considerado um aporte válido na altura de planear políticas de desenvolvimento local. A *revolta identitária* que isto produz em quem se sente excluído da projetação do desenvolvimento do seu território, embora faça regularmente parte dele, é detectada pelo modelo hegemónico e associada à promoção de *conflito territorial*, através das reivindicações por um sentimento comum de *pertença comunitária*, ou da realização de políticas de *experimentação sustentável* e da perseguição de objetivos de *coesão territorial*. Todas estas ações são consideradas reminiscências caóticas que urge aniquilar para a manutenção da ordem.

Em conclusão, mesmo diante da complexidade e natureza contraditória destes fenómenos, defendo que as políticas migratórias dominantes em Portugal e Itália estiveram maioritariamente preocupadas em *limitar o fenómeno migratório, controlá-lo, reduzi-lo ou encobri-lo como ordenada dinâmica social*. No entanto, em função das consequências sociais dos processos de recodificação, os efeitos obtidos foram contrários aos pretendidos, provocando *desordem em lugar de ordem*. Este efeito indesejado tomou forma nas três dimensões consideradas até aqui:

- no plano da "integração", em lugar de "integrar", as políticas integrativas promoveram formas de *aculturação* e acabaram por *excluir* os imigrantes da sociedade, provocando *desordem social*. Afinal, a ideia de "integração" exprime o conceito de que existem dois conjuntos distintos de pessoas e que um conjunto deve ser integrado no outro. A repetição obsessiva de políticas de *"integração"* demonstrou como, em vez de produzir *igualdade*, isto é, *coesão social*, foi necessário corrigir o excesso de *desigualdade* produzido, que gerou mais *exclusão e conflito social*;

- no plano da representação, ao invés de representar, as políticas representativas promoveram formas de *segregação* e acabaram por *marginalizar* os imigrantes na vida democrática, provocando *desordem política*. De facto, a ideia de representação exprime o conceito de que existem dois conjuntos distintos de pessoas e que um conjunto deve ser representado pelo outro. A reiteração indiferenciada de políticas de *representação* confirmou que, em lugar de promover a *incorporação*, isto é, a *coesão política*, foi necessário intervir no excesso de *afastamento* produzido, que gerou mais *marginalização e conflito político*;
- finalmente, em vez de considerar os imigrantes parte endógena da comunidade, as políticas para o desenvolvimento local promoveram um projeto territorial do qual eles não fazem parte, estimulando indiretamente episódios colaterais *xenófobos* que acabaram por provocar *desordem territorial*. Para o efeito, a ideia de desenvolvimento-sem-os-migrantes repousa na visão de que a população de imigrantes não contribui para a sustentabilidade do projeto comunitário, ou que até o compromete. A proposição reiterada de políticas de *desenvolvimento-sem-os-migrantes*, evidenciou que, em lugar de promover a *coesão territorial*, isto é, a *endogenia*, tornou-se necessário reiterar as *pulsões exógenas*, o que gerou mais *conflito local e fragmentação do território*.

Abaixo reproduzo graficamente estes paradoxos, começando pelo Gráfico que demonstra quais terão sido os objetivos (*nominais* e REAIS) das políticas de "integração", representação e desenvolvimento-sem-os-migrantes.

Figura 4: Objetivos (*nominais* e REAIS) das políticas migratórias em Portugal e Itália

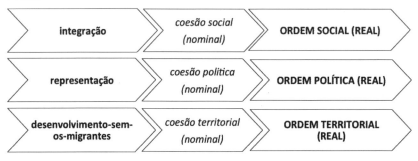

Fonte: Elaboração do autor.

O próximo gráfico ilustra quais terão sido maioritariamente os *efeitos* da reiteração das políticas de "integração", representação e desenvolvimento-sem-os-migrantes.

FIGURA 5: Efeitos das políticas migratórias em Portugal e Itália

Fonte: Elaboração do autor.

Aquelas que antes eram apenas hipóteses, após a verificação empírica, tornaram-se formas pertinentes de problematizar o sentido social dos fenómenos observados, ainda que válidas apenas dentro dos seus limites epistemológicos e empíricos. Em razão disto, não tenciono produzir generalizações mas, se possível, coadjuvar na inversão dos efeitos perversos deste quadro inquietante, produtor de sofrimentos humanos. Pretendo, outrossim, evidenciar as complexidades e as contradições que apurei nos casos estudados, não me limitando a decretar a falência das políticas, mas aprofundando as razões das suas incongruências e apresentando propostas alternativas e exequíveis.

O Circuito da desordem nas migrações internacionais

A resposta paradoxal das políticas públicas europeias *à desordem nas migrações*, de que em boa parte são simultaneamente responsáveis, baseia-se na defesa de uma ordem social, política e territorial. Estas políticas produzem, todavia, novos conflitos que induzem outras reiterações das medidas regulatórias baseadas nos princípios racionais coloniais. Isto gera ainda mais desordens e mais medidas de ordem: *desordens e ordem e desordens...desordem- -ordem-desordem-ordem-desordem-ordem-desordem-ordemdesordem...* Esta dinâmica, apesar de irracional e absurda, é dramaticamente real. *Embora os tratados europeus se estruturem em busca de uma sociedade coesa, no que concerne aos fenómenos migratórios as políticas hegemónicas da Europa produzem os conflitos que declaram querer evitar.* Trata-se de mais um sintoma da crise do projeto moderno. Trata-se, afinal da ineficácia da abordagem moderna às migrações internacionais que emerge nitidamente, ainda que de forma contraditória e complexa, no estudo aqui realizado.

Como se reproduz o sofrimento humano nas migrações? No cerne desta fábrica de desestabilizações está a reprodução *ad infinitum* das consequências sociais da transição paradigmática, isto é, das desordens que acabo de ilustrar. Esta reprodução realiza-se numa dinâmica rotativa entre diretrizes comunitárias, a sua transposição para os contextos nacionais e implementação ao nível local. Neste círculo, o elo entre a dimensão local e a comunitária é assegurado pelo trabalho de monitorização realizado através de sistemas de avaliação das políticas, tanto os realizados ao nível local pelos próprios organismos estudados, quanto os promovidos pela União Europeia na avaliação dos programas ou das políticas (como no caso do MIPEX). Essa fluidez na circulação da informação permite reproduzir e multiplicar as tensões, os processos de recodificação e os conflitos nas três dimensões transnacionais e sociopolíticas – comunitária, nacional e local. Neste sentido, a transposição das dinâmicas internacionais para os processos locais, e vice-versa, confirma a existência de uma dimensão transnacional da esfera pública. A figura abaixo ilustra o que passo a designar como *Circuito da desordem nas migrações internacionais*.

FIGURA 6: Circuito da desordem nas migrações internacionais

Fonte: Elaboração do autor.

Este duplo circuito, que veicula formas de dominação racional-colonial em relação aos grupos de imigrantes, *é fonte de desordem, sofrimento humano, e provoca conflitos desestabilizadores*. A razão disso reside na cega reiteração *ad infinitum* de modelos de políticas públicas que veiculam objetivos não alcançados: ambiciona-se a "integração" dos imigrantes e não se consegue integrar; ambiciona-se a sua representação e não se quer representá-los; ambiciona-se o desenvolvimento do território, mas sem que desse desenvolvimento eles façam parte. A reiteração destas políticas acaba por gerar exclusão social, segregação política e fragmentação territorial, isto é, conflitos em todas as três dimensões. A abordagem europeia às migrações internacionais, nesta constante reiteração de políticas integrativas, representativas e desenvolvimentistas, na medida em que não alcança objetivos de "integração", representação e desenvolvimento, nada mais é que a confirmação de que os objetivos de coesão declarados são apenas nominais e não reais. Muito pelo contrário, estimulados pela presença de conflitos que produzem, os objetivos reais das políticas tornaram-se a ordem social, política e territorial, apenas parcialmente alcançadas nos territórios português e italiano. Não se conseguem dominar totalmente conflitos e tensões, pois os imigrantes continuam presentes e os paradigmas alternativos não são completamente aniquilados.

Respostas às perguntas de partida da investigação
Os casos migratórios portugueses e italianos podem ser relacionados com este quadro, na medida em que o "índice da integração" utilizado no início da secção, o MIPEX, fornece indicações úteis sobre a abordagem europeia em matéria de imigração. Como expliquei previamente, o MIPEX avalia os *objetivos nominais* das políticas de "integração" em Portugal e Itália, e não os seus *efeitos reais*. Ora, considerando que as políticas de Portugal e Itália derivam das diretrizes europeias, a sua receção no plano nacional deveria ser feita de forma igual; assim, recuperando as duas perguntas de partida da investigação, importa perceber por que razão estamos diante de atitudes tão distintas dos legisladores nacionais face à imigração, e como é possível que entre os 28 países da UE analisados pelo MIPEX a receção das diretrizes comunitárias seja tão diferenciada, ao ponto de produzir uma escala de *empenho dos governos para o direito à integração paritária*, que os classifica dos mais aos menos "favoráveis" à sua realização. Que motivos colocavam

Portugal no segundo lugar deste ranking e Itália no décimo, se as políticas nominais são as mesmas?[332]

Para além de o MIPEX avaliar para a UE indicadores de políticas nacionais que vão além das diretrizes fornecidas ao nível comunitário, o que pode gerar uma melhor (no caso de Portugal) ou pior (no caso de Itália) pontuação, é o funcionamento do *Circuito da desordem nas migrações internacionais* que responde às duas perguntas de partida da investigação, ambas ligadas à explicação de como se processa a receção das diretrizes de políticas migratórias comunitárias aos níveis nacional e autárquico.[333]

Neste quadro, a escala de progressiva propensão (*favorecimento*) à "integração" dos migrantes, definida pelo MIPEX, nada mais é que o reconhecimento da existência de uma recombinação diferente da *variação de potencial entre princípios regulatórios e emancipatórios,* que agem nas dimensões nacional e local, com mais ou menos acentuadas formas de recodificação, diferentes contextos transnacionalizados da esfera pública e manifestações de conflito distintas. Ao ser julgada de forma diferenciada, a propensão dos países e dos territórios à realização de políticas mais ou menos favoráveis à "integração" dos imigrantes confirma a existência de diferentes condições de instabilidade no embate entre regulação e emancipação, isto é, entre princípios subparadigmáticos das integrações e interculturas, representações e participações e desenvolvimentos-sem-os-migrantes e experimentações-com-os-migrantes. Tudo isto ocorre nos diversos territórios por distintos motivos (históricos, políticos, económicos, culturais e sociais) que contribuem para a recodificação das políticas, a transnacionalização do espaço público, e onde os conflitos se realizam entre atores formados naquele contexto específico. Isto gera um arranjo de políticas locais diversificado em cada território mas que, sendo monitorizado e avaliado pelo nível comunitário, permite ser considerado e reprocessado neste mecanismo contínuo de reprodução das políticas.

Afinal, se o funcionamento na Europa do *Circuito da desordem nas migrações internacionais* fornece respostas às perguntas de investigação, é a

---

[332] Em 2014, Portugal manteve a segunda posição enquanto Itália passou para décima-terceira.
[333] As perguntas formuladas no capítulo 5 foram: (1) Por que razão na Europa dinâmicas migratórias parecidas e sujeitas às mesmas diretrizes supranacionais podem desencadear atitudes tão distintas dos legisladores nacionais face à imigração? (2) A partir de contextos nacionais diferenciados, como são interpretadas as diretrizes de políticas migratórias supranacionais ao nível autárquico?

existência de um instrumento de avaliação de políticas públicas como o MIPEX que atribui sentido social às hipóteses formuladas. De facto, as razões que explicam as diferentes combinações de políticas migratórias aos níveis nacional e local demonstram a existência das tensões transparadigmáticas em contextos conflituais, recodificados e turbulentos. Assim, por um lado, é possível afirmar que a realização distinta dos modelos hegemónicos de política migratória europeia em Portugal e em Itália encontra concretização através de um mecanismo que aqui designei como *Circuito da desordem nas migrações internacionais*. O seu principal intuito é a manutenção de um sistema migratório europeu orientado para objetivos racionais e coloniais. Por outro lado, a sua modalidade de afirmação pode ser demonstrada pela existência de um indicador como o *Migrant Integration Policy Index*, que comprova a existência dos modelos hegemónicos de política migratória na Europa. Para o efeito, a classificação dos diversos países, no entanto, não indica a afirmação mais ou menos acentuada de princípios regulatórios sobre princípios emancipatórios, mas uma recombinação diferente dos conflitos existentes na mesma condição de falência do projeto moderno que produz uma progressiva incapacidade de realizar os objetivos nominais. Países melhor posicionados na classificação MIPEX III são aqueles que reiteram um grande número de objetivos nominais (como a alegada *promoção da igualdade de tratamento*), o que gera turbulências muito fortes por causa da contraditória afirmação dos objetivos reais (*a manutenção da ordem*). Como foi dito, isto resulta em conflitos sociais, políticos e territoriais persistentes. Nos países progressivamente pior classificados, os objetivos nominais não são sequer nominalmente propostos pelas políticas migratórias, o que deixa espaço livre para a realização dos objetivos de ordem. Isto permite um contexto menos turbulento e conflitual, o que corresponde a uma sociedade onde os modelos hegemónicos de ordem racional colonial atuam com mais eficácia.

Sendo assim, "diante da falência das promessas modernas de igualdade, liberdade e fraternidade, de que lado estamos?", perguntava Santos em 2000 (Santos, 2000: 25 e ss.). A seguir, na parte final do livro, tomo posição diante da pergunta, e proponho a rutura com o círculo vicioso imposto pela recodificação das políticas migratórias europeias, com vista à promoção de uma esfera, desta vez virtuosa, solidária e emancipatória.[334]

---

[334] Ao fazê-lo, reporto (em cursivo) trechos de afirmações colhidas no terreno.

CAPÍTULO 13
AUSÊNCIAS DOS E DAS IMIGRANTES NA AMADORA E EM CAMPOSAMPIERESE

Neste capítulo, comparo as parcerias multissectoriais da Amadora e de Camposampierese, utilizando a *sociologia das ausências*.[335] Cada comparação é realizada considerando os conflitos presentes no terreno, o funcionamento reticular dos organismos e as avaliações das políticas realizadas. Produzo para cada um destes aspetos uma visão comparada geral dos dois territórios e uma análise mais detalhada dos fenómenos.

Rede Social Local e Intesa Programmatica d'Area: visões comparadas dos contextos
De seguida, comparo alguns aspetos gerais da RSL e da IPA que aprofundarei numa fase posterior. Começo pelos modelos hegemónicos maioritariamente utilizados na produção de políticas migratórias no período de realização da investigação, e que eram, nos casos das parcerias multissetoriais locais, o Modelo da *representação* e o Modelo de *desenvolvimento-sem-os-migrantes*. Os Modelos contra-hegemónicos mais presentes, por conseguinte, eram os da *participação* e da *experimentação-com-os-migrantes*.

Na tensão entre modelos de *representação* e *participação* mantiveram-se *fraturas* nas formas de realizar espaços de *diálogo social*, pois estes foram abertos apenas à participação da sociedade civil local, através de organismos representativos (como ONG) que puderam participar no CLAS da RSL, das Comissões Sociais de Freguesia (CSF), ou na TC da IPA. Com efeito, o funcionamento destas arenas não previu a participação direta

---

[335] O objetivo da *sociologia das ausências* (Santos, 2006) é *dilatar o presente*. Isto significa desarticular as relações de poder que compactam o pensamento moderno, produtor das dicotomias clássicas (Norte-Sul, homem-mulher, nós-eles, branco-negro, Oriente-Ocidente, Natureza-Cultura, Selvagem-Civilizado, etc.). Como antecipado no capítulo 5, para realizar esta operação devo centrar-me nas experiências sociais dos imigrantes na Amadora e em Camposampierese que não foram englobadas pelo pensamento dominante. Estudar as suas ausências da programação do desenvolvimento social e local destes territórios permite descobrir o que é produzido como *não existente* nas parcerias multissetoriais (RSL e IPA), e que escapa à hegemonização do modelo de representação tradicional e de desenvolvimento-sem-os-migrantes, representando uma alternativa a este.

dos cidadãos, mas apenas a apresentação dos seus pedidos através de entidades representativas.

Na Amadora a tensão entre modelos de *desenvolvimento-sem-os-migrantes* e *experimentação-com-os-migrantes* produziu um arranjo que pode ser definido como *híbrido*, ainda que limitado exclusivamente à perspetiva de planear o desenvolvimento *social* e não o *territorial*. De facto, o Plano de Desenvolvimento Social (PDS) fora elaborado através de um processo de *ampliação* e *descolonização* do debate que previa espaços para a auscultação da população da cidade, inclusive a população imigrante, através de grupos focais dinamizados nas Juntas de Freguesias. A experiência, portanto, abriu espaços para a afirmação de princípios emancipatórios e contra-hegemónicos, como a *experimentação-com-os-migrantes*, ainda que limitados à realização de formas de diálogo social com a população que não previam o uso de *metodologias participativas*.[336] Todavia, este processo de auscultação visava exclusivamente as políticas sociais e em nada abrangia a dimensão do planeamento da cidade, isto é, do projeto de desenvolvimento do território.

Em Itália, pelo contrário, era este o interesse principal da IPA de Camposampierese, que assim se configurava como uma parceria multissetorial ao mesmo tempo similar e diferenciada da experiência portuguesa.

No plano das similitudes, relevei seis elementos: a IPA, como a RSL, começou o seu processo de institucionalização nos princípios da década de 2000 (com a união dos Municípios de Camposampierese) enquanto organismo partilhado entre atores locais para o planeamento de políticas públicas. Resulta que, dum ponto de vista formal, e reside aqui a segunda similitude, IPA e RSL nascem como *arenas territoriais representativas* que reúnem os atores locais para elaborar diretrizes de políticas públicas. Terceiro elemento de similitude: ambos os organismos não possuíam autonomia financeira, mas apenas algumas competências para o trabalho de suporte técnico e administrativo. Assim, identifico o quarto aspecto: a presença de equipas técnicas permite a realização de estudos propedêuticos à dinamização das atividades (o PDS num caso e o DPA noutro), o que pode redundar numa quinta similitude, que respeita à projetação de ações em parceria com atores municipais e extramunicipais. Finalmente,

---

[336] Numa perspetiva de maior partilha do planeamento local, a CM da Amadora instituiu em 2013 o Orçamento Participativo (OP), para despender 500 mil euros em dois anos, num processo de codecisão com a população.

um sexto elemento diz respeito à forma fraturada como as parcerias se recombinaram em torno da tensão entre princípios de *integração/intercultura* e *representação/participação*, sendo hegemónica a prevalência dos modelos regulatórios sobre os emancipatórios.

As diferenças relevadas entre RSL e IPA no plano formal foram cinco, a começar pelas diferenças de potencial entre modelos transparadigmáticos de *desenvolvimento-sem-os-migrantes* e *experimentação-com-os-migrantes*, *híbrida* num caso e *fraturada* no outro. A segunda divergência respeita aos conteúdos diametralmente opostos, pois a arena de Camposampiero cuidava de políticas integradas para o desenvolvimento local (sem considerar como tais as políticas sociais), enquanto a da Amadora focava políticas setoriais para o desenvolvimento social (sem considerar o planeamento do território como seu elemento integrante). O terceiro elemento que as distinguia era a abrangência territorial, no sentido em que num caso o organismo estava limitado a um município, e noutro reunia onze câmaras. O quarto fator distintivo diz respeito à *forma de acesso* ao órgão que permitia, no caso do CLAS, a participação de todos os parceiros que frequentassem suas reuniões, ao passo que na TC apenas participavam representantes institucionais e atores locais previstos estatutariamente ou posteriormente admitidos. O último elemento diferenciador foi a relação com o poder político, que na AML se realizava através da Vereação (que ocupava a presidência do CLAS), e na Alta Padovana através dos Presidentes de Câmara (que rotativamente ocupavam o cargo de Presidentes da TC).

Formalmente, as similitudes entre RSL e IPA resultaram mais numerosas que as diferenças, o que permite considerar os dois organismos como entidades homólogas que, paradoxalmente, ainda que mantendo diferenças formais relevantes, realizam métodos de auscultação muito parecidos no que respeita ao mundo da imigração. Para o efeito, embora a RSL o faça formalmente e a IPA informalmente, a auscultação dos imigrantes permanecia limitada à fase de diagnóstico (social ou territorial), não se concretizando na altura de definir objetivos de ações concretas e nem mesmo nas fases de realização das políticas e da sua avaliação. Considerando os aspetos formais como variáveis contextuais independentes,[337] a realização de políticas sociais sem planeamento do território, ou

---

[337] A *comparação por contextos* aqui realizada considera o *sistema concreto de ação* de um território: aquele conjunto de normas, corpos institucionais intermédios e praxis administrativas que regulam o comportamento dos atores num determinado sistema social. Neste caso, estou a

o planeamento do território sem políticas sociais, produziam a mesma e mais importante variável dependente, isto é, a auscultação dos imigrantes apenas na fase de análise dos problemas e não na definição e implementação das soluções. Mais simplesmente, é possível afirmar que os imigrantes na Amadora e em Camposampierese eram considerados *parte do problema e não parte da solução para o problema*.

A maior e mais dramática evidência da *ausência da opinião dos imigrantes na altura de definir a realização das políticas para o desenvolvimento social e territorial é a ausência das políticas de habitação entre as competências das parcerias*. Com efeito, tanto no caso português como no italiano a habitação era da competência de outras divisões camarárias. Surpreende que duas arenas tão relevantes para os objetivos da coesão social não se preocupem com aquele que representa o maior foco de conflitos na dimensão migratória, um dos problemas mais graves e ainda não resolvido nos dois territórios. Isto não indica o desinteresse dos governos locais face ao problema da habitação, *mas a ausência dos imigrantes enquanto agentes ativos, empoderados, capazes de levar uma das suas mais prementes reivindicações às duas arenas representativas territoriais que mais os auscultam*.

A ausência dos imigrantes enquanto agentes sociais, políticos ou territoriais operantes nos dois organismos, apesar das diferenças específicas que os caracterizavam, realizava-se num *cenário social da condição migratória* incrivelmente parecido e sustentado nalguns pontos comuns. Em primeiro lugar a presença de uma conflitualidade difusa entre migrantes e não migrantes: certamente, a concentração socio-habitacional da cidade da Amadora, um território dez vezes menor que o de Camposampierese e com quase o dobro dos habitantes, caracterizado pela presença de bairros densamente habitados por imigrantes, é muito diferente do *campo urbanizado* da província paduana. No entanto, a subalternidade política, económica e social dos imigrantes que residiam nos dois territórios era, na altura, assustadoramente igual. Embora houvesse na Amadora uma maior atenção e disponibilidade para promover dispositivos de empoderamento das associações de imigrantes, por vezes logrado, na altura de tomar a decisão, esta possibilidade parecia ser ainda apanágio exclusivo

---

comparar não tanto os territórios mas os organismos estudados; por esta razão, considero RSL e IPA como *sistemas concretos de ação*, para comparar contextualmente as suas dinâmicas de atuação.

dos atores legitimados pelo sistema de representação política tradicional; de facto, não estando presentes representantes políticos imigrados, algumas associações podiam até beneficiar de recursos, mas a escolha quanto aos critérios da sua disponibilização, por exemplo, dependia sempre de um poder público que não controlavam. Na IPA, além de não haver recursos para as associações, não existia sequer possibilidade de recenseamento, e quiçá de candidatura política para os estrangeiros. A sua auscultação mantinha-se discricional e dependente da atitude "filantrópica" de alguns autarcas mais sensíveis ao sofrimento humano que, não obstante os objetivos de coesão, atacava a dignidade de quem o vivia na própria pele, desagregando o território. A função de apoiar o empoderamento das associações de imigrantes, que na Amadora era exercida em parte pela Câmara Municipal e pelas IPSS, mas também direta e indiretamente pelo ACIDI (enquanto ator nacional), confrontava, em Camposampierese, uma orfandade de pai e mãe, ficando esta função apenas desempenhada pelas associações sindicais e pelas cooperativas que, sem capacidade para financiar as associações de imigrantes, apenas podiam oferecer-lhes orientação e estruturas.

A acrescer a estas dificuldades, a existência de paradigmas alternativos, sobretudo participativos e experimentais, estava limitada em ambos os casos, embora fosse possível notar em Portugal uma maior abertura para as experimentações institucionais nesta matéria. No que diz respeito à dimensão intercultural, as riquíssimas experiências realizadas por atores locais em ambos os territórios eram fortemente contrastadas por uma tendência mais geral, institucional e popular, de exotização intercultural que limitava o interesse pelas culturas dos imigrantes às suas exterioridades folclóricas (artesanato, culinária, danças, músicas, vestuário), e não se estendia às dimensões literária e poética, política e institucional, ou ainda ambiental, cingindo-me a alguns exemplos.

Concluo esta parte introdutiva afirmando que *diante da mesma condição migratória e tendências homólogas na introdução de formas de inovação institucional, ainda que com diferentes práticas ao nível do envolvimento dos imigrantes, a população de origem não nacional apenas é auscultada, nos organismos estudados, nos momentos de realização dos diagnósticos que preparam a definição e realização das políticas públicas. A não auscultação na fase de elaboração e implementação das ações determina a ausência política dos imigrantes no planeamento das diretrizes de desenvolvimento social e territorial. Esta ausência contribui para a definição de um contexto territorial caracterizado por condições migratórias de subalternidade social, política e territorial, que coincidem com um quadro de exacerbação da violência potenciadora dos conflitos migratórios nas cidades.*

Acresce ainda, neste aspeto, a presença do que chamo *princípio de derivação social* da condição migratória: a tendência para que as formas de discriminação que afetam os imigrantes, enquanto grupo social subalterno, abranjam também outros grupos facilmente expostos à subalternidade, como jovens, mulheres, idosos e minorias étnicas. Por isso, ao limitado envolvimento específico dos imigrantes na RSL e na IPA corresponde o escasso envolvimento geral dos residentes. Entretanto, se na Amadora existiam outras experiências participativas a par da RSL (como o OP da cidade), no caso da IPA esta representava a única experiência de diálogo social promovida diretamente pelas autarquias.

É evidente que, nestas condições, a avaliação da eficácia das políticas realizadas na dimensão migratória resulta fortemente polarizada, não apenas entre imigrantes e não imigrantes, como também entre instituições e sociedade civil. De facto, as informações recolhidas apontaram para uma mesma perplexidade, que se transmuta, nalguns casos, em avaliação negativa relativamente às políticas de desenvolvimento realizadas localmente: os imigrantes sentem-se parcialmente excluídos do projeto de desenvolvimento local, sendo esta avaliação partilhada pelas organizações da sociedade civil (associações, cooperativas e sindicatos). Do outro lado, a defesa institucional dos técnicos e dos políticos locais introduz um elemento de reflexão comum aos dois casos: a alegada exigência de não realizar *políticas migratórias*, isto é, políticas destinadas *exclusivamente* à população imigrante, mas de promover políticas gerais para toda a população daqueles territórios, incluindo aí os imigrantes. Deste argumento resultava a orientação da RSL para identificar os chamados *territórios vulneráveis*, um eufemismo singular que ocultava, com um artifício linguístico, a existência de bairros de habitação social ocupados maioritariamente por imigrantes ou descendentes de imigrantes. Assim, e sendo que as pessoas que habitavam os bairros se tornaram portuguesas, para as autarquias não terá sido desejável prever ações destinadas exclusivamente *aos imigrantes*. Segundo esta mesma lógica, em Camposampierese não foram implementadas ações de desenvolvimento territorial destinadas especificamente aos imigrantes, pois não existiam zonas do território habitadas exclusivamente por estes. Quanto à dimensão produtiva, a presença de guichés especializados para atendimento aos imigrantes, por exemplo, foi um serviço mantido com caráter emergencial, uma vez que foi considerado discriminatório em relação aos autóctones. Estas abordagens descrevem o desinteresse das entidades em tornarem-se instrumentos mais efetivos na promoção de políticas públicas que articulem a intercultura, reconhecendo as diferenças socioculturais presentes na cidade, e a participação direta, ampliando a auscultação política dos imigrantes. Assim, à confiança demonstrada (mais em Portugal do que em Itália) nas tentativas de experimentação-com-os-migrantes *não correspoderam processos eficazes de descolonização das instituições e dos territórios, mas a exacerbação das violências interétnicas presentes nas cidades.*

Debruço-me, agora, na comparação mais específica dos casos estudados, considerando os conflitos presentes no terreno, o funcionamento reticular dos organismos e as avaliações das políticas realizadas.

A sociologia das ausências na comparação dos conflitos locais

A *ausência de um planeamento territorial partilhado* entre os organismos multissetoriais e os atores imigrantes foi denunciada pelos imigrantes que se sentiam excluídos do planeamento e, por conseguinte, do desenvolvimento do território, sendo que todas as testemunhas ouvidas, observadas e envolvidas nas discussões, com exclusão dos autarcas camarários, a reconheceram. Sendo assim, o conflito principal girou em torno da perspetiva da *participação*.

Segundo os imigrantes que não participam, é grande o desejo de serem tomados em consideração, ao ponto de considerarem que a sua condição "não participante" resulta não do acaso, mas de um intento político de marginalização da população estrangeira. Por parte dos autarcas, a limitada participação dos imigrantes é justificada como fruto da falta de organização e/ou de interesse por parte das associações étnicas, problema que é apontado também a outros atores locais, acusados de desinteresse. Entre estas duas posições estão os atores locais não imigrantes, que consideram a inexistência de uma participação mais efetiva por parte das organizações de estrangeiros como um sintoma do progressivo esvaziamento da capacidade deliberativa dos organismos que administram as redes locais.

Um segundo fator de conflito que pôde ser identificado, apesar de as condições socioespaciais e demográficas serem completamente distintas nos dois territórios analisados, foi o *acesso à habitação*, um poderoso fator de instabilidade, gerador de gravíssimos conflitos sociais e territoriais. Tanto na Amadora quanto em Camposampierese, as casas dos imigrantes estiveram no centro do foco de conflitos, quer por terem sido construídas de forma espontânea e sem as devidas autorizações (como em alguns dos casos de Santa Filomena), quer por serem suspeitas de abrigar *clandestinos* (como em Camposampiero). Sobre este fator em particular, foi relevante notar a presença, em ambos os casos, de uma suspeita sobre a existência de motivações políticas instrumentais na base das ações de despejo, num caso, e das fiscalizações ilegais, no outro.

A terceira fonte de conflitos foi a *desigualdade social* que acompanha a estigmatização do pobre, do imigrante, da população 'vulnerável' de quem mora nos bairros 'críticos'. Os imigrantes são, nos dois territórios analisados, um grupo social economicamente vulnerável, pouco qualificado profissionalmente, com baixos níveis médios de escolaridade. Em suma, constituem um segmento social mais pobre, que embora economicamente ativo sofre de uma condição existencial subalterna: salários mais baixos, maior precariedade ou flexibilidade contratual, precariedade ou instabilidade habitacional. Estas razões, entre outras, levaram estas pessoas a residir em zonas do territórios menos valorizadas no mercado de habitação, ou em bairros de habitação social que se transformam em guetos de imigrantes. Daí a estigmatização que, tendo como alvo os mais pobres (que sempre existiram nas sociedades portuguesa e italiana), é duplamente sentida entre a população de imigrantes, porque acrescenta um estigma de caráter étnico ou racial. Este estigma é, muitas vezes, envergonhado, sobretudo em Portugal, mas que pode resultar em conflitos étnico-raciais violentos, como já se verificou em Itália. Em ambos os casos, porém, o estigma perpassa a linguagem quotidiana, seja oficial ou informal, jornalística ou coloquial, quando se fala de *população vulnerável, bairros críticos, clandestinos ou extracomunitários,* ou quando acontecimentos de violência urbana (assassinatos, roubos, assaltos) são reportados com grande ênfase pela imprensa por serem protagonizados por estrangeiros. Resulta desta estigmatização uma fratura social, política e territorial que, sem ter sido imaginada e menos ainda planeada, se materializou perante mim durante a realização dos grupos focais (e que pode ser estendida às condições sociais reais dos territórios): de um lado, a população branca, instruída, nacional, a "classe" dirigente; do outro, os mestiços, não instruídos, imigrantes, a "classe" trabalhadora ou desempregada.

Ausentes deste cenário de sofrimento humano gerador de violência estão políticas que *reconheçam* a existência destes conflitos, e que proponham uma intervenção integrada: não apenas *multi*, mas também *intersectorial*, capaz de conjugar a condição social com a intercultural, o direito à participação com o direito à habitação, e a coesão territorial com o combate às formas de discriminação.

O caso dos conflitos da Amadora
As situações de despejo em Santa Filomena constituem, sem dúvida alguma, o conflito mais violento a que assisti nos quatro casos que estudei. Por não ter considerado as políticas habitacionais como objeto específico de estudo neste trabalho, não aprofundei o tema, mas os testemunhos recolhidos durante a pesquisa de campo foram suficientemente exaustivos para perceber como a insegurança e o medo tomaram conta do bairro e da cidade, assim como das condições de extrema dificuldade em que viviam alguns moradores.

O caso de Santa Filomena foi, no entanto, paradigmático no que diz respeito a duas questões relacionadas com a gestão da emergência habitacional na Amadora. A primeira, mais uma vez, foi a *ausência* de uma linha de intervenção específica sobre a emergência habitacional do bairro no Plano de Ação 2012 do CLAS da RSL da Amadora. Apenas umas linhas constavam do documento, sobre a "articulação do Programa Amadora Empreende, com os projetos de desenvolvimento comunitário em curso no território: Zambujal Melhora, CLDS de Santa Filomena e CLDS do Casal da Mira", inexistindo qualquer outra referência. Na origem desta ausência estará o facto de a gestão da política habitacional da Amadora ser administrada em 2012/2013 pelo Departamento de Habitação e Requalificação Urbana, e as políticas sociais pelo Departamento de Educação e Desenvolvimento Sociocultural (que é o dinamizador da RSL). Neste quadro administrativo, a RSL da Amadora não acompanhou, senão marginalmente, a situação no Bairro de Santa Filomena, ao contrário do que havia acontecido durante o período em que o CLDS esteve a funcionar no Bairro. Com a súbita mudança, um assunto de tamanha relevância social deixou de ser acompanhado pelo principal instrumento de governação participativa do município, a Rede Social Local da Amadora. Esta separação entre políticas habitacionais e políticas sociais revelou uma outra divisão, entre essas duas esferas e as políticas de planeamento e ordenamento do território, geridas pelo Departamento de Administração Urbanística. Numa perspetiva de gestão cada vez mais integrada e intersectorial das políticas públicas, a separação entre estes três eixos estratégicos, ou a ausência, num espaço como o da RSL, de uma socialização destas políticas com os beneficiários das intervenções sociais, reduziu a capacidade de alcançar mais rapidamente soluções inovadoras para uma maior coesão social do território. Neste sentido, pareceu existir uma margem significativa para melhorias com base numa maior integração setorial das políticas públicas na cidade.

A segunda reflexão que os eventos de Santa Filomena engendraram acerca da produção local de conflitos concerne à relação entre conflitos territoriais na dimensão migratória e dinâmicas políticas. O encerramento antecipado do CLDS de Santa Filomena, *por determinação superior* – leia-se política –, que deu lugar à retomada das demolições das barracas, incluiu atitudes de violência que foram denunciadas por moradores e ONG. Estes eventos coincidiram com a corrida eleitoral autárquica de 2013, que evidentemente tornou a questão do loteamento vizinho, conhecido como Vila Chã, muito premente para a CM. Segundo alguns entrevistados, o condomínio de luxo planeara expandir-se para os terrenos então ocupados pelo Bairro. Nesta dimensão, a suspeita que haveria uma ligação entre estas dinâmicas e as demolições é, no mínimo, legítima.

O caso dos conflitos em Camposampierese
As buscas às casas de alguns imigrantes concretizaram o conflito mais relevante mencionado nas entrevistas realizadas em Camposampierese. Embora tenha sido um acontecimento anterior à realização das entrevistas, mantinha-se como uma ferida aberta, ainda sanguinolenta e infecciosa, estigmatizada como conflito a ser evitado de qualquer maneira. As informações veiculadas nas entrevistas parecem-me suficientes para ilustrar como este conflito foi gerador de sofrimento humano. O que é relevante notar, neste espaço de comparação, é a substancial semelhança na precariedade das condições de vida dos imigrantes na Amadora e em

Camposampierese, se excluirmos da equação as condições extremas dos bairros informais amadorenses. Mesmo diante de contextos territoriais tão distintos (com uma dimensão sobretudo produtiva a marcar as diferenças), é significativo relevar que a subalternidade social dos imigrantes era praticamente igual nos dois territórios, e a sua marginalização social também semelhante.

Se o conflito habitacional foi o mais gritante na Amadora, a impossibilidade de participação pelos imigrantes no planeamento do desenvolvimento local do Camposampierese foi a *ausência mais evidente, ainda que esta tenha sido produzida como não existente* – tanto pelo *establishment*, que procurou escondê-la, como pelos imigrantes, que procuraram disfarçá-la como um impasse momentâneo. Dessa ausência resultou um sentimento de não pertença ao território por parte dos imigrantes. O conflito sócio habitacional foi, evidentemente,e a ponta do iceberg de um conflito disseminado em Camposampierese, entre migrantes e não migrantes, entre estrangeiros e autóctones. Embora a mão-de-obra imigrante representasse um recurso indispensável para as milhares de pequenas e médias empresas que estruturam a densa malha manufatureira daquele território, a presença do imigrante parecia gerar um elemento de inquietude na tranquilidade da vida provincial.

O que motivava este desconforto? Talvez a própria condição de bem-estar, a riqueza e a tranquilidade daquele território, que na década de 90, aquando da chegada dos imigrantes, já esquecera a miserável condição de pobreza na qual vivera até poucas décadas atrás. Assim, a presença de imigrantes por vezes pobres, mestiços e subalternos, gerava medo e mal-estar entre os novos-ricos vénetos: medo que lhes fossem roubados os bens que com décadas de sacrifício e abnegação no trabalho haviam conseguido acumular; mal-estar porque o confronto com a miséria dos outros trazia à memória a lembrança da própria indigência que a nova riqueza ajudava a esquecer. Como lembra uma das entrevistadas: *no nosso território, após a Segunda Guerra Mundial, destruímos todas as casas e terrenos, tudo o que nos lembrava o facto de termos sido pobres; tudo o que nos lembrava o nosso passado de camponeses foi destruído por não ter que fazer mais parte da nossa memória, para não reconhecermos mais o que éramos.*

Entre os próprios residentes autóctones, observou alguém nas entrevistas, *a tranquilidade e o bem-estar afastam a ideia de comunidade. Se eu basto a mim próprio, porque devo fazer algo para os outros?* Isto repercute-se no mundo do voluntariado, nas instituições, nas escolas, onde tudo se resolve com uma doação ou um financiamento em troca do não envolvimento pessoal ou institucional num projeto de solidariedade, por exemplo, como poderia ser a ajuda à estruturação das associações de imigrantes. Assim, desfaz-se a ideia de comunidade, de território. Compreende-se, neste contexto, que a exigência de reconstruir uma identidade territorial tenha estado entre as motivações que induziram os onze municípios de Camposampierese a reunir-se numa estrutura territorial comum. No entanto, este projeto realizou-se sem a presença dos imigrantes, na premissa de que estes poderiam ser representados pelos autarcas, pelos agrupamentos escolares, pelos sindicatos e pelas empresas. Os imigrantes são uma minoria no total da população, portanto *podem* apenas ser auscultados, e *não precisam* de ser representados. Pode a identidade de um território ser constituída apenas pelas características próprias da maioria dos seus habitantes? A presença das minorias étnicas não é relevante para a identidade territorial? Quer o território simular que estas pessoas não existem, ou que estão somente de passagem, prontas a retornar a qualquer momento aos países de origem?

A sociologia das ausências na comparação das redes locais
O funcionamento reticular dos dois organismos é o denominador comum de duas formas de experimentação e inovação institucional, como a RSL e a IPA, que se baseiam numa ideia de *governação territorial alargada*.

No entanto, a *forma de acesso* ao Conselho é o aspecto que diferencia a participação dos imigrantes nos dois organismos. No caso português, estes podem participar quando quiserem, através de representantes associativos, embora se verifique no terreno que a sua participação efetiva está limitada ao CLAS e, por vezes, às CSF. No caso italiano, a maior institucionalização da representação dos atores locais exclui, *de facto*, a participação dos imigrantes. A sua eventual participação dar-se-ia apenas no caso de algum representante sindical, ou cooperativo, ou algum autarca, ser de origem imigrante, pois não se prevê nenhuma outra forma de representação específica para esta parcela da população. Esta diferença relativa ao perfil dos participantes produziu, no caso português, um organismo plenário, o CLAS da RSL, com uma presença "micro" de cerca de 70 atores territoriais diretamente empenhados nas parcerias para a realização das políticas (juntas de freguesia, diversos agrupamentos de escolas, diversos centros de saúde, dezenas de associações, sindicatos, divisões de polícia local, outras entidades), enquanto na TC da IPA havia cerca de 35 representantes "macro" destas categorias de atores (Presidentes de Câmara, um representante dos agrupamentos escolares, um representante das forças locais de segurança), aos quais se acrescentam numerosos representantes das diversas categorias produtivas, como cooperativas, indústrias, sindicatos e de outras entidades. Portanto, a TC da IPA é uma arena mais restrita que o CLAS e mais ampla que o NE do CLAS. É interessante notar que na TC da IPA não estão presentes os representantes do setor *sem fins lucrativos* (as IPSS ou ONG), como constatámos ao longo das entrevistas, ao passo que no CLAS estão presentes em grande número.

Em certa medida, esta diversidade quanto à presença de atores pode ser explicada pelas competências diferenciadas dos organismos: no caso da IPA, a atenção ao planeamento do desenvolvimento local foca-se principalmente na dimensão económica, privilegiando assim a representação das categorias produtivas e dos atores institucionais empenhados em realizar intervenções de dimensões médias. Isto justifica, segundo uma lógica setorial e não *inter*setorial, a ausência de outros atores que podem ter um papel fundamental no desenvolvimento local, como as ONG e as IPSS, por exemplo. No caso da RSL, pelo contrário, a vocação social do organismo justifica a presença de todas as IPSS, para além das pequenas realidades locais que trabalham em regime de parceria para a realização de ações pontuais em bairros ou locais específicos. O setor económico está presente no CLAS, mas não parece exercer um papel relevante quando se trata de realizar projetos de desenvolvimento local. Um exemplo significativo é o estudo feito acerca do programa "Amadora Empreende", que envolveu na construção do projeto parceiros institucionais, IPSS e a Universidade de Liboa, mas não diretamente as empresas.

O funcionamento das redes no caso da Amadora
A extensão da rede de parceiros locais na Amadora era, como vimos, relativamente ampla. Apesar desta abrangência, as entrevistas detetaram queixas expressas tanto pelos imigrantes, quanto pelos dirigentes municipais, acerca da falta de participação efetiva dos parceiros – que relacionavam, cada uma do seu ponto de vista, com a alegada ausência de razões que justificassem a participação. De nada adiantaria aos imigrantes participar, não apenas pelo facto de algumas posições mais críticas não serem

ouvidas, ou serem tratadas com enfado, como eu mesmo observei, ou ainda porque muitas reuniões, especialmente as que se realizavam nas Juntas de Freguesia, não possuiam legitimidade deliberativa. Existiria, para além desta limitação, outro e mais grave problema, nomeadamente, a cooptação de algumas associações que, graças aos subsídios recebidos via parcerias com a Câmara Municipal se poderiam estruturar melhor mas que, por esta razão, acabariam por se institucionalizar, isto é, *abandonar a defesa do imigrante*. Este mecanismo de cooptação comportaria um efeito duplo: a redução dos espaços de auscultação de quem contesta as políticas municipais, uma vez que quem não tem uma parceria efetiva com a CM não participa no CLAS, e o impedimento de uma maior estruturação dos grupos mais críticos. Por isso, alguns testemunhos ouvidos, tanto nas entrevistas como na dinâmica de grupo, solicitaram à CM da Amadora uma maior proximidade com *os imigrantes*, para melhor compreender *qual é a dificuldade, qual é a falha que existe e, apenas depois de ter visto isso*, planear as intervenções. Do ponto de vista dos técnicos camarários, este cenário foi paradoxalmente assumido como adequado, pois, de facto criticava-se a ausência de lideranças associativas fortes. Ademais, a alteração do regulamento do CLAS, ocorrido em 2007, relegara as associações que não participassem assiduamente nas reuniões do CLAS à participação limitada às Juntas de Freguesias, *onde, no entanto, não se decide absolutamente nada*, como foi argumentado durante os grupos focais. Além disso, se em 2012 participavam no CLAS cerca de 70 entidades, maioritariamente organizações da sociedade civil (incluindo associações migrantes), nota-se que o Núcleo Executivo (NE) da altura era composto, na sua esmagadora maioria (6 em 7), por elementos institucionais, o que colide com a composição do CLAS, onde as ONG são muito numerosas. Com efeito, participavam do NE em 2012, além do representante da Câmara Municipal da Amadora que o coordena, um representante do Instituto de Segurança Social, um das IPSS (eleito entre os seus pares), um representante das CSF e quatro representantes das áreas do Emprego, Saúde, Educação e Justiça, sendo três destes representantes oriundos de organismos públicos.[338] Não estava

---

[338] Em 2012, tais representes eram, para a área do emprego, o Centro de Emprego e Formação Profissional; para a saúde, o Agrupamento de Centros de Saúde do Serviço Nacional de Saúde; para a Educação, a Sociedade Filarmónica de Apoio Social e Recreio Artístico; e, para a Justiça, a Direção Geral de Reinserção Social do Ministério da Justiça.

prevista neste executivo uma vaga para a representação específica dos imigrantes.

A Rede Social Local da Amadora é, portanto, *uma arena híbrida onde prevalece um modelo de representação,* que agrega representantes de organismos públicos/estatais e ONG, organizadas e estruturadas como interlocutoras operacionais.

Neste tipo de organização não há autonomia financeira, embora exista uma equipa de técnicas muito qualificadas e motivadas que, mobilizadas ao nível central e presentes no terreno (nos bairros ou nas Comissões Sociais de JF) realizam o Diagnóstico Social (DS) e, em parceria, aplicam o Plano de Ação. No caso do DS, nota-se que a sua base de dados estatísticos recorre a informação já recolhida localmente (no âmbito dos censos, da atividade do ISS ou das atualizações anuais do INE) complementada por dados qualitativos produzidos nas Juntas de Freguesia, graças a grupos focais realizados com os parceiros. Este sistema de recolha de informações, no entanto, não garante a total adequação do diagnóstico à realidade a intervencionar. De facto, a fidelidade dos dados recolhidos pode ser comprometida por falhas de duas ordens: em primeiro lugar, a análise quantitativa depende dos dados censitários ou, em geral, de dados produzidos por terceiros, cuja adequação à realidade do terreno é limitada para períodos não cobertos pela recolha (neste sentido, o risco é maior no caso das informações recolhidas nos censos, que tendem a cobrir a totalidade da população, e menor no caso das recolhas realizadas pelas instituições que representam os setores da segurança social, educação, formação e emprego ou pelo INE). Em segundo lugar, a análise qualitativa pode ignorar problemáticas que afetam os grupos sociais *mais vulneráveis* e marginais (como o são os imigrantes), cuja auscultação pode ser interrompida por razões de ordem económica. Isto poderia explicar a ausência de referências a alguns bairros relativamente aos quais alguns entrevistados se queixaram.[339] Para tanto, a metodologia adotada pelas equipas da RSL da Amadora prevê que, uma vez feito o pré-diagnóstico, os técnicos se reúnam e trabalhem com o método da "árvore dos problemas" – atra-

---

[339] No trabalho de *Atualização dos Instrumentos de Planeamento da Rede Social – Focus Group,* realizados em 2011 e disponibilizados pela DIS da Amadora, foram produzidas fichas de registo dos encontros onde, apesar de ser indicado o número de participantes, estes/as não são identificados/das, supostamente para garantir o anonimato e assim um ambiente de maior confiança para a exposição de eventuais críticas ou denúncias.

vés do qual, graças a um *stream of consciousness*, se produzem propostas de intervenção. Esta metodologia, no entanto, não corresponde a uma forma de *open space science*, e sim a um sistema de *practical empirical knowledge,* que tende a desconhecer o que é novo, limitando-se à auscultação dos dados que consegue recolher num terreno previamente conhecido. Por conseguinte, este método tende a não intercetar as novas informações que poderão ser reportadas num processo de envolvimento mais amplo dos cidadãos, o que poderia explicar novamente os problemas de participação acima mencionados.[340]

O funcionamento das redes no caso de Camposampierese
A extensão da rede de parceiros locais em Camposampierese que compõem o *Tavolo di Concertazione* (TC) era mais limitada, pois reunia cerca de metade dos representantes presentes na Amadora. Tratava-se, afinal, de um órgão com um perfil um pouco mais executivo que o CLAS, embora não fosse exclusivamente operacional como podia ser o Núcleo Executivo da RSL. Por discutir aspectos gerais de planeamento do território, numa dimensão supraconcelhia e multissetorial que reunia onze municípios e diversas entidades, a TC da IPA era uma *mesa de concertação* onde se colocava a tónica na suavização das divergências entre visões heterogéneas do desenvolvimento local.

As críticas apresentadas acerca deste espaço, como vimos, foram duas, às quais acrescento uma terceira. Em primeiro lugar, a ausência de uma representação específica dos imigrantes que foi amplamente discutida, até como estudo de caso, no capítulo onze. Numa segunda leitura, alguns dos entrevistados criticaram o facto de a TC da IPA ser apenas um espaço de *ratificação* de decisões tomadas noutras instâncias, e não um organismo de deliberação. É evidente neste aspeto a semelhança entre a TC da IPA e o CLAS da RSL, no sentido em que, mesmo sendo ambos organismos soberanos no exercício das suas funções, não se configuram como órgãos políticos mas como *arenas territoriais representativas* que elaboram diretrizes gerais e aprovam projetos específicos de políticas públicas. Quanto às diretrizes, no caso da IPA, estas provinham de orientações políticas próprias dos onze Presidentes de Câmara e que deviam, em primeira instân-

---

[340] Agradeço ao Prof. Pedro Hespanha por ter partilhado comigo estas reflexões acerca do funcionamento da RSL.

cia, procurar consensos sobre as linhas gerais de desenvolvimento local (daí a exigência de *concertação*), para depois elaborar propostas de intervenção concreta. Neste processo, os restantes parceiros eram auscultados pelos autarcas, sem que os pareceres fornecidos fossem necessariamente levados em conta. É evidente que os onze autarcas eram numericamente minoritários em relação ao total dos parceiros presentes, mas é verdade também que eram os únicos representantes eleitos, e, portanto, inultrapassáveis na procura de uma concertação.

Este tipo de funcionamento não configura a TC da IPA como arena deliberativa, mas *consultiva*, daí a correta observação feita nas entrevistas.

Avanço uma terceira crítica que pude identificar através dos testemunhos da rede de parceiros, que consideram as políticas sociais limitadas ao nível educacional (estando presentes os agrupamentos escolares e a universidade), e que apontam como totalmente ausentes as políticas habitacionais. Esta opção distingue, *de facto*, políticas para o planeamento do território das políticas sociais e habitacionais, o que me parece poder ser justificado por dois elementos contextuais: primeiro, a prevalência de uma ideia *produtivista* das políticas para o desenvolvimento local, que não prioriza as componentes sociais (não apenas educacional e formativa, mas também sociossanitária) e habitacionais, no fortalecimento competitivo do território numa dimensão global; segundo, sendo a realização das políticas sociais delegada no serviço de saúde regional, e a das políticas habitacionais vinculada às câmaras, a fragmentação territorial das políticas provoca fragilidades e redundâncias. Esta ausência das políticas sociais e habitacionais nas competências da IPA, por um lado, reitera a ideia de que tudo que é social (à exceção da formação) *atrasa o desenvolvimento*, e por outro, mantém a gestão dos serviços de habitação *sob o controle direto das autarquias*, que não agem de forma coordenada, e os serviços sociais *sob a direção sanitária regional*. O único momento de coordenação destes temas é a *Conferenza dei Sindaci*, que reúne exclusivamente autarcas e operadores sanitários, procurando viabilizar formas de participação através da realização do instrumento *Piano di Zona*.

As consequências desta separação para a dimensão migratória são pesadas, pois contribuem para a reprodução da imagem do "migrante útil" (quando se limita à função de mão-de-obra barata) e do "imigrante fardo" (quando reivindica necessidades sociais que representam um custo para a autarquia e a coletividade). Por outro lado, manter afastadas as políticas sociais e habitacionais do debate concertado sobre planeamento do território implica uma atomização das intervenções entre as diversas autarquias, o terceiro setor, as IPSS e o Serviço Sanitário regional, embora este procure funcionar como catalisador e realize formas de diálogo social. Tudo isto parece contraditório relativamente aos objetivos de planeamento territorial integrado que sustentam o projeto da IPA.

A sociologia das ausências na avaliação das políticas
Resumo as minhas principais impressões, cujo denominador comum reside na *ausência de três elementos*: o primeiro e mais urgente é a inexistência de uma atenção prioritária à presença de conflitos sociais, políticos e territoriais enquanto fatores que comprometem, e até impedem, a eficácia das políticas que a RSL e a IPA tencionam realizar. Por exemplo, na fase de planeamento, o desinteresse pelos conflitos não permite a realização de um diagnóstico adequado à realidade social e, portanto, não assegura a consequente definição de intervenções que procurem amenizar ou resolver as turbulências. Na fase de realização, não considerar as variáveis resultantes dos conflitos no terreno pode comprometer não apenas o resultado de uma intervenção, mas colocar em risco a incolumidade física e psicológica das pessoas que no terreno a realizam. Em segundo lugar, a insuficiente intersetorialidade na conceção dos organismos de desenvolvimento local tem implicações na realização de ações que resultam muitas vezes contraditórias. O exemplo mais evidente desta correlação foi a dramática reviravolta das medidas sociais implementadas no Bairro de Santa Filomena, surpreendidas por ações de despejo que ignoravam estar para ocorrer. Esta falta de coordenação é fruto de falhas graves de comunicação entre setores camarários e produziu a invalidação de parte dos resultados que o CLDS perspetivava alcançar naquele território. Do lado italiano, a compartimentação da comunicação entre atores territoriais empenhados em planear programas de desenvolvimento local, medidas de promoção sociossanitária e formas de assistência socio-habitacional dificulta, disperde e torna menos eficazes os processos de coesão lançados com dificuldades pelos três setores separadamente. Finalmente, a terceira ausência é representada pela falta de vontade política para aprofundar os métodos participativos nas arenas representativas locais. Notadamente, a codecisão na implementação de políticas públicas tende a produzir resultados mais eficazes, pois garante *formas de recompen-*

sar o esforço participativo com a implementação das decisões tomadas em comum com os cidadãos. Não se trata de substituir as assembleias políticas eleitas que legitimamente operam no território, mas de agregar arenas participativas que permitam a realização das políticas numa dimensão de *proximidade entre a instituição e a comunidade*.

Os dois parágrafos seguintes resumem as avaliações sobre as atividades da RSL e da IPA que recolhi no terreno, tanto oriundas de posições institucionais como independentes, e ainda produzidas por imigrantes.

Avaliação da Rede Social Local
Em fevereiro de 2009, Elsa Pegado e Sandra Palma Saleiro, do Centro de Investigação e Estudos de Sociologia (CIES) do ISCTE, produziram uma "Avaliação Externa da Rede Social da Amadora", a cujo Relatório Final tive acesso. Nas páginas finais do trabalho (63-73), as investigadoras apresentavam "Conclusões e Recomendações" em quatro domínios analíticos distintos: participação e envolvimento das entidades na Rede; sistema de informação e comunicação; qualificação das entidades parceiras; intervenção para o desenvolvimento social. Os elementos críticos que destaco daquela avaliação são a identificação da área económica como aquela menos presente na Rede, e a dificuldade de envolvimento das entidades no CLAS, resultado da *menor responsabilização que estas sentirão*, ao ponto de ser notada a ausência de entidades *que não fizeram ainda sequer a sua estreia nas sessões, apesar de constituírem parceiros formais*.[341] As principais dificuldades apontadas pelas entidades auscultadas acerca da baixa participação nas sessões plenárias foram *a falta de tempo, a escassez de recursos humanos e a incompatibilidade de horários*, e ainda *a questão de quem representa a entidade, onde surgem situações de rotatividade e de membros representantes sem adequado grau de autonomia e responsabilidade na entidade, o que é limitador do contributo que poderiam dar*. Esta dificuldade também foi identificada no trabalho citado, não sendo de descurar o facto de o problema não ter sido resolvido no intervalo de tempo que medeia os dois estudos. A Avaliação reportava ainda uma crítica à relação entre órgãos internos da RSL *na tomada de conhecimento por parte das CSF das candidaturas a projetos por parte de entidades da freguesia que integram a própria CSF e que passam diretamente para o NE*, o que evidencia o que foi dito acima sobre um certo desequilíbrio

---

[341] Daí, presumo, a decisão de modificar o regulamento do CLAS, tomada em 2009.

entre as funções meramente consultivas e as que são efetivamente deliberativas do NE. Finalmente, as autoras destacavam que, durante o período em análise foram realizadas numerosas ações de formação que abrangeram algumas entidades envolvidas em projetos específicos, mas não todas as entidades. Desta forma, observavam, *a formação desenvolvida será suficiente para os técnicos envolvidos nos projetos originários da Rede e estará provavelmente a ter efeitos no aumento das qualificações, como alguns dos responsáveis das entidades reconhecerem. De fora terão ficado, contudo, outro tipo de públicos, nomeadamente os dirigentes, que constituem atores-chave no desenvolvimento da Rede.*

Em resumo, ao avaliar os efeitos da Rede no desenvolvimento social da cidade, para além de evidenciar os aspetos positivos, era destacada negativamente a função de empoderamento das entidades afiliadas. Os efeitos das ações da Rede, neste sentido, não pareciam, no entanto, *traduzir-se diretamente na atividade concreta de uma parte considerável das entidades, nas quais não se verifica um alargamento da sua intervenção à área do desenvolvimento social. O mesmo se poderá dizer a propósito da melhoria da qualidade dos serviços prestados aos públicos da entidade, com resultados também pouco animadores.*

Acrescento algumas opiniões defendidas por atores não governamentais. A primeira (não imigrante) observa como as pessoas (imigrantes) que geralmente participam nas medidas sociais implementadas pela RSL, como o Programa "Amadora Empreende", por exemplo, têm muitas vezes *uma atitude com a vida de muito pouca resistência à contrariedade, muita iniciativa hoje, mas depois amanhã tá a chover e portanto não pretendem sair.* Aparentemente, a responsabilidade de algum insucesso é, por vezes, dos próprios beneficiários. No entanto, observa a segunda (imigrante), *a maioria das pessoas na Boba e na Mina não tem habilitações suficientes para abrir um negócio. Para abrir um negócio têm de ser muito apoiadas, ter um contabilista, pois só o apoio financeiro e logístico não chega. Há que capacitar as pessoas.*

Para além da questão da relação entre capacitação e vontade pessoal de emergir, a questão da comunicação foi certamente citada como uma das falhas mais graves, não apenas da RSL, como de toda a administração pública: segundo uma entrevistada (imigrante), *a falha de comunicação que existe [é] brutal, por vezes as instituições andam a trabalhar para si próprias, em vez de trabalhar para o bem comum, para uma coisa só.* Ou seja, as associações trabalham muitas vezes de costas voltadas, desconhecendo o que o parceiro, e até mesmo a rede, estão a fazer, e, embora se utilize a internet, muitas vezes as informações não circulam. O resultado é, mais uma vez, o afastamento das pessoas, ora das associações, ora das instituições.

Este potencial risco de afastamento é evidenciado também na avaliação dalguns técnicos municipais que reconhecem como, no Programa "Amadora Empreende", *a linha estratégica da Câmara teve de ser readaptada, pois perceberam que era mais fácil chegar aos públicos vulneráveis através de instituições que estivessem no local, com as pessoas que estão numa relação de proximidade, numa lógica mais horizontal.*

Avaliação da Intesa Programmatica d'Area
Não tive acesso a nenhum trabalho de avaliação externa sobre a IPA nos moldes daquele realizado sobre a RSL na Amadora. O facto de um trabalho deste tipo não ter sido realizado poderia ser indicativo do entendimento do sistema relativamente à necessidade de avaliação do organismo. No entanto, não devemos esquecer que a presença da Universidade de Pádua como membro da TC da IPA atraiu o interesse de jovens investigadores que produziram algumas dissertações de mestrado, como foi o caso de Zara, (2007), Cecchini (2011) e D'Agostini (2011).

Começo com a autoavaliação de uma das dirigentes da IPA entrevistadas acerca do tratamento que a IPA oferece à especificidade da presença migratória no seu território. Como já afirmei, este aspeto era fortemente debatido em Camposampierese e, para a IPA, a escolha de não operacionalizar serviços públicos especialmente dedicados aos imigrantes não foi uma questão ideológica. Aliás, como sabemos, os serviços específicos existiram por certo tempo; a sua existência refletiu uma *atenção especial ao trabalho de coesão, de integração, de oferecer-lhes* [aos imigrantes] *um serviço específico*. Todavia, numa fase posterior, decidiu-se *dar respostas normais, não especiais, utilizando canais como a integração escolar, a proximidade entre famílias e professores, o tema da segurança, a confiança, a partilha de um processo cultural, através do qual a diversidade se torna riqueza*. Neste contexto, segundo a dirigente, *a instituição deve ser o lugar da integração, porque ela deve conter, regular, planear, criar contatos, criar as condições*.

A esta análise, que parece ser mais prescritiva do que descritiva, respondem algumas opiniões de parceiros da IPA não governamentais. A primeira (não imigrante), considera que a *categoria-macro* estrangeiros *precisa de políticas especiais, atenção especial*, e, simultaneamente, essas políticas precisam de definir outras categorias-macro, como os jovens, as mulheres, as crianças, os idosos, os portadores de deficiência. *Mas se estas atenções especiais ou as políticas especiais não são consideradas no quadro de uma visão mais ampla de políticas gerais de coesão social, corre-se o risco de não fazer nada de útil, ou de desperdiçar recursos.* A segunda (não imigrante), acredita que a IPA não tem um verdadeiro projeto intercultural para o futuro; que, pelo contrário, tem uma visão muito limitada, isto é, que não está de facto convencida que os imigrantes representem uma oportunidade de inovação territorial: *se pensarmos nos jovens indianos, por exemplo, que justamente mantêm fortes laços com sua terra, poderiam ser um grande potencial que não somos capazes de utilizar* e que, por não sabermos valorizar, perderemos para outros territórios que serão capazes de atraí-los, ao saberem *criar projeção futura de equilíbrios e dinâmicas diferentes.*

A avaliação dos imigrantes é, forçosamente a do *outsider* em relação à IPA: há quem lembre que, apesar de não ser permitida a sua participação, os representantes da IPA mantêm relações muito cordiais com as associações, e que isso faz com que o imigrante já não se sinta um hóspede em Camposampierese. Isto obriga a avaliar quão prontos e interessados estão realmente os imigrantes em participar na IPA, e quão disponíveis estão para partilhar a cultura italiana, ou se consideram que isso representa um perigo para algumas pessoas que se sentem ameaçadas pelo risco de perder a própria cultura de origem. No entanto, esta preocupação não me pareceu ser partilhada pelos outros imigrantes entrevistados que, sempre com muita cordialidade, reconheceram na IPA uma interlocutora a que podem aceder e que, apesar de não realizar extensa atividade com as associações, demonstrou respeito e tolerância intercultural.

É evidente que a hipótese de poder finalmente participar na IPA representava para os imigrantes o desejo mais forte, até porque relacionavam diretamente a participação na TC com o processo de "integração" que, desta forma, seria mais profundo e abrangente. É tautológico afirmar, portanto, que quem não participa não decide (apesar de isto poder ser verdadeiro também para quem participa nas mesas de consulta não deliberativas). Sendo assim, concluo que a contribuição dos imigrantes para o desenvolvimento local, ressalvada a sua relevante contribuição económica e cultural (que não precisa da IPA para se afirmar), é, na esfera do planeamento político e institucional do desenvolvimento de Camposampierese, praticamente inexistente.

Como lembrou uma das entrevistadas (atribuindo a frase a Albert Einstein),[342] *não podemos resolver os problemas utilizando o mesmo modo de pensar de quem os criou.* Neste sentido, é difícil acreditar *que os autóctones estejam disponíveis à cessão de soberania, sobretudo nos momentos de crise como esta,* e certas manifestações de racismo confirmam esta asserção. O problema, neste caso, transborda os limites territoriais da província paduana, mas abrange Itália como um todo: *um país falido culturalmente, que não transforma as novas ideias em oportunidades, o que provoca a guerra dos pobres contra os pobres. De os imigrantes serem um recurso para a economia, estão mais convencidos os empresários italianos do que os próprios trabalhadores e do que os políticos.*

---

[342] Possivelmente extraindo-a de Calaprice que lhe atribui a frase: "The significant problems we face cannot be solved at the same level of thinking we were at when we created them" (Calaprice, 2005).

CAPÍTULO 14
EMERGÊNCIAS DOS E DAS IMIGRANTES EM LISBOA E PÁDUA

Neste capítulo, comparo os sistemas de representação dos imigrantes no poder local em Lisboa e Pádua, utilizando *a sociologia das emergências*.[343] Neste sentido, considero as situações de conflito, o funcionamento das redes e a avaliação dos Conselhos, tal como expressa por alguns atores. Após uma introdução geral, em cada secção comparo os dois organismos com uma análise mais detalhada das variáveis.

O Conselho Municipal para a Interculturalidade e a Cidadania e a Commissione Stranieri: visões comparadas dos contextos

Apresento alguns aspectos gerais de comparação,[344] a começar pela indicação dos modelos hegemónicos que mais influenciavam a ação dos organismos sobre a dimensão migratória, na altura em que a investigação foi realizada: o modelo da *representação* e o modelo de *integração*, aos quais se contrapuseram os modelos contra-hegemónicos da *participação* e da *intercultura*.

Entre o caso lisboeta e paduano, identifiquei uma *fratura* similar, muito clara, entre os modelos de *representação* e *participação*, com a afirmação completa do primeiro sobre o segundo. Desta separação muito bem delimitada entre princípios representativos e participativos nasceram dois *conselhos de representantes* muito parecidos, ainda que no caso lisboeta os membros tenham sido nomeados, e no caso paduano eleitos. No que respeita à tensão entre modelos de *integração* e de *intercultura*, embora fosse clara a prevalência dos princípios integrativos sobre os interculturais, observei em ambos os casos um fenómeno de *hibridação* dos primei-

---

[343] A *sociologia das emergências* "consiste em substituir o vazio do futuro segundo o tempo linear [...] por um futuro de possibilidades plurais e concretas, simultaneamente utópicas e realistas, que se vão construindo no presente através das actividades de cuidado" (Santos, 2006: 108-109). Graças à identificação dos princípios de ação que promoveram a realização dessas condições, esta ferramenta metodológica permitiu investigar as experiencias de Lisboa e Pádua como políticas capazes de "ampliar simbolicamente os saberes, práticas e agentes de modo a identificar neles as tendências de futuro" (idem, ibidem: 109).

[344] Lembro que, no estudo de caso realizado em Lisboa e Pádua, o CMIC e a CS foram considerados em si medidas de políticas públicas promovidas a nível camarário.

ros com as sensibilidades que os segundos introduzem, no tratamento das questões migratórias. Exemplo disto é a própria denominação do CMIC (e algumas das atividades desenvolvidas) e o facto de a CS ter realizado numerosas atividades de promoção intercultural propostas pelos seus participantes. Este cuidado intercultural, no entanto, não impediu que os *princípios de integração ainda fossem considerados por ambos os organismos como objetivos prioritários na definição das políticas públicas locais.*

Estas formas *consultivas* de representação dos imigrantes, introduzidas posteriormente à adoção da Convenção de Estrasburgo de 1992, espelhavam os instrumentos tradicionais do sistema político representativo, mesmo estando à margem dos organismos políticos "executivos". O Conselho lisboeta, nascido em 1993, apresentava-se como um organismo fechado, limitado à participação dos representantes das organizações mais ativas no município, que se afirmaram como interlocutoras históricas da Câmara. O contacto entre representantes e Câmara era formalmente realizado apenas através da vereação, que também presidia ao CMIC. Nas suas duas décadas de história, o CMIC mudou de nome e foi progressivamente aumentando o número de representantes. Mas, embora se afirmasse historicamente como uma forma de *experimentação-com-os--migrantes*, o Conselho não modificou a sua estrutura, senão com pequenas mudanças de regulamento, contribuindo para a *hibridização* com princípios de *desenvolvimento-sem-os-migrantes* que restringiam a participação destes no planeamento das políticas municipais.

No caso italiano, a CS, presente em Pádua desde 1997, teve um percurso marcado por maiores transformações: para além do nome, alterou também o seu sistema de acesso à representação, passando da simples cooptação à eleição direta de representantes. Além disso, para reduzir a condição estrutural de marginalização política, introduziu a possibilidade de o Presidente participar na Assembleia Municipal e de os conselheiros estarem presentes nas comissões concelhias (todas sem direito de voto, mas com direito de voz). Neste sentido, os princípios emancipatórios e contra-hegemónicos, sobretudo *interculturais* e de *experimentação--com-os-migrantes*, foram considerados no momento de modificar a estrutura e o regulamento da comissão; todavia mantendo o carácter *híbrido* do organismo em relação aos princípios de *desenvolvimento-sem-os-migrantes* que ainda minimizam a sua capacidade de agir sobre as políticas municipais.

As duas entidades municipais partilhavam muito mais semelhanças que diferenças. No plano das similitudes formais, CMIC e CS eram *consultas territoriais representativas* que reuniam representantes eleitos entre os residentes, ou nomeados entre os atores locais mais ativos, para discutir e propor políticas públicas realizadas pelo município. Nenhum dos organismos era dotado de autonomia financeira; apenas possuíam alguns recursos para o suporte técnico e administrativo, que, no entanto, não eram fortemente estruturados. Assim, a presença das equipas técnicas não permitia a realização de estudos de preparação para a dinamização de atividades, nem o planeamento específico de intervenções capazes de captar fundos extramunicipais. A única diferença neste aspeto residia no facto de a equipa da CS trabalhar muito próxima de uma estrutura municipal muito versátil, a *Unità di Progetto Accoglienza e Immigrazione* (UPAI), que dependia diretamente do Gabinete do Presidente da Câmara, enquanto o Secretariado Técnico (ST) do CMIC estava na dependência do Pelouro da Habitação e Desenvolvimento Social. No caso italiano, a UPAI gozava de grande autonomia para realizar projetos a nível comunitário e, assim, articular-se com parceiros locais para permitir maior visibilidade e até recursos financeiros para a CS, enquanto o ST do CMIC não parecia dispor de tais funções. Este dinamismo paduano proporcionava maiores oportunidades à CS para realizar atividades que no CMIC eram quase inexistentes na altura em que realizei a investigação. Outro elemento semelhante foram os tipos de parcerias levadas a cabo pelos organismos, isto é, quase unicamente desenvolvidas com as respetivas Câmaras Municipais e raramente com parceiros extramunicipais.

As únicas diferenças formais identificáveis entre CMIC e CS foram *a forma de acesso dos representantes e a relação com o poder político*: no caso do CMIC o acesso ocorreu historicamente através de um sistema de cooptação inicial de alguns membros que, tornados fundadores, opinaram e decidiram depois a eventual admissão de novas entidades. No caso paduano, de um sistema inicial muito parecido passou-se à eleição direta dos representantes, eleitos com voto de preferência. A diferença residiu no facto de os nomeados lisboetas serem expressão direta das mais importantes entidades que trabalhavam com a imigração (não necessariamente associações de imigrantes); e de os eleitos em Pádua pertencerem, potencialmente mas não necessariamente, às associações imigrantes da cidade (embora esta vinculação não tenha emergido com força nas entrevistas).

Quanto à relação com o poder político, se no CMIC esta se realizava por delegação do Presidente, isto é, através da vereação, no caso da CS a existência de um assento fixo reservado ao seu Presidente (eleito pelos membros) na Assembleia Municipal, e a presença dos conselheiros nas comissões concelhias e nas Juntas de Freguesia, conferia uma maior visibilidade dos representantes da *Comissione*, mesmo se a isso não correspondesse maior capacidade de ação política, em resultado do não acesso ao voto.

Para além dos aspetos formais entre os dois organismos, no entanto, foram relevadas várias diferenças substanciais, a começar pelo dinamismo da sua atuação. De facto, enquanto o CMIC vivia uma crise de identidade muito profunda, que originou uma considerável falta de operacionalidade, a CS protagonizava uma fase de dinamismo neófito. O segundo elemento de distinção prendeu-se com o relevo político: o CMIC, por hospedar as lideranças nacionais das associações mais importantes do país, transformara-se numa arena de dimensão e debate político de nível nacional. Noutro sentido, a CS, frequentada por estreantes na política da cidade, honrava a sua vocação absolutamente *place based*, tratando exclusivamente de assuntos locais, mais precisamente, municipais.

Considerando os aspetos formais que designam dois organismos substancialmente homólogos, deduz-se que *as diversas formas de seleção dos respetivos membros e de relação com o poder político produziram formas similares de representação, objetivos integrativos/interculturais parecidos e a mesma baixa capacidade de ação sobre as políticas públicas municipais*. Em suma, enquanto espaços de simples consulta e não de deliberação, foi indiferente, neste caso, que os representantes fossem cooptados ou eleitos, que se reunissem muito ou pouco frequentemente, junto dos políticos nacionais ou não, pois a possibilidade de o CMIC e a CS definirem as políticas migratórias municipais era quase inexistente.[345]

Contudo, apesar da nula influência sobre as políticas locais, não é para uma ausência que quero chamar a atenção; pelo contrário, estes dois organismos trouxeram paradoxalmente à luz uma substancial *emergência política, aquela que vê os imigrantes transformarem-se de atores políticos em busca*

---

[345] Quero sublinhar que estou a referir-me à *capacidade dos organismos enquanto espaços institucionais*, e não à capacidade de exercer influência na definição das políticas – tal é o caso, por exemplo, das associações lisboetas, que sempre exerceram, e continuam a exercer, uma forte pressão sobre as instituições locais e nacionais, o que de facto influencia a definição das políticas migratórias portuguesas.

de protagonismo em agentes *políticos consolidados, ainda que desempoderados.* Pretendo com isto dizer que a longa experiência do CMIC e da CS não foi insignificante para o empoderamento do *grupo social* dos estrangeiros, que não participava do processo democrático por ser refém de uma ação violenta de segregação política. Os anos decorridos, apesar de não terem culminado ainda naquela que é a reivindicação principal – o *sufrágio universal* –, permitiram pelo menos, em Lisboa e em Pádua, uma estruturação das associações de imigrantes e a sua consciencialização enquanto agentes políticos, que as tornaram referentes institucionais ao nível camarário. *Esta transformação dos imigrantes de atores passivos em agentes ativos, ainda que não empoderados, mas progressivamente mais capacitados, representou a principal emergência na dimensão migratória lisboeta e paduana.*

Em conclusão desta identificação de semelhanças e diferenças entre as experiências lisboeta e paduana, resta-me antecipar alguns elementos concernentes ao *cenário social da condição migratória* que caracterizava o contexto de atuação.

A presença de conflitos nas duas cidades parecia não viver na altura uma fase de recrudescência, apesar dos dois cenários urbanos profundamente diversificados: de um lado, a capital metropolitana portuguesa que hospeda o triplo de habitantes da cidade média, capital de província italiana; a concentração de imigrantes em bairros de habitação social em Lisboa, ainda que muitas vezes externos aos limites municipais, mas integrados na área metropolitana, e a contrastante dispersão dos imigrantes em Pádua, que frequentemente se espalham pelas cidades periféricas da cintura urbana. Mesmo diante de cenários desiguais, a condição económica e social dos imigrantes que residiam nos dois territórios era fortemente semelhante, na medida em que estes se configuravam como um segmento de população pobre que acrescia aos segmentos sociais nacionais historicamente subalternos, ou mais recentemente depauperados pela crise económica.

Contudo, Lisboa e Pádua não registaram conflitos territoriais gritantes em 2012, mesmo que as entrevistas realizadas no contexto lisboeta (ao contrário do caso paduano) não tenham escondido a presença de conflitualidades. Estas assentavam, contudo, em diferenças motivadas por condições económicas, sociais, culturais e políticas gerais, mas não se caracterizaram pela violência física que marcou, paralelamente, as situações da Amadora e de Camposampierese. Não proponho nenhuma simplificação ao insinuar possíveis correlações entre a existência de uma representação política dos imigrantes na cidade, formal ainda que marginalizada, e a manutenção do conflito migratório entre os limites da não-violência; da mesma forma, não escondo a complexidade dos fenómenos de exclusão, evidentemente presentes em Lisboa e Pádua, e creio serem muitos os fatores que contribuem para a sua afirmação. Pretendo apenas evidenciar que, na investigação realizada em 2012, emergiu um dinamismo político consolidado por atores ligados à dimensão migratória nas duas cidades, num cenário de conflitualidade urbana que não atingia a dimensão do experienciado nos contextos periurbanos, onde permaneciam graves condições de subalternidade política dos imigrantes.

Concluo esta parte introdutória afirmando que, *diante da mesma condição migratória e perante tendências homólogas na introdução de formas de representação institucional dos imigrantes, ainda que com diferentes modalidades de seleção dos representantes e de relacionamento com o poder político, os organismos estudados não atuam sobre a definição das políticas migratórias camarárias. Não obstante, a sua existência ativa produziu a emergência de subjetividades imigrantes numa função reconhecida de representação política. Esta emergência contribuiu para definição de um contexto territorial caracterizado por condições migratórias de subalternidade social e territorial, mas de dinamismo político, que coincidem com um quadro de limitação da violência nos conflitos migratórios das cidades.*

Mesmo diante desta emergência, a participação dos imigrantes na vida política local é limitada e sujeita a um processo de marginalização, que empurra representantes e representados para as margens sociais, frustra a sua contribuição e, consequentemente, a desincentiva. Reside neste aspeto o *princípio de derivação social* da condição migratória para o caso dos conselhos de representação dos imigrantes: à presença de organismos consultivos de imigrantes, como o CMIC e a CS, correspondem outras *consultas e comissões* de cidadãos ouvidas pelas Câmaras Municipais de Lisboa e Pádua, cuja opinião raramente é levada em consideração, o que desperdiça sua participação.

Nestas condições, quando avaliada a eficácia do CMIC e da CS enquanto políticas migratórias, as opiniões entre os representantes portugueses e italianos ficaram polarizadas em torno do ceticismo dos primeiros e do entusiasmo dos últimos. Contudo, com a devida ressalva, já mencionada, quanto à 'fase de vida' das duas entidades, nenhum dos entrevistados, imigrante ou não, considerou as experiências em si mesmas inúteis. Mesmo diante das críticas relativas às suas alegadas fracas capacidades de ação sobre as escolhas políticas, todos os entrevistados ressaltaram o potencial que estes organismos possuíam em termos de afirmação política no mundo da imigração. Migrantes e não migrantes, organizações da sociedade civil, técnicos e políticos locais, concordaram em atribuir uma função relevante a estas arenas, introduzindo um elemento de reflexão comum aos dois: a exigência de mudar a *abordagem migratória*, não no sentido de realizar políticas públicas destinadas *exclusivamente* à população imigrante, mas de promover *elementos interculturais, participativos e experimentais,* no quadro das políticas gerais daqueles territórios, a partir do empoderamento dos beneficiários. Daí resultou o interesse das entidades em tornarem-se instrumentos mais efetivos na promoção de políticas públicas que articulassem a intercultura, reconhecendo as diferenças socioculturais presentes na cidade e partilhando a participação políticas dos imigrantes com mobilizações para a ampliação do sufrágio. Assim, a confiança demonstrada (mais em Itália do que em Portugal) nas tentativas de experimentação-com-os-migrantes, *produziu processos de descolonização das instituições e dos territórios que coincidiu com uma limitação das violências interétnicas presentes nas cidades.*

A sociologia das emergências na comparação dos conflitos locais
A *ausência de conflitos migratórios violentos* nas cidades de Lisboa e Pádua, no período em que a pesquisa foi realizada, não significou a inexistência de conflitualidades sociais, políticas e territoriais que implicassem os imigrantes das duas cidades. Para além das dificuldades económicas que, como vimos, atingiam mais dramaticamente a população imigrante, os conflitos lisboetas e paduanos puderam ser melhor explicados pela presença de uma histórica *fratura social, política e territorial* que traçava uma linha abissal entre imigrantes e não imigrantes.

O problema principal consistia no facto de, tanto os habitantes autóctones quanto as instituições, ainda perceberem os imigrantes como sujeitos *externos*. Embora presentes há décadas na cidade, o reconhecimento das marcas das suas identidades culturais era limitado, resumindo-se aos aspetos folclóricos (uma barraquinha de comidas típicas na feira do bairro, uma exibição de danças tradicionais, a venda de algum artesanato, um festival de música). Esta limitação deve ser considerada proporcionalmente à dimensão metropolitana ou provincial das duas cidades:

em Lisboa, a presença religiosa e cultural das comunidades de imigrantes estava obviamente mais disseminada, consolidada e característica de um contexto cosmopolita intercultural. Em Pádua, a dificuldade em encontrar espaços para funções religiosas não católicas era apenas um exemplo da profunda marginalização social na qual viviam os imigrantes na cidade.

Apesar destas diferenças, era comum considerar-se importante que os imigrantes participassem em eventos de expressão dos seus padrões de comportamento, crenças, conhecimentos e costumes, que os distinguiam como grupo social, e até que existissem associações. Mais difícil era, no entanto, pedir-lhes que participassem nas escolhas e decisões subjacentes à organização de tais eventos, quando estes não fossem por si próprios organizados. Se esta foi a atitude prevalente no caso das políticas interculturais (as que, de forma incipiente, foram promovidas pelos organismos estudados com diferentes impactos em cada uma das cidades), foi fácil prever o que podia acontecer no plano das políticas públicas. Perante este cenário, teve-se nitidamente a impressão de que, quase quarenta anos passados desde a chegada de imigrantes a Lisboa e Pádua, e utilizando a expressão rude de uma das entrevistadas não imigrante, *ainda estamos a cheirá-los, isto é, a fingir que deles nos interessa alguma coisa, mas não procuramos realmente misturar-nos com eles.*

O caso dos conflitos em Lisboa
A melhor resposta dada pelos imigrantes foi exatamente a vontade de participar, ainda que esta tenha colidido com um muro de preconceitos, o que emergiu como o primeiro conflito migratório com o qual me deparei em Lisboa. Não se tratava apenas de uma negação política ou de expressão do senso comum, mas de uma atitude transversal a todas as instituições que, afinal, viabilizavam políticas públicas paternalistas e caritativas, em detrimento da promoção de um maior envolvimento dos imigrantes. A Câmara de Lisboa, por exemplo, dificilmente consultava as associações nas fases de planeamento e de implementação, e menos ainda em fase de avaliação, das suas políticas para a "integração", para o diálogo intercultural ou para a coesão social. Transparecia, na CML, um certo desinteresse em investir em políticas migratórias, comparativamente ao empenho com o qual se produziam outras políticas inovadoras e participativas,

como as de caráter habitacional (BIP/ZIP, Conselho Municipal da Habitação, Programa aiMouraria),[346] orçamentais (Orçamento Participativo), ou ainda de inovação urbana e administrativa (Smart LX, Simplis).[347] Talvez a CML cresse ser supérfluo realizar políticas migratórias municipais tendo, por um lado, uma tão bem estruturada rede de entidades que se ocupavam de imigrantes (não só as ONG mas também as fundações e as maiores IPSS do país) e, por outro, a presença do ACIDI e de todas as suas ramificações (inclusivamente um balcão do CLAII na própria Câmara)?[348] E que, portanto, supérfluo fosse também o CMIC, o que justificaria como suficiente a simples manutenção da sua existência formal, ainda que inativa?

A segunda fonte de conflito identificada disse respeito à discriminação do imigrante. Se um certo desinteresse se afirmava no plano institucional municipal, era notório que no plano social da *urbe* lisboeta a desigualdade social que acompanhava a estigmatização do pobre e do morador da periferia era mais profunda entre a população de imigrantes, sobretudo quando esta fosse reconhecível como tal pelo fenótipo étnico ou racial. Um estigma que, como já afirmei, era tão *envergonhado* que a lei contra o racismo não encontrava aplicação no país, no sentido em que não punira (quase) ninguém desde a sua promulgação. Será sinal da impunidade completa dos atos racistas, ou da ausência destes atos? Ou será ainda a falta de quem esteja disposto a denunciá-los ou a reconhecer a sua existência?

---

[346] A*imouraria* foi um programa de requalificação urbana do Bairro da Mouraria adotado pela CML.
[347] Foram dois programas de inovação: o primeiro baseava-se na recolha de ideias dos cidadãos, transformadas em projetos para a cidade através de programas de participação, dinamizados de forma criativa e empreendedora; o segundo procurou a simplificação da Câmara Municipal de Lisboa, através da adoção de medidas de eficiência e eficácia interna. Acesso em 9 de fevereiro de 2014, disponível em Portal da CML: http://www.cm-lisboa.pt/
[348] O Centro Local de Apoio à Integração de Imigrantes (CLAII) de Lisboa foi instituído graças a um protocolo celebrado em 2005, com o então ACIME. Alojado no Balcão Social da CML, oferecia serviços de regularização da situação migratória, nacionalidade, reagrupamento familiar, habitação, trabalho, segurança social, retorno voluntário, saúde, educação, formação profissional, empreendedorismo, apoio ao associativismo, entre outros. Acesso realizado em 9 de fevereiro de 2014, disponível em Portal da CML: http://www.cm-lisboa.pt/

O terceiro motivo de conflito que identifiquei relacionou-se com as condições de emprego dos imigrantes. Não era mistério que em Portugal um grande número de trabalhadores imigrantes desempenhava atividades laborais abaixo das suas qualificações. Isto parecia ser fruto de um grande preconceito generalizado quanto às competências dos imigrantes, o que acabava, independentemente das suas qualificações, por mantê-los nas margens dos centros de poder, afastados do acesso à informação e, por conseguinte, pouco habilitados para a participação efetiva na tomada de decisão.

Quarto elemento conflitual: a cristalização de grupos étnico-culturais, *não nos termos de um reconhecimento das diferenças que valoriza os patrimónios culturais, mas na negação da construção coletiva da* sociedade por todos participada, *que aponta necessariamente para o* dever ser *intercultural, onde aqueles que têm um património cultural são levados a conhecer outro e acabam por acrescentá--lo ao próprio.* A interculturalidade defende a perspetiva de uma sociedade em construção constante, em que para além das dimensões de pertença cultural se enfrentam questões geracionais, questões de género, interidentidades que mudam consoante as condições de vida. O conflito real, neste caso, não provinha da existência de associações étnico-nacionais (que permitam ou não a adesão de pessoas de outras nacionalidades), mas de um sistema legislativo baseado no princípio da reciprocidade. No caso dos brasileiros, por exemplo, a década de 2000 foi uma década de consolidação da sua presença no país, graças às condições mais favoráveis concedidas em Portugal a este grupo, melhor do que fizeram outros países da Europa. Esta diferenciação étnica (que é igualmente válida para os chamados PALOP) correu o risco de produzir uma competição entre pobres, isto é, uma diferenciação entre imigrantes com base étnico-linguístico-nacional que estimula mais as diferenças raciais/nacionais do que as oportunidades de convivência intercultural. Será apenas um acaso o facto de serem brasileiras as imigrantes que mais denunciaram pesadas agressões sexistas e raciais no país? Ou que os denunciem como prática comum as pessoas oriundas dos PALOP? A singular coincidência entre a concessão de condições especiais de permanência a imigrantes lusófonos e a concentração nestes dos piores estigmas xenófobos poderá ser explicada apenas por uma questão numérica de presenças? Sem querer esquecer ou esconder a história colonial portuguesa, trata-se de mais um caso em que as políticas integrativas produzem efeitos contrários aos desejados.

O caso dos conflitos em Pádua
A forma como os imigrantes participavam na política municipal em Pádua foi de certa forma influenciada por um dos conflitos mais contundentes que a cidade viveu desde os *anos de chumbo*,[349] o caso da *Via Anelli*. Ocorrido entre 2005 e 2007, o conflito somente pôde ser solucionado com sucesso graças a uma *intervenção multitarefa integrada* que envolveu diversos atores institucionais, vários setores municipais, além de IPSS e ONG. A partir desta experiência, o município de Pádua decidiu estabelecer um serviço permanente de mediação habitacional e de mediação social no território,[350] com facilitadores que passaram a circular semanalmente em determinadas ruas da cidade tentando facilitar a convivência entre moradores. Tal serviço foi planeado, estruturado e mantido pelo mesmo setor camarário (UPAI) que respondia ainda pelo Secretariado Técnico da CS. Essa correspondência não é casual, pois a experiência da *Via Anelli*, para além do serviço de mediação social no território, consolidou a consciência de que a solução para o problema havia sido facilitada pelo trabalho de auscultação que os mediadores realizaram junto das famílias beneficiadas. Por outras palavras, para além da contribuição intersetorial dada pelas outras entidades territoriais envolvidas, a opinião dos imigrantes que saíram da *Via Anelli* foi considerada relevante para solucionar o problema. Esta experiência demonstrou à administração e à população de Pádua que não são apenas os peritos que podem auxiliar a administração municipal na implementação de políticas eficazes, mas que os próprios beneficiários podem dar o seu contributo. Assim, aquando das eleições, no momento de renovar a comissão de imigrantes em 2009, a Câmara apostou na eleição direta dos representantes como forma de envolver na solução dos problemas da cidade saberes não especializados, mas legitimados pelo voto.

Mesmo tendo sido solucionado o problema da *Via Anelli* e não se tendo registado depois disso novos focos críticos de conflitualidade tão acesos, a presença de subalternidades migratórias em Pádua não pôde ser negligenciada. Ainda assim, como referiram alguns entrevistados, apesar de a CS ter tido pouca influência direta nas políticas camarárias, não se pode negar que exerceu *uma função pacificadora na cidade*. Com efeito, a *Comis-*

---

[349] Os anos 70 em que a extrema-esquerda e a extrema-direita se enfrentavam violentamente nas ruas da cidade.
[350] *Mediazione Sociale nel Territorio*.

sione permitiu veicular a representação política dos imigrantes e discutir em sede institucional reconhecida e sem filtros as insatisfações sociais e territoriais que até então eram transmitidas apenas através das entidades associativas ou de solidariedade social. Não equivale isto a dizer que, se o *sufrágio universal* fosse concedido aos imigrantes em Itália, todos em Pádua exerceriam automaticamente o seu direito de voto. Um sentimento cívico e participativo constrói-se ao longo de anos, mas é difícil mantê-lo, como demonstram os dados sobre o assustador aumento da abstenção eleitoral na Europa. Embora este salto qualitativo permitisse acrescentar representatividade política ao conflito social e territorial que os imigrantes exprimiam na cidade, a CS foi vista como um passo na direção certa para uma *participação mais relevante* dos imigrantes na administração da cidade.

Um segundo aspeto conflitual que notei fora provocado pela desagregação económica que a crise acarretou para a população imigrante, a mais duramente atingida, mas que não chegou a resultar num êxodo massivo rumo aos países de origem. *A luta pela conquista do bem-estar para os grupos mais frágeis é, assim, um elemento de conflito que abrange não apenas os imigrantes mas também outros grupos vulneráveis como as mulheres, os idosos, os casais não formalmente casados (uniões estáveis), as minorias em geral.* Os representantes da CS tornaram-se, desta forma, mediadores e facilitadores entre as instituições e as comunidades, ajudando na solução e na prevenção de conflitos. *Quando ocorre algum conflito entre imigrantes, os representantes das correspondentes áreas geográficas são contactados pelas autoridades para tentar ajudar na compreensão e na solução dos conflitos. Não para se tornarem polícias, mas para traduzir as respetivas leituras dos factos, e recolher informações úteis à solução do problema.*

Esta experiência emergente, contudo, não pôde ser valorizada pela sua fraca capacidade de intervenção nas políticas municipais, limitação que dependia também do nível camarário e não apenas do legislador nacional. Correu-se, assim, o risco de desperdiçar estas experiências, desmotivando quem delas participou, tanto passiva (eleitos) como ativamente (eleitores). A realidade é que os imigrantes em Pádua, como observou uma entrevistada (não imigrante), *precisam de proteção legal, reconhecimento social, valorização cultural, senão permanecem como formigas que trabalham sem gozar de direitos. Os imigrantes de Pádua precisam de tempo livre, de saúde (não apenas de sistema de saúde), de direitos sociais (não apenas de sindicato) e também de espaços religiosos, embora exista sempre aquele político que não o permite.*

A sociologia das emergências na comparação das redes locais

O funcionamento representativo dos dois organismos é o denominador comum de duas formas de experimentação e inovação institucional, como o CMIC e a CS, que se estruturam numa *ideia de representação política separada*: de um lado os nacionais e do outro os imigrantes.

No entanto, a *forma de acesso* ao órgão é o elemento formal que mais distingue a participação dos imigrantes nestas experiências e que determina o perfil dos representantes que deles participam. Devo demorar-me um pouco sobre este elemento para aprofundar o aspeto político da representação, no caso do CMIC, das lideranças nacionais das associações mais influentes do país e, no caso da CS, das lideranças que poderíamos chamar de *comunitárias* (porque referidas às comunidades nacionais de imigrantes).

Como dizia há pouco, o CMIC era uma arena de dimensão política relevante, ainda que distante das problemáticas dos bairros de Lisboa. As pessoas que estavam no CMIC, como vimos, eram as mesmas que participavam do COCAI. Por isso (apesar de eu não ter conduzido nenhuma investigação acerca do COCAI), de acordo com as afirmações de alguns entrevistados, o teor dos debates era mais ou menos parecido, mesmo tendo o CMIC um perfil municipal, ao passo que o COCAI era um órgão consultivo nacional. A CS, pelo contrário, dinamizava uma arena que discutia apenas questões ligadas aos bairros paduanos. Consequentemente, esta variável político-territorial (Lisboa é uma capital e Pádua uma cidade de província) acabava por influenciar a agenda das discussões, e transformava o CMIC num espaço que priorizava o debate político nacional (e deixava em segundo plano as necessidades locais) e a CS num espaço menos politizado (mas bastante radicado no território). Esta configuração do *perfil* da representação modificou-se nos últimos anos em Pádua, permanecendo substancialmente inalterada em Lisboa. A capacidade de *experimentar-com-os-migrantes* que a CS demonstrou ao longo de sua existência não foi a mesma demonstrada pelo CMIC. A transformação da CS foi radical, pois cada nova administração que assumia o governo da cidade julgava oportuno transformá-la em algo que fosse mais coerente com a abordagem migratória da política municipal da altura. O executivo empossado para exercer até 2014, por exemplo, desafiou a legislação nacional que impedia o voto dos imigrantes, transformando aquilo que era, até 2009, um órgão de cooptação de representantes associativos, numa pequena assembleia municipal de estrangeiros, cujo *acesso* está vinculado à posse de um mandato eleitoral. O resultado estaria à vista de qualquer um que, porventura, frequentasse uma reunião dos dois grupos: de um lado, as lideranças do CMIC, uma elite de dirigentes associativos homens, cultos, em muitos casos portugueses brancos, articulados e, se não filiados política e partidariamente, pelo menos profundamente conhecedores da matéria e hábeis oradores; do outro, os eleitos de Pádua, um, grupo improvisado de pessoas simples, homens e mulheres, medianamente instruídas, exclusivamente não europeias e multirraciais, nem um pouco articuladas política e (menos ainda) partidariamente, pouco conhecedoras da matéria e até da língua italiana. Os primeiros nomeados e as segundas eleitas, um grupo fechado e estável e uma assembleia eletiva que se dissolveria com o fim do mandato da administração municipal.

Neste sentido, há que notar o diferente grau de estruturação das associações de imigrantes presentes nos dois territórios: no caso lisboeta, aquelas cujos líderes estavam no CMIC, realizavam parcerias de dimensão nacional e internacional com todos os atores institucionais portugueses (ACIDI-ACM, IPSS, SEF, Fundações, etc.), alcançando grande visibilidade no país e na capital. No caso de Pádua, as associações eram menos estruturadas e operavam de forma mais autónoma, colaborando às vezes com a Câmara de Pádua mas alcançando pouquíssima visibilidade na cidade. Nos dois casos, estruturadas ou não, portuguesas ou italianas, as associações de imigrantes, aqui como nas periferias, não demonstraram o desejo de se coordenar entre si mas, pelo contrário, de competir na procura de financiamento e de espaços políticos que as credenciassem institucionalmente. Observei isto de forma mais clara em Lisboa, pois em Pádua não tive acesso às sedes associativas. Observemos mais de perto estas dimensões.

O funcionamento das redes no caso de Lisboa
Em Lisboa, apesar de o direito ao voto para os imigrantes recenseados ser garantido por lei, o CMIC manteve-se desde a sua fundação um organismo não eletivo, mas cooptado pelo poder público e por algumas entidades politicamente representativas da esfera da imigração em Portugal. A razão desta incoerência, de acordo com algumas das opiniões recolhidas nas entrevistas, residiu no alargado consenso político-partidário alcançado nos anos 90 sobre a importância de promover *políticas positi-*

vas de acolhimento e integração, para favorecer a inclusão social ao nível local. Isto permitiu que se promovesse a constituição de organismos municipais, sobretudo na área metropolitana de Lisboa, como uma determinação que partiu de cima para baixo e não como fruto de uma participação e de uma construção coletivas. Uma espécie de bom senso por parte dos políticos, de que falaram alguns entrevistados, *proporcionou a constituição destes organismos nas cidades portuguesas com o maior número de residentes imigrantes do país.* Esta operação tipicamente *top--down* não tem correspondido às mudanças do quadro migratório, até por falta de propostas das próprias associações que, para além de solicitarem mais atenção por parte da CML, não procuraram veicular as suas atividades mais relevantes através do CMIC, mas preferiram realizá-las autonomamente. Reside neste aspeto uma contradição que considero de difícil discernimento: a presença de entidades de primeiríssimo plano e de organização robusta não se traduziu num organismo que tenha relevância política sobre as escolhas camarárias em matéria de imigração. Procurei aprofundar esta incoerência ao longo dos diálogos e dos momentos de confronto dinamizados.

Com efeito, as entrevistas detetaram algumas respostas: a primeira, e mais importante, decorreu da inexistência do direito de voto. O facto de os imigrantes não votarem não permitia aos seus representantes acumular qualquer poder de negociação junto das estruturas camarárias. Neste sentido, um pouco como ocorria na Amadora, a Câmara de Lisboa não estava muito preocupada com as associações e, por conseguinte, com o CMIC. Por outro lado, o facto de o Conselho ser constituído pelas mesmas associações, e por vezes pelos mesmos representantes, há já duas décadas, não favorecia a introdução de formas de inovação nas parcerias institucionais. Neste quadro, apesar de o objetivo do CMIC ser *a interculturalidade e a cidadania,* as ações concretas de promoção de uma maior visibilidade positiva dos imigrantes e a sua participação mais efetiva na vida da cidade, tendo em vista uma cidade mais intercultural e com maiores oportunidades para todos, eram veiculadas pelas próprias associações de forma mais versátil que pelo CMIC. Eram as próprias associações, em primeiro lugar, detentoras do maior interesse em veicular este tipo de mensagem autonomamente, pois fazê-lo através do CMIC significava gastar tempo e recursos, promovendo o nome da Câmara Municipal em lugar do próprio.

Há, neste aspeto, uma nota importante a fazer acerca do *welfare state* português e a competição por serviços sociais oferecidos aos imigrantes.

As principais associações que compunham o CMIC angariavam recursos através das parcerias realizadas e dos serviços oferecidos. É evidente, no primeiro caso, que o volume mais significativo de recursos não advinha das parcerias realizadas com a CML, mas com o ACIDI-ACM, as fundações e as IPSS, ou porventura de fundos comunitários. Este é mais um motivo que pôde explicar o pouco interesse com que as associações olhavam para o CMIC: porquê investir numa parceria que, para além de não dar visibilidade política, ainda não vai produzir grandes recursos? E ainda, porquê realizar trabalhos coordenados com outras associações que concorrem diretamente com a minha? Isto poderia ajudar a explicar a incongruência entre a atividade reduzida do CMIC e o forte ativismo das associações que nele estavam representadas. As entrevistas que realizei, assim como as dinâmicas associativas que durante os colóquios tive a oportunidade de observar, deram-me a imagem de agremiações muito ativas que recebiam diariamente muitas pessoas à procura de *resolver os seus problemas de habitação, de apoio jurídico, de formação, etc.* Porque não imprimiram as associações esta capacidade operacional no seio do Conselho Municipal? Quero destacar, neste sentido, o que poderíamos definir como *conflito de interesse* entre CMIC e grandes associações lisboetas, na oferta de serviços aos imigrantes. Apesar de a CML poder ceder espaços ao CMIC para que nestes se oferecessem serviços, tal não aconteceu, uma vez que o auxílio camarário constituiria um investimento no Conselho, e nem todas as associações estariam interessadas em reforçar os serviços oferecidos pela Câmara, diretamente concorrente com os próprios.

O problema da cooptação, que já encontrámos no caso das parcerias multissetoriais, reemerge aqui como uma das explicações, desta vez latente, da falta de dinamismo do CMIC. Neste caso, não se trataria de uma cooptação por parte da CML mas do *Estado Social português* que, na sua abordagem migratória transferia para a dimensão público-privada a oferta de serviços sociais e assistenciais destinados à população imigrante. Dessa forma, a transferência de recursos públicos (nacionais ou comunitários) *via* Alto Comissariado (ACIDI-ACM, isto é, o Governo Nacional), grandes fundações (Gulbenkian, Aga Khan), ou ainda IPSS e ONG obrigava os atores públicos e privados a negociações com as forças políticas representadas no Parlamento, sediado fisicamente na capital, em detrimento do diálogo com a autarquia. Em suma, tratar-se-ia de um sistema de cooptação mais complexo e articulado, que revelaria a condição especial da cidade-capital, onde os debates migratórios local e nacional se sobrepunham, sendo que a definição das políticas (não só migratórias) resultava de uma interação intraurbana constante entre os Paços do Concelho e São Bento.[351]

Há, contudo, um serviço que a CML já oferecia, mas cujo potencial não fora suficientemente aproveitado pelo CMIC: o secretariado técnico (ST). O CMIC, apesar de não possuir autonomia financeira, era dotado de um secretariado composto por uma equipa de pessoas muito qualificadas (embora pouco motivadas) cuja atividade estava limitada na altura ao apoio às parcas atividades do Conselho nos últimos anos. Foi interessante observar que o ST do CMIC não realizava nenhum tipo de formação com os membros do CMIC, não produzia nenhum tipo de diagnóstico sobre os assuntos da interculturalidade e da cidadania, e nem provia à elaboração de projetos de parcerias que pudessem captar recursos extramunicipais.

O funcionamento das redes no caso de Pádua
Diversamente, no caso italiano a experiência acumulada pela *Comissione*, advinda do trabalho de proximidade ao Secretariado Técnico (vinculado à UPAI) e, portanto, da sociedade civil organizada e dos beneficiários das ações de políticas públicas no território, levou a considerar exequível um sistema de representação baseado no sufrágio, o que permitiu, de facto, a realização de uma verdadeira campanha eleitoral muito participada por candidatos imigrantes e uma ida às urnas com grande afluência dos eleitores da cidade. A atividade mais dinâmica do ST pôde ser destacada como um elemento de fortalecimento da rede local de parceiros que a CS movimentou. A CS configurou-se, portanto, como um organismo atento à verificação dos dossiês migratórios da cidade, mas que não se estendeu à discussão sobre outras temáticas de interesse geral.

Apesar do grande entusiasmo que acompanhou as atividades da CS em Pádua, efeito de um longo percurso de mobilização dos imigrantes na cidade, era relevante o risco de as suas atividades não serem tomadas em consideração pelo poder local. Tanto para os eleitos como para os eleitores, esta eventualidade poderá desmotivar a sua participação numa eventual próxima eleição. Mas os riscos de a política local paduana não acolher as pautas da CS iam além desse efeito negativo na participação: por

---

[351] Sedes, respetivamente, da Câmara Municipal de Lisboa e do Parlamento português.

um lado, haverá o perigo de a imigração se manter apenas como um dos *problemas* da cidade; por outro lado, no quadro de restrições orçamentais sofridas pelo município, manter-se-iam reduzidas as possibilidades de realizar atividades financiadas, como se manteriam, ademais, as limitadas competências políticas dos representantes eleitos na CS.

Perante os eleitores e a política municipal, a CS apresentou-se como uma rede de cidadãos estrangeiros fortemente motivados para representar os seus concidadãos, para participar na resolução de problemas, para fazer parte da sociedade local, dispostos a investir o seu próprio tempo e muitas energias, enfrentando os prementes pedidos, de um lado, e o ceticismo ou mesmo ostracismo, do outro. Esta rede, no entanto, expôs--se ao risco de não acumular as competências suficientes (linguísticas, jurídicas, culturais) para enfrentar este desafio, o que levou o ST a promover um curso de especialização dedicado à legislação local, nacional e comunitária; à reflexão de cunho sociológico; ao trabalho de *benchmarking* em relação a outras experiências similares na Europa; ao sistema de *welfare state*, etc. Este curso tornou-se necessário até porque na grande maioria os representantes da CS não provinham do mundo das associações de imigrantes presentes em Pádua. O facto de os eleitores não terem escolhido representantes fortemente vinculados ao setor associativo deve ser tomado em consideração, sobretudo no que respeita à ausência de eleitos vinculados às organizações sindicais, que tanto investiram no apoio a esta eleição. Se por um lado isto demonstrou que alguma coisa não funcionou na campanha eleitoral dos candidatos das ONG e dos sindicatos, por outro há que reconhecer que os candidatos recolheram em média cerca de 80 preferências e que para serem eleitos tiveram de ultrapassar as cem preferências, o que aproxima a eleição dos imigrantes às dos deputados municipais. Tal significa que o trabalho de proximidade foi realizado com eficácia por alguns candidatos, demonstrando que *as lógicas da representação escapam às da mobilização*: um sindicato ou uma associação muito ativos politicamente, e que ofereçem muitos serviços aos estrangeiros, podem apresentar candidaturas que não representam os eleitores. Os eleitos, neste caso, puderam ser representativos dos eleitores mas não tiveram quase nenhum suporte político e logístico por parte das organizações da sociedade civil. Este cenário justificou em certa medida a dificuldade com a qual a CS buscou produzir parcerias com os restantes atores territoriais paduanos que se ocupavam de políticas migratórias. Uma ausência de diálogo que certamente limitou a abrangência da sua intervenção, ao passo que garantiu a autonomia das suas iniciativas.

Este aspeto levanta uma última consideração, relativa à vontade demonstrada pelos representantes da CS para produzir resultados, algo que foi observado por alguns técnicos e dirigentes municipais ao longo da dinamização de grupo: *esta obsessão por resultados confirma a pressão à qual a CS foi sujeita, mas também a delicadeza do seu mandato*. Entre a função pacificadora e a oportunidade da auscultação, esteve o imperativo de demonstrar concretamente a eficácia da sua intervenção.

A sociologia das emergências na avaliação das políticas

Ambos os organismos viveram uma conjuntura dinâmica que resultava em boa medida da autodeterminação dos seus participantes: o CMIC estava numa condição de sufocamento pilotado sobretudo pelas entidades mais importantes que deles faziam parte, tanto para o lado institucional (como a CML) como não-governamental; a CS, pelo contrário, vivia uma fase de valorização conduzida em primeira instância pelos seus próprios eleitos e pela Câmara de Pádua (sobretudo através do ST).

No primeiro caso, foram evidentes as corresponsabilidades entre CML e representantes que, pelas razões que procurei identificar, sobretudo pelo desinteresse concreto e pela falta de radicação territorial, prefeririam manter o CMIC em condições de reduzida visibilidade. No segundo caso, sobretudo pela função pacificadora, Câmara de Pádua e respetivos eleitos fizeram esforços para manter a CS em condições de grande visibilidade, que assegurasse a sua continuidade.

Avaliar as razões pelas quais dois organismos tão parecidos viveram duas condições dinâmicas tão diferenciadas, no entanto, não é um exercício que possa limitar-se ao ponto de vista do autor. É necessário, portanto, o regresso às testemunhas diretas.

Avaliação do Conselho Municipal para a Interculturalidade e a Cidadania
Não resta a menor dúvida de que o CMIC foi considerado por todas as pessoas ouvidas *um instrumento excecional. Até porque dele fazem parte as associações mais representativas de Lisboa* e uma Câmara Municipal que, para a dimensão migratória, é mais que uma capital: é a cidade mais importante de uma área metropolitana que reúne um terço dos imigrantes do país.

Por isso, *o objetivo mais visado pelos seus participantes é o de querer deixar de ser parte do problema e de passar a contribuir concretamente para a solução, ser parte da solução*. E por mais que haja vontade de que as coisas aconteçam, não é a mesma coisa ter um CMIC e ter um representante das comunidades imigrantes a participar *nos processos de tomada de decisão*, isto é, um eleito na Assembleia Municipal. Há, no entanto, a consciência de que isto é um processo que exige grande envolvimento da população imigrante para chegar ao sufrágio universal. Outros participantes consideraram o CMIC um importante instrumento de oposição *às políticas da imigração que não promovem a interculturalidade ou a integração, mas que reproduzem a criminalização dos imigrantes enquanto potenciais elementos de perturbação para o país*.

Mas também houve quem, mais realisticamente, julgou como demasiado fechada a estrutura do CMIC, atribuindo a si próprio a responsabilidade *de não fazer tudo o que está ao seu alcance para tornar o Conselho Municipal mais útil e mais valorizado*. O problema é que este mecanismo produzia um círculo vicioso, pois a razão pela qual não se investia no CMIC para o mais tornar útil era, precisamente, o facto de o considerar inútil, pois *acrescenta trabalho, enquanto as questões pragmáticas acabam sempre por vir ao de cima. O que quero dizer com isto? Se o custo da participação no CMIC acaba por ser demasiado elevado e as decisões pragmáticas são tomadas alhures, porque deve o CMIC reunir mais vezes se não há resultados?* Talvez seja por este desinteresse que, como observou outra entrevistada, o CMIC *não produziu os resultados esperados, nem um crescimento expressivo dos níveis de consciência e participação dos próprios imigrantes*.

Para outrem (imigrante) o que se salvava do CMIC eram *as associações que são as mais organizadas e mais capacitadas para influenciar a tomada de decisão*. Contudo, é longo o caminho para chegar a uma tomada de consciência para realizar os objetivos da interculturalidade e da cidadania. *Porque, quando se faz uma festa, um evento, com uma grande participação, há casa cheia e espaços sobrelotados, mas quando há algo de informação política, há uma fraca adesão. Portanto, o caminho é credibilizar os agentes políticos, os deputados da diáspora, os serviços diplomáticos nos países de acolhimento, as políticas de sensibilização cívica, continuando a fornecer serviços de acompanhamento mais constante aos imigrantes*.

Avaliação da Commissione Stranieri
A principal avaliação avançada sobre a CS esteve ligada à presença de uma estrutura de apoio que ia além da mera oferta de serviços de um

secretariado técnico, mas que funcionava também como elemento de formação, estímulo e multiplicação das atividades realizadas pelo organismo. A razão do apoio desta estrutura, com este ímpeto, à CS, não era casual e deve ser entendida à luz da forte vontade política camarária paduana, que considerou a legitimação da CS por via eleitoral o principal instrumento de pacificação do conflito interétnico na cidade, para além de servir como trunfo para aniquilar a forte oposição xenófoba dalguns movimentos políticos locais.

O facto de os representantes da CS terem sido eleitos transformou--os em representantes políticos legitimados, ou será que, por não terem estatuto de deputados municipais, se mantinha a sua condição de representantes técnicos? Esta questão, além de interessar os politólogos, interessou os atores paduanos que lidavam com o fenómeno migratório, a começar pela própria Câmara Municipal. Deduziu-se que a não presença de pessoas filiadas nos partidos políticos ou nos movimentos associativos, sindicatos e IPSS na CS, permitia aos seus representantes enfrentar os *problemas concretos não apenas dos imigrantes mas de toda a cidade, sem uma vinculação política de tipo partidário ou cultural, mas com uma abordagem política no sentido de* ter competências para debater políticas públicas. Esta parece ser a grande oportunidade de um instrumento como a CS que teve a possibilidade de intervir na definição das políticas públicas com a legitimidade de uma assembleia eleita, e não nomeada, mas sem o descrédito de ser classe política que defendia interesses facciosos.

CAPÍTULO 15
O TRABALHO DE TRADUÇÃO PARA RECONHECER, AMPLIAR E DESCOLONIZAR OS TERRITÓRIOS

Este capítulo final assume a tarefa de formular propostas para as políticas migratórias locais, nacionais e comunitárias, e, simultaneamente, indicar coordenadas metodológicas para futuras investigações.

Um longo caminho através de perguntas simples, paradigmas e territórios

Iniciei este trabalho com a formulação de uma pergunta simples: *quantos estrangeiros cabem na Europa?* Isto é, quantos Imigrantes económicos poderia o continente acolher, havendo milhões de pessoas no mundo dispostas a emigrar em busca de uma vida melhor?

A resposta mais convincente, entre as que pude conhecer, é a de Sandro Mezzadra, que realizou no início da década de 2000 algumas pesquisas relativas à mobilidade do trabalho ao longo da história do capitalismo (Mezzadra, 2004). Mezzadra não respondeu diretamente a esta pergunta, mas afirmou que *não há capitalismo sem migrações*, sustentando a sua resposta com a elaboração da tese da *autonomia das migrações*, pela qual ainda denota a "irredutibilidade dos movimentos migratórios contemporâneos às 'leis' da oferta e da procura que governam a divisão internacional do trabalho" (idem: 8).[352]

Partindo deste pressuposto (confirmado pela chegada maciça – ainda que contrastada – de imigrantes económicos junto a refugiados à Europa nos anos 2013-2016), o problema não é tanto o de perceber quantos imigrantes podem caber no território europeu, porque a sua presença não depende dos espaços físicos disponíveis ou da presença de barreiras (físicas ou legais), mas de espaços económicos e/ou sociais para a sua instalação. Considerando o nosso caso, o facto de a AML concentrar um terço dos imigrantes presentes em Portugal, não é explicável somente pelas políticas migratórias portuguesas, ou pela condição económica da AML, a zona mais rica de Portugal. A razão económica é certamente preemi-

---

[352] Tradução livre do autor. Naturalmente, a tese da *autonomia das migrações* resulta da elaboração de numerosas contribuições que são detalhadamente reportadas por Mezzadra (2004).

nente (pois nas zonas mais pobres do país a presença de imigrantes é mínima ou nula), mas, apesar da crise tão grave que se verificou, muitos imigrantes permaneceram. Isto será possível não apenas pelas formas de regulação de mercado (oferta de emprego e de habitação), mas pela presença contemporânea de serviços de proteção social (welfare) que beneficiam os imigrantes. Paralelamente, no Norte da Itália convive o maior número de imigrantes do país com a maior concentração de eleitores de partidos xenófobos, o que se traduz na implementação de políticas declaradamente contrárias à imigração. Contudo, estas atitudes não funcionam como elemento desincentivador da presença dos imigrantes; a sua grande concentração permanece naquela que é a zona mais industrializada do país (no Sul, menos industrializado, o número de imigrantes presentes é bem menor). Além disso, as políticas de exclusão, apesar de provocarem muito sofrimento humano, não produziram os efeitos desejados, muito em função do papel das organizações da sociedade civil, um dos elementos cruciais para a implementação de políticas alternativas.[353]

É sobejamente evidente que as migrações contemporâneas na Europa são fenómenos estruturais de cariz sócio-económico-laboral que dificilmente podem ser *regulados* pelos governos, no sentido de conseguirem diminuir ou incrementar as presenças, ligadas prevalentemente a variáveis independentes: conjunturas geopolíticas, evolução da economia, do mercado de trabalho e do sistema de welfare.[354] Na esfera pública, a presença de imigrantes num país, apesar de ter que ser normatizada, pode ser apenas *acompanhada* (*influenciada?*), com políticas que garantam a aplicação da lei e promovam os princípios de dignidade das pessoas e das

---

[353] Foi o que observou, muito de perto e ao nível local, Maurizio Ambrosini (2013). Em busca dos conflitos na realização de políticas públicas, Ambrosini analisou políticas diretas de exclusão dos/as migrantes realizadas no Norte da Itália, focando especificamente a Lombardia. Ambrosini estudou 47 municípios onde a implementação de políticas de exclusão dos/as migrantes se tornou um "instrumento que permite obter consenso político", ainda que com a oposição de movimentos anti-discriminação, grupos de *advocacy*, e até da magistratura.

[354] O que ficou evidente com o grande número de imigrantes que, no contexto dos movimentos de refugiados 2014-2016, tentaram entrar na Inglaterra, o que levou o Reino Unido a ameaçar a saída da União Europeia (a chamada *Brexit*), em 2016. Como foi dito, no entanto, o movimento de refugiados e prófugos deveria distinguir-se destas lógicas, por não ser prioritariamente estimulado por objetivos económicos e estar enquadrado numa condição jurídica específica. Este livro não tratou, se não marginalmente, do tema dos movimentos internacionais de refugiados.

suas histórias pessoais, dos níveis salariais, da segurança no trabalho e que, eventualmente, possam incentiva-la ou desincentiva-la.[355]

Se não podemos *controlar, limitar, evitar* ou *reduzir* o número de imigrantes, como reagir diante deste sofrimento e diante da falência das promessas de emancipação social feitas pela modernidade? O que fazer diante das injustiças sociais que este sistema produz (independentemente da nacionalidade de quem é subalterno)? O que este livro pretende é produzir um conjunto de propostas, que aspiram a ser práticas, passíveis de apropriação pelos territórios como instrumentos concretos de política pública que respondam a estas interrogações.

Para tal, a ferramenta da epistemologia da visão utilizada será o *trabalho de tradução* (Santos, 2006: 91-111), que permite *realizar convergências éticas e políticas entre processos sociais e formas de conhecimento, perceber o sentido das lutas pela emancipação social que nestes territórios tomam forma, e concebê-los como expressões de alternativas possíveis*. O trabalho de tradução é um procedimento hermenêutico que coloca em comunicação diferentes experiências do mundo, tanto as disponíveis como as possíveis, que foram reveladas pela *sociologia das ausências* e a *sociologia das emergências*. No contexto que interessa a esta investigação, as *emergências disponíveis* foram as experiências de Lisboa e Pádua, enquanto as *ausências possíveis* se encontraram na Amadora e em Camposampierese. Com este procedimento, não pretendo definir modelos que possam ser aplicados a este ou aquele território como *boa prática* a ser emulada. O que tenciono é *traduzir* as diversas perspetivas de *emancipação social concreta* dos e das imigrantes (diante das injustiças a que são sujeitos e do desperdício a que são condenadas as suas experiências) em políticas exequíveis inspiradas em princípios *interculturais, participativos* e *experimentais*. É neste sentido que se apresentam as propostas que elaboro de seguida.

Para além do sofrimento humano: alternativas emancipatórias produzidas como não existentes nos contextos português e italiano
Princípios emancipatórios, alternativos e solidários, por oposição aos hegemónicos emergem, ainda que de forma marginal, das experimentações-com-os-migrantes identificadas nos territórios estudados. Apresento de seguida uma revisão dos princípios mais importantes que pude

---

[355] Por exemplo, com medidas de atração de imigrantes ou de estímulo ao retorno colaborativo.

identificar durante o trabalho de terreno, e que sistematizei em alguns pontos.[356]

1. Um pacto formativo no território

Qual é a melhor forma de desenvolver as potencialidades do território? Oferecer instrução e formação e fazer com que quem se forma permaneça no território. Não se trata de formar pessoas que depois o abandonam, mas que permaneçam. Para o efeito, um território precisa de um projeto económico e produtivo, e de definir o seu posicionamento estratégico nas cadeias globais de valor para que possa vir a ser competitivo. Na definição deste projeto é necessário haver uma relação direta entre o mundo produtivo (das empresas), o formativo (escolas, universidades e centros de formação profissional), e as instituições (não apenas a Câmara, mas todos os atores institucionais territoriais), para que todos invistam em formação no quadro de um projeto comum de desenvolvimento local.

Esta questão articula-se também com a da segurança, pois a formação dá segurança a uma pessoa que, por exemplo, diante da perda do trabalho, pode realisticamente pensar em alternativas. A formação dá também chaves de interpretação, mesmo num ambiente onde a pessoa imigrante pode ser tratada com preconceitos (*este é um traficante, um delinquente, uma prostituta*).

2. Intercultura e tradução nas escolas

O envolvimento ativo dos imigrantes no planeamento das atividades é muitas vezes realizado em microexperiências nas escolas dos territórios, nos percursos de alfabetização dos adultos, ou em atividades interculturais realizadas singularmente ou em rede: cursos de línguas (romena, chinesa, senegalesa, árabe), percursos de formação, manifestações interculturais que envolvem docentes, pessoal administrativo, pais/mães dos estudantes, festas que valorizem as tradições, as músicas, os hábitos alimentares. O apoio da autarquia é, nestes casos, fundamental para dar força à lógica de trabalhar em conjunto em situações em que as com-

---

[356] *Mais uma vez, trata-se de visões alternativas que recolhi nos depoimentos e nas intervenções dos/das interlocutores/as entrevistados/das nos meses da investigação, nos quatro territórios. Por esta razão, mantenho o registo informal na redação do texto mas, ao contrário do que fiz noutras secções do trabalho, quase não utilizo o itálico, pois os textos originais foram modificados.*

petências e as atenções são diferentes nas múltiplas realidades daquele pedaço de território: um mosaico de peças que cria um desenho completo.

3. Participação, desenvolvimento e coesão

As pessoas são a causa e o efeito do desenvolvimento quando estão na condição de se expressar; assim, tornam-se um recurso disponível, ainda que produzido como não-existente. Mas, se não estiverem em condições de expressar-se, tornam-se apenas um custo. O imigrante, como qualquer pessoa, numa situação em que lhe é reconhecida voz ativa, traz consigo uma cultura, relacionamentos, identidades, e torna-se um recurso para o território: económico, por ter potencial para favorecer o comércio com os países de origem, mas também social, porque contribui com perspetivas novas para a cidade, a comunidade. Se não puder expressar-se com confiança, porque não tem um emprego seguro, não sabe como manter a família, não tem estabilidade habitacional; se não puder construir relações com o seu país de origem e o território onde foi morar, nunca vai ser um recurso, mas permanecerá sempre um custo. Ter a possibilidade de expressar-se significa fazer parte, participar da vida da comunidade dizendo aquilo que pensa, mostrando o que faz, exigindo aquilo de que precisa, representando os interesses daqueles que conhece melhor, transmitindo-lhes a sensação da coesão social.

Quanto mais a pessoa participa, mais se envolve no processo de tomada de decisão das atividades que podem ser realizadas na escola, nas instituições políticas, nas salas de culto, no desporto. *Estar envolvido* significa contribuir com algo próprio, e não apenas gozar de um benefício; significa também fazer, ajudar, sentir que a sua contribuição é importante, que pode mudar o decurso dos eventos, acrescentar valor. O problema, então, coloca-se sobre a forma de participação, porque a participação direta pode por vezes ser complexa e, nesse sentido, a lógica da representação pode complementar formas de participação. Participar reduz a desigualdade, pois ajuda a definir o que perguntar, onde perguntar o que se pode receber e o que se pode dar, dentro de um sistema de significados. Assim, é bidirecional a relação entre coesão social e participação: se houver participação cria-se mais coesão social e, neste caso, é mais fácil participar. Além disso, a partilha de conhecimentos é impossível quando não se conhece e não se participa.

4. Projetos de território

Os imigrantes trabalham nas empresas dos territórios, prestam serviços domésticos nas habitações, tornam-se, por vezes, empresários, criam riqueza e produzem inovação. Vejamos o caso dos estudantes imigrados: muitas vezes têm uma vontade de emergir que escasseia, por vezes, no resto da população jovem, uma força inovadora e criativa que deveria estimular nas instituições a capacidade de planear o futuro do território. Dentro de alguns anos, as nossas cidades serão diferentes do ponto de vista urbanístico, económico e social. Para antever o potencial de transformação, basta olhar para as escolas: aqueles estudantes são o próximo passo de uma sociedade intercultural que já começou e que é a nossa, pois os pais e as mães imigrantes daqueles alunos são já muitas vezes os responsáveis de obra de empresas de construção, artesãos, profissionais.

5. *No taxation without participation*

No taxation without representation.[357] Se traduzirmos esta famosa expressão para a dimensão migratória que aqui é discutida, poderíamos transformar a frase em *No taxation without participation*, no sentido de lembrar que a contribuição em taxas e impostos pagos pelos imigrantes é, por vezes, superior às contribuições assistenciais e previdenciárias recebidas em troca.[358] Sendo assim, uma vez reafirmada a injustiça da não existência do sufrágio universal em países democráticos como Portugal e Itália, há que reafirmar que outras formas eficazes de participação na vida pública podem concretizar-se independentemente do exercício do voto. Assim, a participação na tomada de decisões por parte de quem não vota porque é excluído, como o eram os colonos na América do Norte nos idos de 1770, pode ser realizada nas escolas, nos centros de saúde, nos serviços sociais municipais, etc.

---

[357] A famosa litografia de Nathaniel Currier executada em 1846 intitulava-se "The Destruction of Tea at Boston Harbor", e representava o Boston Tea Party: o protesto político dos colonos ingleses das Treze Colónias que em 1773 destruíram sacos de chá da East India Company, dando vida a um dos episódios iniciais mais conhecidos da Revolução Americana, um dos pilares da modernidade ocidental. Desta fase da história norte-americana ficou famoso o *slogan No taxation without representation*: não queriam os colonos ser obrigados a pagar impostos enquanto as leis que a tal os obrigassem fossem aprovadas por um parlamento onde não eram representados enquanto expressões vivas do território onde moravam.

[358] Como observou Peixoto para o caso português (Peixoto, 2011).

6. No taxation without citizenship

O mesmo vale para a questão da concessão da cidadania aos filhos de imigrantes nascidos em Portugal e Itália. No primeiro caso, as alterações à Lei de Nacionalidade foram introduzidas em 2006, no sentido de fortalecer o princípio do *Ius Soli* para quem decidiu viver em Portugal. Em Itália, a Lei de Nacionalidade de 1992 fortalecia o princípio do *Ius Sanguinis*. Mais de vinte anos depois, uma Itália completamente transformada gaguejava ao debater se quem aí nasceu devia ou não sentir-se italiano. A solução portuguesa poderia facilmente ser adotada também em Itália.[359]

7. Interculturalidade e Cidadania nos bairros

Dado que os imigrantes não participam das decisões, não têm o direito ao voto nem a tornar-se cidadãos do país onde pagam os impostos, resta verificar se, ao menos no bairro onde moram, a sua contribuição pode ser considerada útil. Os mediadores e facilitadores culturais são muitas vezes funcionários nas Juntas de Freguesias ou nos serviços sociossanitários nos territórios. São profissionais muito especializados que condensam visões do mundo diversas, sabendo traduzi-las numa narração complexa mas coerente. Estarão estas pessoas "integradas" à altura de planear as políticas públicas, tanto ao nível setorial como político? Estes representantes possuem uma grande capacidade coesiva que, a partir de um território, permite envolver associações, sindicatos, grupos recreativos, escolas, igrejas, universidades: são *mediadores sociais do território* muitas vezes esquecidos ou em situações de subemprego. Se pudessem desenvolver esse trabalho de coesão entre as instituições e os tecidos sociais, as energias presentes no território poderiam ser valorizadas em todas as suas diversidades e riquezas.

8. Requalificação social

O *vale-projeto* (*voucher*) é um mecanismo desenvolvido na Europa para enfrentar o desemprego que prevê a criação de um banco de serviços/

---

[359] Em outubro de 2015, a Câmara dos Deputados da Itália aprovou um texto unificado que alterava à lei vigente da cidadania (Legge 91/1992). A principal novidade do texto consistia na introdução da aquisição da cidadania italiana por nascimento (o chamado *ius soli*) e a introdução de um novo caso para a obtenção da cidadania italiana, na sequência de um currículo escolar (os chamados *ius culturae*). O texto, na altura da publicação deste livro, estava para ser debatido no Senado.

tempo profissionais, à disposição de associações, IPSS, micro e pequenas empresas no território. As pessoas que se inscrevem podem também utilizar cursos de formação. Para os imigrantes é uma oportunidade de aprender a língua e uma profissão, além de se verem inseridos num projeto local no qual podem demonstrar e desenvolver as suas capacidades. Da mesma forma, pedir a colaboração dos pais e mães dos alunos nas escolas é um mecanismo informal para facilitar a aprendizagem da língua, dinamizar a interação social e intercultural, facilitar a troca de pequenas ofertas de emprego.

9. Democracia representativa e democracia participativa

Os imigrantes querem ser ativos mas participação ou "integração" não se estabelecem por decreto. É preciso que o poder político reconheça que a sociedade civil sabe o que faz e que tem capacidade para se organizar. Ou, pelo contrário, tem medo, e por isso dificulta a participação e cria políticas de assimilação? Isto faz com que os imigrantes não acreditem em si próprios, e com que não se criem sentimentos de pertença que poderiam ser gerados através de atividades voluntárias num contexto de participação cívica, de espaços culturais. Neste sentido, é fundamental reconhecer voz ativa a quem pretende contribuir ativamente, dar condições a esta democracia para que se torne mais participativa, para que responsabilize mais os cidadãos. É preciso potenciar estas vozes e não reforçar o poder do Estado, que deseja exercer um controle político da sociedade civil através de organismos que reduzem o impacto da crítica política. O diálogo intercultural faz-se com as pessoas, com as associações, potenciando aquilo que vem de baixo, aquilo que é feito *pelas* pessoas e não *para* as pessoas. A lógica emancipatória é fazer *com*: *com* o sentimento e *com* as preocupações das pessoas, *com* aquilo que as pessoas querem mostrar e não aquilo que o poder político quer ver.

10. Traduzir as experiências

Os *conflitos integrativo/intercultural, representativo/participativo* e *desenvolvimentista/experimental* são, ao mesmo tempo, as tensões em torno das quais se recombinam os sofrimentos humanos em Lisboa, Pádua, Amadora e Camposampierese, e os espaços onde se afirmam as experiências mais avançadas de emancipação dos imigrantes como parte ativa dos respetivos projetos de desenvolvimento local. Posso afirmá-lo, pois testemunhei que quem participou no CMIC, na CS ou na RSL ou ainda quem quer participar na IPA, o faz porque se sente parte do território e quer contribuir para a sua transformação. Esta afirmação não é uma simplificação. Pelo contrário, ela espelha a plena consciência das complexidades e das contradições expressas pelos modelos de hegemonização e recodificação das políticas públicas. Por isso, o trabalho de tradução é necessário, não apenas para colocar em comunicação as experiências dos territórios (e dos mundos que expressam), mas também para compreender quando estão disponíveis e quando são possíveis, para não desperdiçar o património de conhecimento que possuem.

Consolidar e aprofundar as alternativas na dimensão local
Organizo esta última secção do capítulo final avançando para cada um dos organismos estudados algumas propostas específicas que permitam, a meu ver, torná-los mais eficazmente empenhados em produzir objetivos coesivos, emancipatórios e solidários, procurando reduzir os conflitos, as exclusões e os sofrimentos humanos presentes nos territórios onde atuam.[360]

Rede Social Local da Amadora
1. A primeira proposta é a de aprofundar o caráter *multissetorial* da RSL transformando-o em *intersetorial*. O que isto quer dizer? Estou perfeitamente ciente de que a RSL é uma medida nacional e que não pode ser desvirtuada na dimensão local; no entanto, nada impede que se realize uma maior integração entre setores que promovem políticas públicas na Amadora. Refiro-me, em especial, às divisões de Intervenção social, das Políticas de habitação e de Planeamento territorial que poderão ser integradas através de uma colaboração mais intensiva, entre Departamento de Administração Urbanística (cujas atividades estão previstas no Artigo

---

[360] Algumas das propostas formuladas individualmente para cada organismo poderão, entre si, resultar semelhantes. Da mesma forma, existem propostas reportadas uma única vez que são aplicáveis em diversos contextos. Para evitar repetições, convido o leitor e a leitora a considerar todas as propostas como resultado de uma reflexão geral e específica sobre os quatro casos estudados e estimulo-os a elaborar comigo outras e mais criativas modalidades de aplicação. Acresce que, não apresento aqui nenhuma proposta que implique em modificações à legislação nacional ou até mesmo à Constituição.

14º do Regulamento Orgânico dos Serviços Municipais),[361] o Departamento de Educação e Desenvolvimento Sociocultural[362] e Departamento de Habitação e Requalificação Urbana.[363] Um exemplo criativo de integração das atividades poderá ser representado pela inclusão do Plano de Desenvolvimento Social (PDS) da RSL como instrumento de planeamento, ao abrigo do Artigo 6º do citado Regulamento que disciplina os serviços municipais de "planeamento global e sectorial com vista à promoção da melhoria das condições de vida das populações e do desenvolvimento económico, social e cultural do município".[364] Noutra direção, o Sistema de Indicadores de Desenvolvimento Territorial (SIDT) do Município da Amadora poderá ser levado à apreciação do CLAS da Rede Social Local.

2. Na mesma linha de realização de políticas intersetoriais, proponho a integração das equipas técnicas que atuam em suporte à RSL com os Gabinetes de "Formação e Investigação" e de "Inovação e Qualidade", (Artigo 5º e 6º do citado Regulamento), instituídos no Departamento de Modernização e Tecnologias de Informação e Comunicação.[365] O objetivo é o de contribuir para a redação do Diagnóstico Social (DS) e, portanto, do PDS com uma visão mais completa do quadro municipal, tanto sob o perfil territorial quanto nas ações de políticas públicas levadas a cabo pelo Município.

3. A integração destas equipas não diluirá as suas competências dentro de gabinetes com caráter intersetorial reforçado, pois no seu interior seria mantida uma forte identidade através do seu reconhecimento como *núcleo especializado em políticas interculturais*. O seu objetivo será solucio-

---

[361] *Boletim Municipal* de 06 março 2013 que contém o Regulamento Orgânico dos Serviços Municipais, D.R. 2ª série – nº 11 – 16 de janeiro de 2013 – Despacho nº 882/2013, D.R. 2ª série – nº 25 – 05 de fevereiro de 2013 – Despacho nº 2157/2013, D.R. 2ª série – nº 38 – 22 de fevereiro de 2013 – Despacho nº 2940/2013.

[362] (Artigo 16º)

[363] (Artigo 18º)

[364] Pelo nº 3. do artigo, "são instrumentos de planeamento, de programação e de controlo de execução, *sem prejuízo de outros que venham a ser definidos*, os seguintes: a) Grandes Opções do Plano e Orçamento; b) Plano Diretor Municipal; c) Planos de Urbanização; d) Planos de Pormenor; e) Documentos de Prestação de Contas". O cursivo é do autor e indica a possibilidade legal de introduzir o PDS na lista.

[365] Com as competências previstas no nº 3 e 4, do artigo 19º do Regulamento Orgânico dos Serviços Municipais.

nar o impasse entre discriminação étnica e reconhecimento das diferenças na realização de políticas públicas, que pode dar lugar a ambiguidades, como o uso de expressões eufémicas ("territórios vulneráveis") para indicar áreas de degradação social, empobrecimento económico e desagregação territorial. Agindo transversalmente e não apenas nas políticas sociais, o *Núcleo* funcionará como "motor da interculturalidade" para o Município da Amadora, introduzindo este tipo de sensibilidade em todas as políticas das quais os Gabinetes de Formação e Investigação e de Inovação e Qualidade deverão ocupar-se.

4. Sendo assim, no que diz respeito à elaboração do DS e do PDS, proponho integrar às equipas técnicas um grupo de *mediadores sociais territoriais* (migrantes e não migrantes), procedentes dos bairros da cidade maioritariamente habitados por imigrantes. Os mediadores poderão ser escolhidos através de um edital público a ser divulgado na cidade. Após ter contribuído para a elaboração dos documentos de planeamento dos Planos de Ação, os novos profissionais integrarão as equipas na altura de implementar as ações e realizar a sua avaliação.

5. Finalmente, para incrementar a atenção aos temas interculturais com um pequeno avanço na ampliação participativa, proponho uma nova forma de experimentação com os imigrantes: trata-se de uma modificação da alínea "e" do Artigo 14º do Regulamento do CLAS, que acrescente ao Núcleo Executivo uma representação da "Área Intercultural", expressa pelas associações de imigrantes que participam no CLAS e nas Juntas de Freguesias.

Intesa Programmatica d'Area del Camposampierese
1. A primeira proposta é a de promover ações de sensibilização intercultural junto das comunidades locais, dos técnicos e dos políticos de Camposampierese, para a divulgação da imagem positiva da contribuição dos imigrantes para o desenvolvimento local. As ações poderão: promover uma melhor compreensão das razões da presença de imigrantes no território numa perspetiva *densa* de descrição do contexto local; promover o diálogo, a educação intercultural e medidas específicas para combater o racismo e a xenofobia; melhorar a disponibilidade e a qualificação dos dados estatísticos utilizados pela IPA para apresentar uma imagem consubstanciada da condição migratória nos territórios; realizar iniciativas de caráter cultural que valorizem as expressões artísticas e intelectuais

imigrantes presentes no território, convidando peritos locais e internacionais a apresentá-las (e evitando simplificações com atividades folclóricas). Estes objetivos poderão ser realizados através de um planeamento partilhado entre os atores locais, com foco na valorização da contribuição positiva da população imigrante como um fator endógeno, relevante para atingir bons níveis de coesão social e sustentabilidade no desenvolvimento local.

2. A segunda proposta prevê a constituição de uma *Comissione per la rappresentanza delle cittadine e dei cittadini stranieri del territorio Camposampierese* (CSC), seguindo o modelo da CS de Pádua (isto é, com eleição direta). Nos moldes da experiência paduana, a CS de Camposampierese funcionaria como organismo de *staff intercultural* para o trabalho de planeamento e projetação do território realizado pela IPA e pelas autarquias que dela fazem parte.

3. Neste sentido a nova CS de Camposampierese deverá eleger um representante fixo na IPA que participe com iguais direitos e deveres.

4. Para que as propostas 2 e 3 sejam eficazes, será necessário garantir a estruturação de um processo eleitoral e a sucessiva formação dos eleitos, utilizando como modelo as ações desenvolvidas em Pádua. Neste sentido, sugiro: que se realizem ações de fortalecimento das estruturas associativas dos imigrantes, realizando atividades de formação junto do *Centro Servizi per il Volontariato*[366] da Província de Pádua; que se lance um edital para financiar projetos de intervenção intercultural no território, a serem realizados em rede pelas associações de imigrantes e outras entidades territoriais; a organização de cursos de formação para os eleitos no novo órgão consultivo de representação dos imigrantes. A formação poderá versar sobre o contexto territorial, o funcionamento do sistema democrático, o planeamento territorial e as formas de implementar políticas públicas para o desenvolvimento local, de acordo com o funcionamento da IPA.

5. No sentido de assegurar uma maior integração das políticas para o planeamento do território proponho que se definam formas de colaboração mais próximas entre IPA e ULSS 15/*Conferenza dei Sindaci*, com o principal objetivo de incluir as políticas sociais e habitacionais como elemen-

---

[366] Uma entidade público-privada que presta serviços de apoio às associações que realizam atividades de voluntariado, introduzida em Itália pela Lei 266/91, *Legge quadro sul volontariato*.

tos de planeamento do território. Neste sentido, proponho a presença do responsável dos serviços sociais da ULSS 15 como membro permanente da TC da IPA, e a inserção de um representante da IPA no grupo executivo que gere a realização do Piano di Zona.

Conselho Municipal para a Interculturalidade e a Cidadania de Lisboa
1. A primeira proposta para o CMIC é dupla: tornar-se um órgão eletivo e mais radicado no território, atuando junto das 24 Juntas de Freguesias de Lisboa, ao abrigo do disposto pela Lei nº 56/2012, de 8 de novembro (Reorganização administrativa de Lisboa). O CMIC tornar-se-á, assim, um organismo onde os seus representantes serão eleitos a par da eleição para as Assembleias de Freguesia. Em cada uma das Freguesias dever-se-ia realizar eleições para escolher um representante eleito por todos os imigrantes regularmente residentes (não apenas os recenseados). Nestes moldes, o representante eleito será membro de direito do CMIC e trabalhará ao lado da Junta de Freguesia como *Consultor especial para a interculturalidade e a cidadania*, podendo ter direito de voz nas assembleias e participando das reuniões da Junta, e podendo, ainda, realizar tarefas administrativas, como a gestão de pequenos recursos para a realização de atividades.[367] Os 24 eleitos nas Freguesias serão os membros do novo CMIC, e substituirão os representantes das associações designados nas alíneas c) do número 1 do Art. 4º do Regulamento do CMIC.[368] O mandato dos representantes coincidirá com o mandato autárquico (Art. 6º do Regulamento do CMIC).

2. A segunda proposta para o CMIC é a de assumir definitivamente um caráter mais proativo e dotar-se de um Secretariado Técnico (ST), que realize atividade de projetação comunitária, maximizando linhas de financiamento europeias, dinamizando atividades em parceria com a Rede Social Local de Lisboa (RSL) que tenham repercussões diretas nos bairros da cidade. O trabalho do novo ST seria realizado em colaboração com as equipas técnicas da Rede Social de Lisboa que preparam os documentos de apoio, concretizam e facilitam as parcerias com o seu CLAS.

---

[367] Ao abrigo do disposto no Artigo 248º da Constituição da República Portuguesa: "A assembleia de freguesia pode delegar nas organizações de moradores tarefas administrativas que não envolvam o exercício de poderes de autoridade", principio reiterado pelo Art. 18º da Lei nº 5-A/2002 de 11 de Janeiro.
[368] Deste modo cairia também o número 2 do mesmo artigo.

3. O ST deverá coordenar atividades de formação dirigidas aos novos membros do CMIC. Tais atividades deverão ser oferecidas por associados qualificados das associações de imigrantes da cidade de Lisboa, nos moldes do que já foi indicado na proposta 4 para a IPA.

4. Incluir uma *secção intercultural* no Orçamento Participativo de Lisboa, podendo este contar com fundos definidos pelo orçamento municipal ou pelos recursos procedentes das atividades da proposta 3.

5. Realizar um *mapa colaborativo intercultural e cidadão* da cidade de Lisboa, um site interativo (no modelo *Fix my street*), apoiado no site da CML, onde utentes registados possam fornecer indicações acerca de atividades e eventos interculturais realizadas nos bairros.[369]

Commissione per la rappresentanza delle cittadine e dei cittadini stranieri di Padova

1. A primeira intervenção diz respeito às atividades de Secretariado Técnico que deveriam ser mais eficazmente articuladas com as da UPAI, tendo por modelo o proposto para a RSL. Sendo assim, proponho que a UPAI se torne efetivamente o ST da CS, assumindo definitivamente uma função de *motor da intercultura* nas políticas públicas de Pádua. Isto implica o fortalecimento das atividades interculturais realizadas no município, menos como iniciativas étnicas e mais no sentido de *preceito metodológico*. O objetivo é imprimir uma sensibilidade intercultural na realização de todas as políticas municipais. Para isso, a UPAI passará a se chamar *Unità di Progetto per l'Accoglienza e le Attività Interculturali* (UPAAI), e realizaria o Diagnóstico Intercultural de Pádua (DI) como base para a realização de um Plano de Desenvolvimento Intercultural (PDI), seguindo o modelo da RSL, em parceria com a CS.

2. Desta forma, a CS deveria produzir um Plano de Ação Intercultural (PAI) anual, que teria por objetivo realizar ou coadjuvar a UPAAI na realização das ações previstas no PDI.

3. Para planear e realizar o PDI e o PAI, a CS, com o auxílio da nova UPAAI, asseguraria a convocação de uma mesa de coordenação (*Tavolo di Coordinamento*) com os atores locais da cidade (a começar pelas associações de imigrantes, os comerciantes, as escolas, os centros de saúde) no

---

[369] Alguns modelos podem ser representados pelas experiências de Porto Alegre no Brasil (http://www.portoalegre.cc/#) e do Oxfordshire na Inglaterra (http://fixmystreet.oxfordshire.gov.uk/).

modelo IPA. O objetivo da mesa seria o de *co-planear* a realização do PDI e do PAI.

4. Para consolidar a posição dos membros da CS no seio da estrutura municipal, estes poderão tornar-se *consultores peritos* da Câmara e passar a receber uma contribuição simbólica, mas, sobretudo, ter acesso aos setores técnicos dos serviços municipais realizados pela Câmara. Assim, enquanto consultores peritos poderão passar a participar diretamente na realização das políticas.

5. Com a decadência das Juntas de Freguesia em Pádua (*Consigli di Quartiere*),[370] a CS deverá mudar seu regulamento para poder participar dos eventuais novos organismos que a substituirão. Neste sentido, entre as funções dos novos organismos estará também o exame do PDI e do PAI, podendo ser elaboradas propostas de integração e/ou modificação dos conteúdos. Nestas sessões de examinação poderão ser convocados os mediadores sociais municipais ativos no bairro.

Transformar a abordagem migratória moderna na dimensão transnacional

Nesta seção, apresento algumas propostas num plano transnacional, isto é, entre Portugal, Itália e a dimensão comunitária europeia.[371] Contex-

---

[370] Contemplada pelo plano de restrições orçamentárias conhecido em Italia como *Spending Review*, introduzida com a Legge 23 dicembre 2009, n. 191, *Disposizioni per la Formazione del bilancio annuale e pluriennale dello Stato (legge finanziaria 2010)*, con a Legge n. 302 (art. 2º) e con o Decreto Legge 25 gennaio 2010, n. 2, *Interventi urgenti concernenti enti locali e regioni* (sucessivamente convertida com modificações na Legge 26 marzo 2010, n. 42).

[371] No capítulo 2 afirmei que o cenário onde se realiza a "transnacionalização da esfera pública" é dado pela dupla tendência para a privatização e para a internacionalização do Estado moderno (Wessler e Hartmut, 2008). A principal consequência dos efeitos da transnacionalização sobre o Estado moderno é o deslocamento da natureza da sua intervenção para o nível transnacional (Warning, 2009). Assim, concretizam-se arranjos híbridos de governanças que recombinam interlocuções com atores/atrizes estatais e não estatais. Em suma, cria-se aquela que defini, com a ajuda da literatura, *transnational public governance*, uma dimensão que se posiciona além dos limites do Estado-Nação e de forma distinta em relação aos organismos institucionais tradicionais. Embora esta dimensão seja mutante, é nela que se realizam as consequências sociais dos processos de recodificação e alteração, e os efeitos das tensões transparadigmáticas nas políticas públicas. A razão disto é que existe um fluxo de transposição das dinâmicas internacionais para os processos locais e vice-versa que, na terminologia aqui adotada, corresponde a uma das dimensões do *Circuito da desordem nas migrações internacionais*. Este ponto é importante, não apenas para lembrar o sentido com o qual utilizo aqui o adje-

tualmente, elaboro algumas reflexões de caráter mais geral, direcionadas a uma modificação paradigmática da abordagem ocidental aos temas migratórios.

Promover ações afirmativas
O Ministro Joaquim Benedito Barbosa Gomes, Presidente do Supremo Tribunal Federal do Brasil entre 2012 e 2014, afirmou que as *ações afirmativas* são aquelas "políticas públicas e privadas de caráter compulsório, facultativo ou voluntário, concebidas com vista ao combate à discriminação racial, de género e de origem nacional, bem como para corrigir os efeitos presentes da discriminação praticada no passado, tendo por objetivo a concretização do ideal de efetiva igualdade de acesso a bens fundamentais como a educação e o emprego".[372] Em 2010, o Brasil dotou-se de um Estatuto da Igualdade Racial,[373] que garante "à população negra a efetivação da igualdade de oportunidades, a defesa dos direitos étnicos individuais, coletivos e difusos e o combate à discriminação e às demais formas de intolerância étnica" (Art. 1º).

Portugal e Itália possuem uma história racial completamente diversa da brasileira. No entanto, como foi aqui demonstrado, a presença de discriminações raciais, de género e de origem nacional são aspetos resilientes nas sociedades contemporâneas dos dois países sul-europeus. Dessa forma, parece desejável adotar também na Europa medidas concretas que tornem efetiva a *igualdade de acesso a bens fundamentais como a educação e o emprego*, entre outros. Neste sentido, creio que uma ação afirmativa pode ser direcionada para os concursos na administração pública, tanto ao nível nacional como local, dando a possibilidade de participação aos imigrantes regularmente residentes há mais de cinco anos, prevendo a definição de cotas reservadas, como se faz nas universidades europeias para o acesso a vagas em cursos académicos.

---

tivo "transnacional", mas também para identificar a dimensão na qual pretendo posicionar as propostas que formulo de seguida. Obviamente, a principal referência que mantenho está ligada aos dois países estudados; contudo, as sugestões não se restringem à dimensão nacional e não respeitam exclusivamente à dimensão comunitária.

[372] O excerto é de Gomes (2001: 67-69). Acesso em 14 de fevereiro de 2014, disponível em Portal da Secretaria de Políticas de Promoção da Igualdade Racial do Governo Federal do Brasil: http://www.seppir.gov.br.

[373] Lei nº 12.288, de 20 de julho de 2010.

Promover políticas interculturais, participativas e experimentais

Como mencionei, entre as vantagens que comporta o uso da epistemologia da visão está a flexibilidade concedida pela atitude hermenêutica de reconhecer o "outro como igual, sempre que a diferença lhe acarrete inferioridade, e como diferente, sempre que a igualdade lhe ponha em risco a identidade" (Santos, 2000: 228). O que isto quer dizer?

É possível aproveitar estas palavras para perceber como a dimensão migratória é um espaço social ideal para cometer equívocos na gestão dos sistemas de pertença, como pode ser o de inferiorizar o outro tratando-o como *igual,* ou tratá-lo como *diferente* colocando em risco a sua dignidade. Tenho em mente, nesta formulação, o caso dos *bairros vulneráveis* ou *críticos*. Trata-se dum exemplo revelador de como a boa-fé não é isenta de risco de equívocos, quando se trata de produzir políticas públicas de intervenção social em bairros habitados em boa medida por imigrantes: apesar do imponente volume de recursos investidos em obras concretas úteis à melhoria das condições de vida, tornar os migrantes iguais aos não migrantes, chamando-os *vulneráveis* ou *críticos*, e não *imigrantes,* acabou por negar simbolicamente a sua própria existência, a sua história, a sua identidade. Com isto não quero, sublinho, criticar as intervenções sociais nem afirmar que *imigrante* seja a palavra mais adequada para descrever os *moradores* dos bairros de habitação social. Quero apenas dizer que, se adentrarmos no sistema de pertenças hierarquizadas para definir políticas públicas migratórias, ficaremos paralisados, pois a exclusão dos "outros" (os subalternos potencialmente perigosos para a ordem racional colonial) da modernidade produziu efeitos tão graves que contribuiu para determinar o seu fracasso. Ter identificado um "outro", tê-lo explorado de um ponto de vista colonial e tê-lo aniquilado foi a demonstração da falência do projeto moderno. Assim, as sociedades modernas ocidentais passaram a viver de uma dupla contradição: entre aqueles princípios considerados universais (*liberdade, igualdade, fraternidade*), mas que ficaram implementados somente nas sociedades metropolitanas; e a transformação dos princípios de emancipação (que buscavam a igualdade e a inclusão social) em princípios de regulação (que mais simplesmente passaram a gerir os processos de desigualdade e de exclusão produzidos pela sociedade metropolitana).[374] Se a crise da modernidade é também a crise

---

[374] Como descreve detalhadamente Santos (2006: 260).

do seu modelo de transformação social, não é plausível adotar políticas modernas em relação à gestão da igualdade e da diferença.

O caminho a seguir é, portanto, "a reinvenção solidária e participativa do Estado",[375] que aqui foi identificada nos princípios que enformam o método *experimentação-com-os-migrantes*: não concentrar esforços em realizar serviços especiais *para* os imigrantes mas *com* os imigrantes, na altura de planear intervenções a estes especificamente destinadas. Em concreto, isto significa dizer que as políticas públicas precisam, para ser mais coesivas, do envolvimento dos seus beneficiários, quer na dimensão migratória, quer noutras. A intervenção intercultural é um método, e não apenas um conteúdo das ações; portanto, realizar ações interculturais com a participação dos imigrantes redunda na disponibilidade em experimentar com eles as soluções que articulam igualdade e identidade no reconhecimento das diferenças. Ao investir às políticas a sensibilidade intercultural, estas acabam por transformar-se gradativamente em políticas de *integrações interculturais*, de *representações interculturais*, de *desenvolvimentos locais interculturais*, etc.

Reconhecer os estatutos de minorias interculturais

No rasto do que afirmo acima, avanço a proposta concreta de adotar na Europa um conceito não-moderno de *minoria*, alargando-o à dimensão *intercultural*. Um Estado, ou a União Europeia, poderão reconhecer os imigrantes como *minorias interculturais*, como em alguns países, como Itália, são reconhecidas presenças historicamente consolidadas de minorias linguísticas.[376] Assim, algumas regiões italianas (Trentino Alto Adige, Friuli Venezia Giulia, Valle d'Aosta, Sicilia e Sardegna) recebem recursos financeiros extra para realizar políticas interculturais para as minorias linguísticas, o que redunda num reconhecimento da diversidade e da riqueza que o território apresenta, e confere um tratamento mais cuidado às pessoas que neles residem.

Em países como Portugal e Itália podemos considerar que a conspícua presença de imigrantes pode configurar-se como a presença de *minorias interculturais*, isto é caracterizadas por diferenças nem sempre linguísticas, mas étnicas, culturais, sociocomportamentais, etc. Assim, formas

---

[375] São também palavras de Santos (2006: 317-349)
[376] Artigo 116º da Constituição Italiana.

de autonomia legislativa a este respeito, ou recursos das linhas de financiamento comunitárias (por exemplo transferindo-os daqueles disponibilizados para as políticas de "integração"), podem ser concedidos para realizar planos e ações de proteção e valorização das especificidades interculturais presentes nos territórios onde residem os imigrantes: da dimensão cultural e artística ao micro-empreendedorismo, das parcerias locais às internacionais, do plano da preservação de experiências à realização de novas formas de cooperação, da mobilização contra a criminalidade que lucra com os imigrantes, à recolha de ideias originais para combater as ineficiências e os desperdícios na sociedade a todos os níveis, recolhendo contextualmente propostas de inovação social, económica, ambiental, etc. Alguns municípios poderão ainda ser certificados pelos conselhos/centros locais de imigração quando realizam atividades de grande inovação, podendo adquirir, por exemplo, o selo de *municípios interculturais*.

Esta proposta poder-se-ia realizar conjuntamente com uma outra, mais ligada à coesão regional: como vimos, graças à transição migratória, países como Portugal e Itália, destinados ao declínio demográfico, lograram não apenas manter a dimensão da sua população como também alcançar pequenos aumentos numéricos. Contudo, a presença de imigrantes concentra-se nas áreas mais produtivas dos territórios, deixando outras com índices negativos de natalidade. Sendo assim, ações previstas na dimensão das *minorias interculturais* poderão incentivar a presença de famílias de imigrantes nestes territórios, promovendo políticas integradas de planeamento territorial que incluam a realização de projetos produtivos locais, requalificação de áreas urbanas, investimento em formas de agricultura sustentável, economias inovadoras e/ou do cuidado às pessoas.

Traduzir a linguagem na dimensão migratória

Segurança, democracia e *bem-estar*, a par de *integração social, representação política* e *desenvolvimento local*, são expressões tão repetidas no debate público internacional que na língua inglesa passaram a ser definidas como *buzzwords*, palavras-zumbido.[377]

---

[377] Outras eventuais *buzzword* que pontuam a literatura científica em língua inglesa são, por exemplo: *assessment, participation, ontology, knowledge based, integrated resources*. Especificamente sobre a buzzword *participation*, Alejandro Leal dedicou algumas reflexões em 2007 (Leal, 2007).

Procurei aqui aprofundar algumas destas expressões, quando aplicadas à dimensão migratória. No entanto, migrantes ou não, muitas pessoas que entrevistei foram acriticamente favoráveis à ideia de *integrar* e *representar* os imigrantes e de tê-los como parte dos processos de *desenvolvimento*, ao mesmo tempo que concordaram com propostas para promover ações *interculturais, participativas* e *experimentais*. Como se pode deduzir, o problema não é considerar "integração" e interculturas conceitos alternativos, e assim por diante (de facto, podem sê-lo como também podem ser tornados híbridos ou realizados paralelamente); o problema, não apenas para a dimensão migratória, é traduzir as linguagens adotadas por técnicos e não técnicos, e limitar o uso de expressões violentas e discriminatórias.

Sobre o primeiro aspeto já discorri exaustivamente, mas quero acrescentar que, acerca do trabalho de tradução das linguagens técnicas, tive a oportunidade de acompanhar de perto uma investigação realizada por Allegretti sobre as "ações participativas" promovidas pela Câmara de Pádua (Allegretti e Mattiazzi, 2014: 120). Um dos aspetos mais relevantes assinalados pelas pessoas que foram entrevistadas prendeu-se com a necessidade de a autarquia procurar *linguagens comuns* com os habitantes, a fim de facilitar o diálogo social. Para o efeito, além do tradicional risco da ausência de comunicação efetiva, muitos indicaram a existência de um novo perigo representado pelo excesso de produção e disseminação de informações que tendem a confundir o público. Sendo assim, sobretudo nos casos em que se realizam ações públicas dotadas de sensibilidade intercultural, o cuidado deve ser redobrado na altura de concordar numa linguagem reconhecível por todo o tempo necessário; *concordar*, neste caso, significa que a adoção da linguagem compreensível não deve ser decidida exclusivamente pela autarquia em relação ao público, mas também na direção oposta, assumindo que o fluxo de informação deve ser bidirecional prevendo, por exemplo, a instalação de *antenas descentradas de escuta ativa* nas zonas onde se realizam as intervenções. Assim pode ser mais fácil envolver o público, mesmo as pessoas mais afastadas das instituições, na definição de medidas de inovação organizacional e apoio das ações de política pública que utilizem competências linguísticas e de mediação em processos participativos (idem: 96).

O outro lado da mesma moeda é a luta contextual e incondicional ao uso de expressões violentas que produzem sofrimento humano e que, como tal, deveriam ser excluídas do vocabulário de qualquer pessoas que não tencione gerá-lo: expressões como *terceiro mundo, países em desenvolvimento* ou *subdesenvolvidos, extracomunitário, clandestino*, etc. (cingindo-me às mais polidas, mas a lista poderia ser infinita), não só não devem ser usadas por quem não tiver como objetivo discriminar, agredir, estigmatizar e ofender o outro, como devem ser escrutinadas em ações formativas que aprofundem o conhecimento acerca da sua origem, do seu uso e dos seus significados. Para excluir a linguagem violenta (não apenas das autarquias mas também dos órgãos de imprensa e da rua), não devemos ofuscá-la mas traduzi-la, isto é, compreender o seu significado último, de maneira a que o seu uso passe a ser mais consciente e, assim, responsável.

As outras *buzzwords*, a começar por aquelas no centro de disputas eufémicas politicamente (in)corretas, como *imigrante-migrante-emigrante*, ou *pobre-vulnerável-desfavorecido*, etc., podem estar também no centro destas atenções, na medida em que a sua utilização pelos operadores deve ser alvo de todo o cuidado. Neste sentido, sublinho que não estamos diante de um problema apenas linguístico ou semântico, mas de sérios impactos sociais: pensemos na experiência de algumas autarquias que preferem realizar políticas sociais generalistas sem considerar as especificidades da população de imigrantes, ou de ascendência imigrante, presentes no seu território. Neste caso, corre-se o risco de a uniformização, conce003tual e prática, das ações destinadas a grupos de população que têm efetivamente problemas decorrentes da sua origem étnica ser geradora de equívocos, ainda que a sua adoção seja justificada por supostas razões antidiscriminatórias. Por exemplo, o equívoco configurar-se-á ao considerar genericamente responsáveis pelos conflitos presentes num bairro: a conjuntura económica (*crise, desemprego*), ao invés da baixa qualificação profissional dos imigrantes, justificada por muitos fatores, entre os quais o desenraizamento provocado pela história de mobilidade da pessoa; as difíceis relações interculturais (a *integração*), no lugar dos níveis de escolaridade dos núcleos familiares de origem, que são distintos entre imigrantes e não imigrantes; ou enfim, o território ser crítico (ou ser um *gueto*), quando sabemos que a mobilidade social já não é garantida pelo Estado-Providência, ao qual nem todos acedem da mesma forma. Quando as palavras equivocam a realidade, os conflitos agravam-se.

Finalmente, algumas expressões parecem um pouco obsoletas, além de eufémicas e difusas: *país de acolhimento* (ou de *receção*) e, em geral, a ideia de *acolhimento*; o conceito de *conhecer* (alguém disse, provocatoriamente, *cheirar-se*, outros, burocraticamente, *adaptar-se reciprocamente*) e, como foi repetido até à exaustão, *integrar-se*, são todas representações mentais que reforçam o *pensamento abissal*. Na medida em que exista a ideia de que há alguém que chega e alguém que acolhe, uns conhecidos e outros desconhecidos, e que, portanto, uns devem conhecer os outros e adequar-se a eles, ou ainda que aquele que não faz parte do grupo *deve* integrar-se, existirá também o *nós* e o *eles* o *concêntrico* e o *excêntrico*, o *normal* e o *estranho*, alguém que precisará de *ser normalizado* dentro de um esquema de *ordem social*. No entanto, se lembrarmos o afirmado há pouco sobre a autonomia dos processos migratórios enquanto variáveis independente é oportuno reconhecer estas palavras somente como tristes legados de um passado colonial, meros pretextos para esconder uma fundamental confusão mental de quem as utiliza para se pronunciar sobre fenómenos que, evidentemente, mal compreende ou não quer compreender. É preferível dizer as coisas como são: chamar os países pelos nomes que têm, imigrante quando o migrante chega, e emigrante quando sai. Da mesma forma, chamamos *morador* ou *moradora*, quem *mora* num bairro, e invocamos o bairro pelo nome que tem.

Traduzir o conceito de participação democrática
Na direção apontada acima, e sendo o conceito de *participação* uma das *buzzwords* mais difundidas (além de uma das palavras-chave do trabalho aqui realizado), vale a pena explicitar melhor o uso que aqui é feito e propor a sua tradução em aplicações concretas. Uma revisão sobre o conceito foi realizada no capítulo três. Do que aí referi quero relembrar o conceito de *participação na vida pública* proposto pelo Conselho da Europa (COE), que lança as bases para a presença dos imigrantes nas comunidades políticas das cidades europeias.

A partir disso, quero recuperar a ideia de *participação democrática*[378] para deixar definitivamente clara a minha proposta de estender o conceito de *participação dos imigrantes* (e, em geral, de todos os beneficiários de políticas públicas) a todos os âmbitos da esfera pública democrática, entendida como arena real e virtual de deliberação sobre o uso dos bens coletivos.

---

[378] Sobre este conceito, consultei alguns casos específicos relatados por Moyser e Parry (1997: 25-47), Jaeger (2007) e Wodak e Wright (2006).

A participação democrática dos imigrantes realiza-se agregando à gestão democrática tradicional (representativa) formas de democracia deliberativa e participativa a ser implementadas no plano intercultural, transnacional, plural (de representação de todas as minorias), de forma subsidiária e integrada entre dimensões multissetoriais e multiníveis. As vinte propostas concretas feitas para os quatro organismos estudados e todas as propostas avançadas nesta secção baseiam-se neste conceito de participação democrática.

A realização destas propostas pode alavancar ações de transformação social apenas quando vertidas em práticas transformadoras, capazes de criar novos programas políticos. Suponho ter identificado uma forma pela qual estas podem ser estimuladas, nomeadamente, graças à reprodução de três *mecanismos genéricos das relações sociais* (como os intitulava Guerra, 2006a: 86): as práticas de *Reconhecimento*, de *Ampliação* e de *Descolonização*.

Reconhecer (R), Ampliar (A), Descolonizar (D): uma proposta metodológica para a tradução dos mecanismos genéricos em práticas de transformação social[379]

Chegamos, finalmente, à última secção do último capítulo: não quero dececionar o leitor, mas devo ser honesto e afirmar que as propostas formuladas não encontrarão aceitação institucional enquanto as políticas regulatórias de *integração*, *representação* e *desenvolvimento-sem-os-migrantes* permanecerem dominantes, e as propostas emancipatórias da *intercultura*, da *participação* e da *experimentação-com-os-migrantes* não emergirem e consolidarem como *práticas de transformação social*. De facto, a *hegemonia regulatória moderna* foi observada nos casos estudados empiricamente. Nestes, o embate entre princípios produziu recombinações locais onde, por exemplo, formas de governação experimentais alargadas são contrariadas por princípios de desenvolvimento territorial que excluem os imigrantes; é o que acontece nas *arenas territoriais representativas* (RSL e IPA) onde os organismos, por um lado, consideram os imigrantes como interlocutores mas, por outro, não os empoderam como atores territoriais. Ou, no caso das *consultas territoriais representativas* (CMIC e CS), formas de governação experimental sob o perfil intercultural são dominadas por princípios representativos que marginalizam os imigrantes, obrigando-os ao exercício separado da cidadania política.

---

[379] Esta última parte utiliza livremente a *Escrita Criativa*.

Portanto, mesmo depois de formulado o conjunto de propostas não posso dar como terminado o meu trabalho. Pelo contrário, se considerarmos as evidências de que as políticas de "integração", representação e desenvolvimento-sem-os-migrantes estão maioritariamente a produzir efeitos opostos aos esperados, três tarefas urgentes se apresentam no horizonte imediato deste trabalho. Nomeadamente,

a. diante da exclusão social provocada pelas políticas de "integração", revalorizar o projeto de *sociedade intercultural*;
b. diante da segregação democrática gerada pelas políticas de representação, revalorizar o projeto de *sociedade participativa*;
c. diante da fragmentação territorial provocada pelas políticas de desenvolvimento-sem-os-migrantes, revalorizar o projeto de *sociedade em transformação com os imigrantes*.

Para explicar como revalorizar os três princípios de emancipação capazes de transformar o quadro hegemónico da abordagem migratória moderna, e assim concluir o meu trabalho, retomo em consideração os *"'mecanismos genéricos' de configurações específicas de relações sociais"* (Guerra, 2006a: 86). Como vimos, trata-se de elementos úteis para definir as situações e as lógicas de ação que se desenvolvem em resposta às situações hegemónicas observadas no trabalho de terreno. O uso dos *mecanismos genéricos* não é um sofisma académico, mas possui eficácia política, pois permite descobrir, como afirma Guerra, "o sentido social que está subjacente à descrição dos fenómenos através quer da rearticulação das variáveis, quer da ligação aos fenómenos estruturais conhecidos" (2006a: 83). A interpretação dos grupos focais, feita no final dos capítulos empíricos, fez perceber como estes mecanismos estruturaram as lógicas contra-hegemónicas de ação, que se desenvolveram em resposta às políticas hegemónicas realizadas. Em resumo, estes mecanismos descreveram *segmentos dinâmicos das relações sociais que expressam em conjunto uma lógica geral* própria daqueles contextos.

A minha hipótese, no entanto, é que, nesta fase de transição paradigmática, a identificação e a reprodução dos mecanismos genéricos que subjazem à implementação de *políticas emancipatórias* podem ser metodologicamente organizadas, com o objetivo de transformá-las em *práticas emancipatórias*, nos contextos onde se realizam. Tal significa que: se existem num território *lógicas emancipatórias*, mas estas não conseguem afirmar-se, suponho que identificar os mecanismos genéricos que as compõem e reconstruir o sentido social a estas subjacentes pode facilitar a sua implementação e reprodução. Por outras palavras, uma das razões da subalternidade dos princípios emancipatórios é muitas vezes a presença dos processos de recodificação que os desacredita, não permitindo a sua articulação num projeto dotado de sentido social. Assim, se as pessoas que se mobilizam em oposição a princípios regulatórios com propostas emancipatórias não conseguem reconstruir o sentido social do que fazem diante dos processos de recodificação, então, é importante dotarem-se de um instrumento que permita fazê-lo. Portanto, trata-se de construir um instrumento metodológico que permita *reproduzir o sentido social das lógicas emancipatórias* presentes no território, a partir da revelação e reprodução dos mecanismos genéricos. Por conseguinte, uma reprodução mais segura dos mecanismos pode favorecer a disseminação de lógicas e práticas de transformação social que, por sua vez, podem contribuir mais eficazmente para uma oposição às políticas de objetificação do outro, que geram sofrimento humano e conflito social, político e territorial.

Trata-se de mecanismos que carecem de experimentação nos territórios. Vejamos como *hipoteticamente* poderia funcionar tal instrumento, no nosso sistema de conflitos migratórios.

No caso da "integração", é hegemónico pensar que *temos que integrar os imigrantes* e que a *integração* é o futuro da sociedade, quando na realidade é o passado, porque ao invés de integrar acultura, isto é coloca em risco as identidades dos imigrantes, o que gera conflito social. O conflito social é o futuro real que nos traz a "integração". Se quisermos um futuro diferente, isto é, uma *sociedade Intercultural (I)*, podemos *investir na articulação de culturas diversas e iguais, o que gera coesão social*. Este objetivo poderá realizar-se, no plano do Direito, com base nos princípios constitucionais de *Reconhecimento da igualdade*[380] *(R)* e, no plano concreto das políticas públicas, com a adoção de medidas que possam

---

[380] Artigo 13º da Constituição Portuguesa e Artigo 3º da Constituição Italiana.

em cursivo
o 1º
mecanismo
genérico

<u>Reconhecer (R)</u>
Reconhecer as diferenças sociais e culturais, articulando igualdades e identidades, pode tornar a sociedade mais coesa e as pessoas socialmente emancipadas; uma sociedade coesa e pessoas emancipadas podem investir na Participação democrática (P) à vida pública[381]

Da mesma forma, no caso da "representação", é comum crer que temos que *representar os imigrantes,* e que a *representação* é o futuro da democracia, quando na realidade é o passado, porque ao invés de representar segrega, isto é obriga os imigrantes a uma cidadania isolada, o que gera conflito político. O conflito político é o futuro real que nos traz a "representação". Se quisermos um futuro diferente, que é uma *sociedade participativa*, podemos *investir na compartilha das ideias, o que gera coesão política*. Este objetivo poderá realizar-se, no plano do Direito, com base nos princípios constitucionais da *Ampliação da participação*[382] *(A)* e, no plano concreto das políticas públicas, através da adoção de medidas que procurem

---

[381] Em termos de procedimentos hermenêuticos, indico o uso da *sociologia das ausências* para recuperar arqueologicamente as políticas para a inclusão e a coesão social, a *sociologia das emergências* para valorizar o reconhecimento das diferenças, e *o trabalho de tradução* para articular igualdade e identidade, para obter o resultado emancipatório na implementação das políticas públicas.

[382] Artigo 2º da Constituição Portuguesa e Artigo 3º, segundo, da Constituição Italiana.

em cursivo
o 2º
mecanismo
genérico

<u>*Ampliar (A)*</u>
Ampliar as diversas formas de democracia,
partilhando-as entre conhecimentos diversos, pode tornar
o sistema político mais coeso e as pessoas politicamente emancipadas;
um sistema político coeso e pessoas emancipadas podem investir
na Experimentação-com-os-migrantes
(E) no território[383]

Finalmente, no caso do "desenvolvimento", as correntes *mainstream* asseguram (um tanto disfarçadamente) que temos que *desenvolver sem os imigrantes* por ser este o futuro do território, quando na realidade é o passado, porque ao invés de desenvolver fragmenta, isto é provoca desconfiança, temor e antipatia pelos imigrantes, o que gera conflitos locais. O conflito local é o futuro real que nos traz o "desenvolvimento-sem-os--migrantes". Se quisermos um futuro diferente, que é uma *sociedade em transformação com os imigrantes*, podemos *investir na confiança entre os habitantes, o que gera coesão territorial*. Este objetivo poderá realizar-se, no plano do Direito, com base nos princípios constitucionais da *descolonização*[384] e da *coesão*[385] *(D)* e, no plano concreto das políticas públicas, na adoção de medidas que obriguem a

---

[383] Em termos de procedimentos hermenêuticos, indico o uso da *sociologia das ausências* para recuperar arqueologicamente as políticas participativas, a *sociologia das emergências* para ampliar as possibilidades de participação na vida pública e o *trabalho de tradução* para partilhar a democracia e obter o resultado participativo na implementação das políticas públicas.
[384] Presentes no Preâmbulo e nos Artigos 7º e 96º da Constituição Portuguesa.
[385] Artigo 81º da Constituição Portuguesa e Artigo 119º da Constituição Italiana.

em cursivo
o 3º
mecanismo
genérico

<u>Descolonizar (D)</u>
Descolonizar o território, confiar nos seus habitantes, experimentar e transformar com os imigrantes pode torná-lo mais coeso, e as pessoas que nele vivem mais emancipadas; um território coeso e pessoas emancipadas podem investir na sociedade Intercultural (I)[386]

Em resumo, os três objetivos de políticas públicas, Reconhecer (R), Ampliar (A), Descolonizar (D), relacionam-se respetivamente com as emergências emancipatórias Participação (P), Experimentação (E) e Intercultura (I), de maneira a formar os mecanismos genéricos (---)[387] descritos acima, que esquematizo a seguir:

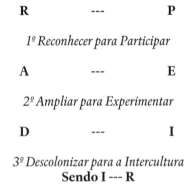

1º Reconhecer para Participar

2º Ampliar para Experimentar

3º Descolonizar para a Intercultura
Sendo I --- R

---

[386] Em termos de procedimentos hermenêuticos, indico o uso da *sociologias das ausências* para recuperar arqueologicamente as políticas para a coesão territorial, a *sociologia das emergências* para descolonizar, isto é, induzir as comunidades a confiar no/a imigrante como parceiro/a do projeto de desenvolvimento local, e o *trabalho de tradução* para promover comunidades locais coesas e tornar sustentável a experimentação de políticas de desenvolvimento local.

[387] Neste caso, a linha tracejada (---) conecta os mecanismos e será lida como preposição *para*, pois indica *através de...* e *em direção de...*.

Reconhecer para Participar é o primeiro mecanismo genérico que reconduz ao Reconhecimento das diferenças como premissa para a Participação democrática dos imigrantes.

Ampliar para Experimentar, o segundo, indica que os espaços de Experimentação, inovação e transformação social se realizam à medida a que se aprofunda o sistema democrático, tornando-o mais Amplo.

Descolonizar para a Intercultura é o terceiro mecanismo, o qual alerta para a impossibilidade de uma sociedade intercultural, enquanto não forem Descolonizadas as relações sociais.

Esta passagem conclui a primeira série mas, de facto, relança o *dinamismo social emancipatório* no sentido de se posicionar como premissa para a realização do conjunto. Neste sentido, a dinâmica é dada pela relação *Intercultura para Reconhecer* (I --- R). Assim, a dinâmica retoma o seu andamento. O funcionamento dos mecanismos genéricos é, portanto, dinâmica, e espelha pelo avesso o funcionamento do *Circuito da desordem nas migrações internacionais*, no sentido que se a sequência

$$R \text{ --- } P\,;\,A \text{ --- } E\,;\,D \text{ --- } I$$

pressupõe que

$$I \text{ --- } R$$

então deve ser considerada contínua portanto

$$...R \text{ --- } P\,;\,A \text{ --- } E\,;\,\underline{D \text{ --- } I \text{ --- } R \text{ --- } P}\,;\,A \text{ --- } E\,;\,D \text{ --- } I...$$

Nota-se que a parte central da sequência (sublinhada) permite reativar a dinâmica, tornando-a de facto contínua de maneira a gerar um fluxo ininterrupto de mecanismos de relações sociais que tendem a operar de forma livre na esfera pública, como ilustro graficamente abaixo:

$$...R \text{ --- } P \text{ --- } A \text{ --- } E \text{ --- } D \text{ --- } I \text{ --- } R \text{ --- } P \text{ --- } A \text{ --- } E \text{ --- } D \text{ --- } I...$$
$$...R \text{ --- } P \text{ --- } A \text{ --- } E \text{ --- } D \text{ --- } I \text{ --- } R \text{ --- } P \text{ --- } A \text{ --- } E \text{ --- } D \text{ --- } I...$$
$$...R \text{ --- } P \text{ --- } A \text{ --- } E \text{ --- } D \text{ --- } I \text{ --- } R \text{ --- } P \text{ --- } A \text{ --- } E \text{ --- } D \text{ --- } I...$$
$$...R \text{ --- } P \text{ --- } A \text{ --- } E \text{ --- } D \text{ --- } I \text{ --- } R \text{ --- } P \text{ --- } A \text{ --- } E \text{ --- } D \text{ --- } I...$$
$$...R \text{ --- } P \text{ --- } A \text{ --- } E \text{ --- } D \text{ --- } I \text{ --- } R \text{ --- } P \text{ --- } A \text{ --- } E \text{ --- } D \text{ --- } I...$$
$$...R \text{ --- } P \text{ --- } A \text{ --- } E \text{ --- } D \text{ --- } I \text{ --- } R \text{ --- } P \text{ --- } A \text{ --- } E \text{ --- } D \text{ --- } I...$$
$$...R \text{ --- } P \text{ --- } A \text{ --- } E \text{ --- } D \text{ --- } I \text{ --- } R \text{ --- } P \text{ --- } A \text{ --- } E \text{ --- } D \text{ --- } I...$$

Como se pode observar, o fluxo contínuo de mecanismos genéricos de relações sociais opera de forma livre e, por consequência, produz um sentido social dinâmico e adaptável, de facto, entre todos os objetivos de políticas públicas e todas as emergências emancipatórias. A ilustração criativa acima demonstra como a versatilidade dos mecanismos genéricos é notável, porquanto são elementos que se recombinam nos contextos territoriais de forma diversificada, pois operam contemporaneamente no plano transnacional.

Para o efeito, como se pode facilmente perceber, trata-se do mesmo mecanismo pelo qual se reiteram *ad infinitum* os modelos de políticas públicas no *Circuito da desordem nas migrações internacionais.* Contudo, se este gera exclusão social, segregação política e fragmentação territorial, na minha hipótese *a reiteração dos mecanismos genéricos* acima *tende a gerar* o oposto, isto é, *coesão social, política e territorial, utilizando práticas de transformação social emancipatórias e solidárias* que são expressas autonomamente nos diversos contextos territoriais. Por conseguinte, o funcionamento contínuo dos mecanismos genéricos no espaço transnacional das migrações configura-se como ciclicidade alternativa àquela que reproduz as políticas hegemónicas; sendo assim, passo a designá-lo como *Esfera da emancipação e da solidariedade nas migrações internacionais,* que reproduzo abaixo.

FIGURA 7: Esfera da emancipação e da solidariedade nas migrações internacionais

Fonte: Elaboração do autor em parceria com Piero Bagnariol.

Naturalmente, esta é uma hipótese metodológica que pode ser livremente interpretada quanto aos tipos de mecanismos que procura engendrar. No entanto, permanece como contributo heurístico e maiêutico do presente trabalho, enquanto as propostas concretas formuladas acima se caracterizam por uma aplicabilidade exequível.

É indubitável que, independentemente da minha contribuição, as emergências de práticas transformadoras inspiradas em paradigmas emancipatórios já estão a realizar-se em todos os níveis, nos territórios percorridos. Contudo, diante das turbulências, tragédias e conflitos que atravessam as sociedades europeias, e que geram sofrimento humano, degradação económica, política, cultural e ética, estas práticas não são apanágio de nenhuma parte política, ou da população migrante. O empenho para eliminar estas violências e obter coesão social, política e territorial num quadro de aprofundamento das democracias, das emancipações e das solidariedades, como o que foi aqui realizado, não deve ir a favor deste ou daquele partido, movimento ou cultura política, mas a favor da solução dos conflitos, tão urgente nesta fase de transição paradigmática.

BIBLIOGRAFIA

ALLEGRETTI, Giovanni; BANDEIRINHA, José A.; MONIZ, Gonçalo C. (2010) "Debate social e construção do território" *Revista Crítica de Ciências Sociais*. 91, 5-8.

ALLEGRETTI, Giovanni; MATTIAZZI, Giulio (2014) *La Partecipazione Oltre il Quartiere*. Padova: CSV Centro di Servizio per il Volontariato della Provincia di Padova.

ALLEGRETTI, Giovanni; ZOBEL, Clemens (2010) "Spazi di partecipazione politica per immigrati: un'opportunità sottostimata nel Portogallo post-coloniale" *in* Deriu, Marco; Testa, Italo (eds.) *Democrazie immaginate*. Milano: Franco Angeli, 66-82.

ALMEIDA, Miguel V. de (2000) *Um mar da cor da terra: raça, cultura e política da identidade*. Oeiras: Celta, 184-161.

ALMOND, Gabriel A. (2005) *Cultura civica e sviluppo politico*. Bologna: Il Mulino.

AMARO, Rogério R. (2003) "Desenvolvimento – um conceito ultrapassado ou em renovação? Da teoria à prática e da prática à teoria" *Cadernos de Estudos Africanos*. 4, 35-70.

AMBROSINI, Maurizio (2013) "'We are against a multi-ethnic society': policies of exclusion at the urban level in Italy" *Ethnic and Racial Studies*. Vol. 36, nº 1, 136-155.

ARAÚJO, Marta (2006) "The colour that dares not speak its name: schooling and the myth of Portuguese anti-racism" *in International conference Equality and Social Inclusion in the 21st Century: Developing Alternatives*. Belfast, Northern Ireland 1-3 de fevereiro de 2005.

ARAÚJO, Marta; MAESO, Silvia R. (2010) "Explorando o eurocentrismo nos manuais portugueses de História" *Estudos de Sociologia*. Vol. 15, nº 28.

ARNALDI, Girolamo (2004) *L'Italia e i suoi invasori*. Roma Bari: Laterza.

ASGI, Fieri (2005) "La partecipazione politica degli stranieri a livello locale". Rapporto commissionato dall'Assessorato alla Solidarietà sociale, Politiche giovanili e Programmazione sanitaria della Provincia di Torino, Torino.

AVRITZER, Leonardo (2009) *Participatory Institutions in Democratiz Brazil*. Baltimore: Johns Hopkins University Press.

BABBIE, Earl R. (1990) *Survey research methods*. Belmont, Calif.: Wadsworth Pub. Co.

BACCETTI, Carlo; MESSINA, Patrizia (2009) *L'eredità. Le subculture politiche della Toscana e del Veneto*. Grugliasco: Liviana.

BAGANHA, Maria I. (2005) "Política de imigração: a regulação dos fluxos" *Revista Crítica de Ciências Sociais*. 73, 29-44.

BAGANHA, Maria I.; MARQUES, José C.; GÓIS, Pedro (2009) "Imigrantes em Portugal: uma síntese histórica" *Ler História*. 56, 123-133.

BALBO, Laura; MANCONI, Luigi (1993) *Razzismi, un vocabolario*. Milano: Feltrinelli.

BALIBAR, Ethienne; WALLERSTEIN, Immanuel (1990) *Razza nazione classe. Le identità ambigue*. Roma: Edizioni associate.

BARTH, Fredrik (1995) "Les groupes ethniques et leurs frontières" *in* Poutignat, Philippe; Streiff-Fenart, Jocelyne (eds.) *Teorias da Etnicidade*. São Paulo: UNESP, 185-227.

BASCH, Linda; GLICK SCHILLER, Nina; BLANC-SZANTON, Cristina (1994) *Nations Unbound: Transnational Projects, Postcolonial Predicaments and Deterritorialized Nation-states*. Amsterdam: Gordon and Breach.

BASSETTI, Pietro (2001) *Globali e locali*. Lugano: Casagrande.

BASSO, Pietro; PEROCCO, Fabio (2003) *Gli immigrati in Europa. Diseguaglianze, razzismo, lotte*. Milano: Franco Angeli.

BASTOS, José G. P.; BASTOS, Susana T. P. (1999) *Portugal multicultural: situação e estratégias identitárias das minorias étnicas*. Lisboa: Fim-de-Século.

BAUBÖCK, Rainer (1994) *Transnational Citizenship*. Aldershot: Edward Elgar.

BAUBÖCK, Rainer (2003) "Towards a Political Theory of Migrant Transnationalism" *International Migration Review*. Vol. 37, nº 3, 700-723.

BECATTINI, Giacomo (1987) *Mercato e forze locali: il distretto industriale*. Bologna: Il Mulino.

BECATTINI, Giacomo (1989) "Riflessioni sul distretto industriale marshalliano come concetto socioeconomico" *Stato e mercato*. Vol. 1, nº 25, 112-128.

BECATTINI, Giacomo; ANTONELLI, Cristiano (1991) *Politiche di sviluppo locale nuove imprese, innovazione e servizi alla produzione per uno sviluppo endogeno*. Milano: Franco Angeli.

BEVILACQUA, Piero; DE CLEMENTI, Andreina; FRANZINA, Emilio (2001) *Storia dell'emigrazione italiana*. Roma: Donzelli.

BOBBIO, Norberto (1999) *Teoria generale della politica*. Torino: Einaudi.

BOHMAN, James; REHG, William (eds.) (1997) *Deliberative Democracy. Essays on Reasons and Politics*. Cambridge (M.A.): MIT Press.

BOLDRINI, Laura (2010) *Tutti indietro. Storie di uomini e donne in fuga, e di come l'Italia li accoglie, tra paura e solidarietà*. Milano: Rizzoli.

BOLZMAN, Claudio (2011) "The Transnational Political Practices of Chilean Migrants in Switzerland" *International Migration*. Vol. 49, nº 3, 144-167.

BURAWOY, Michael (1998) "The Extended Case Method" *Sociological Theory*. Vol. 16, nº 1, 4-33.

CAFFIO, Fabio (2013) "Operazione Mare Nostrum" *Rivista MARITTIMA*. Vol. Novembre, Anno CXLVI, 11-20.

CALAPRICE, Alice (2005) "The new quotable Einstein" in *The new quotable Einstein/ collected and edited by Alice Calaprice; with a foreword by Freeman Dyson*. Princeton, NJ: Princeton University Press, Vol. 1.

CANCELA, João C. G. (2012) *Associativismo e participação política: o caso português (2006-2009)*. Tese de Mestrado em Ciência Política e Relações Internacionais. Universidade Nova de Lisboa. http://hdl.handle.net/10362/7371 [março de 2012].

CANDIA, Giuliana; CARCHEDI, Francesco (2012) *Risorse di cittadinanza*. Roma: Sviluppolocale Edizioni.

CAPINHA, Graça (1997) "Tecendo e distorcendo o colonialismo da linguagem: um pequeno e quotidiano exercício de poética" *Revista Crítica de Ciências Sociais*. Vol. 47, 65-73.

CAPONIO, Tiziana (2006) "Quale partecipazione politica degli stranieri in Italia? Il caso delle consulte elettive dei comuni dell'Emilia Romagna" *in* Società Italiana di Studi Elettorali. *IX Convegno internazionale. La cittadinanza elettorale*. Firenze, Italia 14-15 dicembre 2006.

CAPONIO, Tiziana (2006) *Citta italiane e immigrazione*. Bologna: Il Mulino.

CARVALHAIS, Isabel M. E. (2004) *Os desafios da cidadania pos-nacional*. Porto: Afrontamento.

CARVALHAIS, Isabel M. E.; COHEN, Robin (2007) *Postnational citizenship and the state: political integration of non-national residents in Portugal*. Lisboa: Celta.

CECCHINI, Marco (2011) *La politica dell'immigrazione nell'Unione dei Comuni del Camposampierese e nel Circondario dell'Empolese Valdelsa*. Tesi di laurea in Scienze Politiche. Università degli Studi di Firenze.

CENTRO DI RICERCA INTERUNIVERSITARIO PER LE AREE DI PICCOLA IMPRESA (2007) "Innovazione, distretti industriali e filiere globali: il caso veneto" *Quaderni CRIAPI 1* http://polisdoc.cab.unipd.it/politiche-per-i-distretti-produttivi/rassegna/criapi/quaderno%20criapi%202007.pdf [1 de agosto 2012].

CESAREO, Vincenzo; BLANGIARDO, Gian C. (2009) *Indici di integrazione un'indagine empirica sulla realtà migratoria italiana*. Milano: Franco Angeli.

CET/ISCTE (2008) *Contributos para o Plano Estratégico de Habitação 2008/2013 – Documento Políticas de Habitação*. Lisboa: Câmara Municipal de Lisboa.

CHAKRABARTY, Dipesh (2004) *Provincializzare l'Europa*. Roma: Meltemi.

CIPOLLA, Costantino (2003) *Il ciclo metodologico della ricerca sociale*. Milano: Franco Angeli.

CIRULLI, Adriano; CONVERSI, Daniele (2010) "Movimenti e conflitti etnoterritoriali" *Partecipazione e Conflitto*. Vol. 2, 5-14.

COHEN, Joshua (1997) *"Deliberation and Democratic Legitimacy"* in James Bohman; Rehg, William (eds.) *Deliberative Democracy. Essays on Reasons and Politics.* Cambridge: MIT Press.

COLOMBO, Asher; CAPONIO, Tiziana (2005) *Migrazioni globali, integrazioni locali.* Bologna: Il Mulino.

CONSIGLIO NAZIONALE DELL'ECONOMIA E DEL LAVORO (2012) *Indici di integrazione degli immigrati in Italia. Attrattività e potenziale di integrazione dei territori italiani (VIII Rapporto).* Roma: CNEL.

COTTA, Maurizio; BEST, Heinrich (eds.) (2007) *Democratic Representation In Europe Diversity, Change and Convergence.* Oxford: OUP.

CROZIER, Michel; FRIEDBERG, Erhard (1978) *Attore sociale e sistema. Sociologia dell'azione organizzata.* Milano: Etas libri.

D'AGOSTINI, Marco (2011) *Analisi economica e demografica del territorio dell'IPA del Camposampierese.* Tesi di laurea in Statistica e Gestione delle Imprese. Università degli Studi di Padova.

DAL LAGO, Alessandro (ed.) (1996) *Dentro/fuori. Scenari dell'esclusione. "aut aut" Special Issue.* Firenze: La Nuova Italia.

DALLA ZUANNA, Gianpiero; CRISAFULLI, Carmelo (2001) *"C'è un rialzo di fecondità negli ultimi anni del XX secolo?" in* Gruppo nazionale di ricerca sulla bassa fecondità *Seminario di presentazione di risultati intermedi. Workshop "La bassa fecondità in Italia tra costrizioni economiche e cambio di valori".* Firenze, Italia 8-9 novembre 2001.

DEVOTO, Fernando J.; ROSOLI, Gianfausto (1988) *L'Italia nella societa argentina.* Roma: Centro Studi Emigrazione.

DIAS, Nelson; ALLEGRETTI, Giovanni (2009) *"Orçamentos participativos em Portugal: em busca de uma democracia de maior proximidade ou de uma racionalidade funcional?" Cidades-Comunidades e Territórios.* Vol. 18, 59-78.

DINGWERTH, Klaus (2007) *The new transnationalism: transnational governance and democratic legitimacy.* Basingstoke: Palgrave Macmillan.

ELIAS, Norbert; SCOTSON, John L. (2000) *Os estabelecidos e os outsiders: sociologia das relações de poder a partir de uma pequena comunidade.* Rio de Janeiro: Jorge Zahar.

ESCRIVÁ CHORDÁ, María Á.; BERMÚDEZ, Anastasia; MORAES, Natalia (2009) *Migración y participación política,* Madrid: Consejo Superior de Investigaciones Científicas.

FANON, Frantz (1967) *Black skin, white mask.* New York: Grove Press.

FANON, Frantz; SARTRE, Jean-Paul; CHALIAND, Gérard (1961) *Les damnés de la terre.* Paris: F. Maspero.

FAUSTO, Boris (1994) *História do Brasil*. São Paulo: Edusp.
FAZITO, Dimitri (2010) "Análise de redes sociais e migração: dois aspectos fundamentais do 'retorno'" *Revista Brasileira de Ciências Sociais*. Vol. 25, nº 72, 89--176.
FERRERO, Marco; PEROCCO, Fabio (eds.) (2011) *Razzismo al lavoro. Il sistema della discriminazione sul lavoro, la cornice giuridica e gli strumenti di tutela*. Milano: Franco Angeli.
FONSECA, Maria L. (2005) "Migrações e Território" *Estudos para o Planeamento Regional e Urbano*, nº 64.
FONSECA, Maria L. (2008) *Imigração, diversidade e novas paisagens étnicas e culturais*. Lisboa: Alto Comissariado para a Imigração eo Diálogo Intercultural (ACIDI, IP) e Centro de Estudos dos Povos e Culturas de Expressão Portuguesa (CEPCEP).
FONSECA, Teresa M. F. (2010) *"Essa Marca Que Eu Tenho Na Língua." O Papel Da Escrita Criativa Na Reinserção Social: Um Estudo De Caso*. Dissertação de Mestrado em Estudos Anglo-Americanos, Universidade de Coimbra. http://hdl.handle.net/10316/14810
FRANZINA, Emilio (1976) *La grande emigrazione e l'esodo dei rurali dal Veneto durante il secolo XIX*. Venezia: Marsilio.
FREIRE, Paulo (1967) *Educação como prática da liberdade*. Rio de Janeiro: Paz e Terra.
FRISINA, Annalisa (2010) *Focus group. Una guida pratica*. Bologna: Il Mulino.
GANDY, Matthew (2005) "Cyborg urbanization: complexity and monstrosity in the contemporary city" *International Journal of Urban and Regional Research*. Vol. 29, nº 1, 26-49.
GEERTZ, Clifford (1973) *The interpretation of cultures*. New York: Basic Books.
GEERTZ, Clifford (1999) *Mondo globale, mondi locali*. Bologna: Il Mulino.
GERHARDS, J. (2001) "Missing a European Public Sphere" *in* Kohli, Martin; Novak, Mojca (eds.) *Will Europe work? Integration, Employment and the Social Order*. London: Routledge.
GILROY, Paul (1993) *The Black Atlantic. Modernity and Double Consciousness*. Harvard: Harvard University Press.
GLICK SCHILLER, Nina; POVRZANOVIC FRYKMAN, Maja (2008) *Beyond Methodological Ethnicity: Local and Transnational Pathways of Immigrant Incorporation*. Malmö: Malmö University Press.
GOLINI, Antonio; AMATO, Flavia. (2001) "Uno sguardo a un secolo e mezzo di emigrazione italiana" *in* Bevilacqua, Piero; De Clementi, Andreina; Franzina, Emilio (eds.) *Storia dell'emigrazione italiana. Partenze*. Roma: Donzelli.

Gomes, Joaquim Benedito Barbosa (2001) *Ação afirmativa e princípio constitucional da igualdade: o Direito como instrumento de transformação social. A experiência dos EUA.* Rio de Janeiro: Renovar.

Guarnizo, Luis Eduardo; Portes, Alejandro; Haller, William (2003) "Assimilation and Transnationalism: Determinants of Transnational Political Action among Contemporary Migrants" *American Journal of Sociology.* Vol. 108, nº 6, 1211-1248.

Guerra, Isabel C. (2006a) *Pesquisa qualitativa e análise de conteúdo: sentidos e formas de uso.* Cascais: Princípia.

Guerra, Isabel C. (2006b) *Participação e Acção Colectiva: interesses, conflitos e consensos.* Cascais: Princípia.

Guha, Ranajit; Spivak, Gayatri C.; Said, Edward W.; Mezzadra, Sandro (2002) *Subaltern studies, modernita e post-colonialismo.* Verona: Ombre Corte.

Hespanha, Pedro (2002) "Mal-estar e risco social num mundo globalizado: novos problemas e novos desafios para a teoria social" *in* Santos, Boaventura de S. (ed.) *Globalização: fatalidade ou utopia?* Porto: Afrontamento, 163-196.

Hespanha, Pedro (2008) *Dicionário internacional da outra economia.* Coimbra: Almedina.

Hobbes, Thomas (2002) *Leviatano.* Roma: Editori Riuniti.

Horta, Ana Paula B. (2010) *Revista Migrações – Número temático associativismo imigrante.* Vol. 6.

Hoskins, Linus A. (1992) "Eurocentrism vs. Afrocentrism: A Geopolitical Linkage Analysis" *Journal of Black Studies.* Vol. 23, nº 2, Special Issue: The Image of Africa in German Society, 247-257.

Howe, Susan (1993) *The Nonconformist's Memorial.* New York: New Directions.

Huddleston, Thomas (2011) *Migrant Integration Policy Index.* Belgium: British Council and Migration Policy Group.

Huddleston, Thomas (2011a) *Migrant Integration Policy Index (Italia).* Belgium: British Council and Migration Policy Group.

Huddleston, Thomas (2011b) *Migrant Integration Policy Index (Portugal).* Belgium: British Council and Migration Policy Group.

Huntington, Samuel (1997) *Choque de civilizações e a reconstrução da ordem mundial.* Rio de Janeiro: Objetiva.

INPS, Ministero del Lavoro e delle Politiche Sociali, ISTAT (2013) *Rapporto sulla Coesione Sociale – Anno 2013.* Roma: Ministero del Lavoro e delle Politiche Sociali.

Instituto Nacional de Estatística (2012) *XV Recenseamento geral da população. V Recenseamento geral da habitação.* Lisboa: Instituto Nacional de Estatística.

INTERNATIONAL ORGANIZATION FOR MIGRATION (2009) *World Migration 2008: Managing Labour Mobility in the Evolving Global Economy*. Geneva: IOM.
INTERNATIONAL ORGANIZATION FOR MIGRATION (2010) *World Migration Report 2010. The future of migration: building capacities for change*. Geneva: IOM.
ISMU, Fondazione (2013) *Diciottesimo Rapporto sulle migrazioni 2012*. Milano: Franco Angeli.
ITZIGSOHN, José (2000) "Immigration and the Boundaries of Citizenship: The Institutions of Immigrants' Political Transnationalism" *International Migration Review*. Vol. 34, nº 4, 1126-1154.
ITZIGSOHN, José; VILLACRÉS, Daniela (2008) "Migrant political transnationalism and the practice of democracy: Dominican external voting rights and Salvadoran home town associations" *Ethnic and Racial Studies*. Vol. 31, nº 4, 664-686.
JAEGER, Paul T. (2007) "Information policy, information access, and democratic participation: The national and international implications of the Bush administration's information politics" *Government Information Quarterly*. Vol. 24, nº 4, 840-859.
JORI, Francesco; DIAMANTI, Ilvo (2009) *Dalla Łiga alla Lega storia, movimenti, protagonisti*. Venezia: Marsilio.
KENNEDY, Paul; ROUDOMETOF, Victor (2002) *Communities across Borders: New Immigrants and Transnational Cultures*. London: Routledge.
KIRK, Dudley (1996) "Demographic transition theory" *Population Studies*. Vol. 50, nº 3, 361-387.
KOLAROVA, Marina; PEIXOTO, João (2009) *Sindicatos e Imigração em Portugal*. Lisboa: Alto Comissariado para a Imigração e o Diálogo Intercultural.
KYMLICKA, Will (2003) "New Forms of Citizenship" *in* Thomas Courchesne; Savoie, Donald (eds.) *The Art of the State: Governance in a World Without Frontiers*. Montreal: Institute for Research in Public Policy.
LABORATÓRIO NACIONAL DE ENGENHARIA CIVIL – NÚCLEO DE ECOLOGIA SOCIAL (2011) *"Mistura social": uma referência europeia partilhada? A contribuição portuguesa*. Lisboa: LNEC.
LAFLEUR, Jean-Michel (2011) "The Transnational Political Participation of Latin American and Caribbean Migrants Residing in Europe" *International Migration*. Vol. 49, nº 3, 1-9.
LAFLEUR, Jean-Michel; CHELIUS, Leticia C. (2011) "Assessing Emigrant Participation in Home Country Elections: The Case of Mexico's 2006 Presidential Election" *International Migration*. Vol. 49, nº 3, 99-124.
LANZA, Alessandro (2002) *Lo sviluppo sostenibile*. Bologna: Il Mulino.

Leal, Pablo A. (2007) "Participation: the ascendancy of a buzzword in the neo-liberal era" *Development in Practice*. Vol. 17, nº 4-5, 539-548.

Lechner, Elsa (2010) *Histórias de vida: olhares interdisciplinares*. Porto: Afrontamento.

Legros, Olivier (2012) "Conflitti urbani ed empowerment dei migranti e dei poveri urbani: i rom jugoslavi di Tours e gli abitanti dei quartieri non regolamentari di Dakar e Tunisi" *Partecipazione e Conflitto*. Vol. 3, 47-69.

Lie, John (1995) "From International Migration to Transnational Diaspora" *Contemporary Sociology*. Vol. 24, nº 4, 303-306.

Longhi, Vittorio (2012) *La rivolta dei migranti*. Palermo: Duepunti Edizioni.

Mahler, Margaret S.; Pine, Fred; Bergman, Anni (1978) *La nascita psicologica del bambino*. Torino: Boringhieri.

Malapeira, David M.; Ferrer, Alba V. (eds) (2010) *Sufragio y participacion politica de los extranjeros extracomunitarios en Europa*. Barcelona: Fundiaciò Carles Pi i Sunyer d'estudis autonòmics i locals.

Malheiros, Jorge da S. M. (2013) *Diagnóstico da situação da população imigrante em Portugal: desafios e potencialidades*. Lisboa: Alto Comissariado para a Imigração e o Diálogo Intercultural.

Malheiros, Jorge da S. M.; Fonseca, Lucinda (2011) *Acesso à habitação e problemas residenciais dos imigrantes em Portugal*. Lisboa: Alto Comissariado para a Imigração e o Diálogo Intercultural (ACIDI, IP).

Malheiros, Jorge da S. M.; Silva, Sandra B.; Schiltz, Aline; Vala, Francisco (2007) *Espaços e expressões de conflito e tensão entre autóctones, minorias migrantes e não migrantes na área metropolitana de Lisboa*. Lisboa: Alto Comissariado para a Imigração e o Diálogo Intercultural.

Mantovan, Claudia (2007) *Immigrazione e cittadinanza. Auto-organizzazione e partecipazione dei migranti in Italia*. Milano: Franco Angeli.

Marques, Margarida M. (ed) (2010) *Estado-Nação e Migrações Internacionais*. Lisboa: Livros Horizonte.

Martiniello, Marco; Lafleur, Jean M. (2009) *The transnational political participation of immigrants*. London; New York: Routledge.

Marx Ferree, Myra; Gamson, William A.; Gerhards, Jürgen; Rucht, Dieter (eds.) (2002) *Shaping abortion discourse: democracy and the public sphere in Germany and the United States*. Cambridge: Cambridge University Press.

Marx, Karl; Engels, Friedrich (1996) *Manifesto del Partito comunista*. Roma: Editori Riuniti.

Mattiazzi, Giulio (2009) *Migrazioni, influenze politiche e ibridazione culturale fra Europa e America Latina (18-21. sec.)*. Torino: L'Harmattan Italia.

Mattiazzi, Giulio (2011a) "Cidadania, migração e agentes políticos no séc. XXI" *Confluenze, Rivista di Studi Iberoamericani*. Vol. 3, nº 1, 43-61.

Mattiazzi, Giulio (2011b) "Participação política, abstencionismo, democracia: onde está o problema?" *Perspectivas*. Vol. 6, 131-154.

Mattiazzi, Giulio (2011c) "Cidadania e migração: da 'integração nacional' à 'participação local'" *Tempo e Argumento*. Vol. 3, nº 2, 122-140.

Mattiazzi, Giulio (2014) *A participação dos/das migrantes nas políticas públicas para o desenvolvimento local. Os casos de Lisboa e Pádua*. Tese de Doutoramento em Democracia no Séc. XXI. Universidade de Coimbra. http://hdl.handle.net/10316/25257 [23 de junho de 2014].

Mény, Yves; Thoenig, Jean-Claude (1989) *Politiques publiques*. Paris: PUF.

Messina, Patrizia (2001) *Regolazione politica dello sviluppo locale. Veneto ed Emilia Romagna a confronto*. Torino: UTET libreria.

Messina, Patrizia (2003) *Sistemi locali e spazio europeo*. Roma: Carocci.

Messina, Patrizia (2005) *Una policy regionale per lo sviluppo locale. Il caso della L.r. 8/2003 per i distretti produttivi del Veneto*. Padova: Cleup.

Messina, Patrizia (2006) "Culture politiche locali e comparazione per contesti: un approccio ecologico all'analisi dei sistemi politici locali" *in* Grasseni, Cristina (ed.) *Antropologia ed epistemologia per lo studio della contemporaneità*. Rimini: Quaderni del CE.R.CO, 2, 77-96.

Messina, Patrizia (2008) *Reti di impresa e reti di città. Scenari evolutivi sostenibili per il nord est*. Padova: CLEUP.

Messina, Patrizia (2009) *Innovazione e sostenibilità. Modelli locali di sviluppo al bivio*. Padova: CLEUP.

Messina, Patrizia (2012) *Modi di regolazione dello sviluppo locale una comparazione per contesti di Veneto ed Emilia Romagna*. Padova: Padova University Press.

Mezzadra, Sandro (2004) *I confini della libertà. Per un'analisi politica delle migrazioni contemporanee*. Roma: Derive Approdi.

Ministero dell'Interno (2011) *"Quarto rapporto sull'attività dei Consigli Territoriali per l'Immigrazione nel 2009"* Roma [http://www.interno.gov.it/mininterno/export/sites/default/it/assets/files/21/0164_quarto_rapporto_Cons_Terr_Immig.pdf.]

Mongardini, Carlo (ed.) (1976), *Il conflitto della cultura moderna*. Roma: Bulzoni.

Montesperelli, Paolo (1998) *L'intervista ermeneutica*. Milano: Franco Angeli.

Mossello, Maria T. (2008) *Politica dell'ambiente: analisi, azioni, progetti*. Bologna: Il Mulino.

Moyser, George; Parry, Geraint (1997) "Voluntary associations and democratic participation in Britain" *in* Van Deth, Jan (ed.) *Private Groups and Public Life: Social*

Participation, Voluntary Associations and Political Involvement in Representative Democracies, London: Routledge, 25-47.

MUNICIPIO DA AMADORA – DIVISÃO DE INFORMAÇÃO GEOGRÁFICA (2013) *Sistema de Indicadores de Desenvolvimento Territorial (SIDT) do Município da Amadora*. Amadora: CMA.

ONG, Aihwa (1999) *Flexible Citizenship: The Cultural Logics of Transnationality*. Durham: Duke University Press.

OSSERVATORIO REGIONALE SULL'IMMIGRAZIONE (2011) *Immigrazione straniera in Veneto rapporto 2011*. Venezia-Mestre: Regione Veneto.

OSSERVATORIO REGIONALE SULL'IMMIGRAZIONE (2013) *Immigrazione straniera in Veneto rapporto 2013*. Venezia-Mestre: Regione Veneto.

ØSTERGAARD-NIELSEN, Eva K. (2003) "The Politics of Migrants' Transnational Political Practices" *International Migration Review*. Vol. 37, nº 3, 760-786.

ØSTERGAARD-NIELSEN, Eva K. (2009) "La politica através de las fronteras: reflexiones sobre la dimension transnacional de la participacion politica de los migrantes" *in* Escrivá Chordá, María Á.; Bermudez, Anastasia; Moraes, Natalia (eds.) *Migracion y Participacion Política*. Madrid: Consejo Superior de Investigaciones Científicas, 17-41.

PACE, Vincenzo (2004) *L' Islam in Europa: modelli di integrazione*. Roma: Carocci.

PACE, Vincenzo (2007) "Policy Dialogue among Cultures and Religions in the City" *in* Bekemans et al. (eds.) *Intercultural Dialogue and New European Citizenship. A contribution to the European Year of Intercultural Dialogue 2008*. Venezia: Marsilio, 555-569.

PADILLA, Beatriz; ORTIZ, Alejandra (2012) "Fluxos migratórios em Portugal: do boom migratório à desaceleração no contexto de crise. Balanços e desafios" *Revista Interdisciplinar da Mobilidade Humana*. Vol. 20, nº 39, 159-184.

PADILLA, Beatriz; XAVIER, Maria (2009) "Migrações entre Portugal e América Latina", *Revista Migrações-Número Temático*. Vol 5.

PAPADEMETRIOU, Demetrios G. (ed.) (2008) *A Europa e os seus imigrantes no século XXI*. Lisboa: Fundação Luso-Americana.

PARK, Robert E. (1950) *Race and culture*. New York: Free Press.

PEIXOTO, João (ed.) (2011) *Imigrantes e segurança social em Portugal*. Lisboa: Observatório da Imigração.

PEIXE DIAS, Bruno; DIAS, Nuno (eds.) (2011) *Imigração e Racismo em Portugal*. Lisboa: Colecção de bolso Le Monde Diplomatique – 3.

PEREIRA, Sónia (2008) "Trabalhadores imigrantes de origem africana: precariedade laboral e estratégias de mobilidade geográfica" *Revista Migrações-Número Temático*. Vol. 2, 47-94.

PEYREFITTE, Alain (1996) *La sociedad de confianza*, Barcelona: Andrés Bello.
PICHON-RIVIÈRE, Enrique (1983) *O Processo Grupal*. São Paulo: Martins Fontes.
POLCHI, Vladimiro (2010) *20 marzo, ore 00.01 Blacks Out. Un giorno senza immigrati*. Roma: GLF Editori Laterza.
PORTER, Michael E. (1990) *The competitive advantage of nations*. London Basingstoke: MacMillan.
PORTES, Alejandro (2003) "Conclusion: Theoretical Convergencies and Empirical Evidence in the Study of Immigrant Transnationalism" *International Migration Review*. Vol. 37, nº 3, 874-892.
PUREZA, José M. (2001) "Para um internacionalismo pós-vestefaliano" *in* Santos, Boaventura de S. (ed.) *Globalização: fatalidade ou utopia?* Porto: Afrontamento, 233-254.
QUINTANEIRO, Tania; OLIVEIRA, Marcia G. M. (2002) *Labirintos simétricos: introdução à teoria sociológica de Talcott Parsons*. Belo Horizonte: Editora UFMG.
REGIONE VENETO (2012) *Rapporto Statistico 2012*. Venezia: Regione Veneto.
REGIONE VENETO (2013) *Rapporto Statistico 2013*. Venezia: Regione Veneto.
REIS, José; TOLDA, João; PEREIRA, Tiago S.; SERRA, Nuno (2010) *Imigrantes em Portugal: economia, sociedade, pessoas e territórios*. Coimbra: Almedina.
ROGERS, Peter P.; JALAL, Kazi F.; BOYD, John A. (2008) *An introduction to sustainable development*. London: Earthscan/James & James.
ROUSSEAU, Jean J. (1965) *Il contratto sociale o Principi di diritto politico*. Milano: Mursia.
ROVISCO, Maria L. (2001) "Panorama histórico da emigração portuguesa" *Janus*. Vol. 2001, 138-139.
RUIVO, Fernando (2010a) *O poder local português e a participação formal dos imigrantes*, Oficina do CES, 349, Coimbra: CES.
RUIVO, Fernando (2010b) *Acesso formal dos imigrantes aos espaços políticos: eleitos e eleitores nos municípios e juntas de freguesia portuguesas*. Coimbra: Almedina.
RUIVO, Fernando; GOMES, Catarina A.; FRANCISCO, Daniel (2011) *O poder local português e a construção europeia. O estado labiríntico revisitado*. Coimbra: Almedina.
RULLANI, Enzo; ANASTASIA, Bruno; CORÒ, Giancarlo (1998) *Percorsi locali di internazionalizzazione competenze ed auto-organizzazione nei distretti industriali del Nord-Est*. Milano: F. Angeli.
SABORIO, Sebastian (2011) *Analisi della partecipazione dei migranti all'associazionismo in un'ottica di empowerment*. Tesi di Laurea Magistrale in Sociologia. Università degli Studi di Padova [19 luglio 2011].
SAID, Edward (1997) *Beginnings: Intention and method*. London: Granta Books.

SAID, Edward (2000) *The Art of Displacement: Mona Hatoum's Logic of Irreconcilables (Art catalogue)*. London: Tate Gallery.
SAID, Edward (2003) *Orientalism: Western Representations of the Orient [1978]*. London: Penguin.
SANTOS, Boaventura de S. (1994) *Pela mão de Alice*. Porto: Afrontamento.
SANTOS, Boaventura de S. (2000) *A crítica da razão indolente*. Porto: Afrontamento.
SANTOS, Boaventura de S. (ed.) (2001) *Globalização: fatalidade ou utopia?* Porto: Afrontamento.
SANTOS, Boaventura de S. (2001) "Os processos da globalização" *in* Santos, Boaventura de S. (ed.) *Globalização: fatalidade ou utopia?* Porto: Afrontamento, 31-106.
SANTOS, Boaventura de S. (2006) *A gramática do tempo*. Porto: Afrontamento.
SANTOS, Boaventura de S. (2007), "Para além do Pensamento Abissal: das linhas globais a uma ecologia de saberes" *Revista Crítica de Ciências Sociais*. 78, 3-46.
SANTOS, Boaventura de S. (2008) "A filosofia à venda, a douta ignorância e a aposta de Pascal" *Revista Crítica de Ciências Sociais*. 80, 11-43.
SANTOS, Boaventura de S. "Os limites da ordem". http://jornal.publico.pt/noticia/14-08-2011/os-limites-da-ordem-22677458.htm [19 de setembro de 2011].
SANTOS, Boaventura de S.; AVRITZER, Leonardo (eds.) (2002) *Democratizar a democracia. Os caminhos da democracia participativa*. Porto: Afrontamento.
SANTOS, Boaventura de S.; AVRITZER, Leonardo (2002) "Introdução: para ampliar o cânone democrático" *in* Santos, Boaventura de S.; Avritzer, Leonardo (eds.) *Democratizar a Democracia: os caminhos da democracia participativa*. Porto: Afrontamentos, 35-69.
SANTOS, Boaventura de S.; MENESES, Maria Paula G.; NUNES, João A. (2004a) "Introdução: para ampliar o cânone da ciência. A diversidade epistemológica do mundo" *in* Santos, Boaventura de S. (ed.) *Semear outras soluções: Os caminhos da biodiversidade e dos conhecimentos rivais*. Porto: Afrontamento, 19-101.
SANTOS, Boaventura de S.; MENESES, Maria P. G.; NUNES, João A. (2004b) *Semear outras soluções. Os caminhos da biodiversidade e dos conhecimentos rivais*. Porto: Afrontamento.
SANTOS, Maria I. R. de S.; BEBIANO, Adriana (2004) *Poesia do mundo 4: Antologia bilingue*. Coimbra: Palimage.
SARDINHA, J. (2006) "Os movimentos associativos de imigrantes em Portugal e a forma como estes podem contribuir na definição e implementação de políticas de imigração" *in* Associação dos Imigrantes nos Açores *I Fórum Nacional das Estruturas Representativas dos Imigrantes*. Ponta Delgada, Portugal 7-8 abril de 2006,
SAYAD, Abdelmalek (1999) *La double absence*. Paris: Editions du Seuil.

SAYAD, Abdelmalek (2002) *La doppia assenza. Dalle illusioni dell'emigrato alle sofferenze dell'immigrato.* Milano: R. Cortina.

SCHIAVO, Lidia L. (2009) "Immigrazione, cittadinanza, partecipazione: le nuove domande di inclusione nello spazio pubblico. Processi di auto-organizzazione e partecipazione degli immigrati" *Quaderni di Intercultura.* Vol. 1.

SCHMIDT, Donatella; PALUTAN, Giovanna (2010) *Il noi politico del Nord Est. Emigranti locali e Victor Turner.* Milano: Franco Angeli.

SCHUMPETER, Joseph A. (1984) *Capitalismo, socialismo, democrazia.* Milano: Etas libri.

SEF/DEPARTAMENTO DE PLANEAMENTO E FORMAÇÃO (Núcleo de Planeamento) (2012) *Relatório de Imigração, Fronteiras e Asilo,* Oeiras: SEF.

SERRÃO, Joel (1970) "Conspecto histórico da emigração portuguesa" *Análise Social.* Vol. 8, nº 32, 597-617.

SEVERINO, Eliana; CURADO, Patrícia (2005) "Uma abordagem municipal sobre o fenómeno da Religião" *Revista Lusófona de Ciência das Religiões.* Vol. 7-8, 121-125.

SMITH, Adam (1976) *La ricchezza delle nazioni.* Roma: Newton Compton.

SORI, Ercole (1979) *L'emigrazione italiana dall'Unità alla seconda guerra mondiale.* Bologna: Il Mulino.

SOS RACISMO (2002) *A imigração em Portugal.* Lisboa: SOS Racismo.

SOYSAL, Yasemin N. (1994) *Limits of Citizenship. Migrants and Postnational Membership in Europe.* Chicago: University of Chicago Press.

STELLA, Gian A. (1996) *Schei. Dal boom alla rivolta: il mitico Nordest.* Milano: Dalai Editore.

TABBONI, Simonetta (1990) *Vicinanza e lontananza. Modelli e figure dello straniero come categoria sociologica.* Milano: Franco Angeli.

TAVARES, António F.; RODRIGUES, Miguel (2012) *Os Instrumentos de Participação Política e Administrativa a Nível Local: Uma Análise Empírica das Escolhas dos Municípios Portugueses.* Braga: Departamento de Relações Internacionais e Administração Pública, Núcleo de Estudos em Administração e Políticas Públicas, Escola de Economia e Gestão, Universidade do Minho.

TODOROV, Tzvetan; CROVETTO, Pier L. (1992) *La conquista dell'America. Il problema dell'altro.* Torino: Einaudi.

TOLDA, João (2001) "Globalização e espaços locais: economia do conhecimento e da inovação" *in* José Reis; Baganha, Maria I. (eds.) *A economia em curso: contextos e mobilidades.* Porto: Afrontamento, 87-110.

TRIGILIA, Carlo (1986) *Grandi partiti e piccole imprese. Comunisti e democristiani nelle regioni a economia diffusa.* Bologna: Il Mulino.

TULLIO-ALTAN, Carlo (1995) *Ethnos e civiltà.* Milano: Feltrinelli.

TULLIO-ALTAN, Carlo (1999) *Gli italiani in Europa: profilo storico comparato delle identità nazionali europee*. Bologna: Il Mulino.

VITALE, Tommaso (ed.) (2012) "Conflitti urbani nei percorsi di cittadinanza degli immigrati" *Partecipazione e Conflitto*. Vol. 3.

VON GIERKE, Otto (1987) *Political Theories of the Middle Age*. Boston: Beacon Press.

WARNING, Michael J. (2009) *Transnational public governance: networks, law and legitimacy*. Basingstoke: Palgrave Macmillan.

WEBER, Max (1991) "Relações comunitárias e étnicas" *in* Weber, Max *Economia e Sociedade: fundamentos da sociologia compreensiva*. Brasília: Editora da UNB.

WEBER, Max (1991) *L' etica protestante e lo spirito del capitalismo*. Milano: Rizzoli.

WESSLER, Hartmut; PETERS, Bernhard; BRÜGGEMANN, Michael; KLEINEN-VON KÖNIGSLÖW, Katharina; SIFFT, Stefanie (2008) *Transnationalization of public spheres*. Basingstoke: Palgrave Macmillan.

WIEVIORKA, Michel (2001) *La differenza culturale. Una prospettiva sociologica*. Roma-Bari: Laterza.

WIMMER, Andreas; GLICK SCHILLER, Nina (2002) "Methodological nationalism and beyond: nation-state building, migration and the social sciences" *Global Networks*. Vol. 2, nº 4, 301-334.

WIMMER, Andreas; SCHILLER, Nina G. (2003) "Methodological Nationalism, the Social Sciences, and the Study of Migration: An Essay in Historical Epistemology" *International Migration Review*. Vol. 37, nº 3, 576-610.

WODAK, Ruth; WRIGHT, Scott (2006) "The European Union in cyberspace: multilingual democratic participation in a virtual public sphere?" *Journal of Language and Politics*. Vol. 5, nº 2, 251-275.

WOLF, Eric R. (2010) *Europe and the People without History*. Los Angeles: University of California Press.

YOUNG, Iris M. (1989) *Polity and Group Difference: A Critique of the Ideal of Universal Citizenship* Ethics. Vol. 99, 250-274.

ZANIER, Maria L. (2002) "Identità politica e immagine dell'immigrazione straniera: una ricerca tra gli elettori ei militanti di An e Ds a Bologna" *Quaderni del Dipartimento di Sociologia e Ricerca Sociale*. Vol. 28.

ZANIN, Valter; MATTIAZZI, Giulio (eds.) (2011a) *Migrazione, lavoro, impresa tra America Latina ed Europa*. Torino: L'Harmattan Italia.

ZANIN, Valter; MATTIAZZI, Giulio (2011b) "Fonti orali nel contesto di una ricerca sociologica su lavoratori/trici latino-americani tra Veneto e America Latina: alcuni aspetti metodologici" *in* Vangelista, Chiara (ed.) *AREIA. Le nuove migrazioni tra America Latina e Europa*. Roma: CISU, 85-101.

Zanin, Valter; Wu, Bin (2009) *Profili e dinamiche della migrazione cinese in Italia e nel Veneto*. Padova: Report del Dipartimento di Sociologia, Università degli Studi di Padova.

Zara, Stefano (2007) *Governance europea: esperienza dell'Unione dei Comuni del Camposampierese*. Tesi di Laurea Corso di Laurea in Relazioni Internazionali e Diritti Umani. Università degli Studi di Padova.

Zincone, Giovanna (2010) *Immigrazione e cittadinanza*. Modena: Fondazione Ermanno Gorrieri per gli studi sociali.

Zobel, Clemens (2005) "Decentralisation, espaces participatifs et l'idée de l'indigénisation de l'État africain: le cas des communes maliennes" *Africa Development*. Vol. 29, nº 2.

Zobel, Clemens; Barbosa, Carlos E. (2011) "O acesso dos imigrantes ao voto e aos cargos eleitorais nas autarquias portuguesas" *Revista Migrações*. Vol. 8, 57-76.

LISTA DE SIGLAS E ACRÓNIMOS

ACIDI	Alto Comissariado para a Imigração e o Diálogo Intercultural
ACIME	Alto Comissariado para a Imigração e as Minorias Étnicas
ACLI	Associazioni Cristiane Lavoratori Italiani
ACM	Alto Comissariado para as Migrações
AEDI	Ano Europeu do Diálogo Intercultural
AML	Área Metropolitana de Lisboa
AMLN	Área Metropolitana de Lisboa, Margem Norte
ANCI	Associazione Nazionale Comuni Italiani
APCP	Associação Portuguesa de Ciência Política
ASL	Azienda Sanitaria Locale
AUDAX	Programa "Entrepreneurship & Innovation" do ISCTE
BEST	Benessere Equo Sostenibile Territoriale
CCS	Consiglio delle Comunità Straniere
CDS	Partido do Centro Democrático Social – C.D.S.
CEG/IGOT/UL	Centro de Estudos Geográficos do Instituto de Geografia e Ordenamento do Território da Universidade de Lisboa
CESE	Comité Económico e Social Europeu
CGIL	Confederazione Generale Italiana del Lavoro
CIA	Confederazione Italiana Agricoltori
CIES	Centro de Investigação e Estudos de Sociologia, Instituto Universitário de Lisboa
CISI	Centro informazione e servizi per immigrati – Comune di Padova
CISL	Confederazione Italiana Sindacato Lavoratori
CLAI	Centro Local de Apoio ao Imigrante
CLAS	Conselho Local de Ação Social
CLDS	Contrato Local de Desenvolvimento Social
CLIP	Rede Europeia de Cidades para Políticas Locais de Integração de Imigrantes
CMA	Câmara Municipal da Amadora
CMIME	Conselho Municipal para os Imigrantes e as Minorias Étnicas
CMIPD	Conselho Municipal para a Inclusão da Pessoa com Deficiência

CML	Câmara Municipal de Lisboa
CNA	Confederazione Nazionale Artigianato
CNAI	Centros Nacionais de Apoio ao Imigrante
CNEL	Consiglio Nazionale dell'Economia e del Lavoro
COCAI	Conselho Consultivo para os Assuntos da Imigração
COE	Conselho da Europa
CPCJ	Comissão de Proteção de Crianças e Jovens
CPT	Centros de Permanência Temporária
CS	Commissione per la rappresentanza delle cittadine e dei cittadini stranieri residenti nel Comune di Padova (Commissione Stranieri)
CSF	Comissões Sociais de Freguesia
CTE	Centro Territorial de Emprego
CTI	Consigli Territoriali per l'Immigrazione
DGAI	Direção-Geral Da Administração Interna
DIC	Divisão de Intervenção Cultural da Câmara Municipal da Amadora
DIE	Divisão de Intervenção Educativa da Câmara Municipal da Amadora
DIS	Divisão de Intervenção Social, Câmara Municipal da Amadora
DPA	Documento Programmatico d'Area
DS	Diagnóstico Social
DSA	Diagnóstico Social da Amadora
ECCAR	European Coalition of Cities Against Racism
ECRI	European Commission against Racism and Intolerance
FMINT	Fórum Municipal da Interculturalidade
FOCSI	Federazione delle Organizzazioni e delle Comunità Straniere in Italia
FSRL	Fórum da Rede Social de Lisboa
GAE	Gabinete de Apoio ao Emprego, Câmara Municipal da Amadora
GAH	Gabinete de Apoio à Habitação, Câmara Municipal da Amadora
GAMI	Grupo de Apoio à Mulher Imigrante
GARSE	Gabinete de Assuntos Religiosos e Sociais Específicos
GAS	Gabinete de Apoio Social, Câmara Municipal da Amadora

GFMD	Fórum Global sobre Migração e Desenvolvimento
ICS-UL	Instituto de Ciências Sociais, Universidade de Lisboa
IDH	Índice de Desenvolvimento Humano
IGHAPE	Instituto de Gestão e Alienação do Património Habitacional do Estado
IHC-FCSH/UNL	Instituto de História Contemporânea, Faculdade de Ciências Sociais e Humanas, Universidade Nova de Lisboa
IHRU	Instituto de Habitação e Reabilitação Urbana
INE	Instituo Nacional de Estatística
INH	Instituto Nacional para a Habitação
INPS	Istituto Nazionale della Previdenza Sociale
IPA	Intesa Programmatica d'Area
IPSS	Instituições Particulares de Solidariedade Social
ISCSP-UTL	Instituto Superior de Ciências Sociais e Políticas, Universidade Técnica de Lisboa
ISCTE	Instituto Superior de Ciências do Trabalho e da Empresa
ISEG	Instituto Superior de Economia e Gestão
ISMU	Fundação Iniziative e Studi sulla Multietnicità
ISS	Instituto de Segurança Social
ISTAT	Istituto Italiano di Statistica
JF	Junta de Freguesia
JRS	Serviço Jesuíta aos Refugiados
MIPEX	Migrant Integration Policy Index
MOVI	Movimento del Volontariato Italiano
NE	Núcleo Executivo (do Conselho Local de Ação Social)
OCDE	Organização para a Cooperação e Desenvolvimento Económico
ONG	Organização não Governamental
ONU	Organização das Nações Unidas
OP	Orçamento Participativo
PALOP	Países Africanos de Língua Oficial Portuguesa
PARES	Programa de Alargamento da Rede de Equipamentos Sociais
PAT	Piano di Assetto Territoriale
PBC	Princípios Básicos Comuns
PCP	Partido Comunista Português
PDL	Il Popolo della Libertà

PDM	Plano Diretor Municipal
PDS	Plano de Desenvolvimento Social
PER	Programa Especial de Realojamento
PEV	Política Europeia de Vizinhança
PIB	Produto Interno Bruto
PIMP	Projeto de Intervenção a Médio Prazo
PNUD	Programa das Nações Unidas para o Desenvolvimento
POPH	Programa Operacional Potencial Humano
PROGRIDE	Programa para a Inclusão e Desenvolvimento
PS	Partido Socialista
PSD	Partido Social Democrata
QREN	Quadro de Referência Estratégico Nacional
RAAML	Regulamento de Atribuição de Apoios pelo Município de Lisboa
RSI	Rendimento Social de Inserção
RSL	Rede Social Local
SAAI	Sistema de Atendimento e Acompanhamento Integrado da Câmara Municipal da Amadora
SAAL	Serviço de Apoio Ambulatório Local
SEF	Serviço de Estrangeiros e Fronteiras
SEFSTAT	Portal de Estatística do SEF
SEL	Sinistra Ecologia e Libertà
SIDT	Sistema de Indicadores de Desenvolvimento Territorial
ST	Secretariado Técnico
SUAP	Sportello Unico Attività Produttive
TC	Tavolo di Concertazione
TFUE	Tratado sobre o Funcionamento da União Europeia
TUEL	Testo Unico delle leggi sull'ordinamento degli Enti Locali
UE	União Europeia
UIL	Unione Italiana del Lavoro
ULSS	Unità Locale Socio-Sanitaria
UPA	Unione Provinciale Artigiani
UPAI	Unità di Progetto Accoglienza e Immigrazione do Comune de Pádua
UPI	Unione delle Province Italiane

APÊNDICE
RESUMO DAS ENTREVISTAS REALIZADAS

TABELA 1. Entrevistas de recognição e exploratórias realizadas em Portugal

nr.	Entrevistado/a	Profissão	Local da entrevista	data
1 e 2	Clemens Zobel e Elias Barbosa	Docente universitário e Investigador	Coimbra	01/03/2012
3	Marluci Menezes	Antropóloga – LNEC	Lisboa	03/03/2012
4	Maria Lucinda Fonseca	Geógrafa – CEG-IGOT	Lisboa	06/03/2012
5	Jorge Malheiros	Geógrafo – CEG-IGOT	Lisboa	08/03/2012
6	Juliana Torquato	Investigadora CES-UC	Lisboa	02/03/2012
7	Rogério Roque Amaro	Professor ISCTE-IUL	Lisboa	05/07/2012
8	Vanessa Sousa	Investigadora ISCTE-IUL	Lisboa	04/07/2012
9	Jorge Cancela	Associação para a valorização da Alta de Lisboa	Lisboa	09/07/2012
10	Isabel Guerra	Professora ISCTE-IUL	Lisboa	22/10/2012
11	Renato Varriale	Embaixador da Itália em Portugal	Lisboa	22/10/2012
12	Camila Pombeiro	Estudante de doutoramento	Lisboa	15/01/2013

TABELA 2. Entrevistas de recognição e exploratórias realizadas em Itália

nr.	Entrevistado/a	Profissão	Local da entrevista	data
1	Antonella Ferrandino	Responsável "Unità di Progetto Accoglienza e Immigrazione" UPAI – Comune di Padova	Pádua	16/02/2012
2 e 3	Mariagrazia D'Acquino e Eliana Scoizzato	ASL 16 de Pádua	Pádua	24/1 e 02/02/12
4	Gabriella Brugnera	Ass. Granello di Senape (Carcere Due Palazzi – Pádua)	Mogliano Veneto	24/02/2012
5	Paola Degani	Docente universitário	Pádua	18/01/2012
6	Ornella Favero	Ass. Granello di Senape (Carcere Due Palazzi – Pádua)	Pádua	17/04/2012
7	Marco Calì	Capo della Squadra Mobile – Questura di Padova	Pádua	11/04/2012
8	Andrea Bergamo	Ufficio Scolastico Provinciale de Pádua	Pádua	28/02/2012
9	Giovanni Allegretti	Investigador – CES-UC	Pádua	21/09/2012
10	Selena Grimaldi	Investigadora Universidade de Pádua	Pádua	02/10/2012
11	Patrizia Messina	Docente Universidade de Pádua	Pádua	26/02/2013
12	Nicoletta Parise	Analista de políticas públicas	Pádua	08/03/2013

TABELA 3. Entrevistas em profundidade realizadas para o estudo do Conselho Municipal para a Interculturalidade e a Cidadania de Lisboa (CMIC)

nr.	Ator/Atriz (Migrante/Nacional)	Local da entrevista	Data
1	Investigador Centro de Estudos Sociais – UC (M)	Lisboa	15/06/2012
2	Assessor da Vereadora Helena Roseta (N)	Lisboa	23/10/2012
3	Membro da Associação de Solidariedade Imigrante (N)	Lisboa	06/12/2012
4	Membro da Associação SOS Racismo (N)	Lisboa	06/12/2012
5	Membro da Associação SOS Racismo (M)	Lisboa	07/12/2012
6	Membro da Associação Caboverdeana de Lisboa (M)	Lisboa	18/01/2013
8	2 Membros da Casa do Brasil em Lisboa (M/M)	Lisboa	19/01/2013
9	Membro do Serviço Jesuita de Refugiados – JRS Portugal (N)	Lisboa	21/01/2013
10	Secretariado técnico do CMIC (N)	Lisboa	15/04/2013
11	Membro da Comunidade Islâmica de Lisboa (M)	Lisboa	16/04/2013
12 e 13	2 Diretoras da Câmara Municipal de Lisboa (Gabinete Bip/Zip) (N/N)	Lisboa	24/04/2013

TABELA 4. Entrevistas em profundidade realizadas para o estudo da Rede Social Local da Amadora (RSL)

nr.	Ator/Atriz (Migrante/Nacional)	Local da entrevista	Data
1	Técnica Dep.to Intervenção Social – CMA (N)	Amadora	16/10/2012
2	Técnica Dep.to Intervenção Social – CMA (N)	Amadora	11/01/2013
3	Setor do ISS – Lisboa-Amadora (N)	Amadora	11/01/2013
4	Militante do Coletivo pelo Direito à Habitação – Amadora (N)	Lisboa	18/01/2013
5	Membro da Associação Espaço Jovem – S. Filomena – Amadora (M)	Amadora	22/01/2013
6	Membro da Comissão de moradores do Bairro Santa Filomena – Amadora (M)	Amadora	22/01/2013
7	Membro da Associação Unidos de Cabo Verde – Amadora (N)	Amadora	23/01/2013
8	Membro da Associação Unidos de Cabo Verde – Amadora (M)	Amadora	23/01/2013
9	Membro da Associação Unidos de Cabo Verde – Amadora (M)	Amadora	23/01/2013
10 e 11	2 Técnicas Dep.to Intervenção Social – CMA (N)	Amadora	24/01/2013
12	Chefe de Setor da Santa Casa da Misericórdia – Amadora (N)	Amadora	24/01/2013
13	Representante da Associação dos Amigos da Encosta Nascente S. Filomena – Amadora (M)	Amadora	24/01/2013
14	Membro da Associação Caboverdeana de Lisboa (M)	Lisboa	18/01/2013

Tabela 5. Entrevistas em profundidade realizadas para o estudo da Commissione Stranieri de Pádua (CS)

nr.	Ator/Atriz (Migrante/Nacional)	Local da entrevista	Data
1	Dirigente – Comune di Pádua (N)	Pádua	06/04/2012
2	Dirigente – Comune di Pádua (N)	Pádua	20/02/2013
3	Investigador Universidade de Pádua – Ex membro do CS (M)	Pádua	24/01/2012
4	Deputado Municipal de Pádua (M)	Pádua	21/08/2012
5	Membro CS – Europa Leste (M)	Pádua	13/11/2012
6	Membro CS – Europa Leste (M)	Pádua	08/03/2013
7	Membro CS – Asia (M)	Pádua	10/12/2012
8	Membro CS – Asia (M)	Pádua	11/12/2012
9	Membro CS – Europa Leste (M)	Pádua	18/12/2012
10	Membro CS – África Subsaariana (M)	Pádua	18/12/2012
11	Representante da Associazione Immigrati Extracomunitari de Pádua (M)	Pádua	15/03/2013
12	Representante da Pastorale dei Migranti di Pádua (M)	Pádua	15/03/2013
13	Estudante de origem ganense (M/N)	Pádua	28/03/2013

TABELA 6. Entrevistas em profundidade realizadas para o estudo da Intesa Programmatica d'Area del Camposampierese (IPA)

nr.	Ator/Atriz (Migrante/Nacional)	Local da entrevista	Data
1	Docente universitária – Universitá di Padova (N)	Pádua	01/10/2012
2	Dirigente da IPA (N)	Camposampiero	20/09/2011
3	Técnica da IPA (N)	Camposampiero	09/02/2012
5	Dirigente da ASL 15 *Alta Paduana* e Dirigente de Cooperativa G.E.A. – Padova (N/N)	Cittadella	12/03/2013
6	Representante da Associação Japoo Senegalesi – Camposampiero (M)	Camposampiero	28/02/2013
7	Representante da Associação Tam Tam Sene – Trebaseleghe (M)	Trebaseleghe	01/03/2013
8	Representante da Associação de Cultura Islâmica – Borgoricco (M)	Villanova di Camposampiero	15/02/2013
9	Dirigente da Cooperativa Nuovo Villaggio – Padova (N)	Pádua	25/02/2013
10	Sindicalista da CGIL – Padova (N)	Cittadella	12/03/2013
11	Dirigente de Instituto de Educação – Camposampiero (N)	Camposampiero	15/03/2013
12	Político – Villanova di Camposampiero (N)	Mestre	01/03/2013
13	Sindicalista da CGIL – Padova (N)	Pádua	28/02/2013

TABELA 7. Outras entrevistas em profundidade realizadas para uma pesquisa sobre as "ações participativas" promovidas pela Câmara de Pádua (Allegretti e Mattiazzi, 2014)

nr.	Ator/Atriz (Migrante/Nacional)	Local da entrevista	Data
1	Funcionário da Autarquia Comune di Padova	Pádua	11/12/2012
2	Funcionário da Autarquia Comune di Padova	Pádua	18/12/2012
3	Funcionário da Autarquia Comune di Padova	Pádua	21/12/2012
4	Político Comune di Padova	Pádua	20/02/2013
5	Sindicalista Padova	Pádua	20/02/2013
6	Membro de uma ONG Padova	Pádua	25/02/2013
7	Especialista de temas participativos Padova	Pádua	28/02/2013
8	Especialista de temas participativos Padova	Pádua	28/02/2013
9-10	Políticos Consiglio di Quartiere di Padova	Pádua	08/03/2013
11	Membro de uma ONG Padova	Pádua	15/03/2013
12	Funcionário da Autarquia Comune di Padova	Pádua	19/03/2013
13-14	Políticos Consiglio di Quartiere di Padova	Pádua	26/03/2013
15	Arquiteto/Urban Planner Padova	Pádua	17/04/2013
16-17	Sócios de um Centro Sociale di Quartiere Padova	Pádua	14/05/2013
18	Especialista de temas participativos Padova	Pádua	05/06/2013

POSFÁCIO
Enzo Pace

As sociedades europeias, de Norte a Sul, vivem uma transição profunda que vem de longe, mas cuja aceleração recente se deve a dois eventos próximos, ainda que de de sinal oposto. Dois eventos que podem ser considerados como agitadores de águas na história moderna: a queda do Muro de Berlim em 1989, que tinha levantado tantas esperanças, e o ataque às Torres Gêmeas de Nova Iorque em Setembro de 2001, que nos precipitou de volta para o túnel da guerra, da qual ainda não saímos. A história, desde então, não foi mais a mesma.

A transição, em primeiro lugar, reflete-se em diferentes dimensões da vida social. Muda a estrutura demográfica, cultural e religiosa de quase todas as sociedades que fazem parte da União Europeia. Cresce o número de quem é cidadão com diversa nacionalidade de origem; e, mesmo quando essas pessoas nascem numa das sociedades europeias, conservam traços culturais que indicam uma pluralidade de pertenças. A identidade social dos novos cidadãos europeus parece cada vez mais composta de tantos hífens que unem vários segmentos das biografias individuais: ser anglo-paquistanês-de-fé muçulmana ou-italiano-panjabi-de-fé-Sikh significa, tanto para quem expressa a complexidade dos vínculos, quanto para aqueles que sentem originários (autóctone) de uma determinada nação, que o estatuto da cidadania não é mais definido de forma unívoca como fora no passado.

Ademais, a transição é também o resultado de um processo de relativa longa duração, que começou com a construção do Muro de Berlim em 1961: as sucessivas ondas de imigração que toda a Europa viveu, embora em momentos diferentes, de Estado para Estado, por razões económicas e políticas diversas, ajudaram a mudar o panorama sociocultural e socio-religioso da União. Quase todas as sociedades são caracterizadas pela diferenciação cultural, linguística e religiosa que até agora não foi plenamente reconhecida e não encontrou tradução numa política de igualdade na diversidade. Ao contrário, com a chegada da crise financeira de 2008, que logo se tornou crise económica e social, a diversidade apareceu como intolerável para uma parte crescente da opinião pública europeia, ou ainda perigosa, para a identidade coletiva e a ordem social.

A Europa, sob esse ponto de vista, parece à beira de um colapso nervoso: muitos líderes políticos se afobam para explicar a falência do multiculturalismo como projeto de integração, ao mesmo tempo que crescem os votos nos partidos que prometem colocar na vanguarda das suas agendas políticas a contenção da imigração; o estigma negativo sobre o Islão, considerado incompatível com os nossos valores; a introdução de critérios escalares para distribuir benefícios do welfare (antes nós, eles depois). O medo de perder benefícios da segurança social alimenta numa parte dos europeus a crença de que os males da crise económica devem ser atribuídos a quem, vindo de longe e não compartilhando a história nacional deste ou daquele povo, subtrai trabalho, recursos, lugares nas creches e na habitação social aos que se sentem autóctones. Com esta convicção, estes podem afirmar que o imigrante, o estrangeiro (além do mais, o que possui uma cultura e uma religião, como o Islão, que aparece ameaçadora e assustadora) e ainda o refugiado, muitas vezes todos colocados ao mesmo nível, são concorrentes desleais, negando-lhes o gozo dos direitos humanos fundamentais – mesmo quando são residentes de longo prazo, trabalham, pagam impostos, contribuem para a previdência social e asseguram um pouco de renovação demográfica, dada a tendência de queda na taxa de fecundidade na Europa.

É neste contexto que se enquadra a investigação de Giulio Mattiazzi. O interesse do que ele escreve no livro é duplo. Em primeiro lugar, a comparação de dois estudos de caso – um em Portugal e um em Itália – demonstra como é verídico o facto de que as políticas de acolhimento e sucesso social dos imigrantes na Europa até agora não tiveram um "vestido sob medida" que possa ser usado por todos: fora da metáfora, um modelo uniforme de inserção para todas as sociedades europeias. Até agora, cada um procedeu de acordo com os seus princípios constitucionais, as diferentes histórias e sistemas político-jurídicos nacionais de reconhecimento da diversidade religiosa. Em segundo lugar, a análise de dois casos que se referem a dois países do sul da Europa, que foram tocados pela transição que acima mencionei, como a Itália e Portugal, ilustra de forma eficaz como o reconhecimento da diversidade é resultado de um longo processo, que pode ser obtido somente se existir um compromisso constante e coerente da política que é chamada a governar a transição, e não a sofrer mais ou menos passivamente os seus efeitos. Este compromisso da política, como Mattiazzi diz em várias ocasiões, nas páginas densas dedicadas à reconstrução dos processos de integração participada dos imigrantes a nível local, pode ser avaliado não apenas medindo o peso dos recursos humanos e financeiros investidos em projetos que visam a obtenção deste resultado, mas avaliando também – com indicadores sociológicos precisos e não distorcidos por filtros ideológicos – se e como os imigrantes podem tornar-se líderes na governança do desenvolvimento local.

A contribuição que Giulio Mattiazzi dá para o conhecimento-desde--baixo dos principais problemas que afligem muitas sociedades europeias, perante o tema da grande transformação que vivem, é certamente relevante para o avanço das pesquisas no estudo da transformação social em curso na Europa, e para a necessidade de adaptar as nossas categorias de análise de uma realidade que, em muitos aspectos, é nova, dotada de características inéditas em relação à primeira onda de imigração que temos conhecido entre 1960 e 1980.